项目资助

国家社会科学基金"大学治理能力提升的机构逻辑与机构再设计研究"(项目编号:20BGL232)成果

大学治理能力与机构布局

University Governance Capability
and Institution Layout

罗志敏 著

中国社会科学出版社

图书在版编目（CIP）数据

大学治理能力与机构布局/罗志敏著.—北京：中国社会科学出版社，2024.7

ISBN 978-7-5227-3601-3

Ⅰ.①大… Ⅱ.①罗… Ⅲ.①高等学校—学校管理—研究—中国 Ⅳ.①G647

中国国家版本馆 CIP 数据核字（2024）第 101533 号

出 版 人	赵剑英	
责任编辑	赵　丽	
责任校对	刘　念	
责任印制	王　超	

出　　版	中国社会科学出版社	
社　　址	北京鼓楼西大街甲 158 号	
邮　　编	100720	
网　　址	http://www.csspw.cn	
发 行 部	010-84083685	
门 市 部	010-84029450	
经　　销	新华书店及其他书店	

印　　刷	北京明恒达印务有限公司	
装　　订	廊坊市广阳区广增装订厂	
版　　次	2024 年 7 月第 1 版	
印　　次	2024 年 7 月第 1 次印刷	

开　　本	710×1000　1/16	
印　　张	22.5	
字　　数	337 千字	
定　　价	128.00 元	

凡购买中国社会科学出版社图书，如有质量问题请与本社营销中心联系调换
电话：010-84083683
版权所有　侵权必究

序

受罗志敏教授之邀为他即将出版的新著作序，我很开心。这是我时隔四年再次为他的书稿作序，在称赞他勤奋治学的同时，也对此表达我的祝贺。在大学治理这一研究领域，与目前学者将关注点放在治理体系、治理结构等方面不同，罗教授将视线放在了大学治理能力上，并以大学的内部机构布局作为分析和探讨大学治理能力的突破口，我认为这很值得尝试。为什么这么说呢？

记得 20 世纪 80 年代末 90 年代初的那几年，有学者趁着当时人们热议政府部门和企事业单位"机构臃肿"话题的当口，用大学内设部门的数量代表办学成本，以大学国内、国际排名的位次标识办学成效，尝试用数量比对的方法分析大学组织机构与组织效率之间的相关性，以图为大学的机构精简改革找到理论和现实依据，这应是国内学界研究大学机构问题的开端。后来，随着高等教育"大扩招"带来大学内设部门数量不可避免地增多，学界不再留意机构改革问题，开始关注高等教育大众化背景下的办学体制、社会化办学、通识教育、教学质量、科学研究、社会服务等话题。进入 2010 年代以来，研究现代大学制度、治理结构、治理体系以及大学校长遴选等问题的文章大量出现。时至今日，数字化转型、有组织科研、拔尖创新人才培养等问题，成为研究热点。在这期间，虽然不少高校先后实施院校二级管理体制、大部制、学部制机构改革，但鲜见关于大学机构改革问题的论著。所以，在新的时代背景和政策环境下，罗教授跳开学术"市面"上的那些研究热点，转而系统地研究大学治理中的机构改革问题，当然是很值得鼓励和期待的。

当前，中国高等教育在实现跨越式发展的同时，也成为问题突出、广受社会诟病的领域。无论是"钱学森之问"，还是"钱理群之忧"，人们都意识到这些积重难返问题的背后，不仅有组织体制上的问题，也必定存在一些深层的机制性问题。对此，过去我们总试图以专业主义的逻辑予以应对，但在应对过程中不仅老问题没有得到好的解决，还造成了事务归口不一、管理层层加码等新的矛盾和难题，跨部门协作和跨学科交流更是受到多重阻碍。近年来，我们在校务管理过程中盲目追求运用"新理念"和"新技术"，却在无意中形成了不断叠加的碎片化规则以及不断增长的办学成本，造成了许多不受掌控的"新局面"。为此，要提升大学这个组织的内生动力和发展韧性，还需要有新的思想，采取新的思路和做法。罗教授的这部专著，也正是这一背景下为我们在理论研究和实践应用上突破大学内部治理困境提供了一个新的思路。那就是以机构这只大学中"看得见的手"，并以机构改革为着力点，提升大学治理能力，破除大学内部治理困境。

通读全书，其特点或者说是贡献主要体现在三个方面：

其一，在理论和学术思想上有创新。在大学内部治理这一研究领域，如何突破功能主义的宏大叙事与解释主义的日常叙事二者逻辑上的不相符、整体与个体的指涉主体不一致等研究壁垒，就成了该领域能否实现学术思想创新的关键所在。对此，该书广泛吸纳了管理学、政治学、社会学等学科中一些最新学科知识，采取了不一样的研究路子：一是在研究对象上锚定实体的机构而不是虚化的治理主体；二是在研究视角上采用了"要素—资源"的复合性研究视角；三是在研究指向上专注于机构的运转能力，从而构建了从"概念"到"理论"，再从"理论"到"模型"的一套完善的分析框架。即便在机构布局这一具体问题上，该书也主张以整体—设计的思维考量大学机构的系统布局。这一新思维突破了传统行政主体理论及其分权模式给大学机构改革带来的思想制约，有利于走出大学机构设置要么关注"条条"，要么重视"块块"的二元思维方式，也有利于在实践中把大学党委及校长的统筹优势与职能部门的专业管理优势结合起来。

其二，提出了许多大胆、新颖的学术观点。比如，在大学机构布局的改革思想上，该书主张中国大学有且只能有一个行政主体，但却不是被普遍认为的大学校长及其领导的行政管理系统，而是大学党委。校内的其他一切设置包括校长、副校长，都是向大学党委这个唯一主体负责的职能部门和个人。这正如作者在书中所讲的那样，大学党委是由政府通过法规授权的行政主体，对大学的办学行为及效果负有最终责任，类似于一个"人"，但其政治事务、行政事务、学术事务等却不能赋予其行政主体地位，或者换一个类似"政治主体""学术主体"的名称，因为它们类似于人的"四肢"，受行政主体的节制和协调。从这一观点出发，该书主张大学的机构布局就不能再囿于"政治的归政治""行政的归行政""学术的归学术"，也不用再纠结能否在校内保持所谓的权力平衡，而是要明确部门工作关系的衔接比权力划分更重要，任务的圆满解决比多元治理更重要。

其三，提出了许多颇具建设性的改革路径和具体举措。依据作者提出的大学机构改革思想，该书提出了颇具适用性的 PCP 构型，并围绕该构型提出并论述一些制度设计，如工作团队制、绩效共荣制、数据集约管理制、"学院＋"等。如就"工作团队制"来讲，作者不仅详述了工作团队制的构成、特点及优势，还就团队内部具体工作任务的分配问题提出一种能适合复杂管理情境的人员与任务对接方式，即个体专业化方法与联合专业化方法相结合。该书认为，在团队工作实践中，应根据管理任务的属性和变化，将两种方法结合起来配合使用，并适时加以动态调整，这样做不仅能减少两种方式之间的冲突，还能提升团队对内外部条件变化的适应能力。

在我看来，好的机构布局是组织发展的引擎，也是大学完成现代化转型的组织基础和必由之路。大学应加快机构改革的进度和力度，从而以更强更大的治理能力来提升其自身的稳定性和卓越性，回应国家和人民的期待。罗教授这部以大学机构改革为主题的专著，理论性很强，虽然也存在一些不足，但却弥补了以往大学治理问题研究"能力不在场""机构不在场"的缺憾，为当前推进大学治理能力现代化提供了新的理论资源。需要补充说明的是，该书围绕大学机构布局所提出的一些设想，虽然还有待在实践中进行验证，但我相信，该书的出版，不仅能引起大学治理研究者的关注和兴趣，也会得到广大高校管理者对大学机构改革问题的重视，并有助于他们提高管理水平。

杨德广[*]

2024 年 1 月 16 日

---

[*] 杨德广，教授、博士生导师，中国著名高等教育专家，中国高等教育学会原副会长、全国高等教育学专业委员会原理事长、上海大学和上海师范大学原校长，是"从事高等教育逾30年高等教育研究重要贡献者30人""当代教育名家""中国杰出教育家""中华慈善奖·慈善楷模"等荣誉称号获得者。

自 序

2017年以来，以政府"放管服"为基调的系列解制性政策的相继推出，不仅明确和扩大了大学的办学自主权，赋予其更多掌握自身命运的空间，也意味着今后中国大学治理改革的重心已从"国家中心"转向"院校中心"，从"适应性变革"的治理结构转向"自主性改革"的治理能力。与此同时，当前全新治理环境所引发的更多治理需求以及大学自身还留存的改革"深水区"难题，已远非单纯的治理结构调整所能解决。以上这些都在客观上将治理能力层面的改革提上了日程。大学对其自身治理能力进行全面的提级跃升（提升），也就成了当务之急。为此引出的一个问题就是，大学如何深刻把握和回应新时期对治理能力提出的新要求，找到并发力于能力提升的着力点，以实现其自身的有效治理乃至优效治理，并落实党的十九届四中全会定下的"2035年基本实现国家治理体系和治理能力现代化"的总体决策部署，这既是一个需要深入研究的理论问题，也是一个被急推到改革前沿地带的实践问题。在此背景下，对高校内设机构进行系统性的设计即机构布局，也就成了大学治理能力提升的一个基础且关键的着力点和突破口。

机构是大学治理体系中最稳健的组织力量，但却需要根据大学的发展变化适时做出改革。比如，随着高等教育普及化发展，大学的知识生产地位没有变，但知识生产的逻辑关系却在改变，如学科知识边界由清晰转向模糊，呈现出跨学科、综合化趋势，这使其所受的机构系统的制约越来越明显，这就要求大学机构系统也做出相应的改革，这不仅是大学转变知识生产模式的需要，也是激活师生的热情、责任心和创造力的需要。毋庸置疑，中国大学在近一二十年里，无论是办学规模还是办学质量都发展起来了，但发展起来以后的问题并不比发展前少，而且更复杂了。这些可集中概括为三大问题：体制问题、机制问题、技术问题。这三大问题都不是孤立存在的，它们复合叠加以及由此而来的各种矛盾和张力构成了大学治理的复杂情境，相应地要求大学具有应对和处理多线程、复杂性问题的能力。这也就需要大学通过包括机构改革在内的改革去完善体制、优化机制、运用技术。

大学总喜欢对发生在校园以外的事情指点江山、挥斥方遒，在面对其自身存在的问题时，却往往显得很保守。但是，如果大学不勇于变革其自身，最终就会像超级市场货柜上那些过时的商品一样被丢出去。为此，在机构改革的问题上，就需要大学解放思想，大胆地行动起来，建构起一套权责明晰、高效联动、上下贯通、运转灵活的机构系统，这不仅是大学应对新发展阶段治理短板和弱项进行实践"破题"的前提条件，也是精准呼应大学治理能力提升的新要求。但是，从历史上看，大学在推进机构改革的问题上往往不顺利，难以摆脱机构"膨胀—精简—再膨胀—再精简—再再膨胀"的周期性循环及其呈现出的"有改革无成效"现象。究其原因，在笔者看来，大学在机构设置上长期遵循行政主体理论指导下的组织构造模式，这虽然有利于权力均衡和专业分工，但却容易陷入路径依赖锁定，衍生出一系列难以破除的管理顽疾，如各自为政的部门主义、不相往来的山头主义、繁文缛节的事务主义、重"痕"不重"绩"的形式主义以及推诿拖沓的行事主义等。

还有一个重要原因是，我们在有关理论的供给上也存在不足，无法给现实中的大学机构改革实践提供必要的理论指导。长期以来，在研究大学治理问题上，我们的研究范式和研究视角一直把大学分割成行政、学术等几大块，陷于权力关系格局转换的治理结构分析，而忽略大学这个由各个具体机构组成的、相互联系的有机体。如此一来，机构就一直处在相关研究的缺位状态。也正是基于这一现状，笔者跳出以往大学治理研究基于功能主义抑或解释主义的研究视角和路径，聚焦机构并从机构的层面思考大学治理问题。这样做，就更贴近于大学的日常实践，也有助于在理论与实践的结合上把握大学治理能力的含义。因为在大学治理的具体情境中,机构连接着个体与组织,是大学治理中串联宏观和微观的节点。与此同时,笔者还希望通过聚焦大学机构布局问题的研究,力图在学科意义和学术话语创新意义上做一些学术贡献,这样才能拓展和深化大学治理研究,为新发展阶段提升大学治理能力的实践提供一些理论智慧。

对此,笔者以大学机构为主题开展研究,并幸运地获得了国家社会科学基金的资助,同时撰写了《大学治理能力与机构布局》这部书稿。本书按照"历史背景—理论构建—机理分析—实践建构"的逻辑进路,采用质性与量化交互的混合研究手法,将大学内部机构作为一种兼具本体论和方法论意义的存在来认知,在深入分析治理能力与机构二者逻辑关系的基础上,寻找新的机构改革思想,并在现有国家体制框架下提供指向大学治理能力提升的、可操作性强的机构布局方案。全书30多万字,共分四个部分、十个篇章。各部分及篇章内容如下:

第一章属于研究背景部分。该部分结合当前中国推进高等教育治理现代化的现实背景,对处在中国环境及语境下的大学治理的特征、难题、优势以及由此提出的治理新要求做出了一个通盘的、全景式的敞视,以此确立整个研究的背景框架和逻辑起点。大学治理的"中国特点"集中体现在三个层面,即"党团—行政"双重领导架构体系、"单位—社会"双元组织结构模式以及"常规—项目"双轨实践操作机制;"中国难题"可概括为需要着重解决的三大体制机制性难题,即大学党政双领导人的关系处理问题、单位制"惯性"带来的掣肘问题以及"双肩挑"模式带来的"权力互构"问题;"中国优势"在三个方面十分凸显:一是强延续性的国家发展政策能给大学带来稳定成长预期,二是步调统一的政府组织力量能给大学提供集中且高效的支持,三是对外开放的新格局能给大学提供高水平的国际交流与合作。至于大学治理的"中国要求",本章则分别论述大学为国服务的重心转变、经济增长放缓态势、高等教育普及化深入发展以及新技术场景应用所造成的颠覆效应给大学治理带来的诸多新要求。

第二、三章属于理论构建部分。首先从学术研究和实践发展两方面源流的梳理和分析中，体察"治理能力"无论是作为一个研究概念还是改革方向，在新时期大学治理领域的学术研究和实践中的由来和历史方位。然后，运用"要素—资源"这一新的视角对大学治理能力这一研究对象进行分析，从中得出的研究结论是：大学治理能力作为大学实现治理目标的综合性力量，就其本质而言是大学对其所拥有的各种要素进行配置后所能达成的整体结果。大学治理能力可还原为要素配置程度的高低，其重要性在于要素的稀缺性，其价值最终体现在配置要素所能生产资源的多少。在此基础上分析和研究机构在大学治理能力生产机制中的角色和作为，并在这一过程中建构了包含时间、空间、数量三个维度的理论解析框架，以用于大学机构布局问题的呈现、分析以及解决。

第四、五章属于机理分析部分。首先，通过分析由深度访谈得来的质性数据，建构了可以描述和观测大学机构运行状态的、包含五个主范畴的理论模型，并进一步丰富可以用于大学机构布局的指导性框架，即可以将大学的机构布局看作要素在时间、空间、数量三个向度上的不同配置方式。要衡量大学的机构布局是否合理、有效，可以将这三个向度上的要素配置程度作为观测坐标和衡量标准。当整个要素在机构的作用下达到承转通畅、分布合理、汇聚集成的理想配置状态时，那就是最佳的大学机构布局，大学治理能力自然也就得到提升。然后，编制了一套从机构层面评测大学治理能力的调查问卷，同时以此问卷为工具，对机构布局与大学治理能力的内在关系机理做了量化分析，不仅表明所提出的三个假设是否成立，也得出了一些有启发性的研究结论。

第六、七、八、九、十章属于实践建构部分。第六章概括性地梳理了中国大学自诞生以来的机构演进历程，理出其中的历史性逻辑，把握大学机构改革的现实诉求。在此基础上，第七章重在论述大学机构布局的思想基础与改革理路。本章提出一种具有综合理论特质且贴合大学机构改革发展逻辑的新思维，即整体—设计思维，以此主张大学机构布局必须是整体性的且是设计性的，是全面性与创造性的统一，主张大学的机构布局首先要在思想观念上突破传统理论所带来的限制和约束。第八章重在大学机构布局的原则把握与总体架构。本章主张大学机构布局要遵循三大原则，重点考量三大问题，在此基础上提出并解读了大学机构布局的结构类型即中枢—中心—平台结构（PCP构型）。围绕PCP构型这一新的大学组织结构，第九章重在阐述PCP构型的机构设置及职责配置。第十章侧重论述与PCP构型相匹配的一些基本制度安排与运行流程设计。

概而言之，本书通过系列研究，将大学内部的机构布局看作理解大学治理能力问题的"透镜"，将实体的机构而不是虚化的主体纳入大学治理体系框架内予以观照，通过经验和实证分析、内部逻辑机理挖掘，不仅希望在理论上构建能弥合传统大学治理研究范式二元分歧且能揭示治理能力与机构之间微妙互动关系的大学治理能力理论框架，从而弥补以往大学治理问题研究"能力不在场""机构不在场"的缺憾，为当前推进大学治理能力现代化提供新的理论资源，在实践上也希望能突破以往大学机构改革囿于功能整合的拆分或合并的怪圈，并找到通过机构再布局将大学治理能力提升落到实处的思路和操作路径。

作 者

2024年1月

目 录

第一章 大学治理的"中国镜像" …………………………………… (1)
    一 大学治理的"中国特点" …………………………………… (1)
    二 大学治理的"中国问题" …………………………………… (6)
    三 大学治理的"中国优势" …………………………………… (14)
    四 大学治理的"中国要求" …………………………………… (26)

第二章 大学治理能力的溯源及理论诠释 ……………………………… (42)
    一 转向"治理能力":大学治理问题研究的学术史梳理 ……… (42)
    二 指向"治理能力":大学治理现代化改革"下半场"的
       新要求 ………………………………………………………… (49)
    三 大学治理能力的理论诠释:以要素配置为中心 …………… (56)

第三章 大学治理能力中的机构角色与体现 …………………………… (65)
    一 大学机构的划分 …………………………………………… (65)
    二 大学治理能力视野中的"机构"意涵 ……………………… (70)
    三 大学治理能力视野中的"机构"角色 ……………………… (77)
    四 大学治理能力视野中的"机构"作为 ……………………… (80)

第四章 大学需要怎样的机构布局:质的研究 ………………………… (87)
    一 研究方法与资料分析 ……………………………………… (87)
    二 研究发现 …………………………………………………… (94)

三　理论对话与分析 …………………………………………（105）
　　四　研究结论与启示 …………………………………………（114）

第五章　大学的机构布局与治理能力：量的研究 ……………（117）
　　一　研究问题的提出 …………………………………………（117）
　　二　理论框架与研究假设 ……………………………………（119）
　　三　研究设计 …………………………………………………（123）
　　四　结果与发现 ………………………………………………（141）
　　五　结论与讨论 ………………………………………………（157）

第六章　大学机构改革的历史演进与时代诉求 ………………（163）
　　一　中国大学机构演进的历史梳理 …………………………（164）
　　二　大学机构历史演进的内在逻辑与反思 …………………（176）
　　三　提升治理能力：新时期大学机构改革的时代诉求 ……（186）
　　四　机构布局：大学治理能力提升的重要着力点 …………（197）

第七章　大学机构布局的思想基础与改革理路 ………………（203）
　　一　大学机构改革难以走出的迷局 …………………………（203）
　　二　大学"行政主体"概念的周延及其机构设置困局 ………（206）
　　三　"行政主体"逻辑下大学机构改革的方向偏移与
　　　　难题遭遇 …………………………………………………（212）
　　四　大学机构布局"整体—设计"新思维的确立 ……………（216）
　　五　整体—设计思维下大学机构布局的整体思路 …………（226）

第八章　大学机构布局的原则把握与总体架构 ………………（232）
　　一　大学机构布局的主要原则把握 …………………………（233）
　　二　大学机构布局的关键问题考量 …………………………（240）
　　三　大学机构布局的总体架构 ………………………………（247）

第九章　大学机构布局的具体设置与职责配置 ……………… （252）
　　一　大学机构的具体设置 ………………………………… （252）
　　二　大学机构职责配置的基本要求 ……………………… （277）
　　三　大学机构职责配置的具体安排 ……………………… （279）

第十章　大学机构布局的制度安排与运行流程 ……………… （299）
　　一　大学机构布局中的制度安排 ………………………… （299）
　　二　大学机构布局中的关键工作流程设计 ……………… （315）

结语　在中国式现代化征程中创建"美好大学" ……………… （332）

附　录 …………………………………………………………… （337）
　　一　调查问卷 ……………………………………………… （337）
　　二　访谈提纲 ……………………………………………… （340）

后　记 …………………………………………………………… （343）

第一章 大学治理的"中国镜像"

自 2018 年 11 月中国共产党十八届三中全会召开以来,"治理体系与治理能力现代化"就成为中国学界思考大学治理问题的基本预设。进入 21 世纪第二个十年,"研究中国大学问题、讲好中国大学故事"相应成为中国高教界的一项重要使命,也是"扎根中国大地办大学"的一个基本逻辑前提。回到本书的研究主题,即要对中国大学内部机构进行新的布局,提升大学的治理能力,一个最重要也是最基本的逻辑起点就是对处在中国环境及语境下大学治理的特征、难题、优势以及要求做一通盘的、全景式的敞视。如此一来,中国大学才能明晰其自身具有的特点,找准其自身存在的问题,把握其自身拥有的优势,也才能在深刻把握其带来的治理新要求的同时,找到下一阶段改革的方向和着力点,最终才能创造出真正属于大学治理的"中国范式"。

一 大学治理的"中国特点"

大学本来就是一个很有"特点"的社会组织。如果把 1088 年欧洲中世纪博洛尼亚大学的建立作为大学诞生的日期,那么,作为一个社会组织的大学至今已存在 900 多年了,也逐渐发展出它们的一些独特之处。比如办学目标和功能的多样化,其产出缺乏有效的测量与货币化的估值方法,人力资源密集且需要消耗多种资源等。同时,大学由于深植于所在国的政治、经济制度和文化背景之下,因此既呈现出大学自身的一些共性特点，也有相互区别的一些特点。克拉克·克尔曾从治理模式这一视角，最早将大学划分为政府控制和市场调节两种治理模式。在此基础上，玛瑞安娜·鲍尔和贝瑞特·阿斯克林又将大学划分为洪堡模式、自由主义模式、社会主义模式和市场模式四种治理模式①，每一种模式都各具特点。

在中国，大学经过多年的组织建构与发展，在内部治理上也呈现出一些颇具区分度的特色，即"中国特点"。国内也有一些学者专门论及此。如李福华认为，中国的大学特色体现在院系领导体制实行党政联席会议制度、学术管理实行学术委员会制度以及民主管理实行教职工代表大会制度②。张雷生等经过梳理众多文献后认为，中国的大学特色主要体现在五个方面，即"党委领导下的校长负责制""依法治校""教授治学""社会主义先进文化"以及"四个服务"（为人民服务、为中国共产党治国理政服务、为巩固和发展中国特色社会主义制度服务、为改革开放和社会主义现代化建设服务）③。在笔者看来，以上除了"党政联席会议制度""党委领导下的校长负责制"是中国大学治理独具的特色之外，其他的所谓特色都缺乏针对性。从大学内部治理的角度来讲，这一"中国特点"集中体现在以下三个层面。

（一）"党团—行政"双重领导架构体系

中国共产党领导是社会主义中国最本质的特征，体现在包括大学治理在内的社会各个领域。中华人民共和国成立后，大学经过长期的摸索和实践，历经校长负责制（1950—1956年）、党委领导下的校务委员会负责制（1958—1977年）、新的校长负责制（1976—1978年）等几种模式，并最终在《中华人民共和国高等教育法》等法律法规的确认下形成

---

① 转引自甘永涛《权威—目的两分法：大学治理模式解析》，《教育发展研究》2006年第11期。

② 李福华：《新时代我国大学治理的基本特征、优势特色及推进路径》，《高等教育研究》2018年第4期。

③ 张雷生、王璐琪、袁红爽：《中国特色高等教育治理体系和治理能力内涵特征及现状分析——基于近二十年研究文献的可视化分析视角》，《北京教育》（高教）2021年第3期。

了"党委领导下的校长负责制"这一基本领导体系，表现为党团—行政双重领导架构体系。这一双重领导架构体系的主要特点有四：一是以党的全面领导为核心。就中国大学的组织体制来讲，"党"在大学治理体系中是一个专有的概念，指的是大学党委常委会，负责学校的办学方向以及重大事项的决策，起着相当于西方大学董事会的作用。在这之下，党团即指学校党委会领导下的组织、宣传等管理系统及其辅助力量，如共青团系统、民主党派组织、工会、妇联等，这也使大学在功能上具有教育、市场、社会等价值取向的同时被赋予了政治上的责任。二是以党政联席会议制度为基础的决策机制。大学内部治理中的大多数决策是由党政联席会议而非个人做出的，其决策的质量实质上取决于决策群体（党委系统和行政系统）内部的互动。三是以行政领导人负责制为中枢的执行方式。这个行政领导人就是大学校长，大学校长及其领导下的行政管理系统负责施政、执行以及担负着学校的具体工作。四是大学内部各个层级的治理都受到政治力量、行政力量双重领导力量的规约，都具有相似的权力结构和运行机制，由此也呈现出一系列相似的组织制度和工作方法，如都按照严格的科层组织系统建构与运行，其成员都带有明显的政府机构职位配置，如处级、科级等。

目前，党团—行政双重领导架构体系已作为一种机制广泛且深入地嵌入大学的各级领导体系中，由此在机构设置及其运行模式上存在着两套四条自上而下的、与政府机构有着几乎相对应的行政级别的双重链式领导系统。一套是由校党委书记领导的：（1）校党委书记—副书记—部长—副部长—干事；（2）校党委书记—副书记—院（系）党委书记—辅导员。另一套是由大学校长领导的：（1）校长—副校长—处长—副处长—科长—科员；（2）校长—副校长—院长—副院长—教师。有些规模大的学院在院长、副院长之下还设置了系主任、副系主任。在这一体系中，不同条块、不同工作区域、不同类别的机构之间的联系和整合主要通过发挥党组织的作用来实现，大学党委及其全覆盖式的组织体系，是联系和整合它们的轴心机制。还需补充说明的是，党团—行政双重领导架构体系是我们理解、研究与分析中国大学治理最重要的基础、背景和出发点。若非如此,一切相关研究就会既缺乏深度与张力,也不会具有实际的操作性意义。

(二)"单位—社会"双元组织结构模式

单位制曾是中华人民共和国成立后在当时人力、物力资源极度匮乏条件下,国家为实现工业化和城市社会的有效动员和控制而形成的资源整合系统,涉及行政管理、人事编制、财政拨款和福利保障等方面。大学作为国家治理体系中重要的一环,自然也被纳入其中,且是迄今为止仍深受单位制影响的社会组织,其组织制度安排大都是基于单位制的运行逻辑来进行的。这使大学不仅是一个育人、科研和社会服务的专业化组织,还是一个兼具政治、社会功能的全能型组织[①]。单位制不仅从外部定义了"国家—大学"之间的刚性关系,同时也在校内塑造了"大学—个人"之间的制度性庇护和依附关系,形塑着大学治理的组织模式。凭借单位制,大学能以比较便捷的手段整合政治、经济、文化、安全、福利等资源,从而将国家的力量和意志渗透到校园内。

目前,随着高校社会化程度的加深(比如后勤社会化改革),尤其是2015年国家正式出台《国务院关于机关事业单位工作人员养老保险制度改革的决定》之后,教师等人员退休后的养老事宜让渡给社会,单位作为个人依附的社会空间和物理空间的价值也就明显弱化(如越来越多的教师居住在远离校园的地方),个人经济、社会、政治地位以及关系资源的索取渠道也不再为大学所垄断,个人行为的自主性增强,大学的单位属性同时向法人型组织、契约式组织转变。但单位制作为一种文化,已经深入大学治理的各个领域,与大学的社会化办学和现实的各项规章制度相结合,逐渐形成了体制内的"权威—依赖关系"与体制外的"社会—协商关系"两种关系相互强化、相互联结的单位—社会双元组织结构模式,由此也形塑了中国大学内部治理的整体组织面貌。一方面,大

---

① 肖京林、肖聪:《公立大学治理困境的实践逻辑——基于单位制变迁的视角》,《江苏高教》2016年第3期。

学内部的组织体系仍然维系着很强的单位制传统色彩,如职称、荣誉称号、项目等资源仍然通过单位来分配,成员仍然需要单位来确认他们的社会身份和社会地位。大学仍需通过以往单位制所提供的稳定性(事业编制)来吸引人才,同时动用各种体制内资源(住房补贴、子女教育和医疗保障等)增强大学"单位"属性,进而增强其成员的认同感和归属感,并通过校内院系的评比来强化个人的"小单位"意识和组织的内聚力。另一方面,大学开始主动吸纳包括资金捐赠在内的社会资源,并通过"新人新政策"的办法吸纳一些"体制外人才"(非编制人员)来扩充人力资源,以迎合大学的社会化需要。

(三)"常规—项目"双轨实践操作机制

现实中的大学治理常常给人照章办事、循规蹈矩的印象。其治理的内容、程序、方式还有标准都是那些沿袭下来的、经过长时间的实践被认为是可行的、有效的。如什么时候开始招生,什么时候举办毕业典礼,什么时候召开教师代表大会,都是严格按照工作计划表进行的。这一常规操作模式有助于维系正常的办学秩序,使学校各项工作有章可循、有条不紊地展开。大学治理的常规操作更注重学校整体目标的实现,也更加注重学校整体发展的协调性。但是,在中国大学的现实治理实践中,还常伴随着一种非常规的实践运作机制,主要表现为不同于传统科层制的项目制。

项目制是在资源有限的约束条件下以及"在短时间内集中力量办大事"的绩效目标追求下所产生的一种运作机制。就大学来讲,项目制是由改革开放前后实施的"基数加发展"模式、"综合定额加专项补助"模式转变而来,如重点学科和实验室建设、重大项目补助等,后被政府广泛地运用于大学的治理行动中,如冠以"××计划""××基金""××工程""××项目"等名称的项目,就是一种不同于常规的资源分配的项目制。项目制在政府与大学之间形成了"发包—配套"的互动关系,在大学之间形成了类似于市场竞争的关系,在大学与个人之间则形成了"分包—抓包"的互动关系,由此也在大学内部形成了不同于常规的临时性制度安排和行动模式。对于一些时间跨度长的战略性项目，如"211工程""985工程"以及后来的"双一流建设"，则越来越类似于常规操作模式，并在校内形成了一整套长期、稳定、系统的运作机制，如治理目标专项化、权责运作条线化、程序规范技术化。此外，在一定的条件下，项目制也在学校党团系统强力的"政治动员"之下，转化成以"全员参与""联合行动"为特征的"中心工作治理模式"乃至"运动治理模式"，如2020年前后大学开展的"课程思政""疫情防控校园治理""四史教育"等专项活动。目前，由于项目制的频繁使用，在大学内部已形成传统科层主导、科层制与项目制双轨嵌套的实践运作机制。

二　大学治理的"中国问题"

对于中国大学治理所存在的问题，赵光霞和中南大学前校长张尧学认为，"行政化趋势越来越严重，管理水平低下、落后，不讲规则、不讲程序的现象比比皆是"以及"缺少学术自由和学术民主"[1]；北京大学教授温儒敏认为，有五种"重病"，即市场化、项目化、平面化（缺乏特色）、官场化、多动症（爱折腾）[2]；华中师范大学董泽芳教授则认为，中国大学主要面临"制度建设薄弱""管理体系松散"等七大问题[3]。以上观点或许有些片面或偏激，但不可否认的是，中国大学的确存在一些屡屡遭人诟病的问题，由于这些问题与整个国家的历史传统、教育体制相关，且具有很浓厚的地域和文化特点，因此也可称为大学治理的"中国问题"。在本书看来，大学治理的"中国问题"可概括为以下三大问题，也是需要着重解决的三大体制机制性难题。

---

[1] 赵光霞、张尧学：《中国高校存在十大问题，需处理好十大关系》，2014年8月26日，人民网（http://edu.people.com.cn/n/2014/0826/c367001-25541755.html）。

[2] 壮壮：《北大教授温儒敏：当今中国大学的五种"重病"，值得警醒与反思》，2020年10月8日，搜狐网（https://www.sohu.com/a/425504964613653）。

[3] 董泽芳：《当前中国大学主要面临七大问题》，2018年12月30日，东北林业大学网（http://www-edu.com/news/20181230/12224.html）。

（一）大学党政双领导人的关系处理问题

中国大学所具有的党团—行政双重领导架构体系，即党委"统一领导"与校长"全面负责"平行运转的体制，突出表现为大学党委书记与大学校长的"双领导人"领导体制。对于这一大学内部治理的顶层布局，2018 年修正的《中华人民共和国高等教育法》及随后颁布的相关政策规定，大学治理的领导体制是党委领导下的校长负责制[①]，党委作为大学的政治领导核心，掌握着法律赋予的学校最高政治权力，是以集体形式出现的学校"一把手"。同时，又规定校长作为"高等学校的法定代表人"，是"全面负责"学校工作的第一责任人，掌握着法律赋予学校的法人权力，也是"一把手"。以上规定只是给出了原则性、方向性的制度安排，但却缺乏双方权力运作的清晰职责边界、程序性规定以及具体的实现机制[②]，比如党委书记作为校党委的第一责任人是不是"一把手"？同一行政级别（正厅级或副部级）的党委书记和校长究竟是何种工作关系？再加上大学特有的生态，使党委书记和校长二人在工作中既不同于政府系统中的市委书记和市长，也不同于军队系统中的司令和政委，在具体的大学治理实践场景中会存在不同程度的"交叉区域"或"真空区域"，从而难免会在党委书记与校长之间、党委班子与行政班子之间产生一些隔阂、矛盾甚至冲突。于是，如何恰当地处理大学党政双领导人之间的关系，既是党政同构体制下一个待解的机制难题，也是大学校园内一个复杂且敏感的、难以理清楚的工作难题。

一方面，这一难题在具体的大学治理实践场景中容易衍生"双重

[①] 高校党的委员会（以下简称高校党委）全面领导学校工作，支持校长按照《中华人民共和国高等教育法》的规定积极主动、独立负责地开展工作，保证教学、科研、行政管理等各项任务的完成。

[②] 如一项针对 788 所本科院校的党委书记和校长所做的问卷调查显示，在问及"部分大学存在党政关系不和谐现象"的主要原因时，60.8% 的书记、72.2% 的校长认为是"职责边界不清晰"，33.6% 的书记、50% 的校长认为是"制度框架的先天性缺陷"（参见宣勇《"党委领导"与"校长负责"的系统耦合》，《国家教育行政学院学报》2022 年第 4 期）。

领导"现象。所谓双重领导,一般是指一个组织存在两个同一级别的上级领导的现象。这种现象的存在,一是可能会增加决策过程中的摩擦成本。比如,学校的一些决策事项的形成往往是多方汇报、磋商的结果,在这一过程中可能会引发党委书记和校长这两个决策主体之间的摩擦,这些摩擦经过历史累积又可能会进一步激发摩擦,最终影响决策效率。二是可能会弱化对决策的监督。因为党委书记和校长两方都是决策的当事人,但是每一方具体负什么责任却难以认定,对决策的监督往往只是一种自我监督,使得决策的责任难以追究。三是可能会增加执行过程中的协调成本。下级可能会选择性地执行政策。他们会利用两位领导不同的意志,选择有利于其自身利益的执行方式。[①] 如高校辅导员既受大学党委的领导,也受学校行政领导,当双方意见或政策不一致的时候,他们往往采取选择性执行的应对策略,有利于其自身发展和利益的,取之;有损于其自身发展和利益的,则弃之、变之。

另一方面,这一难题容易使党委书记和校长二人对工作关系的理解和处理存在很大的个人色彩和不确定性。大学治理的复杂性,为党委书记和校长两个第一负责人在关系处理上留下很大的弹性空间和模糊地带。在现实中二人能否处理好关系,往往更多地取决于学校的文化传统、以往惯例以及个人的素养、心胸以及性格契合程度。从目前情况来看,有些大学的党委书记和校长在工作上能密切配合、同舟共济,维持着十分和谐的个人关系。但也有一些则处在非正常的关系模式中,其主要表现有四:一是党委书记独大,将校长仅仅视为"党委副书记"。党委的"统一领导"成了党委书记或其小圈子的领导,党管一切成了党委书记管一切。二是校长独大,将党委书记视为"摆设"。大学校长往往会误读"高校法定代表人"这一身份,全权包揽学校大小事务,以政代党[②]。

---

① 李勇军:《我国政策过程中的双重、多重领导现象研究》,《福建行政学院学报》2010年第3期。

② 张红梅:《我国大学治理结构中的内部主体矛盾关系》,《现代教育管理》2015年第3期。

三是相互推诿扯皮。四是各干各的。对此，一位要求匿名的高校管理人员谈道：

> 这种制度逻辑上的模糊会引起管理逻辑上的模糊，并且这种模糊可能还会深入二级学院或更深层面。随着时间的推移，模糊逻辑可能会被演绎为不同版本：有些高校或许倾向于"相互领导"；有些高校或执着于"党委书记领导"；更多的高校可能是"各显神通"，看谁"棋高一着"。（20210509QSL）

在极端的情况下还会产生党委书记和校长面和心不和，相互拆台，甚至在矛盾累积后爆发冲突等，特别是面对学校发展的重大决策或出现利益格局重组的时候，这种冲突往往会很激烈。近几年被曝光的一些案例已证实了这一点，如《人民日报》曾报道一所高校由于书记与校长不和而导致党委会停开一年的案例①，成都某大学事件②更是一个很典型的案例。

近几年来，为了规避大学治理中的这一难题，教育主管机构要求大学采取党政联席会议制度，以协调党委书记与大学校长、党委系统与行政系统之间的关系，但在实践中仍然存在整合力不足的问题。如在议事范围上不明晰，在讨论事务时有效性不够、针对性不强，议而不决，草草办理，缺乏反馈纠偏机制，党委书记与校长之间缺乏有效监督，党委书记无法监督财务和人事问题，在党政共同负责的问题上缺乏协作，等等③。对此，如何创新大学党委领导与校长负责的实现机制，或者更进

---

① 温红彦、袁新文、董洪亮等：《某高校书记校长不和，党委常委会停开一年》，《人民日报》2015 年 8 月 22 日第 6 版。

② 据报道，成都某大学时任党委书记毛某投河自杀，他在其生前的遗言中指责时任校长"拉帮结派，排斥异己"［参见佚名《××党委书记自杀身亡：此前发文称被校长挤压，该校 6 年送走 4 位书记》，2020 年 10 月 18 日，网易（https://m.163.com/dy/article/FP69RL4T0531BCIX.html）］。

③ 王一宁、李春林：《高校党政联席会议制度的调研分析和对策建议——以西部 10 所高校为例》，《西北工业大学学报》（社会科学版）2016 年第 2 期。

一步讲，如何在大学具体的治理实践中保持党委书记和大学校长的和谐工作关系，避免相互干涉或互相推诿责任，的确是大学治理的一大"中国问题"。

（二）单位制"惯性"带来的掣肘问题

大学常被指摘为中国计划经济体制的"最后堡垒"[①]，意指大学的人事安排、师资和学生管理等许多环节都采用了跟以往计划经济时代差不多的单位制，因为单位制常被认为是消化、抵抗或阻碍高校人事制度、教学、业绩评价等方面改革成效的一大因素[②]。时至今日，大学原有的单位制由于社会化、市场化办学模式的引入而发生了很大的变化，但大学（一般指公立高校）的单位制组织底色仍然没有改变，仍然属于体制内的组织即事业单位，国家仍然通过单位来分配资源，单位成员仍然需要单位来确认其社会身份和社会地位[③]。"单位"作为一种文化和一种制度载体，不仅在大学外部形成了强化行政隶属、行政等级的治理结构，而且在内部已经深入大学治理的各个领域，与现实的各项规章制度结合起来，逐渐形成独特的思维图式、行为规范和生活方式，也由其强大的后坐力而使大学治理附着一种难以去除的"体制惯性"[④]，从而使大学的一些改革目标由于受到这一惯性的掣肘而往往难以实现。

其一，难以灵活自主地进行人力资源配置安排。大学是一个人力资源密集型组织，其核心竞争力主要体现在人力资源的数量和质量上，但这却主要有赖于学校灵活自主的配置。但问题是，由于教师和管理人员大都是"单位人"，是属于"体制内的"，从而形成了很具刚性的

[①] 丁建臣：《高校青年教师的"青椒"社会价值论》，《中国经济时报》2007年4月10日第A1版。

[②] 韩亮：《单位制的消解与大学治理能力的生长——以养老保险制度实施为视角》，《高校教育管理》2016年第1期。

[③] 李汉林、渠敬东：《中国单位组织变迁过程中的失范效应》，上海人民出版社2005年版，第24页。

[④] 渠敬东：《项目制：一种新的国家治理体制》，《中国社会科学》2012年第5期；郭占锋、滑哲：《单位制文化之于高校现代治理：何以可能》，《大学教育科学》2019年第2期。

人事安排格局。这一格局使学校在人事管理中既不能满足教职工个性化、多元化的人事需求,也很难解聘那些不适合学校发展需要但拥有"事业编制"身份的人员,只能做一些表层的改革或增量改革。如此一来,又在相当程度上助长了一部分员工甚至大部分员工的惰性心理和行为,这样就易使大学由于缺少改革精神和创造活力而陷入一种"集体的平庸"①。

其二,难以消除校园内"强熟人社会关系"带来的消极影响。中国大学被认为"具有很强的熟人社会的气质"②,而这又跟单位制密切相关,它很容易衍生"圈子文化"和"论资排辈"文化,从而形成山头或帮派,形成大学校园内常见的近亲繁殖、权力寻租现象以及庇护和依附关系。如一些事项往往需要非正式渠道即私下的"运作"才能完成或顺利完成,从而挫伤广大一线教师的工作积极性,或萌生"老实人肯定吃亏、不钻营就会被边缘化"的投机心理。③ 此外,担任行政或学术领导职务的人往往垄断一些关键信息和资源,在具体资源的分配上往往受制于人际关系上的亲疏远近,做出有利于他们自己或自己人的变通,而忽略他人的工作能力和工作绩效。

其三,难以解决"大公司病"带来的系列问题。所谓"大公司病",一般是指一个组织规模大到一定程度之后而出现的一些能拉低组织运行效率、拖累组织发展的现象。"大公司病"不仅存在于企业,在政府、事业单位等机构也存在,并有着几乎相同的表现形式,如"气氛沉闷""机构臃肿""多重领导""流程冗余""人浮于事""推诿拖沓"等。在大学里,由于其办学规模普遍很大,自然会衍生出一系列"大公司病",而单位制文化带来的体制机制惯性又固化甚或加重了大学的这种"大公司病"。如当前大学校园内存在的重"痕"不重"绩"的形式主义、"苦

---

① 韩亮:《单位制的消解与大学治理能力的生长——以养老保险制度实施为视角》,《高校教育管理》2016 年第 1 期。
② 胡娟:《熟人社会、科层制与大学治理》,《高等教育研究》2019 年第 2 期。
③ 罗志敏:《防"近亲繁殖",更要反"学术特权"》,《光明日报》2016 年 4 月 12 日第 13 版。

乐不均"的部门主义、繁文缛节的事务主义等。这些"大公司病"的存在，不仅使大学内在发展动力、自主性不足，也使大学成了高成本、高内耗的社会组织。

目前大学作为事业单位体系中的组织，单位制这种文化以潜移默化的形式对大学治理体系产生了或多或少的影响，虽然对大学仍有许多正向的意义，如能维系员工的职业稳定性和组织认同感，但仍与大学治理现代化的要求有一些背离和矛盾之处，如抑制大学的行动能力，限制大学提升依法依规管理内部事务的能力，使大学治理不时陷入"改不动"或"改不了"的尴尬境地。

（三）"双肩挑"模式带来的"权力互构"问题

在目前中国大学的治理实践中，长期影响治理绩效的一大原因就是校园内普遍存在的"权力互构"问题。所谓"权力互构"，在本书看来，就是在行政权力与学术权力互相勾兑、相互借用的过程中所产生的双方利益"通兑"现象①。权力互构虽然能使特定人或人群的利益最大化，但却损害了他人以及大学的整体利益，如导致行政管理效率受损，对学术的行政化和等级化推波助澜，产生学术霸权，滋生学术腐败等。产生权力互构的原因有很多，学术、行政"双肩挑"无疑是最主要的。

"双肩挑"模式意指一个员工在其组织内同时承担两类不同但又有所联系的工作。这种现象并非中国大学所独有，在欧美大学也是普遍存在的。比如在德国高校，"双肩挑"人员一般分布在大学校园内一些技术性很强的特定领域（如教学质量监测），被视为"学术与行政之间的桥梁"②。他们虽然是某一固定项目的负责人，但却不被视为一个"有权

---

① 罗志敏：《新时期大学治理改革研究》，科学出版社2019年版，第48页。
② C. Schneijderberg, N. Schneider and U. Teuchler, *Die Berufssituation von Hochschul—Professionellen*, Kassel: INCHER, 2014, p. 10.

力的群体"①，而是为学校提供"支持性工作"，其目的在于借助他们的专业性知识，使工作变得更有效率、透明和便利。② 在中国，曾经是为了解决人才数量不足的"双肩挑"模式自 20 世纪 70 年代末期开始大量出现，也曾在高等教育领域中发挥出十分积极的作用，如缓解教学、科研、管理人员数量不足，满足了人尽其力、人尽其才以及降低办学成本的需要。目前，"双肩挑"模式在中国大学普遍存在，一些大学由于人员编制紧张又客观地增加了"双肩挑"人员的数量。如有学者在广东省调查发现，中山大学中层干部共有 573 人，其中"双肩挑"人员占中层干部总数的 72%。深圳大学有中层干部 131 人，其中"双肩挑"人员占59%③。但与欧美大学的"双肩挑"模式有所不同的是，中国大学除了有一部分担任一线的学生管理工作（如学生辅导员、心理咨询人员），还有一部分担任包括大学校长、教务长、人事处长、科研处长在内的领导职务，虽然这部分人员的数量不多，但由于身居关键领导岗位，涉及学术资源的分配，因此影响很大。

由于行政逻辑与学术逻辑在价值体系、运行逻辑、评价标准等方面天然地存在着冲突，"双肩挑"模式随着大学内外部治理环境的变迁，也趋于多样、复杂，其所带来的负面影响愈加明显④。一方面，包括党委书记、校长、副校长、处长、副处长在内的诸多行政官员不放弃他们自身的学术职务和工作，仍然申报和主持课题、参与学术奖项及荣誉称号竞争、指导研究生、举办和参加学术会议等；另一方面，一部分学有成就的教授被"提拔"到学校的机关部处担任党政领导职务，在教学、做科研工作的同时行使行政权力。于是，在两种角色、两种工作方式并

---

① C. Schneijderberg and U. Teichler, *Verwaltung War Gestern? Neue Hochschul Professionen und die Gestaltung von Studium und Lehre*, New York: Campus Verlag Gmbh, 2013, pp. 389–414.
② B. Kehm, N. Merkator and C. Schneijderberg, "Hochschulprofessionelle? Die Unbekannten Wesen", *Zeitschrift für Hochschulentwicklung*, Vol. 5, No. 4, 2010, pp. 23–39.
③ 孙潇璨：《事业单位"双肩挑"问题探析》，《经济师》2019 年第 6 期。
④ 国内已有不少文献论证"双肩挑"模式对大学造成的负面影响，如戴羽的《"双一流"大学建设中双肩挑模式变革路径的困境与突破》（《黑龙江高教研究》2018 年第 10 期）、黄红的《高校"双肩挑"干部退出机制的探索与实践》（《大学教育》2020 年第 4 期），等等。

行和交叉或"搭档"使用的过程中,"双肩挑"人员时常会产生党政管理工作和教学科研工作难以同时兼顾的困境,还很容易产生"权力同构"问题。如一些行政部门的负责人兼做学术事务,与一线教学科研人员争夺学术上的地位和好处;而一些"官教授"却借用其担任党政负责人所带来的行政地位,从中捞取更大、更多的学术资源①。这种做法带来的后果就是,一部分人学术、行政两方面通吃,行政上的管理效率受到拖累,而学术方面则容易出现不公正乃至学术腐败和学术霸权。还需补充说明的是,"双肩挑"模式的存在,也使校方对这部分人员的人事管理和绩效考核变得难以处理。

目前,"双肩挑"模式所带来的负面影响问题已引起了许多高校的重视,它们力图采取对策予以纠正。如一些高校推行了岗位分类以及职员制改革,但只是部分地解决了下层行政管理人员以及部分机构(如后勤管理处、保卫处)的"权力同构"问题。早前有湖南大学、北京师范大学、北京外国语大学等高校的时任校长曾许诺任职期间不带研究生、不申请科研项目的做法虽令人感到鼓舞,但毕竟只是个人作为、个别现象。② 对此,如何突破既有的利益格局,形成"用全部的精力做名副其实的校长、处长""一心一意当教授"的良好局面,一直是当前大学治理中亟待解决的"中国问题"。

三 大学治理的"中国优势"

大学治理的"中国优势"何在?对于这一问题的回答,早前就有一

---

① 罗志敏:《防"近亲繁殖",更要反"学术特权"》,《光明日报》2016年4月12日第13版。
② 如北京外国语大学时任校长韩震曾向全校师生公开做出"三不"承诺——在担任校长期间,不再做他自己的专业学术研究,不再申请他自己原有学科专业的研究课题,不再谋求与教学有关的个人荣誉,"将用全部的精力做名副其实的校长"。在他之前,湖南大学时任校长赵跃宇、北京师范大学时任校长董奇分别在履职之初做出类似承诺(参见李曜明《北京外国语大学新任校长韩震向师生承诺"三不"》,《中国教育报》2012年8月8日第2版)。

位来自澳大利亚墨尔本大学高等教育研究中心的教授西蒙·马金森论及了。他在论述新加坡、韩国、中国香港和台湾等一些国家和地区在高等教育领域取得巨大成功的原因时，将其归结为四个相互依存的因素：一是将教育作为优先发展事项的强力民族国家体制，二是儒家价值观引导下的家庭对教育的高投资，三是"一考定终身"竞争性的国家统一高考制度及大学等级系统，四是对科研以及部分高校的巨量资金投入①。他又将以上四个因素归结为"儒家模式"，以与其他国家和区域的高等教育模式相区别。作为儒家文化圈内的中国大陆地区，虽没有被专门列入探讨，但也能从中窥见一斑。当前，随着中国大陆地区的国家治理优势愈发凸显，国内已有人士开始关注和探讨大学治理的"中国优势"。如北京大学常务副校长吴志攀认为，中国大学拥有的优势是大学内部决策的民主化、强调依法治校②；北京大学党委书记邱水平认为，中国特色大学治理的显著优势体现在坚持党的集中统一领导、坚持以人民为中心的发展思想、坚持全国一盘棋、坚持扎根中国大地等九个方面的"坚持"③；来自浙江外国语学院的宣勇、伍宸则从治理体系出发，认为其优势体现在一般属性优势（构建了大学自主办学与政府宏观管控和社会力量共同参与的大学治理体系）、国别属性优势（全国一致性与统筹集成性）和任务属性优势（能肩负和解决大的使命和任务）三个方面④。

  在笔者看来，要寻找大学治理的"中国优势"，首要的也是最重要的是从中国大学治理的最上层也是影响最全面、最深刻的因素即国家体制、制度方面的比较中寻找。这一方面是因为社会文化、历史传统以及内部治理等方面的因素难以在究竟具备何种"治理优势"上取得共识，另一方面也是因为优势来自于比较，即来自于中国与国外大学在同一维

---

① S. Marginson, "Higher Education in East Asia and Singapore: Rise of the Confucian Model", *Higher Education*, Vol. 61, 2011, pp. 587–611.
② 转引自任羽中、吴旭、杜津威等《中国特色现代大学治理问题研究》，人民出版社2017年版，序言。
③ 邱水平：《中国特色现代大学治理的若干重要问题探析》，《北京大学教育评论》2020年第1期。
④ 宣勇、伍宸：《论高等教育发展的"中国之治"》，《高等教育研究》2021年第2期。

度或层面上的比较。这种优势也一定有其独特性，是绝大部分国家的大学都难以拥有的优势。基于此，就可以从分析中国特有的体制、制度入手寻找和探讨大学治理的"中国优势"。

中国是一个由中国共产党统一且集中领导的单一制大国，既与议会制、党派竞争制的政治模式不同，也与世界上一些联邦制、邦联制等结构模式有着根本的不同。新中国成立以来尤其是改革开放以来的一系列改革实践和发展成就，无论是全国性的战略行动（如西部大开发、对口支援、扫黑除恶、脱贫攻坚、乡村振兴等），还是建设重大国家工程（如三峡工程、青藏铁路、高铁网），抑或是举办重大的国际活动（如奥运会、世博会），都凸显了它在体制、制度方面的治理优势，即新型政党制度、新型举国体制带来的治理优势。2020年，中国在抗疫斗争中取得的非凡成就，更是将这一治理优势体现得淋漓尽致。有学者将这种治理优势概括为四个方面：能够集中力量办大事的"集中性"；中央和地方政府具有较大协调能力的"协调性"；中国共产党统一领导有利于保持政策一致和持续的"连续性"；各级政府集中统一管理的"高效性"。[1]中国这一独特的体制、制度所展露出来的明显的治理优势，不仅形塑着处在这一政治体制下的大学治理模式，也必然给大学治理带来现实的或潜在的"中国优势"。沿着这一逻辑，笔者认为，大学治理最凸显的"中国优势"主要体现在以下三个方面。

（一）强延续性的国家发展政策给大学带来的稳定成长预期

发展预期是一个动力学概念，是人们对未来变量的一种估计，其功能在于实现行为的动力定向，是指导个人、集体或组织实践活动的强大控制力量。对一个组织来讲，稳定的发展预期尤其重要，不稳定的发展预期即不确定性则会降低其拓展性行动意愿、增加其管理压力和运行成本，如在经济领域，有研究就发现企业在面临不确定性增加的情势下会

---

[1] 燕继荣：《制度、政策与效能：国家治理探源——兼论中国制度优势及效能转化》，《政治学研究》2020年第2期。

增加其自身融资成本①，在选择投资新项目时会变得更为谨慎②，并减少新的投入③。稳定的发展预期对大学治理同样重要，因为大学的发展和改革不是一蹴而就的，往往需要一个甚至几个周期来完成，这就需要建立在相对稳定的外部环境之上。在中国，中国共产党执政，社会主义意识形态占据社会意识形态的主导地位，政权具有高度的稳定性，国家的方针政策和发展战略，不会像西方国家那样因政见、意识形态不同及政党更替而废弃，这就保证了国家发展战略的前后衔接与持续付诸实施。④尤其是中国"百年大计"式的分阶段战略部署和战略安排，使中国的路线、方针、政策极具连贯性和延续性。这正如来自法国的汉学家高大伟所指出的那样，中国国家治理最主要的优势就是保持政策的延续性，中国共产党长期执政，可以按照"五年计划"持续推进国家治理和进步，而西方选举和议会制度只能着眼于任期内，特朗普宣称上台后将不承认《巴黎协定》就是一个很好的例子⑤。中国强延续性的国家政策恰恰能给大学带来包括长期政策目标、稳定财政政策在内的超稳定发展预期，从而让大学得以保持发展定力，并得以制定出长期的、拓展型的成长战略和行动路径。

1. 由国家长期的政策目标带来的稳定成长预期

中国是当今世界上不多见的对未来发展制定长期规划的国家。通过接续推进的国家规划确立国家中长期发展战略，是中国治国理政的重要方式和显著特征，中国的许多治理奇迹，就得益于长远的战略视野和历

---

① V. Panousi and D. Papanikolaou, "Investment, Idiosyncratic Risk, and Ownership", *Journal of Finance*, Vol. 67, No. 3, 2012, pp. 1113 – 1148.

② M. Bloom, S. Bond and J. Van Reenen, "Uncertainty and Investment Dynamics", *Review of Economic Studies*, Vol. 74, No. 2, 2017, pp. 391 – 415.

③ 饶品贵、徐子慧：《经济政策不确定性影响了企业高管变更吗？》，《管理世界》2017年第1期。

④ 李海、范树成：《国外学者视野下的中国治理优势》，《毛泽东思想研究》2018年第5期。

⑤ 应强：《"中共治国理政至少有两大优势"——专访法国知名汉学家高大伟》，《参考消息》2016年7月15日第5版。

史担当①。德国特里尔大学中国政治经济研究中心主任韩博天也认为,中国的优势在于制定长期的政策目标,这在其他国家是很难见到的,"最典型的就是中国每五年制定一部国民经济和社会规划,我认为中国没有受到全球危机大的影响,也是因为这一稳定制度的存在"②。中国体制的这一优势使中国不仅能够制定国家发展的长远战略规划,而且包含清晰且明确的阶段性任务的路径规划,从而能够持续付诸实施,将战略规划转化为现实。相反,在西方多党轮流执政的背景下,执政党和政治人物执政期限一般只有四年或八年,其所关注的只是其有限任期内的政策与制度布局,并不会顾及国家发展的长远规划,因为即使执政党制定出国家发展的长远战略规划,在"换人换党"后,也会被废止或搁置,很难得到继任者的认同并持续有效地实施。因此,一些国外学者和政要认为,与西方国家的短视和浅见相比,中国执政党和政府不仅能够制定国家发展的长远战略规划,而且能够持续有效地付诸实施,这是中国治理的一大优势。③

涉及大学,发展高等教育事业也自然被作为中国的一项战略任务,纳入中央政府和地方政府的一些规划中。不仅有诸如《高等学校"十三五"科学和技术发展规划》(2016年)这种每隔五年一次的中期规划,有《国家中长期教育改革和发展规划纲要(2010—2020年)》(2010年)这种中长期规划,还有《中国教育现代化2035》(2019年)这种长远发展规划。这些规划不仅是整个国家和执政党意志的体现,也有包含具体政策措施的推进落实机制和年度考核机制。在此政策背景下,大学就能结合国家和地方的规划与实现机制,制定出相应长远的成长规划和实现机制。如地处中原、经济欠发达地区的郑州大学,根据国家和地

---

① 李海、范树成:《国外学者视野下的中国治理优势》,《毛泽东思想研究》2018年第5期。

② 赵忆宁:《德国特里尔大学中国政经研究中心主任韩博天:中国决策机制最大优势是反复试错》,2012年11月7日,观察者(https://www.guancha.cn/politics/2012_11_07_108193.shtml)。

③ 李海、范树成:《国外学者视野下的中国治理优势》,《毛泽东思想研究》2018年第5期。

方政府的发展规划，制定了时间跨度长达 18 年的"三步走"发展规划，即将 2017—2020 年定为总体布局阶段，建成国家一流大学；将 2020—2035 年定为全面建设阶段，建成国际知名的综合性大学，争取进入世界一流大学行列；将 2035 年至 21 世纪中叶定为快速发展冲刺阶段，建成世界一流大学①。

2. 由国家稳定的财政政策带来的稳定成长预期

大学是一个资源高消耗的社会组织。对一所大学来讲，没有什么比经费短缺更具威胁性的事情了②。在高等教育发展史上，就有不少因为缺乏办学资金而关门倒闭的案例。如英国财政研究所（Institute for Financial Studies）2020 年发布的一份报告显示，多达 13 所英国大学可能由于资金问题而不得不关闭。③ 即便对于有着政府财政兜底的公立大学来讲，缺乏稳定的资金来源，也一直是其生存和发展的最大阻碍。一个慷慨的捐赠或项目投入也许能让大学在短期内松口气，但是要从政府处获得可观的、系统化的资金，仍然是很困难的。④ 政府一旦削减了拨款，大学就将陷入危机。通常的情况是，会直接导致学校招生规模缩减、课程减少、教师裁员等一系列问题的出现，即便是一些颇具实力的世界名校也不可避免。例如，美国公立大学明尼苏达大学，2003 年获得的州政府财政拨款占学校总预算的比例从 2002 年的 33.48% 下降到 30.18%。此比例在其后数年内又急速下降，到 2006 年，仅为 24.9%。这使该校的运营举步维艰，2003 年就曾出现削减教师福利项目、工资冻结一年的艰困局面。⑤ 至于处在经济状况相对较好州的加州大学，其高等教育研究中

---

① 佚名：《北大等"双一流"建设方案出炉，多校划定三步走战略》，2017 年 9 月 21 日，搜狐网（https://www.sohu.com/a/195772212_428290）。

② 罗志敏：《大学—校友关系建构与治理研究》，中国社会科学出版社 2021 年版，第 21 页。

③ Judith Burns, 13 UK Universities Could Go Bust without Bailout, 2020 年 7 月 9 日，凤凰网（https://ishare.ifeng.com/c/s/7xyaUEkk5md）。

④ [瑞士]瓦尔特·吕埃格：《欧洲大学史》（第 2 卷），贺国庆等译，河北大学出版社 2008 年版，第 196 页。

⑤ 麦可思：《在全美公立大学中位居第三的它是如何规划未来的》，《麦可思研究》2015 年第 5 期。

心主任加德森·金回顾说，50年前他所在的学校70%的开支都由加州政府支持，2006年这个比例已降至27%，2014年仅有14%[①]。这种局面的出现，与美国公立高校近些年获得的政府补贴逐年递减不无关系，如来自国家卫生研究院（National Institutes of Health）、国家科学基金会（National Science Foundation）和其他联邦机构的资金数额也一直停滞不前或者开始减少[②]。再如，2007—2014年，美国高等教育财政投入占高校收入的比例随经济增长呈下降趋势（从44.9%下降到39.1%），而同期中国却呈稳步上升态势（从43.52%上升到49.89%）。此外，美国财政性投入与经济周期的关系密切，这一现象在中国并不明显。而中国个人学费标准自1998年收费并轨后经历过短暂的上升，且近十年基本没有调整，其间高等教育培养成本的上升主要依靠地方财力来弥补[③]。目前，在美国，随着新自由主义思潮的泛滥，致使贸易自由化、价格市场化、私有化等观点充斥政府中。一旦受到外部经济环境的影响，政府管理阶层便把文化和教育的命运交付给随着市场波动而变化的资助者的利益和情绪，政府拨款逐渐成为公立大学一项最不稳定的收入来源[④]。

与国外公立大学屡屡遭受政府财政投入不稳定的困扰相比，中国大学却幸运得多，在获得国家以及地方政府的财政资金方面，近些年来一直是稳定的且持续增加的，这也可以说是中国大学治理拥有的最突出也是最重要的优势。如自《国家中长期教育改革和发展规划纲要（2010—2020年）》这一强延续性的、时间跨度长达10年的国家政策发布实施以来，高等教育财政性经费总体呈连续增长态势。至2017年，国家高等教育财政性经费由2009年底的2327亿元增长到6899亿元，八年时间增长

[①] 韩萌：《"后危机时代"世界一流公立大学财政结构转型及启示——以加州大学伯克利分校为例》，《教育研究》2016年第5期。

[②] [美]南那尔·基欧汉：《美国高等教育领导力的当代挑战》，《探索与争鸣》2018年第11期。

[③] 赵海利、陈芳敏、周晨辉：《高等教育财政事权与支出责任的划分——来自美国的经验》，《经济社会体制比较》2020年第2期。

[④] Ciaran Cronin, *Life after Bankruptcy*, November 26, 2008, http://www.signandsight.com/features/1798.html.

了196.48%，年均增长24.56%，增长率与年均增长率总体上均超过国家GDP、财政收入增长（年均增长率为19%）。高等教育财政性经费占高等教育经费的比例也由2009年的52%逐步攀升并稳定至62%左右。[①]其中，在中国高等教育扩张的高峰期，政府对高等教育的财政拨款在1998年至2006年以年均17.4%的速度增长[②]。对此，有学者评价道，这"反映出政府的强烈意愿和推动力……强大的国家意志和决心作用清晰，贯穿始终"[③]。中国大学的这一能获得政府稳定财政投入的优势，自然给大学带来了稳定的发展预期，这不仅让大学的领导人能够在制定学校成长战略时轻装上阵，没有后顾之忧，而且可以在人才引进、学生培养、科研、校园建设等方面做持续增量的改革，并得到了可预期的成效。近年来，中国大学取得了肉眼可见的成绩，就是这一治理优势最好的明证，如在短时间内使高等教育完成从精英化、大众化到普及化的阶段跨越，越来越多的大学和学科挤入世界排行榜的靠前位置等。

（二）步调统一的政府组织力量能给大学提供集中且高效的支持

纵观中华人民共和国成立以来的中国治国理政方式，除了有接续推进的远景战略目标、分步走的路径规划以及理性务实、分任务、分项目、重点推进的实施方案之外，还可从中发现其具有的两个显著特征：一是中国共产党长期执政地位及其制度体系，赋予它在整个国家思想、组织、人事、财政、决策等方面的全面领导权力，且能保障立法、司法、行政、军事体系对这种领导权力的共同支持，从而实现"全国一盘棋"式的治理；二是拥有能把控国家全局的、强有力的中共集体领导体制，能保障上下步调高度统一，能排除各种干扰，避免决策拖延，维持决策的效率

[①] 张浩、胡姝：《高等教育财政政策十年变迁与未来挑战——以〈教育规划纲要〉实施为背景》，《中国高教研究》2020年第10期。

[②] 张力、马陆亭：《中国特色现代大学制度建设理论与实践》，华东师范大学出版社2013年版，第83页。

[③] 查强、史静寰、王晓阳等：《是否存在另一个大学模式？——关于中国大学模式的讨论》，《复旦教育论坛》2017年第2期。

和权威。而西方国家的决策，往往既受利益集团或资本的操控，又受其他政党的干扰和牵制。中国这种独特的治国理政方式所具有的优势，不仅使中国实现了人类历史上罕有的持续几十年的经济快速发展和社会进步，也给其国内的大学提供了集中且高效的外在支持。

1. 大学可以获得政府的集中支持

无论是类似于"211工程""985工程""双一流建设"这种集中力量办大事的政策支持，还是诸如"对口支援西部地区高等学校计划"这种"先富"带动"后富"式的倾斜性支持[①]，这种组织支持方式往往伴随着政策、资金、宣传的集中注入，能在短时间内解决大学一些存量难题，提升大学的办学实力。如《国家中长期教育改革和发展规划纲要（2010—2020年）》颁布以来，一些有关教育体制改革试点、大学章程制定、教职工代表大会制度、学术委员会规程等后续政策相继、集中性地推出[②]，除了进一步明确和扩大了大学的办学自主权之外，还使高等教育界一直呼吁和倡导的"大学多元合作治理"获得了国家政策层面的认可和积极回应。特别是紧随其后教育部等五部门联合印发的《关于深化高等教育领域简政放权放管结合优化服务改革的若干意见》（2017年）以及中共中央和国务院印发的《关于深化教育体制机制改革的意见》（2017年），更是为大学的发展释放了很大的利好空间。再如，针对包括大学治理在内的教育体制改革难题，在《国家中长期教育改革和发展规划纲要（2010—2020年）》

[①] 如地处中国西部边疆、高等教育资源薄弱地带的新疆石河子大学，自2001年教育部启动"对口支援西部地区高等学校计划"以来，除了得到政府的一些政策及资金支持外，还得到了来自北京大学、华中科技大学、华东理工大学、华中农业大学、对外经济贸易大学等9所高校长期的、连续的组团支援，从而使其在学科建设、师资建设、人才培养、科研服务、国际合作交流和内部治理能力等方面进步明显，实现了跨越式发展［参见魏梦佳、和霭《20载教育援疆的背后：一所边疆大学如何实现跨越式发展？》，2021年5月13日，中华网（https://life.china.com/2021-05/13/content_46255.html）］。

[②] 在2010年7月国家发布《国家中长期教育改革和发展规划纲要（2010—2020年）》之后，教育部集中制定和颁布了《教育部关于修改和废止部分规章的决定》（2010年）、《高等学校章程制定暂行办法》（2011年）、《学校教职工代表大会规定》（2012年）、《高等学校学术委员会规程》（2014年）、《普通高等学校理事会规程（试行）》（2014年）、《教育部关于修改和废止部分规章的决定》（2015年）、《普通高等学校学生管理规定》（2017年）、《教育部关于修改和废止部分规章的决定》（2020年）等，逐步明确和扩大了高校办学自主权。

颁布后不到一个月即在2010年8月25日国家就快速成立了由时任中共中央政治局委员刘延东任组长的国家教育体制改革领导小组，汇集中央组织部、中央宣传部、中央编办、发展改革委、教育部、科技部、工业和信息化部、公安部、财政部、人力资源社会保障部、农业部、法制办、国研室、中科院、中国社科院、工程院、发展研究中心、自然科学基金会、共青团中央、中国科协等20个国家机构，集中解决包括高等教育在内的教育改革发展中的重大问题。

又如，自2012年以来经济增长放缓的背景下，中国政府仍然依照既定的纲要目标在2015年启动了"双一流"建设布局规划，除了制定"到本世纪中叶，一流大学和一流学科的数量和实力进入世界前列，基本建成高等教育强国"这一长期的发展总目标之外，还规定由教育部会同国家强力部门——财政部和发展改革委负责规划部署、推进实施、监督管理等工作，日常工作由教育部承担，涉及政策支持、财政投入、宣传引导等方面[1]。这种统一且集中的支持，使许多大学的整体实力在短时间内就得到大幅提升。如根据《泰晤士高等教育》(*Times Higher Education*) 发布的世界大学排行榜，2021年清华大学进入了世界大学前20名，在全球排名前100名的大学中，有6所来自中国，这是2020年的两倍。[2] 另据2019年 *US News* 世界大学排名数据，中国在全球1250所知名大学中占比达12.88%，161所高校榜上有名。2019年3月发布的自然指数（Nature Index）显示，多所中国高校已经跃居全球"自然指数全球领先机构"行列，同期发布的ESI全球高校学科排名显示，中国大陆地区共有258所高校、1060个学科进入ESI排名全球1%。[3]

2. 大学可以获得政府高效率的支持

近些年来，得益于国家地方两级政府在具体政策、人均经费、专项

---

[1]《国务院关于印发统筹推进世界一流大学和一流学科建设总体方案的通知》，2015年11月5日，中国政府网（http://www.gov.cn/zhengce/content/2015-11/05/content_10269.htm）。

[2] Douglas Broom:《中国大学才是全球高等教育的新星》，世界经济论坛，2020年10月15日，搜狐网（https://www.sohu.com/a/424744473_396568）。

[3] 张辉蓉、盛雅琦、宋乃庆:《中国高等教育发展70年：回眸与前瞻》，《浙江师范大学学报》（社会科学版）2019年第5期。

投入等方面的高效支持，中国大学无论是从整体上还是从个体上都得到了快速的发展。从整体上讲，高等教育发展规模与发展速度实现超常规、跨越式发展，创造了从"精英化"到"大众化"，再快速步入"普及化"阶段的世界奇迹，其教育质量也不断提高。从个体上讲，这既表现在校园面积、设施、在校生人数等外延性指标上，也表现在师资力量、学生培养等内涵性指标上。这种高效的支持除了一般的法规、政策和经费支持之外，还包括在学校用地、校办产业等方面所给予的免费、优惠、减免税等支持。此外，政府还给贫困学生多种渠道的支持，这其实也是对大学在扩大或保持生源稳定方面的一种支持。对于大学某一重大疑难或困境的解决，如校址搬迁、学科水平提升等重大事项，政府往往还会围绕这一问题，通过设置领导小组或联席会议制度等形式，将各个相关的政府机构以及部门都动员起来，有负责指挥和协调的，有负责落实的，定人、定任务、定时间，并配以检查任务开展情况的政策措施，从而保证问题能得到及时且有效的解决。

再如，在20世纪末开始的高等教育大扩招中，许多大学之所以能在短时间内完成扩招任务，获得高等教育大众化这一政策红利，就在于能在短时间内完成升级教学设备和基础设施、增加校舍面积和宿舍数量，甚至重新建设新校园的任务。而这些任务的完成都与政府的高效率支持密不可分。如就学校面积扩充或异地搬迁这一大的事件来讲，由于涉及征地、规划、拆迁、征收与补偿、建设和老校区处置、市政配套等复杂工作，仅凭大学一己之力根本就无法完成，即便完成也需耗费大量的时间成本和金钱，但由于政府的高效支持，除了提供巨额经费之外，还能在短时间内动员国土、规划、建设、银行等职能部门一起协同行动，从而快速地帮助学校在尽可能短的工期内完成任务。概而言之，中国政府在大学建设与发展过程中经常表现出强烈的意志和超强的组织动员能力，"可以说是世界上最有效的组织力量"[1]。

---

[1] W. Zhang, *The China Wave: Rise of a Civilizational State*, Hackensack, NJ: World Century Publishing, 2011, p.93.

（三）对外开放的新格局为大学提供了高水平的国际交流与合作

大学要发展壮大，不能闭门造车，唯有不断深化国际科技交流与合作，才能利用好国际高等教育资源，也才能发展出世界前沿的学术实力。与美国等一些西方国家近年来所采取的逆全球化做法不同，中国愈加深化的对外开放新格局，十分符合当代科技人文交流开放、信任、合作的理念，适应世界互鉴、共存、多维的发展潮流，这恰恰就给大学提供了高水平国际科技交流与合作的机会。一方面，以"一带一路"倡议为代表的对外开放政策，不仅仅是一条经济贸易之路，也是一条科技合作和人才交流之路。目前，中国已参与涉及科技的200多个国际组织和多边机制，与161个国家和地区建立了科技合作关系，签订了114个政府间科技合作协定[①]。如在"一带一路"沿线国家科技合作方面，中国分别与东盟、南亚和中东欧部分国家建立了"科技合作伙伴计划"，启动了53家"一带一路"联合实验室以及一批联合研究中心、创新合作中心建设。未来，中国与"一带一路"沿线国家还将在数字经济、人工智能、纳米技术、量子计算机等前沿领域展开合作，前景广阔[②]。另一方面，中国超大规模市场所拥有的"集聚效应"、全产业链的竞争优势带来的"虹吸效应"以及进博会、广交会、服贸会等重大展会所带来的放大综合效应，都有利于全球科技和人才要素在中国汇聚。2021年3月国家颁布的《中华人民共和国国民经济和社会发展第十四个五年规划和2035年远景目标纲要》提出，"要坚持实施更大范围、更宽领域、更深层次的对外开放"，这无疑为国内大学参与和引领全球科技、人才交流与合作提供了更广阔的舞台。

其一，有利于大学获得国际学术力量支持。近些年来，除了中国庞大的海外留学生数量每年都给大学增添不少具有国际学术视野的新生力

---

① 国纪平：《让科技创新为人类文明进步提供不竭动力》，《人民日报》2022年4月17日第3版。

② 钟科平：《深度参与全球科技治理》，《中国科学报》2018年6月7日第1版。

量之外，中国一方面鼓励和支持包括大学副教授、教授在内的科研人员走出国门学习深造，另一方面积极引进国外学术人才，中国和谐安定的社会局面以及发展向好的创新创造环境也对一些国家的学术人才产生虹吸效应，自然也就有利于其大学在全球范围内吸引人才、留住人才、用好人才。对此，有国外媒体评论，中国坚持进一步开放的承诺，在科学技术领域对世界上高精尖人才的吸引力将变得越来越大，同时中国在科学技术方面的强劲发展，以及在知识产权方面不断提高的意识和管理能力，也吸引了更多顶尖科学家来到中国[①]。例如，北京正负电子对撞机、上海光源、合肥强磁场实验装置等大科学装置吸引了许多国际顶尖的优秀科学家参与，由此也成了面向全球开放的国际合作平台。

其二，有利于大学深度参与全球高等教育治理。开放创新是新时代高等教育的鲜明时代特征，参与全球科技治理更是实现高等教育强国的重要一环。通过这一环节，大学不仅可以为全球高等教育治理体系的改进和完善做出贡献，还能增强其自身在全球高等教育治理中的话语权和领导力。由中国改革开放的新格局带来的诸如"一带一路"科技创新行动等方案的实施，将有利于大学参与且能深度参与全球高等教育治理，比如发起全球性学术创新议题，布局并牵头发起国际大科学计划，组织和主导大科学工程，这样就能使大学加强与各国高教界与科技界人士的协同行动，深入参与相关国际规则的制定和调整，成为全球高等教育价值链塑造的重要推动者、主导者和有效治理者，从而使大学在推进高等教育强国的过程中为国家创造发展的新机遇和新局面，为人类文明发展贡献强大的中国力量。

四　大学治理的"中国要求"

近年来，中国大学的办学实力虽然有大幅度的发展，也开始出现清

[①] 佚名：《中国的科研环境正吸引着世界上高精尖人才》，2018年8月13日，环球网（https：//m.huanqiu.com/article/9CaKrnKbk01）。

华大学、北京大学等少数在世界高教界崭露头角的名校，但与国家和社会公众的预期和期望相比，中国大学无论是从整体上还是个体上都存在着不少距离和落差，更与中国在世界舞台上的政治及经济地位不匹配。一方面，一些大学虽然在一些外在指标上表现出显著的积极变化，如国际论文发表量、学科世界排名，但这些变化多被认为是由资源和规模的驱动所产生的。同时，我们也看到大学一直面临着来自外界的许多批评，许多国民对大学聚集了越来越多的不信任感。如来自政府的批评认为，国家的巨大投入并没有产生相应的绩效，并没有能够为国家的发展、经济的发展提供足够的科技和人才的支撑。社会公众则质疑，民众所需要的多元化的教育，大学并不能满足。① 至于大学内部的一些人士，也时不时流露出他们对大学及其自身发展现状的困惑与失望情绪。以上这些不仅对大学现有的运作模式提出挑战，无疑也对大学提出了新的治理要求。另一方面，当今世界正处于百年未有之大变局，由此也对整个国家及社会组织产生了许多新的治理要求：世界经济新旧动能加速转换、国际格局和力量对比加速演变，对提升中国应对能力的要求；中国社会主要矛盾的新转化，对提供更多元且优质资源的要求；中国经济由高速增长阶段转向高质量发展阶段所带来的经济发展驱动方式变化，对提高全要素生产率的要求；网络和数字技术广泛渗透于经济社会各个层面所带来的生产、生活模式变革，对提供便捷服务、精准服务的要求，等等。以上这些由新发展格局所产生的治理新要求，既是中国大学需要面对的外部治理环境新变化，同时也是对大学治理提出的新要求。大学只有体察、聚焦并深刻把握其中的新要求，才能找到改革方向和着力点，以实现自身的有效治理乃至优效治理。

（一）为国服务重心转变对大学治理带来新要求

大学虽然一直受社会、市场等力量的掣肘，但国家（政府）却一直

---

① 林建华：《从北大看大学的治理》，2018 年 11 月 26 日，个人图书馆网（http：//www.360doc.com/content/18/1228/18/31267089_ 805106420. shtml）。

是影响大学生存和发展的重要力量,甚至是决定性的力量。相应地,大学也要呼应国家的发展利益需求,必须为国服务。

1. 大学必须为国服务

一方面,大学必须为国服务,是有其历史的和现实的逻辑的。如美国十分古老的私立大学之一、常春藤名校普林斯顿大学在1902年即建校150周年之际就确立了它自己的非官方校训——"为国家服务",其第13任校长伍德罗·威尔逊在当时作了题为"普林斯顿——为国家服务"(Princeton in the Nation's Service)的著名演讲[1]。他指出:"一所大学能在国家的历史上占一个位置,不是因为其学识,而是因为其服务精神。在我看来,大学如果要正确地服务于国家,那么其所有的课堂都应该有处理各种社会事务的氛围;……学校必须成为国家的学校。"[2] 事实上,大学就是在为国服务的逻辑前提下建设和发展起来的。如18世纪的法国,面对当时大学满足不了国家发展需要的情况,拿破仑政府创办了以"为了祖国、科学与荣誉"为使命的巴黎综合理工学院等新型大学,从而为法国培养了大批战略科技精英。德国于19世纪初开创的研究型大学,也使得第二次世界大战后德国在人才严重流失的情况下,还能够聚集力量再次崛起。日本在明治维新之初就开始致力于创建与西方媲美的大学,为日本此后100多年的发展打下了良好基础,也使日本跻身于国际学术和教育中心。[3] 至于美国,普林斯顿大学、哈佛大学、麻省理工学院(MIT)、斯坦福大学、加州理工学院、加州大学等研究型大学托管了美国近半数的国家实验室,其领域涵盖从核武器、雷达、导弹推进等武器研究到高能物理、数学、计算机科学、生命科学等重大科学前沿方向,为美国的高科技产业提供了尖端智力支持,同时也推动了谷歌、微软、苹果、特斯拉等一批具有世界影响力的美国科技企业的迅速崛起[4]。

---

[1] Princeton University, *Our History*, April 29, 2022, https://www.princeton.edu/meet-princeton/history.

[2] 别敦荣、陈梦:《普林斯顿大学的发展历程、教育理念及其启示》,《现代教育管理》2012年第6期。

[3] 马俊杰:《百年未有之大变局下的"双一流"建设》,《人民论坛》2020年第9A期。

[4] 赵文华、黄缨、刘念才:《美国在研究型大学中建立国家实验室的启示》,《清华大学教育研究》2004年第2期。

在中国，从民国时期"教育救国"的办学指向，到中华人民共和国成立以来先后实施的"科教兴国""人才强国"战略，一直将大学与国家的命运与发展紧紧相连。对此，清华大学前校长邱勇认为，大学是国家的大学，大学只有置身于国家发展的大背景中才能显示其自身的价值，只有在服务国家的历程中才能成就一流大学的高度。① 美国加州大学前校长克拉克·科尔对此分析得也很透彻，他认为："高等教育发展是知识的普遍化与特殊化的矛盾运动，知识普遍化反映的是学术的根本利益，而特殊化反映的则是民族国家的局部利益。"② 在为国服务这一前提下，大学应该有什么作为、应该怎么做，从根本上讲也是政府的一种主动选择和利用的结果。或许有人会拿美国举例予以反驳，比如，当前推动美国大学改革与发展的动力，更多地来自社会和市场，而不是政府。但这也只是政府把布局与实施高等教育改革与发展的蓝图交给社会与市场而已，并不是美国政府没有权力去做，而只是它认为这样做并不妨碍其国家利益的实现③。

另一方面，大学必须为国服务，也是基于中国的国家政策逻辑，即国家优先发展教育，教育也需优先满足国家发展需要④。从1977年邓小平提出"我们要赶上世界先进水平，必须从科学和教育着手"⑤，到中共十四大报告指出"我们必须把教育摆在优先发展的战略地位"，再到2022年中共二十大报告再次强调"我们要坚持教育优先发展"以及近年来国家颁布的系列政策文件，无不把教育摆在优先发展的位置，即"三个优先"国家发展战略："经济社会发展规划优先安排教育发展""财政

---

① 祝惠春：《解决核心技术"卡脖子"分三步走》，2019年5月18日，北青网（http://www.myzaker.com/）。

② 蒋书同：《高等教育实践与政府对高等教育属性的选择——品评付八军博士的〈高等教育属性论〉》，《当代教育论坛》（上半月刊）2009年第7期。

③ 蒋书同：《高等教育实践与政府对高等教育属性的选择——品评付八军博士的〈高等教育属性论〉》，《当代教育论坛》（上半月刊）2009年第7期。

④ 袁振国：《双优先：教育现代化的中国模式——为改革开放四十周年而作》，《华东师范大学学报》（教育科学版）2018年第4期。

⑤ 何东昌：《中华人民共和国重要教育文献 1976—1990年》，海南出版社1998年版，第1573页。

资金优先保障教育投入""公共资源优先满足教育和人力资源开发需要"。与此相对应,中国的教育也必须优先满足国家发展需要。如2017年9月中共中央办公厅、国务院办公厅印发的《关于深化教育体制机制改革的意见》就系统性地提出:"教育为人民服务、为中国共产党治国理政服务、为巩固和发展中国特色社会主义制度服务、为改革开放和社会主义现代化建设服务"。

2. 大学为国服务重心发生新的转变

当前,中国经济与社会发展有两大主题——创新与共同富裕[①]。二者相互统一、相互促进。在此背景下,大学仍要为国服务,但服务的重心却在这两个层面上发生了系统性的转变。一是大学在民生层面要助力社会实现共同富裕。高等教育本应具备促进公共福祉的功能[②],是一个国家的"民生之基"[③],大学也因此一直被纳入国家民生事业的建设当中,关注民生、为民生服务、改善民生也是大学应秉持的一个基本的办学指向。近年来,中国大学在满足民众受教育需求、关心和帮助大学生就业和创业以及脱贫攻坚等方面都发挥了不可替代的作用。自2019年人均国民生产总值突破1万美元从而迈向中高收入国家以来,中国也由此转入实现共同富裕的发展进程。在此阶段下,促进社会共同富裕就成了大学为国服务的一个新的要求。比如,大学需要通过其自身作为,担当起在扩大中等收入群体、促进社会流动和社会公平以及推进乡村振兴中的重任。二是大学在科研层面要助力国家实现科技自立自强。自1949年中华人民共和国成立以来,历届国家领导人和政府都对大学在科技服务国家发展方面寄予了厚望,希望大学能在科学技术现代化、建设创新型国家以及创新驱动发展等国家发展战略中发挥基础且关键作用。步入发展新阶段,中国在面临经济增长下行和贸易摩擦频发的多重压力、诸多关键

[①] 李民圣:《新时代中国经济的两大主题:创新与共同富裕》,《马克思主义与现实》2019年第1期。

[②] 陈贵梧:《美国研究型大学的核心使命及其演变研究:基于使命陈述中关键词的词频分析》,《复旦教育论坛》2013年第1期。

[③] 刘子云、李枭鹰:《走向民生的高等教育》,《国家教育行政学院学报》2015年第4期。

领域核心技术存在"卡脖子"难题的情境下，进一步提出将科技自立自强作为国家高质量发展的战略支撑力量。大学尤其是研究型大学作为国家科技创新高地和人才培养主阵地，服务国家的这一战略发展需要也就成为其必须面对和应承的新要求。

大学为国服务重心的转变，还集中表现为两个明显的变化：一是突出任务要求的"高水平"。如在服务民生上，大学不仅要继续在解决民众就业、创业问题上发挥作用，而且提升到大学要推进全社会共同富裕的高度。至于在科技层面，习近平总书记在2021年5月召开的"两院"院士大会和中国科协代表大会上，就为"科技自立自强"加上了一个重要定语——"高水平"，即中国要"实现高水平科技自立自强"[1]。这里面的"高水平"意味着大学要应承的是国家的战略性需求，要培养的是领军人才和战略科技人才，要建设的是大平台，要组建的是大团队，要完成的是大任务，要产出的是颠覆性、原创性的大成果。二是突出任务完成时间的"急迫性"。如就科研层面来讲，大学需要针对事关国家安全和长远发展的"心腹之患"和"燃眉之急"，助力企业尽快打通关键领域技术的堵点、断点，支撑国家尽早实现科技体系自主可控。对此，习近平总书记强调："党和国家事业发展对高等教育的需要，对科学知识和优秀人才的需要，比以往任何时候都更为迫切。"[2]

3. 为国服务重点转变对大学提出治理新要求

大学为国服务重心的两层面转变以及带来的突出变化，使中国大学有了新的定位、新的使命以及新的运行机制，其办学逻辑不仅要聚焦知识生产的逻辑，还要涵盖社会的逻辑和国家的逻辑，这自然也给新阶段大学治理带来了与以往不一样的新要求：如何建立一套能同时助力社会

---

[1] 习近平：《在中国科学院第二十次院士大会、中国工程院第十五次院士大会、中国科协第十次全国代表大会上的讲话》，人民出版社2021年版，第3页。

[2] 习近平：《在北京大学师生座谈会上的讲话》，《人民日报》2018年5月3日第2版；周世祥、杨飒、靳晓燕等：《牢记总书记嘱托，建设世界一流大学——高校师生热议习近平总书记在清华大学考察时的重要讲话》，《光明日报》2021年4月21日第1版。

实现共同富裕和国家科技自立自强的办学体系？

其一，在民生层面，大学需要在维持自身独特性的同时转向公共场域，通过与社区和乡村链接，将其自身嵌入区域发展与乡村振兴中，进而助力社会实现共同富裕。但是要做到这一点，大学就需要将其自身的治理体系纳入国家公共治理体系中。那么，由此带来的问题是：大学如何提升公共服务能力与水平，以使其自身成为服务全民终身学习和发展的立交桥？如何立足其自身优势，找准社会服务的发力点，以使其自身成为区域经济社会发展以及乡村振兴的助推器？又该如何主动进入区域经济产业链中，打造其自身优势学科集群，以将其自身发展与区域发展相辅相成？其二，在科研层面，大学需要在治理上建立一套能支撑国家科技自立自强的科研体系。为此需要解决诸多问题，比如大学如何完善战略科技人才、科技领军人才的培养、发现和激发机制？如何引导和鼓励更多有潜质的科研人员围绕国家重大战略需求开展科技前沿问题研究？又该如何充分发挥其学科门类齐全、科技人才聚集、基础研究厚实等独特优势，整合资源，布局科技大平台以解决关键核心技术领域的"卡脖子"问题？这些暗含着结构性矛盾的问题，都需要大学治理机制的配套改革予以解决。

（二）经济增长放缓态势给大学治理带来新要求

经费是大学发展的根基，政府的财政经费绝对是影响中国大学（公立高校）生存和发展的主导性和决定性力量。那么，现在的问题是，随着国家经济增长放缓，在政府面临着比以往更大的财政压力的情况下，其财政投入安排必将发生新的变化，而这无疑又是大学需要予以关注和重视的。

1. 国家经济增长放缓影响大学来自政府的财政拨款收入

中国经济现已步入增速放缓期，这是由中国的经济发展新阶段、国际局势影响等因素所决定的。如"十二五"期间经济增长率从2011年的18.5%下降到了2015年的6.9%。"十三五"期间增长率则从2016年的6.8%下降到2019年的6%，2020年由于疫情冲击降到2.3%。可以预判的是,"十四五"期间除 2021 年会恢复性增长到一个较高的数据(8.1%)之外,2022 年及以后年份仍会维持一个 5%—6% 的中低速增长。① 国家经济这种长期中低速增长态势,会影响政府的财政收入状况,而这自然又会影响大学的财政拨款收入。

因为国家经济增长放缓,国家财政收入增长速度同样减缓,这直接导致政府难以保证教育财政投入的持续高增长,因此也就不能满足高校办学经费不断增长的需要,至少不能达到以往那种逐年递增的高增长率。如根据中国 2000—2018 年国内生产总值、国家财政收入、国家财政性教育经费三项国家统计数据,可以发现三者的变化幅度基本同步,变化情况在时间和方向上也基本一致,同时三者存在高度正相关②。2012 年以来,高校所获财政投入的增长幅度开始减缓,甚至出现了负增长(如 2013 年)。于是,有学者认为,高校从政府那里获得的财政收入似乎已经接近天花板,很难再有突破,但是,由于物价上涨和师资等竞争所带起来的高校办学成本及支出的刚性增长,因此就形成了一个难以破除的"剪刀差"③。此外,近年来中国实施的大规模减税降费政策以及 2020 年新冠疫情后面临的更为复杂的国内外经济形势,也自然会影响政府对高校的财政投入。如根据教育部发布的 2020 年全国教育经费执行情况,全国高等教育经费总投入比上年仅增长 3.99%,普通高等学校生均教育经费总支出比上年更是下降了 3.78%④。

2. 政府新的财政投入安排对大学提出治理新要求

来自政府的财政拨款长期以来都是中国大学(公办高校)办学经费的最主要来源,这使大学在财政收支模式上产生了路径依赖。但是,当政府认识到这一安排的成本越来越高时,就会主动打破原有的规则,实

---

① 周潇枭:《全国政协委员高培勇:"十四五"预留弹性空间,2035 年远景目标是明确的》,《21 世纪经济报道》2021 年 3 月 5 日第 2 版。

② 罗志敏、马浚锋:《中国高等教育省域财政压力指数的研制与测评》,《教育与经济》2020 年第 3 期。

③ 陈茜:《大学破产寓言:大学会倒闭吗?》,《董事会》2006 年第 2 期。

④ 教育部:《2020 年全国教育经费执行情况统计快报》,2021 年 4 月 27 日,教育部新闻网(http://www.moe.gov.cn/jyb_xwfb/gzdt_gzdt/s5987/202104/t20210427_528760.html)。

行新的财政投入安排①。这种财政安排，意味着在国家经济增长放缓的态势下，即便在政府对高校财政投入的总额度维持不变甚或有所增长的情况下，政府财政投入在学校总收入中所占的份额也会下降，这在国际上一些进入普及化阶段的国家已有先例。如威斯康星大学麦迪逊分校教授弗朗索瓦·维克多·涂尚回顾说："一百年前，州政府给学校的拨款占年度经费95%，而2017年，政府的拨款只占15%。"② 这表明美国州政府在公立高等教育财政中的角色已明显从支持者变成扶持者，高等教育在资源限制下成为政府的次优选择③。在中国，如果大学还像以往那样过于依赖政府的财政收入，政府给多少钱就办多少事，不主动采取措施去填补政府财政投入份额下降的空缺，那么，就会很快将它们自己置于一个十分尴尬乃至很危险的境地，这对于那些处在财政压力大省域内的高校来讲更是如此。

众所周知，中国高等教育实行中央、地方两地办学但以地方为主的办学体制，这意味着地方政府在高等教育方面有着很大的自主权力。随着中共中央和国务院《关于深化教育体制机制改革的意见》（2017年）、《教育领域中央和地方财政事权和支出责任划分改革方案》（2019年）等政策的相继实施，地方政府调控所在省域院校发展的权力会更多、更大，而根据本省财政状况主动增添或调减省域内的院校数量，也自然成为地方政府的应有职责和权力。从中可以预判的是，国家经济增长放缓态势下那些财政收入不高且公办高校数量又多的省份，即高等教育财政压力指数高的省份，其省属的一些高校最有可能面临办学资金短缺难题。如表1-1所示，除上海、北京、广东等少数省（直辖市）的高等教育财政压力指数较低之外，其他省份都相对较高，如黑龙江省的高等教育财政压力指数全国最高（高达68.8），这不仅意味着黑龙江省仅1152亿元的地方财政收入难以为

---

① 罗志敏、杨浏祎：《制度变迁与规则流变：普及后阶段中国高校的生存境遇及可能演化》，《江苏高教》2022年第4期。
② 转引自邬大光《什么是"好"大学》，《北京大学教育评论》2018年第4期。
③ 韩萌：《"后危机时代"世界一流公立大学财政结构转型及启示——以加州大学伯克利分校为例》，《教育研究》2016年第5期。

近80所公办院校提供充足的财政支持，而且其省属的一些高校极有可能面临资金短缺难题。而像吉林这种虽然公办院校数量不多但财政收入又明显不足的省份，由于其压力指数仍很高（58.2），今后其省内一些高校面临办学资金紧张也将会成为大概率事件。

表1-1　2020年中国大陆省（市、区）高等教育财政压力指数排名

排名	省（市、区）	公办院校数/折合数	财政收入（亿元）	压力指数	排名	省（市、区）	公办院校数/折合数	财政收入（亿元）	压力指数
1	黑龙江	80/79.2	1152	68.8	17	重庆	68/67.2	2095	32.1
2	吉林	64/63.2	1085	58.2	18	西藏	7/7	221	31.7
3	甘肃	50/49.2	874	56.3	19	四川	132/129.6	4258	30.4
4	广西	82/82	1717	47.8	20	湖北	129/126.2	2511	30.1
5	宁夏	20/19.6	419	46.8	21	新疆	56/56	1477	30.0
6	辽宁	116/114	2655	42.9	22	福建	89/88.2	3080	28.6
7	湖南	128/126.8	3008	42.2	23	天津	56/54.8	1923	28.5
8	贵州	75/75	1786	42.0	24	内蒙古	54/54	2051	26.3
9	江西	105/105	2507	41.9	25	海南	21/21	816	25.7
10	陕西	96/93.6	2257	41.5	26	山东	152/150.8	6560	23.0
11	青海	12/12	298	40.3	27	江苏	167/163	9059	18.0
12	云南	82/81.6	2116	38.6	28	浙江	109/108.6	7248	15.0
13	安徽	120/119.2	3216	37.1	29	广东	154/152.4	12921	11.8
14	山西	85/85	2296	37.0	30	北京	77/61.4	5481	11.2
15	河南	151/151	4155	36.3	31	上海	63/59	7046	8.3
16	河北	125/123.4	3778	32.7					

资料来源及说明：（1）公办院校数来自教育部2020年6月30日公布的高校名单，不包括民办性质的院校、中外合作办学院校、成人院校和军事院校；（2）公办院校折合数 = 地方公办院校数 + 部属公办院校数×0.6（把当地隶属于教育部等部属院校1所按0.6所折算）；（3）财政收入来源于各省（市、区）财政厅公布的2020年公共财政预算收入数据；（4）压力指数 = 地方公办院校折合数/地方财政收入（×1000后取三位小数），是指地方财政收入承担地方公办院校办学经费的压力程度，指数越大表明压力程度越大。

由此可见，在国家经济增长放缓态势下，政府财政将越来越难以满足大学的资金需求，这给长期以来都依赖现有财政投入模式的大学带来最直接的挑战，那些不善于或不及时在财政收入结构上转型的大学，将面临办学资金短缺的难题。对此，作为资源依赖型大学，尤其需要拥有一个多元互补的财政收入结构，以在增加学校总收入的同时降低对政府财政资金的依赖。与此同时，大学还须对其传统的财政支出结构做出相应的变革，以最大限度地利用有限的资源，规避可能的资金浪费，提高资金利用效率。在此阶段下，大学也就由此面对着一个新的治理要求：大学需要优化其自身的经费使用和财政收入结构，以适应国家经济增长放缓的长期态势。如此一来，大学需要通过治理解决的问题就有很多，比如大学如何通过经费支出结构的优化，以更明智地分配和利用其有限的资源？① 如何寻找、创造、扩展支持者，以形成拥有多种资金来源、强稳定性的办学资源？

（三）高等教育普及化深入发展对大学治理带来的新要求

从生源市场中获取一定质量和规模水平的生源，永远是一所大学生存和发展的根基。因为生源的质量直接影响到大学整体的人才培养质量，生源的数量规模则直接决定着大学的学费收入以及相应的国家财政拨款。那么，随着中国高等教育普及化深入发展及其带来的生源市场变化，大学势必会面临新的治理要求。

1. 高等教育普及化带来的生源市场变化

据教育部发布的全国教育事业发展统计公报，2019年中国高等教育毛入学率已高达51.6%，这种远超预期的增长表明中国已正式迈入一个全新的发展阶段——高等教育普及化阶段，2022年则进一步从2020年的54.4%大幅提升到59.6%，中国高等教育由此进入普及化深入发展阶段。这一阶段预示着整个国家的高等教育体系都会面临许多新的变化以

---

① 毛建青、陈文博、刘美佳：《怎样的经费收支结构有助于提升学术产出——基于我国36所世界一流大学建设高校校际面板数据的分析》，《教育发展研究》2021年第9期。

及由此带来的机遇或者挑战。比如，政府在财政投入上将难以再维持过去那种持续高增长的慷慨作为，高等教育的体系、规模以及结构都将做出适应性的调整，高等教育资源供给和配置的方向、方式也将会发生重大变化。在本书看来，身处高等教育普及化深入发展阶段的大学，面临的最大挑战就是未来生源市场的变化，即生源市场会随着学生升学选择机会的增多，倒逼高校实现生源市场博弈中的供需角色互换，而不得不投入更多资源以在生源市场竞争中获得优势。

但是，随着高等教育普及化的持续推进，中国高校本专科录取率于2019年达到88.7%之后，预计很快会超过100%①，即招生人数将超过报名人数，这意味着高校将在越来越多习惯用脚投票的学生的重压之下不可避免地出现生源紧张问题②。从中可以预判，过去20年来中国通过扩招释放的生源红利已基本上消失殆尽，生源问题正成为且将越来越成为掣肘高校生存和发展的一个关键要素。一是总体生源规模下降。全国高考报名人数在2008年达到历史最高峰即1050万人之后急剧下降，直至2014年虽然开始止跌趋稳，但还是有很多普通本科院校连续数年未能完成招生计划，处于"喂不饱"的状态。③即使许多高校录取门槛逐年降低，报考录取率也逐年提升，但还是难以化解这一困境。二是生源持续外流。排除受新冠疫情影响的年份，中国出国留学人数逐年增加，并呈现低龄化趋势，而来华留学人数却远未能填补这个生源缺口。中国出国留学人数继2017年首次突破60万人大关后，2019年达70.35万人，比上一年增加6.25%。与之相比，2019年全国来中国大陆地区留学的学生共39.76万名，逆差明显④。此外，国家在中考时的强制性分流政策

---

① 刘在洲：《我国高等教育普及化初级阶段若干特征转变研判与对策》，《国家教育行政学院学报》2020年第12期。
② 罗志敏：《"减"字当头，高校大洗牌将带给2800多所高校何种命运》，《光明日报》2017年1月24日第13版。
③ 赵婀娜：《2017高招调查报告发布：高考录取比例继续提高》，2017年6月7日，中青网（http://news.youth.cn/jy/201706/t20170607_9993079.htm）。
④ 教育部：《2019年度出国留学人员情况统计》，2020年12月14日，教育部新闻网（http://www.moe.gov.cn/jyb_xwfb/gzdt_gzdt/s5987/202012/t20201214_505447.html）。

以及2019年以来国家推行的职业学校大扩招政策，也势必进一步压缩本科院校的生源规模。

2. 生源市场角色互换给大学提出治理新要求

生源规模下降以及生源外流所造成的生源不足，使得除少数名牌院校和重点大学之外的大多数高校由"卖方市场"转变成"买方市场"，即大学提供的教育机会"供大于求"。考生对大学的需求将从过去的"有学上"转变为"上好学"，大学对生源的竞争也因此变得更为激烈，如通过更高的助奖学金以及更多的在校发展机会承诺来招揽学生，而在生源市场竞争中的"失败者"，也必定难逃萎缩、被合并乃至停止办学的命运。因为学费收入不仅是中国许多民办院校几乎唯一的收入来源，也一直是公办院校除了政府财政拨款之外的最大收入来源，即便是那些社会吸金能力强的国内传统名校也是如此。这也就是说，当大学缺乏基本办学所需的生源时，必然会导致学校办学经费紧张，进而影响大学的生存和发展。

还需补充说明的是，近几年来，新型大学（包括新型私立大学）不断涌现，如西交利物浦大学、昆山杜克大学、上海纽约大学、上海科技大学、西湖大学、天津茱莉亚学院、中国科学院深圳理工大学、福耀科技大学等这些先后成立和筹建的大学，高起点、高站位，而且办学机制灵活，办学经费充足且来源多样，国际化特色鲜明，这必将对老牌院校独步天下的传统格局造成冲击，尤其是在吸引优质生源上。这意味着传统名校在丧失原本属于它们自己的那一部分优质生源后，必定在有限的生源市场中挤占原本属于普通高校的生源份额。此外，中国低生育率带来的学龄人口下降，势必也会压缩许多大学尤其是地方院校的生源规模。如《中国统计年鉴2021》显示，2020年全国人口出生率仅为8.52‰，创下了1978年以来的新低[①]，随着人口负增长而来的学龄人口下降甚至大幅度下降或将提前到来。由此可以预判的是，普及化深入发展阶段的大部分高校将彻底丧失"卖方市场"地位，

---

① 国家统计局：《中国统计年鉴2021》，中国统计出版社2021年版，第2页。

而这一新变化势必会给新阶段的大学治理提出一个新的要求：大学如何在生源市场竞争中维持其基本办学活动所需的、一定规模和质量水平的在校生人数？

（四）新技术场景应用造成的颠覆效应给大学治理带来新要求

在本书看来，新技术主要是指一种由数字化技术和智能化技术赋能的技术，包括大数据、人工智能、5G通信、物联网、区块链、虚拟现实（VR）等。目前，新技术的迅猛发展及其多层面、全方位的运用场景，在改变人们的思维方式和行为模式的同时，也会成为大学不可抗拒的潮流，对大学的影响将是全方位的，而这必然会对大学提出新的治理要求。

1. 新技术异军突起将会给大学带来颠覆性影响

其一，会直接影响大学的生存格局。提出过"高等教育发展三阶段学说"的美国著名教育社会学家马丁·特罗就曾在其发表的论文中，详述了信息与通信技术对高校办学及教学模式的冲击[①]。现如今，新技术的异军突起，则将进一步突破大学传统的教学模式，打破高等教育在时间、空间上的限制，如学生不再需要局限于某一固定校园的范围，可以自主选择不同大学、不同课程进行针对性的差异化学习。麻省理工学院曾做了一个实验：学生可以在教室里听课，也可以在网上听课。实验结果表明，两种方式的学习效果都差不多，至于原因，这不是因为老师教得不好，而是因为学生可以选择他们自己认为最佳的学习方式[②]。而这也就意味着，新技术不仅使一所高校难以垄断学习者的学制和文凭，而且能使某所高校大规模从事学生培养变成现实。如美国哈佛大学与麻省理工学院联合创办的在线教学平台，已为100万名大学生提供了5000门高质量课程，涵盖全球195个国家和地区，从而在实现教育规模效应的

---

① [美] 马丁·特罗：《信息与通信技术对高等教育的影响》，陈运超译，《复旦教育论坛》2003年第1期。

② 黄亚生：《大学会被人工智能和互联网技术颠覆吗？》，《21世纪经济报道》2017年12月11日第7版。

同时获得了巨额效益①。对此,哈佛大学教授克里斯坦森就大胆预言,20年以后,美国50%的高校很可能会被人工智能和互联网线上教学的模式所颠覆②。高等教育政策分析专家凯里（Kevin Carey）也曾预言,人工智能和互联网线上教学将书写高等教育未来史,那些不能适应相应改变的院校,会退出历史的舞台③。

其二,会给大学传统的内部管理模式带来冲击。目前,新技术已在政务管理、企业营销、社会治理等领域得到越来越广泛和深入的运用。具体表现在这一方面：将覆盖范围广、应用频率高的事项向移动端延伸,并通过平台化应用促进高水平联通和高效率推进。在新技术的不断渗透下,大学也不得不考虑科技对其管理范式的影响,即新技术与高等教育的融合发展正改变着传统大学的治理形态,从而突破传统大学治理仅依靠经验管理和科层治理的局限,逐渐走向数据驱动的治理模式④。其中,新技术应用场景所需要的治理主体非中心化、治理结构扁平化以及治理执行精准化和定制化,将会对大学传统的内部管理模式造成全面的冲击。仅就新技术所注重的数据传递速度、质量以及共享程度来讲,需要校内管理与服务走向一体化,需要工作流程不是工作环节的简单排序而是每个运行环节相互协调、步调一致,但是大学内设机构的条块关系所形成的"部门主义"以及边界壁垒,则会导致数据共享和交换难以实现。如数据在"条机构"与"块机构"之间往返困难、数据多次重复录入等问题。这些问题的存在,大都跟大学现有的内部治理模式嵌套在一起,很难解决或消除。这也意味着新技术的应用,需要大学的内部治理模式做出根本性的改变。

---

① ［美］凯文·凯利:《大学的终结：泛在大学与高等教育革命》,朱志勇、韩倩译,人民邮电出版社2017年版,第8页。
② 斯晓夫、刘婉、巫景飞:《克里斯坦森的破坏性创新理论：本源与发展》,《外国经济与管理》2020年第10期。
③ 张治、李永智:《迈进学校3.0时代——未来学校进化的趋势及动力探析》,《开放教育研究》2017年第4期。
④ 张海生:《智能技术赋能下的大学治理形态变革》,《高校教育管理》2021年第5期。

2. 新技术场景的颠覆性变化对大学提出治理新要求

在原有的技术场景下，大学具有相对稳定的知识传递以及管理结构，也有着相当固定的预期收益，但当新技术融入高等教育时，就会使原有的稳定结构发生变化甚至发生颠覆性变化，从而对大学现有教学和管理模式带来挑战，也由此给大学治理带来新的要求，即需要建构一套能适应新技术环境的教学新范式以及内部管理新模式，以推动大学治理进入"智治"阶段。比如，新技术场景下网络社交媒体的高度灵活性使师生得以将一些通过传统渠道难以表达的观点，借助于网络上的某些话题来反映其利益诉求，表达其立场，大学因此就需要通过建构和完善数据平台来进行网络数据的识别、收集、整理和分析工作，以回应师生的需求以及需求的变化。

如此一来，大学需要通过其治理来解决的问题有很多。比如，在教学服务产品提供方面，如何适应新技术环境给大学传统教学模式带来的冲击？在学校内部组织架构方面，如何构建一个分工明确、权责清晰、流程顺畅而且能协作配合的"全响应"式组织结构？在大数据利用方面，如何建立一个包含师生基本信息、行为与偏好信息、教学和科研信息等在内的数据库以及能进行搜集、整合和处理的一体化数据平台？在内部管理方面，如何挖掘师生场景化信息以及信息接受偏好，从而为师生在合适的时间点推送一站式的个性化服务？

概而言之，运用有限的要素资源完成复杂、多样的治理目标，始终是贯穿大学治理的核心议题。当前，为国服务重心转变、政府财政投入模式转变、生源市场变化以及新技术带来的冲击则进一步凸显了要素资源获取的复杂性和难度，这些变化都迫切需要大学在治理中更加重视能力维度。只有如此，才能对这些新变化、新要求一一予以及时且有效的回应，也才能在获得大学有效治理的同时不断达成预定的治理目标。

第二章　大学治理能力的溯源及理论诠释

国家治理的首要问题是治理能力问题①，治理体系现代化的运行，总是需要强大的治理能力与之相匹配②，这对大学治理来讲也同样如此。本章的主要任务有二：一是从学术研究和实践发展两方面源流的梳理和分析中，体察"治理能力"无论是作为一个研究概念还是改革方向，在新时期大学治理领域的学术研究和应用实践中的由来和历史方位；二是对大学治理能力进行理论层面的具体阐释，以为本书接下来的研究作一个基本的理论铺垫。

一　转向"治理能力"：大学治理问题研究的学术史梳理

当与"政治"（government）一词具有相同词根的"治理"（governance），最初作为新兴的政治学词汇在20世纪90年代中期被介绍到中国时，中国政府正经历着一场深刻的制度变革，以回应民众对法治、责任和透明等方面日益迫切的要求。尤其是2013年11月中国共产党十八届三中全会提出将"完善和发展中国特色社会主义制度，推进国家治理体

---

① 秦国民、陈红杰：《国家治理能力现代化视阈下提升制度执行力的着力点》，《中国行政管理》2017年第8期。
② 陈进华：《治理体系现代化的国家逻辑》，《中国社会科学》2019年第5期。

系和治理能力现代化"作为全面深化改革的总目标以来,"治理"以及相关研究随即便在这个世界上最大的转型国家中获得了用来解释甚至影响改革进程的试验空间。[1] 也正是在这一背景下,围绕"大学治理"的研究,就替代了持续多年的研究热点"现代大学制度"。但是,国内外的各种"治理"研究,大都是关于"体系""结构"或"制度"的研究,虽然间或涉及治理能力,但却不是其关注的重点[2],这在大学治理领域表现得更为明显,即治理能力常被遮蔽在治理文化、治理结构、治理权力、领导力等主导性概念中,因此也就未能作为一个独立或集中的研究对象。基于此,本书就从梳理大学治理问题的相关研究开始,在洞悉中国大学治理研究所处困境的历史逻辑源流中,体会和把握"治理能力"之于大学治理研究路径转向的必要性和重要性。

(一) 如何实现大学的有效治理:两种研究取向

治理理论自从在政治学领域出现开始,就不满足于解释现有的政治制度和管理方式,其目标乃是塑造政策议程并提供前瞻性的指导方案。[3] 表现在大学治理领域,相关文献也大都围绕"如何实现大学的有效治理"这一共同问题指向,以图拿出一套在既有传统以及政治经济环境背景下能实现大学善治的指导或操作方案。正是在这一思维图式之下,相关论著可被概括为两种代表性的研究取向。

1. 基于功能主义的 (functionalism)

这一研究取向假定人都是具有自然理性且利己取向因而是被动的和反应式的,若通过制度规则和科学管理方法的运用,就能最大限度地减少沟通、工作流程和权力配置中可能出现的问题,就能得到整齐划一的行为取向和预想建构的社会现实,因而其关注点在于组织各功能的协调

---

[1] 李泉:《治理理论的谱系与转型中国》,《复旦学报》(社会科学版) 2012 年第 6 期。
[2] 杨光斌:《关于国家治理能力的一般理论——探索世界政治(比较政治)研究的新范式》,《教学与研究》2017 年第 1 期。
[3] Gerry Stoker, "Governance as Theory: Five Propositions", *International Social Science Journal*, Vol. 50, No. 155, 1998, pp. 17–28.

性①。持这种研究取向的以国内的研究居多，由于相关研究围绕"大学与政府""大学与社会""学术与行政""教学与科研"等话题展开，且大量使用"结构安排""多元治理""权力配置""权力问责""制度建设"等话语（如龚怡祖②，张应强、蒋华林③，冷书君、林杰④，别敦荣⑤，阎光才⑥），因此又可将其概括为结构功能主义或"结构—制度"视角。

以此为依托，研究者认为，大学治理体现为共同治理目标下各利益相关者间的相互关系（如王英杰⑦），其有效治理的核心就是治理结构安排及其运作问题（如 Bolman & Deal⑧，何晓芳⑨，蔡国春⑩）。所谓结构问题，就是各相关者之间的权力关系配置（如杨天平、王超⑪，张衡、眭依凡⑫）；至于运作问题，则是各相关者参与大学事务决策的实施过程（如李洪修、张鑫⑬）。而大学治理失灵、失范或失序的根源，皆被认为与治理权力在各相关者之间配置失衡、缺置或错位有关（如刘健、邹晓平⑭，

---

① 张振波、金太军：《论国家治理能力的社会建构》，《社会科学研究》2017年第6期。
② 龚怡祖：《大学治理结构：建立大学变化中的力量平衡——从理论思考到政策行动》，《高等教育研究》2010年第12期。
③ 张应强、蒋华林：《关于中国特色现代大学制度的理论认识》，《教育研究》2013年第11期。
④ 冷书君、林杰：《权责统一视角下大学内部权力运行制约与监督机制研究》，《现代教育管理》2018年第12期。
⑤ 别敦荣：《美国大学治理理念、结构和功能》，《高等教育研究》2019年第6期。
⑥ 阎光才：《关于当前大学治理结构中的社会参与问题》，《清华大学教育研究》2020年第1期。
⑦ 王英杰：《共同治理：世界一流大学治理的制度支撑》，《探索与争鸣》2016年第7期。
⑧ L. G. Bolman and T. E. Deal, *Reframing Organizations: Artistry, Choice and Leadership*, San Francisco, CA: Jossey-Bass, 2008.
⑨ 何晓芳：《大学治理结构中的权力关系：英美澳三国的考察》，《国家教育行政学院学报》2017年第2期。
⑩ 蔡国春：《论高校学术委员会制度的建构与重构——基于学术权力独立性与统整性的考量》，《高等教育研究》2019年第1期。
⑪ 杨天平、王超：《西方大学权力模式的运演及其特色》，《教育研究》2012年第5期。
⑫ 张衡、眭依凡：《中国特色一流大学治理结构：理论基础、体系架构、变革路径》，《中国高教研究》2020年第3期。
⑬ 李洪修、张鑫：《试论大学学术权力的异化及其化解》，《大学教育科学》2018年第2期。
⑭ 刘健、邹晓平：《大学治理：好制度何以失灵?》，《高教探索》2017年第12期。

周作宇、刘益东①，刘爱生、王文利②，阎梦娇③）。

至于某一特定的大学治理事件，如学术腐败或学术不端问题，研究者特别重视这一事件所反映的权力结构关系，认为它们都是这一权力结构关系的产物，如认为是行政权力与学术权力没有理清好关系（如石连海、朱玉成④），或者认为是学术权力没有得到其他权力主体的有效监督和制约（如王众、高志友、匡建超⑤）；至于某一特定的个体，比如一位教务管理者或一位教授，研究者往往假定他（她）的行为是被其生存其中的关系结构所刺激、鼓励、指引和限定的（如龙洋⑥）。要解决这一问题，要么通过治理结构的重构来弥补（如 Bolman & Deal⑦），要么通过纳入政府、社会的问责和监督这种特定的制度安排（如梁晶、王嘉毅⑧，柳亮、刘小平⑨，陈·巴特尔、马智慧⑩，陈亮⑪，褚宏启⑫），要么通过一个统合多种措施的制度打包，如建立"现代大学制度"，实现"治理

---

① 周作宇、刘益东：《权力三角：现代大学治理的理论模型》，《北京师范大学学报》（社会科学版）2018 年第 1 期。

② 刘爱生、王文利：《中国高校内部治理的现状、优化及其创新——访浙江大学教育学院院长顾建民教授》，《重庆高教研究》2018 年第 2 期。

③ 阎梦娇：《大学学术自治与科层制的冲突与平衡——基于中国大学治理结构的分析》，《高教探索》2019 年第 8 期。

④ 石连海、朱玉成：《大学行政权力与学术权力的边界与互动关系》，《高等教育研究》2019 年第 11 期。

⑤ 王众、高志友、匡建超：《教授治学中的学术权力约束机制探讨》，《国家教育行政学院学报》2015 年第 1 期。

⑥ 龙洋：《高校学术不端治理场域中的同行评议制度建构》，《内蒙古社会科学》2020 年第 4 期。

⑦ L. G. Bolman and T. E. Deal, *Reframing Organizations: Artistry, Choice and Leadership*, San Francisco, CA: Jossey-Bass, 2008.

⑧ 梁晶、王嘉毅：《高等教育问责：概念及其要素》，《国家教育行政学院学报》2017 年第 4 期。

⑨ 柳亮、刘小平：《系统扩张与结构紧张：美国公立大学问责的动力机制》，《清华大学教育研究》2017 年第 4 期。

⑩ 陈·巴特尔、马智慧：《"双一流"建设背景下高等教育质量保障探析——基于高校社会问责机制变革视角》，《大学教育科学》2019 年第 6 期。

⑪ 陈亮：《大学学术不端行为问责：内涵特征、依据指向以及逻辑构架》，《高校教育管理》2020 年第 2 期。

⑫ 褚宏启：《绘制教育治理的全景图：教育治理的概念拓展与体系完善》，《教育研究》2021 年第 12 期。

体系现代化"等,以塑造大学和谐的权力结构关系,形成"多元共治"的良好局面。

2. 基于解释主义的(Interpretivism)

这一研究取向假定人都是积极的、有目的的、有创造性的行动参与者,主张从社会环境中个体的立场和视野出发,在行动参与者而不是行动观察者的框架内寻求对制度施行和政策创制的解释与认同[①]。持这种研究取向的以国外的研究居多,且多使用欧美名校的成功治理经验作为个案,由于相关研究大量使用"治理文化""治校风格""价值选择""人际关系""领导力"等话语,因此又可以将其概括为"个体—行动者"视角。

以此为依托,研究者认为,由于作为"有机体"而非"机械体"的大学治理过程中的"模糊性"(Keller George[②]),其内部的有效治理并不取决于治理结构,或者其治理结构与其治理的结果之间并不是简单的线性关系,改造治理结构未必就会产生我们想要的效果,即完备的治理结构也并不见得就能体现大学的核心价值以及大学师生的诉求(M. D. Favero[③]);或者治理结构对其内部治理的影响最小,而与决策权制度安排之外的其他因素有着更为重要的关联(W. G. Tierney & J. T. Minor[④],刘献君[⑤]),如能激发共享智慧和思想意愿的人际关系或私人关系、信任关系及个人情感(A. Kezar[⑥],M. L. Pope[⑦],刘爱生[⑧],刘益东[⑨]),决策

---

① 张振波、金太军:《论国家治理能力的社会建构》,《社会科学研究》2017年第6期。

② K. George, "The Remarkabl 'Ambiguity'", G. A. Philip, etc., In Defensive of Amearican Higher Education, Baltimore, The Johns Hopkins University Press, 2011, p. 318.

③ M. D. Favero, "Faculty-Administrator Relationships as Integral to High-Performing Governance Systems", American Behavioral Scientist, Vol. 46, No. 7, 2003, pp. 902 – 922.

④ W. G. Tierney and J. T. Minor, "A Cultural Perspective on Communication and Governance", New Directions for Higher Education, No. 127, 2004, pp. 85 – 94.

⑤ 刘献君:《论大学内部权力的制约机制》,《高等教育研究》2012年第3期。

⑥ A. Kezar, "What is More Important to Effective Governance: Relationships, Trust, and Leadership or Structures and Formal Processes?", New Directions for Higher Education, No. 127, 2004, pp. 35 – 46.

⑦ M. L. Pope, "A Conceptual Framework of Faculty Trust and Participation in Governance", New Direction for Adult and Continuing Education, No. 127, 2004, pp. 75 – 84.

⑧ 刘爱生:《美国大学教师与行政人员的人际关系研究》,《高校教育管理》2017年第3期。

⑨ 刘益东:《个体情感:大学治理的微观基础》,《江苏高教》2020年第3期。

过程中的信任水平和被尊重感（G. E. Kaplan[①]），非正式沟通（B. Lee[②]），能进行无障碍沟通的院校文化（R. Birnbaum[③]，李奇[④]），院校负责人的领导风格（E. H. Schein[⑤]）、富有远见且勇敢无畏的领导力（L. Trakman[⑥]，J. 杜德施塔特[⑦]，P. R. Kenneth[⑧]，任珂[⑨]）等。

（二）治理能力：大学治理研究评价及路径转向

以上两种研究取向及范式对大学治理问题做了各自的阐释，但存在着难以回避的认知瓶颈。基于功能主义的研究取向对于从宏观层面把握大学的各方力量格局及转换具有很明显的解释力，但随着对一些大学治理现实案例的挖掘和解读，这种简单化的结论和处理方式逐渐失去理论上的解释力，比如，难以回答"治理结构及治理制度相同的大学，为什么其绩效会出现那么大的差异？"（L. Trakman[⑩]，顾建民、刘爱生[⑪]，王占军[⑫]），也忽略了大学内部各个层面行动主体的相互渗透和相互建构关

[①] G. E. Kaplan, "Do Governance Structures Matter?", *New Directions for Higher Education*, No. 127, 2004, pp. 23–34.

[②] B. Lee, *Campus Leaders and Campus Senates*, San Francisco: Jossey-Bass, 1991, pp. 41–61.

[③] R. Birnbaum, *How Colleges Work: The Cybernetics of Academic Organization and Leadership*, San Francisco: Jossey-Bass, 1991.

[④] 李奇：《美国大学治理的边界》，《高等教育研究》2011年第7期。

[⑤] E. H. Schein, *Organizational Culture and Leadership*, San Francisco, CA: Jossey-Bass, 2010.

[⑥] L. Trakman, "Modelling University Governance", *Higher Education Quarterly*, Vol. 62, Nos. 1–2, 2008, pp. 63–83.

[⑦] [美]詹姆斯·J. 杜德施塔特：《舵手的视界——在变革时代领导美国大学》，郑旭东译，桑新民校译，教育科学出版社2010年版，第121页。

[⑧] P. R. Kenneth, "Organized Anarchies: The Role of the President in Today's University", *Change the Magazine of Higher Learning*, Vol. 49, No. 2, 2017, pp. 26–29.

[⑨] 任珂：《现代化治理背景下大学校长领导力的建构》，《领导科学》2020年第18期。

[⑩] L. Trakman, "Modelling University Governance", *Higher Education Quarterly*, Vol. 62, No. 1–2, 2008, pp. 63–83.

[⑪] 顾建民、刘爱生：《超越大学治理结构——关于大学实现有效治理的思考》，《高等教育研究》2011年第9期。

[⑫] 王占军：《大学有效治理的路径：知识论基础与实践准则》，《中国高教研究》2018年第9期。

系，同样遮蔽了现实情境中大学治理的丰富形态及其内部的复杂构成、分化、冲突和关联。其理论推导满足于大学治理的结构性观察、功能分析和构建，但缺乏对制度生成机制及其操作者的探讨[①]；至于解释主义的研究取向，虽能切入中观乃至微观的大学治理实践，注重治理过程中的主体尤其是个人的主观作为，且能依据大学治理的某一具体情境探究其中更为微观的因果机制，但却难掩其仅能作为一种理性化想象的本质，且存在着简单接受西方话语和治理模式的风险，因为大学治理在脱离了国家的政治制度、历史传统以及意识形态之后常常会陷入低效甚至无效的困境中（E. Hysing[②]）。故而，尽管解释主义被看作更具有"实践性"的途径，但其与功能主义一样都被视为一种单维度、封闭的行政理论（张振波、金太军[③]），它们要么关注治理过程要么聚焦主观个体，而未能提供一幅描绘大学治理模式的完整图景。概而言之，这两种取向及范式要么关注顶层布局和结构安排，要么着眼于个体的认识力与能动性，事实上均未突破宏观与微观、结构与个体的二元对立思维局限。

大学治理问题研究存在的认知瓶颈，意味着必须转变研究路径。"治理能力"这一概念的提出以及在大学治理领域的引入，不仅是话语方式的转换，也是研究范式的突破。近来，国内一些以"治理能力"为研究对象的文献开始出现，虽还仅限于国家或政府这一宏观层面（如杨光斌[④]、王浦劬、汤彬[⑤]、宋世明[⑥]、彭中礼[⑦]），却也为拓展大学治理这一领域的研究带来了新的气象。当前，已有零星的文献开始提及大学治理

[①] 罗志敏、孙艳丽、郝艳丽：《从"结构—制度"到"制度—生活"：新时期中国大学内部治理研究的视角转换》，《清华大学教育研究》2019年第6期。

[②] E. Hysing, "From Government to Governance? A Comparison of Environmental Governing in Swedish Forestry and Transport", *Governance*, Vol. 22, No. 4, pp. 621–647.

[③] 张振波、金太军：《论国家治理能力的社会建构》，《社会科学研究》2017年第6期。

[④] 杨光斌：《关于国家治理能力的一般理论——探索世界政治（比较政治）研究的新范式》，《教学与研究》2017年第1期。

[⑤] 王浦劬、汤彬：《论国家治理能力生产机制的三重维度》，《学术月刊》2019年第4期。

[⑥] 宋世明：《推进国家治理体系和治理能力现代化的理论框架》，《中共中央党校（国家行政学院）学报》2019年第6期。

[⑦] 彭中礼：《国家治理能力是什么：现代法治理论的框架性回应》，《东岳论丛》2020年第4期。

能力。如李立国认为，中国的大学治理要从治理体系转向治理能力，从治理目标转向治理效能，实现从大学治理的"实然"现状走向"应然"改革①。吴立保也提出，在大力推进"双一流"建设的时代背景下，促进大学内部治理能力现代化已成为中国高等教育改革的一项重要任务②。眭依凡还就此认为，大学治理能力现代化是大学治理水平和治理效率的最强态，大学治理体系现代化既须以大学治理能力的提升为目标，又须以大学治理能力提升为基础③。

大学既是一个与一国政治体制、经济文化有所勾连的社会组织，也是一个有着自组织能力、非线性因果关系、松散联合的机构系统。大学这种很特殊的存在，决定了研究者必须同时兼顾体系、结构、制度、行动者等方面，以实现对大学治理问题的情境、动机、过程、结果的完整认识。而治理能力这一概念框架的提出和应用，不仅贴合了当前的时代话语，也恰恰为统合以上两种取向、造就新的研究范式带来了契机。事实上，无论是治理结构和制度，还是人际关系和领导力，都是由治理能力作为诱因从中塑造的，也是治理能力的一种体现。在此逻辑下，如何深刻认识和把握大学治理能力这一研究对象，应是高等教育界乃至公共管理学界今后需要关注和研究的问题。

二 指向"治理能力"：大学治理现代化改革"下半场"的新要求

近年来，中国大学在实现空前发展的同时，也面临着高等教育新发展格局给大学治理带来的新要求。这不仅表明中国高等教育已经迎来了

---

① 李立国：《什么是好的大学治理：治理的"实然"与"应然"分析》，《华东师范大学学报》（教育科学版）2019年第5期。
② 吴立保：《大学内部治理能力现代化的文化逻辑》，《中国高教研究》2020年第5期。
③ 眭依凡：《大学领导力提升：推进大学治理能力现代化的实践路径》，《中国高教研究》2021年第1期。

一个新的开始，也意味着大学治理现代化改革要进入一个新的阶段，其改革的指向或者重心自然将发生大的改变。

（一）从"国家中心"指向"院校中心"

自1949年中华人民共和国成立以来，中国大学的治理改革实践一直围绕着政府与大学二者关系的调整来进行，并在政府、大学两个方向上呈现出很明显的时代特征。2010年《国家中长期教育改革和发展规划纲要（2010—2020年）》对调整政府与大学之间的关系作了新的规划和安排，提出要"以转变政府职能和简政放权为重点，深化教育管理体制改革，健全统筹有力、权责明确的教育管理体制"，由此拉开了政府向大学转移权力的序幕。2013年党的十八届三中全会关于全面深化教育领域改革的政策要求，以及2014年国家教育体制改革领导小组办公室颁布的《关于进一步落实和扩大高校办学自主权，完善高校内部治理结构的意见》（教改办〔2014〕2号），进一步推进了政府向大学转移权力的落地，集中表现在明确和扩大大学的办学自主权上。

一方面，政府给大学"松绑"，即减少了行政审批事项，取消或废除一些有违大学办学自主权的政府权力。如国务院《关于取消和下放一批行政审批项目的决定》（国发〔2014〕5号），就取消了教育部的国家重点学科审批权。同时，教育部自2010年10月发布《关于修改和废止部分规章的决定》（教育部第30号令）以来，又分别于2015年、2020年发布《教育部关于废止和修改部分规章的决定》（教育第38号令）和《关于废止部分规章的决定》（教育部第48号令），还通过废除、修改的方式给大学"松绑"。另一方面，政府给大学"放权"。即在自主招生、教师职称评聘、绩效薪酬发放、人才引进与安置、国际学术交流与合作、办学经费筹措与使用、学位授权点设置、科研管理与产业兴办等方面将权力不同程度地下放给了高校。如《授予博士、硕士学位和培养研究生的二级学科自主设置实施细则》（2010年）规定，具有一级学科学位授予点的高校可以自主设置二级学位点。《关于优化学术环境的指导意见》（2015年）扩大了高校国际科技交流等方面的自主权。《关于深化高等教育领域简政放权放管结合优化服务改革的若干意见》（2017年）使高校具有自主设置管理岗位和内设机构、教师职称评审等权力。

伴随着国家"双一流"政策的实施，2017年教育部等三部门联合印发的《统筹推进世界一流大学和一流学科建设实施办法（暂行）》，强调"在考试招生、人事制度、经费管理、学位授权、科研评价等方面切实落实建设高校自主权"。2018年12月经过第二次修正的《中华人民共和国高等教育法》以法律的形式对赋予大学有关学科及专业设置等权力进行了确认。2019年教育部发布的《关于抓好赋予科研管理更大自主权有关文件贯彻落实工作的通知》，更是提出"遵循科研规律，落实科研管理自主权"，这无疑扩大了大学包括自主统筹和使用科研资金在内的科研管理自主权。

权力从政府到大学的持续下放和落实，至2020年已达到了一个高峰，意味着除了招生计划权和财产处分权等少数权力没有下放之外，大学已拥有在人权、财权、教学科研管理等方面差不多所有的自主权，政府也由此给大学今后的发展释放了很大的利好空间。在本书看来，政府层面的改革已几近完成，今后大学治理将从"国家中心"转向"院校中心"，或者换句话说，将从"外部治理"指向"内部治理"[①]，即大学接下来需要考虑怎样围绕使用好政府赋予的"办学自主权"进行校内改革。

（二）从"治理结构"转向"治理实效"

治理结构关系到各种治理力量的展现和均衡，也关系到"多元共治大学"理想局面的实现，在外部涉及大学与政府、社会、市场等有关各方之间关系的协调和互动，在内部则涉及大学内部行政、学术等主体的权力关系安排。自《国家中长期教育改革和发展规划纲要（2010—2020

---

① 相关研究也呈现出这一趋势，如有学者通过梳理国内2015—2019年的相关文献后发现，随着中国大学治理改革的深入，中国大学治理研究具有从外部治理转向内部治理的趋势（参见周光礼、郭卉《大学治理实证研究2015—2019：特征、趋势与展望》，《华东师范大学学报》（教育科学版）2020年第9期）。

年)》原则性地提出"完善治理结构"政策要求以来，政府扮演着改革发起者的角色，从上至下，以推进大学章程建设为起点，逐步规范大学内外部关系，如教育部颁布实施的《高等学校章程制定暂行办法》（2011年）第五条规定："高等学校的举办者、主管教育行政部门应当按照政校分开、管办分离的原则，以章程明确界定与学校的关系。"第十条规定："章程应当根据学校实际与发展需要，科学布局学校的内部治理结构和组织框架，明确学校与内设机构，以及各管理层级、系统之间的职责权限，管理的程序与规则。"后来，完善大学治理结构又上升至国家治理现代化高度。2013年11月，以"完善和发展中国特色社会主义制度，推进国家治理体系和治理能力现代化"为总目标的《中共中央关于全面深化改革若干重大问题的决定》的发布，直接推动了治理结构改革在大学外部和内部都取得突破性进展。

在大学外部，国家以推进高等教育"管办评分离"为改革突破口，旨在达成"政府宏观管理、市场适度调节、社会广泛参与、学校依法自主办学"这一外部多元共治的目标。2015年5月，教育部发布《关于深入推进教育管办评分离促进政府职能转变的若干意见》，指出"推进管办评分离，构建政府、学校、社会之间新型关系"，并分别从推进依法行政、政校分开、依法评价三个方面，对权责分明、规范有序和多元参与的大学外部治理体制做出了规范，以完成政府与大学之间边界的重构。如在政府方面，重在解决其权力的越位、错位问题，消除对大学不必要的行政干预，改用法律、政策、规划、财政拨款、标准、信息服务、第三方力量等综合性手段，以引导和规范大学办学。2017年3月，教育部等五部门又下发《关于深化高等教育领域简政放权放管结合优化服务改革的若干意见》，对推进管办评分离、引导社会组织参与大学治理做了更具体的规定和要求。2018年7月，国务院办公厅成立了推进政府职能转变和"放管服"改革协调小组，其中强调建立多元参与和相互制衡的"政府有限管治与大学自主办学"的新型政府与大学权责结构。

至于在大学内部，则以督促大学在限定时间内完成大学章程文本制定或修订为起点，旨在达成"党委领导、校长负责、教授治学、民主管理"这一内部多元共治的目标。自2011年7月教育部发布的《高等学校章程制定暂行办法》要求"所有高校在2012年内全面启动章程制定或者修订工作"以来，教育部又连续出台了《学校教职工代表大会规定》（2011年12月）、《高等学校学术委员会规程》（2014年1月）、《普通高等学校理事会规程（试行）》（2014年7月）、《关于坚持和完善普通高等学校党委领导下的校长负责制的实施意见》（2014年10月）等政策文件，要求各高校以大学章程建设为契机，着手完善学校内部的治理结构。2014年12月，国家教育体制改革领导小组办公室又专门出台《关于进一步落实和扩大高校办学自主权，完善高校内部治理结构的意见》，要求高校在依法治校的基础上完善内部治理结构，并将其作为"确保用好办学自主权"的一个必要条件来予以强调和规范。在政府的强力推动下，大学的内部治理结构趋于规范。如在学术治理方面，调整学术委员会的人员结构比例，对包括大学校长在内的行政人员加入学术委员会做出限制；在民主管理方面，一些高校赋予教职工代表大会相关事项的审议权或决策权；在学生参与方面，一些高校赋予学生参与督察委员会、校务委员会、学术委员会的权利，还有个别高校规定学代会（本科学生代表大会）和研代会（研究生代表大会）具有更换和罢免学校领导的建议权。

在本书看来，以上从外至内的大学治理结构改革虽然已经完成，但只是治理形式改革任务的完成，即从形式上解决了大学治理的合法性、民主性问题，但这不是最终目的，大学治理现代化改革的最终目的是取得治理实效，换句话来讲，治理结构改革只是改革的第一步，还需使治理结构在实践中发挥应有的效用，改革的任务才算完成。这正如有学者所指出的那样，大学治理体系的成效检验，不在治理结构的布局多么完美上，而主要看治理过程中主体关系、人的主动性调动、大学预设目标与价值追求的实现，如果没有一套能够落地的执行机制，那些通过完善治理结构意图达成善治的美好愿望就会落空[1]。目前，以"多元共治"

---

[1] 李立国：《解决大学治理困局须认真审视什么》，《光明日报》2014年12月16日第13版。

"分权制衡"为主要特征的大学内部治理结构安排，还会加大学校的整体协调难度，甚至产生"碎片化"风险，如本位主义、短期行为等。再如，增强学术权力是否助长"山头主义"使跨学科交融难以实现？此外，所建构的大学治理结构虽然是稳定的，但并不是一个封闭的结构，而是能随着内外部条件的变化而兼顾改革发展的"现实与未来"，平衡"稳定性与动态适应性"，处理好"正式制度安排与非正式制度安排"的关系。[1] 这些担忧，无一不在说明大学治理现代化改革的任务还远未完成，在实现"形式有效"之后，还应在此基础上立即着手进行"实质有效"的改革，即将改革的关注点和重心从"治理结构"转向"治理实效"。

（三）为改革"下半场"匹配足够的治理能力

在本书看来，目前中国大学外部、内部治理结构的架构已搭建完毕，而如何调配、实施好这一架构，即从形式有效走向实质有效，却需要治理能力的提升，具有中国特色的现代大学制度的优势也需要相应的治理能力来坐实。换句话讲，在大学赋权以及治理结构改革基本完成之后，中国大学治理现代化改革已迈入"下半场"，即权力的承接及治理结构的细化落实阶段。但要达到此目标，则需要大学具备足够的治理能力。因为治理能力不仅能"提高改革效应"，还能"放大制度优势"[2]。面对这一全新治理环境以及由此带来的治理需求，大学对其自身治理能力进行全面的提级跃升，也就成了当务之急。

自2013年中共十八届三中全会通过的《中共中央关于全面深化改革若干重大问题的决定》提出"推进国家治理体系和治理能力现代化"[3]以来，治理能力开始进入人们的视野。2019年2月，中共中央、国务院印发的《中国教育现代化2035》所部署的十大"战略任务"之一就是

---

[1] 张衡、眭依凡：《中国特色一流大学治理结构：理论基础、体系架构、变革路径》，《中国高教研究》2020年第3期。

[2] 习近平：《坚定改革信心注重精准施策，提高改革效应放大制度优势》，《人民日报》2016年5月21日第1版。

[3] 《中共中央关于全面深化改革若干重大问题的决定》，《人民日报》2013年11月16日第3版。

"推进教育治理体系和治理能力现代化",并把"提高学校自主管理能力"作为实现这一战略任务的具体举措①。2019年10月,中共十九届四中全会审议通过的《中共中央关于坚持和完善中国特色社会主义制度、推进国家治理体系和治理能力现代化若干重大问题的决定》更是连带将大学治理能力推到了一个历史新高度,也意味着大学治理能力从此由"入题"进入"解题"阶段。但是,对当前中国的大学来讲,与下放治理权力、完整治理结构这种静态的改革相比,动态的治理能力改革无疑是最复杂、最艰巨的改革任务。

比如,要构建系统完备、科学规范、运行有效的制度体系,其不合时宜的思想观念和体制机制弊端如何破除?利益固化的藩篱又该如何突破?又如,精心制定或修订的大学章程如何让师生有感地得到全面执行?又如何避免大学章程施行过程中出现的"变通""不实施""虚实施""假执行"等问题?再如,在校内设立的党政、行政、学术等机构的关系如何才能理顺?如何在它们之间建立通畅的协作机制?如此等等,都表明大学治理能力改革的重要性。

2019年10月,全国人大常委会执法检查组在关于检查《中华人民共和国高等教育法》实施情况的报告中指出,"放管服"的改革尚未完全落地,地方政府"放不下"与高校"接不住"现象并存。② 从某种意义上讲,地方政府之所以"放不下",也是因为高校"接不住",即大学自身缺乏治理能力,让政府不放心把一些权力下放给大学。可以预见的是,今后大学自主决策的权力、资源与空间还会增加,但其自主决策的难度、压力与风险也会随之加大③,这都需要大学只有具备足够的治理能力才能应对。2021年9月十九届中央巡视组对31所高校巡视后也发现,学校党组织在治理能力上主要存在六个方面的"不足":加强政治

---

① 《中共中央国务院印发〈中国教育现代化2035〉》,《中国教育报》2019年2月24日第2版。

② 王晨:《全国人民代表大会常务委员会执法检查组关于检查〈中华人民共和国高等教育法〉实施情况的报告》,《中国人大》2019年第24期。

③ 陈廷柱:《高校自主办学是中国院校研究有效开展必备的外部条件》,《高等教育研究》2020年第9期。

建设有不足；落实立德树人根本任务有不足；执行党委领导下的校长负责制有不足；做好新时代意识形态工作有不足；深化从严管党治校有不足；加强班子队伍和基层党组织建设有不足。① 至于高校的行政机构，其治理能力也不容乐观，如办事流程繁杂，行政干部颐指气使等。② 以上这些现象在大学校园内普遍存在，也无疑表明大学治理能力出了问题。

大学治理能力是其治理体系运转的整合性能力，它集中表现为大学围绕治理议题创造治理绩效，实现大学特定治理目标的能力，这可以说是大学应对"改革下半场"治理新要求的基本保障。但是，相对于给大学下放权力、完善大学治理结构等这些外围性的、权力配置及结构安排的改革，提升大学治理能力方面的改革才是内核性的、根本性的，之所以这样讲，是因为大学治理能力强弱或水平高低，决定了大学能否顺利高效地开展工作。因为只有具备足够的治理能力，才能建构起具有时代先进性的办学理念和高度统一的价值导向，才能搭建低成本、广覆盖、高效率的常态化运行网络；只有足够的治理能力，才能以最快速度响应和解决问题，才能最大限度地释放内部各机构与成员的活力和动力，以实现全校凝心聚力，最终取得预期的治理成效；只有足够的治理能力，才能从容地应对由于高等教育内涵建设及"双一流"建设启动后所形成的新的竞技场和游戏规则；也只有足够的治理能力，才能建构起精准、高效且符合校情的治理体系，最终才能创造出真正属于大学治理的"中国之治"。

三　大学治理能力的理论诠释：以要素配置为中心

理论框架是一些特定因素及其关系的逻辑呈现，内含着某种理论路

---

① 陆文琳：《中央巡视组进驻这31所中管高校发现了这些问题》，《浙江日报》2021年9月6日第3版。

② 郭妙兰、余哲西：《晒一晒"象牙塔"里的那些官僚主义》，2021年12月15日，中国纪检督察（http：//zgjjjc.ccdi.gov.cn/bqml/bqxx/202112/t20211215_256160.html）。

线与逻辑思维，它确定了一系列变量以及变量之间的相互关系[1]，主要功能在于描述、解释和预测现象。本部分将从寻找解读大学治理能力的研究视角出发，建立大学治理能力的理论框架，以作为本书研究的理论基础。

（一）寻找解读大学治理能力研究视角

作为"中国之治"重要组成部分的大学治理能力，无论是从研究瓶颈的破解，还是从实践改革层面的新要求而言，都是一个新的工作方向。但是，对于大学治理能力这一核心概念和时代主题，既有的相关研究却很少，仅有的少许文献要么只是将大学治理能力现代化作为一个研究背景，分析当下中国大学的治理状况及调改路径（如吴立保[2]；眭依凡[3]；陆风、崔华华、王一宁[4]），要么仅仅对其做一个泛泛的意义性阐释或实践型解释。如有学者认为大学治理能力是大学运用制度进行内部治理的能力（王军[5]），或是一种通过治理创新的方式革除大学传统体制遗留的思维模式和行为习惯的自身能力与回应过程（宣勇、钟伟军[6]，施晓光[7]），或是运用大学制度和机制管理大学各项事务的整体性能力（龙献忠、周晶[8]），或是治理主体作用于治理对象的一种行为素质（甘晖[9]，

---

[1] [美] 保罗·A. 萨巴蒂尔：《政策过程理论》，彭宗超、钟开斌等译，生活·读书·新知三联书店 2004 年版，第 7 页。

[2] 吴立保：《大学内部治理能力现代化的文化逻辑》，《中国高教研究》2020 年第 5 期。

[3] 眭依凡：《大学领导力提升：推进大学治理能力现代化的实践路径》，《中国高教研究》2021 年第 1 期。

[4] 陆风、崔华华、王一宁：《教育共同体构建：大学治理能力现代化的提升逻辑与路径》，《北京航空航天大学学报》（社会科学版）2022 年第 4 期。

[5] 王军：《推进高校治理体系和治理能力现代化》，《中国高等教育》2019 年第 6 期。

[6] 龙献忠、周晶：《大学治理能力现代化进程中的社会参与制度建构》，《江苏高教》2018 年第 7 期。

[7] 施晓光：《文化重塑：大学治理能力现代化之锥》，《探索与争鸣》2015 年第 7 期。

[8] 龙献忠、周晶：《大学治理能力现代化进程中的社会参与制度建构》，《江苏高教》2018 年第 7 期。

[9] 甘晖：《基于大学治理能力现代化的大学治理体系构建》，《高等教育研究》2015 年第 7 期。

袁晶①)。以上文献都缺乏对"大学治理能力"这一概念的进一步解析,要么用"能力"解释"能力"而出现循环解释、往复论证的问题,要么陷入大学"治理体系"或"治理结构"的传统概念框架中,如有学者就认为,大学治理能力是"大学治理主体的现代化、治理客体的现代化、治理手段的现代化以及治理体制机制和制度的现代化等"②。其实,治理能力虽然与治理体系相互依存、密不可分,但却有着本质性的区别。如果把大学比喻成一个花店,其治理体系就是花店里排放的各式各样的花草,治理结构是对花草品种的归类,而治理能力则代表插花的水准。

基于治理的要义,大学治理能力实质上就是在一定时空范围内,各治理主体之间互动合作、集体行动的多元能力及其提升过程,是促进大学发展与进步的推动力量。这就是说,大学治理能力既是一个过程,也是一个目标。从过程来看,就是治理能力的不断提升,能快速应对外部环境变化所带来的挑战,持续优化其自身的治理;从目标来看,治理能力又体现在其优势方面,即通过治理使大学在同行竞争中处于有利位置。但是,经验告诉我们,无论多么重大的时代主题,如果没有相应的理论框架去支持,最终都会成为流行一时的口号而不能成为一种解释和建构力量。③ 在本书看来,要从理论框架上形成大学治理能力的清晰画像,选定一个明晰的研究视角至关重要。本书主张从目前社会科学研究中的一些经典话语中寻找"要素""资源"这两个概念来共同型构这一研究视角,即将要素—资源视角作为呈现大学治理能力的符号表征以及破译大学治理能力的工具。

之所以这样做,是因为在本书看来,要素与资源贯穿了整个大学治理过程,大学治理可以还原为对各个相关要素的治理行动,而大学治理的结果亦可以抽象为获得了某一或某些资源,这对于注重过程与结果的

---

① 袁晶:《大学治理能力现代化背景下兼职大学生劳动权益内部保障体系的建构》,《现代教育管理》2017年第6期。

② 龙献忠、周晶:《大学治理能力现代化进程中的社会参与制度建构》,《江苏高教》2018年第7期。

③ 杨光斌:《关于国家治理能力的理论探索——世界政治(比较政治)研究的新范式》,《教学与研究》2017年第1期。

大学治理能力来讲，同样应具有解释力。由于"要素"一词在经济学、管理学、社会学等学科范畴中被理解为"生产要素"，进而被解读成人类从事社会生产活动所需的一切社会资源，所以在众多的文献中，"要素"要么等同于"资源"或不加区分地交替使用，要么直接叠加在一起成为"要素资源"（如耿弘等①，吕承超等②），或者"资源要素"（如刘山③，匡红云、江若尘④）。在本书看来，"要素"与"资源"还是有所区别的，应在二者的关系中探讨大学治理能力的意涵。

（二）要素与资源：大学治理能力的基本构成

1. 要素：大学治理能力生产的条件

在大学治理实践中，治理能力不能凭空产生，总是需要许多内外部支撑条件，如从宏观的层面上讲，需要健全的治理体制、完备的治理体系、均衡的治理结构；从中观的层面来讲，则需要有力有为的、从事某一事务治理的组织，如科研管理组织、教学管理组织、学生事务管理组织等。但是，若把这种分析进一步纳入相对微观的层面，就会发现这些条件实质上都是由各种治理单位组成的，如政策、制度、权力、人员、经费、设施等，本书也将其统称为要素或治理要素。大学治理无论是治理体系还是治理组织，实际上都是某一或某些治理要素在某一层面的组合及其体现。

治理要素有显性和隐性之分，显性的如校园设施、经费、人员、政策、时间、信息等，隐性的如认知、氛围、情感、关系、权威、声誉等；有主观布局的和自然存在的之分，前者有制度、规范、工作流程，后者有地理方位、自然环境等；有正式的和非正式的之分，前者如政策、制

---

① 耿弘、刘永健、孙文华：《生产要素资源错配及其对产出变动影响的再分解》，《云南财经大学学报》2018 年第 5 期。
② 吕承超、王志阁、王媛媛：《要素资源错配、所有制结构与技术创新》，《财经问题研究》2019 年第 10 期。
③ 刘山：《完善公共资源要素市场化配置机制》，《中国党政干部论坛》2019 年第 6 期。
④ 匡红云、江若尘：《主题公园资源要素与"令人难忘的旅游体验"》，《经济管理》2019 年第 1 期。

度、合作关系，后者如私人关系等；有内外之分，前者主要是校内可以使用的人员编制、设施等，外部的主要是指可以凭借的国家和地方政府政策、社会舆情、社区环境等。在大学治理实践中，治理体系中各部分以及治理结构各主体之间的交相互动是通过治理要素连接起来的，大学内外部诸关系是在治理要素流动过程中所维持的一种动态的平衡。如大学与国家、与社会关系以及大学内部关系都是围绕治理要素的流转和消耗建构起来的，并通过特定的治理要素符号呈现出来，比如制度规范、财政拨款。

2. 资源：大学治理能力生产的成效

治理能力的要义，就在于能持续获取组织发展所需的资源，否则就是组织缺乏治理能力。获取资源就是个人或组织为获得生存发展而与所处环境进行互动和交换的过程。按照杰弗里·菲佛等学者的观点，组织生存的一大关键就是获取资源[①]，能否获取一定质量要求的足够资源直接决定了组织机构生存发展的走向与未来。自人类认识和利用资源以应对各种挑战、谋求发展优势以来，如何获取资源一直受到重视并处在不断的探索发展中。[②] 大学作为一个竞争性的社会组织，无论是在某个排行榜上占据一个相对靠前的位置，还是通过某项资格认证，都需要拥有足够的资源。在大学治理实践中，资源表现为经费、设备、生源、师资、教学及科研成果、社会影响力（声誉和口碑）等，大致可分为两大类：一类是维持学校正常运转所需的资源，主要是一些必要的办公经费、基本教学设施等资源。另一类是可以让学校具有特色和竞争力的异质性资源，如良好的社会声誉、充足的办学经费、优秀且足量的生源和师资、高质量的科研成果和社会服务等。大学竞争优势就来自具有大学特质的、稀少的资源。

评价一所大学拥有资源的多少，既可以来自校园内部师生员工的主

[①]［美］杰弗里·菲佛、杰勒尔德·R. 萨兰基克：《组织的外部控制——对组织资源依赖的分析》，闫蕊译，东方出版社2006年版，第2页。

[②]徐建军、刘曼格：《智慧社会中社工组织的资源获取及其模式建构》，《湖南师范大学社会科学学报》2019年第6期。

观体验，也体现在一些实地的可观测到的实际效果上，如好的氛围、好的教师、好的生源、好的校园、好的毕业生、好的科研成果、好的社会服务产品等，同时通过校园外部人士的评价——社会口碑即社会影响力也可以在一定程度上体现出来。目前，大学已成为一个需要大量资源的社会组织，其生存所需的资源之大、种类之多决定着大学日益成为高度资源依赖型的组织，资源的多寡不仅事关院校生存，也是决定大学竞争力的基础要素。[①] 换句话来讲，大学能通过治理获取资源的多少，即其成效决定着大学的发展态势，是发展、壮大，还是走向衰落乃至消亡。每一所大学都倾向于发展壮大，以显示其存在的意义和合法性，于是总是寻求获取更多的资源。

（三）要素配置与资源获取：大学治理能力的生产机制

如上所述，要素与资源似乎是可以相互替代的同一概念，如办学经费、师资等都具有价值和使用价值，它们既可以说是治理主体为了完成某一治理任务所需要的条件即要素，也可以说是通过某一治理任务的完成所获得的用于学校发展所需要的资源。但是，在大学治理能力的逻辑链条上，要素与资源却是不同的，承担着不同的角色，并有着完全不同的发生机制：（1）要素是行动者（治理主体）作用于治理客体的媒介，是影响治理对象的手段，是构成治理体系并维持其运动的基本单元，也是大学治理能力产生的条件。而资源则是行动者（治理主体）作用于治理客体的结果，是治理体系及其运动的目标，是大学治理能力生产的结果。（2）要素需要配置，是因为要素在时间、样态、空间、数量等维度上有所不同且会发生变化，否则要素就是无效的（不能为学校所用）；而资源需要的是能持续地获取，因为资源有限且不会自动生成，否则组织的生存和发展就会由于缺少资源而受到影响乃至威胁。

但这并不意味着要素与资源是决然二分的，而是可以相互嵌入、相互转换的，最终建构起了两者深度交汇融合的治理形态。一方面，诸如

---

① 李从浩：《资源依赖下的大学行为选择》，《高教探索》2017年第4期。

人员、经费等要素只是静态的存在，需要进入配置环节才能产生大学发展所需要的资源；另一方面，要素通过配置生成的一些资源，如社会声誉、科研成果等，还能留置下来或部分留置下来成为大学下一轮治理要配置的要素（本书将这种纳入再配置的资源称为要素资源），其目的是累积组织优势以获取更多的资源。如此一来，大学通过治理能力的注入，在要素与资源之间建构起相互转换的治理场域，从而使要素与资源形成持续的、清晰且有序的双向交流和互换。

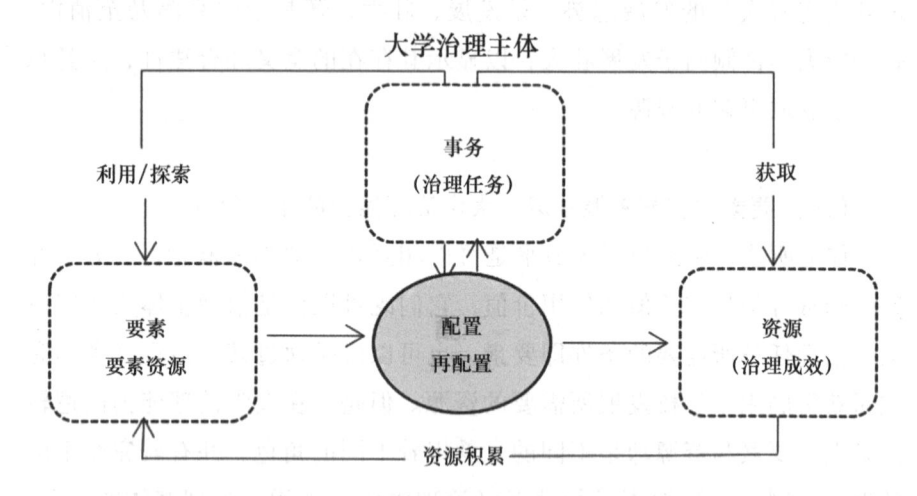

图 2-1 大学治理能力的分析框架

综合以上分析，就可以给本书的研究对象做出界定：所谓大学治理能力，就是治理主体围绕某一治理任务配置要素（治理要素）过程中的影响力、控制力及其效果的综合体现，其实质就是针对校内某一问题的解决，对要素进行配置所能产生的资源的多少。这也就是说，在大学治理能力的生产及再生产过程中，大学所能凭借或拥有的要素是逻辑起点，资源获取是逻辑终点，而要素配置却是从要素到资源的逻辑节点或者说是中心环节。就此，本书建构大学治理能力的分析框架（如图 2-1 所示），用于描述、解释和预测大学治理能力这一现象及其问题。以下本书就围绕要素配置这一逻辑节点，对大学治理能力的内涵做进一步的解析：

其一，大学治理能力可还原为其要素配置程度的高低。要素配置程度越高，就越能实现低投入、高产出的目标，从而在高等教育市场中获得有利的竞争位置。当前，大学治理的复杂性，需要大学能高效地配置要素，需要大学能运用有限的要素完成复杂、多样的治理目标。在大学治理实践中，弱的大学治理能力一般会存在两种状态：一是要素闲置，表示大学无治理；二是要素浪费，表示大学乱治理。只有要素得到比较充分地配置，大学才能称得上有效治理，如果能得到最大程度地配置，那就达到优效治理的状态了。

其二，大学治理能力的重要性在于要素的稀缺性。由于大学所能拥有的要素是有限的，有些要素还是很稀缺的。在此限制条件下，就需要大学对要素进行配置。配置源自稀缺，稀缺要求优化配置，从而使得大学通过治理能力提升来优化要素配置成为一种必要。当前，中国社会发展阶段的转变要求更高质量的大学治理，政府政策导向、财政投入方式的变化以及高等教育迈入普及化发展阶段后，则进一步凸显了要素的稀缺属性，这些变化都迫切需要大学在治理中更加重视能力维度，以不断优化要素的配置。

其三，大学治理能力的价值最终体现在配置要素所产生资源的多少上。大学通过配置要素产生大学发展所需的资源，这是大学治理能力展现的结果。大学在多大程度上从内、外部获取资源，取决于其治理能力。换句话来讲，大学治理能力决定着大学能够获取其生存及发展所需资源的多少。在一定的要素范围内，大学所获得的资源越多，要素配置程度就越大，治理效率就越高，大学的治理能力相应也就越强，反之亦然。在当前社会发展态势下，大学治理能力的重要性，就在于它能够帮助大学根据内外部环境的变化，充分利用校内已有的要素，通过合理配置转化为其生存和发展所需的资源，从而帮助大学获得生存、发展基础以及在高等教育市场中的立足之地。

概而言之，大学治理能力不是治理大学事务的诸多能量和力量的简单相加，而是实现治理目标的综合性力量，一种多元的、动态的、韧性的整体力量，就其本质而言是大学对其所拥有的各种要素进行配置后所能达成的整体结果。即在一定背景环境条件下,要素经过特定机制的转化所产生的治理效能大小,表现为所能产出资源的多少。在当前发展阶段下,大学治理能力已成为决定大学治理绩效优劣的关键环节,其个性差异也成了大学与大学之间产生发展态势分野的根本性指标。

第三章　大学治理能力中的机构角色与体现

要消除在解释和建构"大学治理能力现代化"这一重大高等教育研究主题上的无力感，避免出现以往相关理论研究与实践应用之间的巨大落差，首先需要做的就是框定一个看待问题的角度。若从大学治理能力主体的角度来看，治理能力虽包括校长、处长、职员等个人层面的治理能力，但与校内党群、行政、教学、科研等职能机构的治理能力在实践中却是交织的、互构的，在逻辑上也是自洽的，且后者能涵盖前者。与此同时，机构[①]不仅是大学治理能力的行动者，还是大学治理能力得以体现的一个操作平台或载体。所以，本书将机构层面的大学治理能力作为研究对象的用意也即在于此。本章将从机构的层面出发，梳理和分析机构在大学治理能力生产机制中的角色和逻辑。

一　大学机构的划分

机构，是组织复杂化之后基于专业化的劳动分工的自然结果。在大学的初始阶段，其校园内只有屈指可数的几个机构。如中世纪大学只有学生行会、教授会（教师团）、同乡会（民族团）、学院等几个机构。进

[①] 为了表述的方便，本书有时也用"部门"指代机构，或将机构内部的组成部分称为"部门"。

入19世纪后，大学才出现校、院两级机构。后来，随着大学目标、责任和功能的增加，其校内设置的机构开始增多，乃至成为一个很庞大的机构系统，以帮助大学应对复杂事务处理的需要。如截至2022年5月的数据[①]，上海交通大学除了有党委常委会、校务委员会、学术委员会等这些上层议事机构之外，一共设有27个职能部门、25个直属机构、5个校办企业、12个附属医院以及5个附属学院，其中一些职能部门又内设若干个机构，如党政办公室内设改革与发展研究室、安保委办公室、地方合作办公室/乡村振兴办公室、大零号湾专项办公室、特区学院协调办公室、信访工作办公室、法律事务室、机要室8个部门，科学技术发展研究院内设前沿创新研究院、先进技术与装备研究院、先进产业技术研究院、学术发展与成果处、科研质量管理处、地方研究院管理处、海洋专项推进工作办公室7个部门。至于教学科研系统，该校共设置58个学院和研究院，其中33个学院按普通办学和国际化办学分两大类，普通办学按工科、理科、生命科学、人文社科又划分为四大类；25个研究院则按照基础研究、应用基础研究、综合交叉分为三大类。

（一）大学机构的一般划分

大学表现为各个机构以及它们之间的关系，由于现代大学尤其是规模大的综合型大学的机构过于庞杂，给其机构做一个界限分明的划分是一件很困难的事，但可以按照不同的角度，对大学机构做一个简略的划分。

其一，按治理结构划分：一般可划分为政治机构、行政机构、学术机构。如学校党团系统所属的机构，如宣传部、组织部、团委等都归为政治机构；学院、系、研究院、研究中心等主要从事教学和科研的机构以及学术委员会、教授委员会等议事机构都归为学术机构；其他机构如教务、人事、财务、安全、后勤等都归为行政机构。按治理结构划分大

[①] 上海交通大学：《院系设置/机构设置》，2022年5月3日，上海交通大学官网（https://www.sjtu.edu.cn/sjtj/index.html）。

学机构,也是目前高等教育学界在分析大学治理结构或大学治理体系时常采用的一种机构划分思路和模式。

其二,按主管事务划分,大学机构可大致划分为教学机构、科研机构、党务机构、行政机构、辅助机构、后勤机构。这是目前中国大学常用的机构划分,校方官网上的"机构设置"也大都是按照这一角度来布局的。如中国人民大学将其机构划分为院系、党群组织、行政单位、教辅单位以及其他几个大的类别,其中党群组织又划分为党委办公室、组织部(学校党校)、宣传部、统战部、纪委办公室、学工部、武装部、保卫部、机关党委、校工会、校团委、党委巡察工作领导小组办公室、党委教师工作部13个机构,行政单位划分为学校办公室、教务处、发展规划处、研究生院、招生就业处、财务处、校友工作办公室、科研处、理工学科建设处、国际交流处、学生处、校园建设管理处、保卫处、高等教育研究室、资产与后勤管理处(国有资产管理办公室)、实验室管理与教学条件保障处、采购与招标管理中心、督察处、人事处、离退休工作处、审计处、继续教育处、校医院期刊管理中心、新校区建设办公室、人才工作领导小组办公室、基础教育处等27个机构[①]。

其三,按决策程序划分,大学机构可划分为决策机构、执行机构、监督机构和评估机构。如校党委会、校务委员会、党政联席会议,都被认为是大学的决策机构;校党政办公室、人事处、教务处等行政部门以及各学院、系、研究院等教学科研部门都是执行机构;学校纪委、审计、督察部门属于监督机构;专司教学质量评估职责的部门属于评估机构。

其四,按权力的集中、离散状态,大学机构可划分为直属机构和联邦机构。隶属于学校党政系统的党政部门都可划归直属机构,这些机构在校党委书记、副书记以及校长、副校长的领导下工作;至于学院,由于它们比较独立,各有其自己的一套运行系统,既追求各自的目标又顾及所在大学的整体目标,有些类似于美国所辖的各个联邦州,所以可称

---

① 中国人民大学:《机构设置》,2021年9月3日,中国人民大学官网(https://www.ruc.edu.cn/department)。

为联邦机构。

其五，按事务处理的方式，大学机构可划分为议事协调机构和办事机构。大学设置的各类委员会都是议事协调机构，有些是为体现集体领导而设置的，如校务委员会；有的是为体现民主决策思想而设置的，如学术委员会、教职工代表大会、学位评定委员会、督察委员会。其他从事具体事务管理职责的部门，都可归为办事机构。

此外，大学机构还可以做其他划分。如按机构存在的时限划分，大学机构可划分为常设型机构、阶段型机构、临时型机构；按机构的等级划分，大学机构可划分为上层机构、中层机构和基层机构，等等。

（二）对大学机构现行划分的审视

对大学众多机构做出划分或区分，在实践上是维护和保障学校良性办学秩序的需要，是机构等级性、专业性以及自主性的需要，也是理清大学治理结构和组织架构，进而着手进行机构改革的一项基础性工作，其最终目的都是维持和提升大学自身的治理能力。但是，以上对大学机构不同的划分方式，都存在着不同的缺憾以及不合理之处。

例如，就上文第一种机构划分方法来讲，无论是行政机构、学术机构这种二元划分法，还是党政机构、行政机构、教学科研机构这种三元划分法，虽然对解释大学治理结构及权力主体关系的宏观格局转换具有比较强的解释力，但若纳入中观乃至微观的层面，这种机构的划分方法就存在明显的解释力不足的问题。因为在大学的实际运行中，大学呈现出多样化的权力分配模式，许多机构也就很难将其认定为学术机构、行政机构还是其他机构。如院系往往被视为一个学术机构，院系内也没有严格的等级性，是围绕学科的共同利益组织起来的，类似于一个专业社团。但在院系组织中，行政人员和学者复杂地相互交织在一起，形成学术权力与行政权力交汇的"学者团体的行政化联盟"[1]，一些教授既是院

---

[1] 丁虎生：《大学组织的结构要素与结构形式》，《西北师大学报》（社会科学版）2012年第6期。

系在学术专业方面的权威，又可能在院系担任某一管理职责的机构负责人。同时，在大学的组织体系中，院系又完全是一级行政机构，院长或系主任也都是非个人化的职位，既要向组织等级中的上级（校长、主管副校长）负责，完成一些党政职能机构（如组织部、教务处）交代的任务，又要向组织等级中的下级（教师、科研人员）负责。这也就是说，党政机构、学术机构以一种复杂的组织结构和传导机制，相互"包裹"、深度"互嵌"，共同形成了一所大学的组织面貌。

若纳入大学治理能力的视域，即基于要素配置这一出发点，本书又可得出以下两点判断：

其一，从纵向上看，大学机构在职级上有区分，但在治理能力的要求上并无区别。在大学的机构系统中，虽然有上层机构、中层机构和基层机构之分，但大学机构都是要素配置的行动者和平台，都需具备相应的治理能力，以最大程度地配置要素。如就院系这一机构来讲，既要像大学党委书记、大学校长等上层领导一样，对国家的宏观政策导向、社会的需求、学校的发展战略等有敏锐的识别—抓取能力，同时还要像教务处等行政部门一样具有相应的汇集—整合能力，只有这样，才能产出院系乃至整所大学生存和发展所需的资源。

其二，从横向上看，大学机构在职责上有区分，但在治理能力的实现方式上并无二致。在大学的机构系统中，有机构主要负责教务工作，也有机构主要负责科研工作，还有的机构主要负责后勤管理工作，但在整个大学的要素配置行动中，每个机构都要利用其自身条件和遵循其工作目标，相应地采取某一或同时采取某几种治理能力实现方式即要素配置方式。如对教务管理机构来讲，既要采取联结等方式，将校内的可用教学资源集中起来用于教学活动，也要善于采用开拓等方式，即从校外汲取新的教学资源，如开设校企合作课程、创办校外实训基地等。

结合以上两点判断，本书主张打破以往在大学机构划分上的惯常范式，将大学整个机构系统看成一个立体的、动态的要素组合体。要素在这个机构系统中的留存、流传、消耗和产出，使大学在拥有一定治理能力的前提下得以维持和发展下去。就此，本书主张按照新的思路来看待和划分大学机构，并由此重新设置和布局大学机构，以使处在新时代背景下的大学能通过机构布局来提升其自身的治理能力，完成中国大学治理现代化"下半场"的使命和任务。

二 大学治理能力视野中的"机构"意涵

大学作为一个复杂的社会组织，自然包含许多机构。但是，在有关大学治理的海量文献中，作为大学治理主体或行动者的机构一直处在隐身状态。大学治理的主体都虚化成一个个抽象的治理主体、权力主体或管理体系，如行政主体、学术权力、教学科研体系等，要么被遮蔽在"大学治理体系""大学组织""大学治理结构""大学权力主体关系"等概念框架中，要么与校长、行政管理人员等大学成员的管理能力混同在一起。如在一些研究大学治理结构问题的文献中，要么局限于大学内部几种权力主体及其关系的探讨，要么局限于院、校两级关系的探讨，而没有下沉到机构层面。为此，理清大学治理中的"机构"意涵，不仅对从中观乃至微观层面考察大学治理有帮助，对全面分析和论证大学治理能力的内在机理机制也大有裨益。

（一）大学机构的含义

目前，大学已经演化成了一个由各种机构按照一定方式相互联系起来的组织系统，机构也成了大学内部管理体制的具体实现形式。在学术研究中，无论是研究大学治理或大学治理结构，还是探讨大学能力，机构都应是一个值得关注和重视的层面。为此，有必要在机构与大学治理体系、组织、结构以及人员之间关系的阐述中理清大学治理中"机构"的含义（如图3-1所示）。

其一，机构是大学治理体系中的"治理单元"。如果把整个大学的治理体系按照单元予以划分，那么设置在校内的机构，如人事部门、教务部门、专门学院等就是一个个具有权力和组织边界的"领域单元"

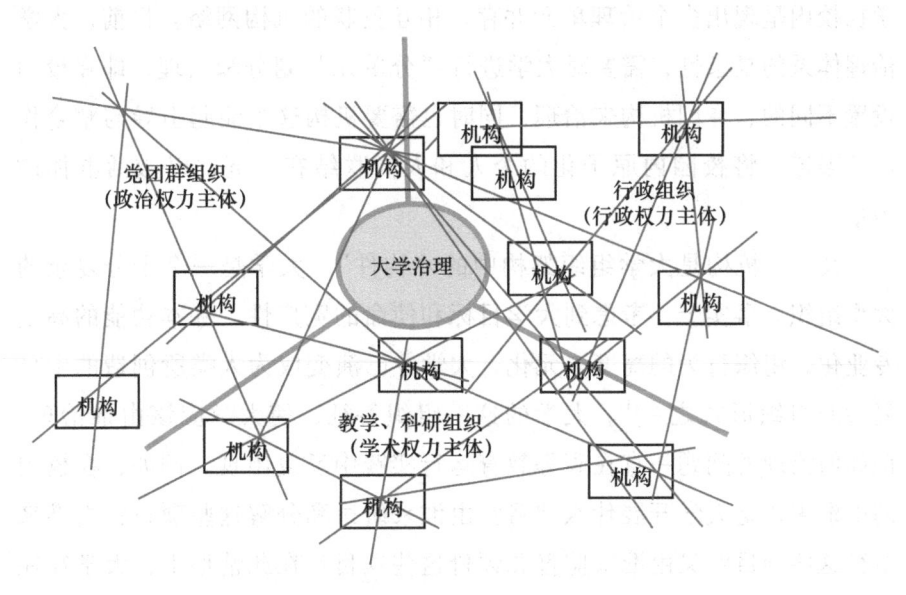

第三章 大学治理能力中的机构角色与体现　　71

图 3-1　中国大学治理及组织体系中的机构

(territorial units)① 即治理单元。治理单元是指对治理空间的划分，即对一定范围内的公共事务进行管理、协调和处理的单位，也是围绕组织目标而设立的一个个承担某一或某些管理任务的机构，表现为场地、设施、人员、职责等治理要素不同的排列组合。就大学而言，机构可以被视为最小的治理单元，当管理任务增加或管理幅度过大时，往往就会增加机构（治理单元）。自大学诞生以来，一些治理单元是自然长期沉淀过程的产物，如大学教务管理机构，还有许多治理单元是随着大学职能的丰富和增加而出现的，如科研管理机构、校办产业机构。随着社会发展的日益分化和复杂，尤其是民族国家和政党政治的兴起，大学不仅仅是一种教育组织和学术组织，而是越来越类似于一种政治和行政组织②。在此时代境遇下，大学的治理单元也就更加形态多样、规模不一，这使大

---

① 吴越菲：《迈向流动性治理：新地域空间的理论重构及其行动策略》，《学术月刊》2019年第2期。

② 陈超：《大学内部治理能力提升路径探析——基于权威与自治的包容性增长》，《清华大学教育研究》2017年第6期。

学在校内呈现出多个治理单元并存、相互关联的机构网络。目前，大学治理体系的复杂性，需要对大学进行"分单元"划分和治理，即在校内设置不同的、专门机构来治理，同时也需要机构这个能起引导与整合作用的渠道，将校园内原子化的个人和人群联结在一起，以激活群体的力量。

其二，机构是大学组织架构中的"构件"。大学是一个十分复杂的大型组织。事实上，考虑到大学目标和使命的宽广性，基本功能的高度专业化，组织行为的高度多元化，大学业已演变成为人类所创造的十分复杂的组织形式之一[①]。大学的这一组织特征，使大学应该由谁治理、该如何治理的问题一直在高等教育运行实践中反复出现。例如，在校园内由谁来指定大学开展什么项目？由谁来研讨和分解这些项目？由谁来执行这些项目？又由谁来监督和评价这些项目？在此情形下，大学往往需要把这些任务分配至各个行动目的性明确的部门，即这些事务的处理都需要具体的机构来进行。事实上，大学组织架构表现为各个机构的集合以及组织协调的方式，机构就是大学组织架构的具体化，是组织架构的体现者和功能实现的操作者，就像一个个建筑"构件"一样，把大学的整个组织架构搭建起来，成为大学组织秩序的支架。

其三，机构是大学治理结构中的"权力代理人"。无论何种社会组织，一旦发展到一定的规模，其权力都难以再集中，必须由分散决策的权力代理人来执行，这对大学来讲也是如此。在大学的治理结构中，一般被认为存在着政治、行政、学术三大治理主体，各机构就类似于大学各权力主体的代理人。在大学诸多机构中，机构代理着一种权力主体，如教务处代理的是行政权力，学术委员会代理的是学术权力。也有机构代理着两种乃至三种权力主体，如合署办公的学校党政办公室就是政治权力和行政权力的代理人，而学院往往被视为学术权力的代言人，但实际上却是集政治、行政、学术权力于一体。由于权力所涉事务的多样性

[①] ［加］伊安·奥斯丁、格伦·琼斯：《高等教育治理——全球视野、理论与实践》，孟彦、刘益东译，洪成文校译，学苑出版社2020年版，第1页。

和复杂性，每一个权力主体都需要有不同的机构来代理其权力，如中国大学的政治权力往往需要校党委及其下属的组织部、宣传部、统战部等机构来代理。在大学治理结构中，各个机构都参与大学治理，都通过协商、反馈、集体行动的过程来发挥作用。从决策到执行、反馈，都是在各个机构之间流转并完成的。

其四，机构是大学人员（成员）的正式行动场所。在现代大学治理中，机构作为一种地理空间和制度载体，将原本互不关联的"个体行动"逐步转变为互相关联的"集体行动"，表现为一种有意识、有目的、有秩序、有分工的集体行为和行动安排模式，从而制约着整个大学的组织行为。机构由此成为大学最正式的组织形式，是校内大多数成员实现个体和社会整合的主要场所，成员的组织行为也总是嵌入机构中。由于这种组织行为能超越偶然的个体行为，工作效率往往比个体行动高，且能应对复杂的任务，机构由此成为大学人员（成员）的正式行动场所。其一，机构作为集人员、权责等于一体的结构性因素，是通过影响其内部人员的个人和团体行为，在影响与推动大学组织的发展方面发挥着重要的协调和规范作用。好的机构，既能造就有质量的工作，也是一所大学高质量发展的基础和前提。其二，机构是成员价值观与行为取向重塑的主要社会场所，通过其形成和营造的独特的人文环境，影响着各成员的行为，也影响着大学成员的互动方式。其三，各成员的行为深深嵌入其所工作的机构，在机构中感受到的氛围，也会对其在机构中乃至机构外的行为产生重要影响。生活和工作在机构中，是成员一生最重要的组成部分。

（二）大学机构的构成

从动态上看，大学机构体现为大学的一种行政机制。在大学治理实践中，机构不仅为大学创建了不同工作角色之间的关系，还维持着工作角色的正式分配，并控制和整合与治理任务相关的活动。作为落实治理任务的具体部门，大学机构就是根据学校治理的目标和任务来分别配置的，都是对要素（治理要素）进行配置以及形成它们相互关系的结果。

不同治理要素的配置，或相同治理要素的不同配置方式，都可以形成不同形态和类别的机构。大学机构就其内部构成来讲，主要包括五个相互联结的部分：职能目标、人员组成、权责体系、办公配备以及做事流程。

其一，职能目标。指的是大学将学校总的办学目标和任务分解给各个机构，从而形成各个机构的职能目标。职能目标定义了机构有待完成的任务，也明确了机构定位、目标导向和工作原则。

其二，人员组成。它定义了机构的人力资源基础，每一个机构都由若干人员组成，有负责人（机构领导），有专业工作人员，也有辅助人员。他们一般都有较为明确的分工，是大学治理中最基本和最活跃的要素。

其三，权责体系。它定义了机构以及机构内部每一个成员的角色、权力和职责，也框定了机构所辖事务的范围，是机构运行顺畅的前提和保障。

其四，办公配备。它是机构最基本的运行条件，包括办公场地、办公设施以及办公经费。

其五，做事流程。它定义了机构的行为控制和协调方式以及治理要素在机构内部、外部的不同流动和处理方式。

（三）大学机构的特性

本书认为，所谓大学机构，就是在大学治理环境下，将大学的组织及成员划分为多个单元、组件或场所，并在它们之间进行职责权限确定、工作任务分配、层级及部门关系规则程序制定，具有等级性、规范性、稳定性、专业性和自主性。

其一，等级性。大学类似于有学者所描述的"内部等级安排和协作实践的联合体"[1]，表现为大学对其内部管理层级的划分和运作安排，而体现这种内部管理层级的就是一个个机构，机构也由此体现出明显的等

---

[1] G. Kaplan, *Institutions of Academic Governance and Institutional Theory: A Framework for Further Research*, In J. C. Smart (ed.), *Higher Education: Handbook of Theory and Research*, Dordrecht, The Netherlands: Springer, 2006, pp. 213–281.

级性。大学机构的等级性来源于大学组织的科层制属性，按照等级明确职权和资格并进行劳动分工，就是以规章制度和非人格化的理性精神限制组织成员的随意性，保证组织的效率①，这对组织复杂化的大学来讲也是如此。在大学治理实践中，虽然机构与机构之间的权威界限和结构模糊不清，但关于谁对谁行使权力的等级却表述得很清楚，这也被大学章程规定的正式等级制度所保障。人们普遍认为，随着管理主义的增强，大学治理变得更加集中和层次化②，而这就更进一步地强化了大学机构的等级性。

其二，规范性。机构是组织规范化的结果。大学常被认为是"模糊的实体"，因为它存在目标模糊、技术不确定和人员流动的特征③。同时，由于其成员的来源和背景不同，站位和视野不同，知识和经验不同，由此带来判断力和领悟力的差异，这样就容易造成大学治理的模糊和不确定，但机构由于其工作目标和职责在设置的时候就已确定，并定义了要详细执行的每项任务并将其程序化，这就促使成员能照章办事，使大学治理标准化、程序化，从而避免了大学治理的模糊和不确定。一方面，机构的规范性使机构成为一种行政机制，该机制维持其内部成员工作角色的正式分配，定义了不同角色的职责，并控制和整合与工作任务相关的关系及其活动；另一方面，机构的规范性可以使权力合法化。在大学治理体系中，各权力主体的权力都由其代理人即机构来实现合法化并进而体现出来。因为机构都通过其权责体系被赋予了正式权力，可以合法地控制稀缺的资源，影响特定方面的变化，并处理治理过程中出现的不确定性。

其三，稳定性。大学的任何一项决定都是通过机构这个行动抓手来进行的。这一过程先从某一机构开始，然后转移到另一个机构或个人层面。

---

① 于显洋：《组织社会学》，中国人民大学出版社2001年版，第125页。
② [加] 伊安·奥斯丁、格伦·琼斯：《高等教育治理——全球视野、理论与实践》，孟彦、刘益东译，洪成文校译，学苑出版社2020年版，第198页。
③ J. L. Bess, *Collegiality and Bureaucracy in the Modern University*, New York, NY: Teachers College Press, 1988, p. 21.

否则，省略这个流程不仅会威胁到最终决定的合法性，还会影响校内人员对学校事务发展的心理预期。由于职能、制度、做事规则、人员、位置的相对固定，而使机构受外界的影响较小，因而具有很强的稳定性，同时减少成员个体差异对大学组织的负面影响，使学校要处理的事务具有一定的规律可以遵循，有可预见性。换句话来讲，机构可以把大学治理的各个治理要素固化为一种机制和文化，以实现常态化运行。还需补充说明的是，大学有效治理的一个表现就是创造一种良性的办学秩序，但这种秩序的建立、维护和运行，都是通过具有稳定性能的机构的实践来形成的。

其四，专业性。在大学治理实践中，机构可以通过正式的组织章程、制度规范和专业人员构成，保证其处理大学事务的专业性。如目前大学所设置的人事委员会、学位评定委员会、专业与课程委员会等机构，从事的一般都是专业性很强的工作，其成员（委员）都是一些专业技术精英。大学机构的专业性，一是来自于大学宏大规划和目标的任务分解。大学要取得治理成效，就必须在规划和目标之下将治理任务进行分解，然后分配给各个从事专门业务的机构。这些机构秉持其各自的办事标准和价值观，如财务处的日常事务处理，除了要遵照学校的有关财务制度之外，还需符合政府（上级教育行政管理部门）的相关财务制度。二是来自大学事务管理的复杂性。大学的一些事务，如财务、审计、实验室管理等，具有很强的专业性。之前一些日常性工作，比如学生饮食和住宿，也由于办学规模的扩大而趋于专业化，这就需要大学设置相应的、被定义好业务规则和程序的专业化机构，并配备分工明确的、专业化的人员。

其五，自主性。由于大学机构大都单独设置，并通过内部约束、激励机制形成了一套围绕其自身职能履行的规范体系，因此就保持着相对的自主性。机构如果缺乏一定的自主性，就容易演变成操作流程上的形式主义[①]。一方面，因为大学的权力在决策之后只能分布在各个机构中执行和落实，且每个机构所涉及的一些事务过于复杂，这就使学校难以

---

① A. Kumar and R. Sharma, *Principles of Business Management*, New Delphi: Atlantic Publishers and Distributors, 2020, p. 159.

对承担任务的机构做出具体的规定，也难以通过标准程序来规范机构完成任务，因此就需要机构能基于有限信息和有限数量的正式规则，具有其自己的控制和协调风格，即要有一定的自主性，积极主动地完成任务。另一方面，机构的自主性使它们能够有效抵御来自外界的一些压力、渗透和干预，独立自主地制定和执行政策，在追求其自身利益的同时也能满足大学的整体利益，从而赋予大学应对挑战的能力。

三 大学治理能力视野中的"机构"角色

在少许研究国家能力或国家治理能力的文献中，有学者认为，国家能力本质上是纵向的中央和地方国家机关以及横向的国家权力机关、国家行政机关、司法机关和军事机关能力的合力[1]，这里面的"机关"其实就是"机构"。此外，还有学者摒弃对国家形象的一元化理解，将国家看作由不同机构和人员组成的复合结构，认为无论是所谓的国家自主性，还是国家相对于社会的"隔离"，本质上都可还原为国家机构内部的凝聚力与向心力[2]。这说明，无论是机构，还是机构中的人员，都是国家治理能力的主体。这一道理同样也适用于大学。在大学治理能力所展现的逻辑链条上，治理能力的大小高低一定是治理能力主体在处理某一或某些事务时所表现出来的处理水平。治理能力主体可以是某个人，如校长、处长、院长等，也可以是由一群相互联系的人组成的拟人化组织，如某一或某些机构，如人事处、教育处，也可以是整个学校组织。这也就是说，设置在校内的机构，一定是大学治理能力的主体。

在大学这个庞大且复杂的社会组织中，其内部的机构要发挥好主体作用，就需要全面、准确理解和把握学校的整体办学目标，把学校的办学理念、思想、战略转换成为本机构可衡量的目标、可操作的制度、规

---

[1] 黄宝玖：《国家能力：涵义、特征与结构分析》，《政治学研究》2004年第4期。
[2] 王浦劬、汤彬：《论国家治理能力生产机制的三重维度》，《学术月刊》2019年第4期。

则或者标准。换句话来讲，机构应承担大学办学目标实现的"转换器"角色。同时，大学机构也应以发挥组织效率最大化为目标，依赖上级命令和内部规则下的内部人控制，并借助于谈判、对话、协商等机制，以完成某一治理任务。由于大学治理能力是围绕要素的有效配置来体现的，要在大学治理能力视域下考察大学机构的角色，就需要抓住要素—资源予以分析和论证（如图3-2所示）。

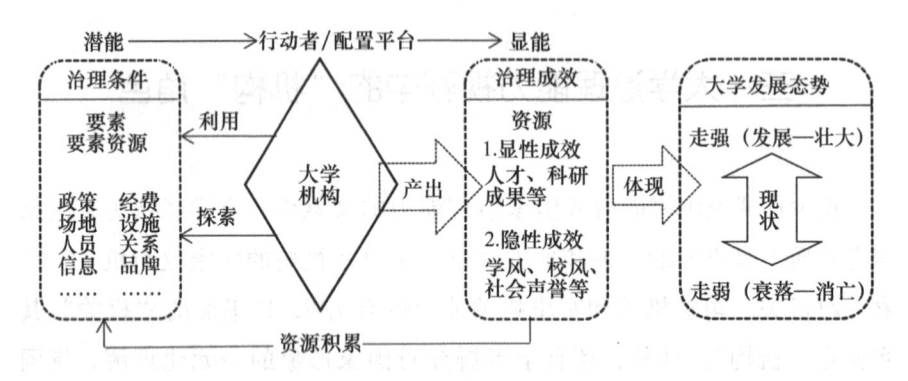

图3-2　大学治理能力的机构角色

（一）机构是要素配置的行动者

作为构成客观事物并维持其运行的最基本单元，要素需要配置才能产生预期的收益。所谓要素配置，是指在要素数量一定的情况下，不同要素在不同地区、部门、主体之间的分布及组合。在大学校园内外，存在着一个包含各种要素的市场。这一要素市场虽然不像经济领域中的要素市场那样可以进行自由流通和交换，但却是大学可以凭借一定的治理手段来进行配置的。但是，大学只是一个抽象的主体，是无法进行资源要素配置的，需要具体的行动者来负责操作。由于大学是一个正式的社会组织，其一切行动是以组织或组织的一部分的名义进行的，也只有这样才能得到政府的合法性背书和社会的合理性认可。即便是大学治理活动中的一些个人行动或私人关系操作，如果该个人具有大学组织的某种身份，实际上也逃脱不了其行动也是组织行动的一部分。

具有规范性、稳定性、专业性、自主性等特性的大学机构恰恰就能担当要素配置行动者的角色。由于机构由多个各有职责分工及相互关联的人员组成，因此机构还是一个集体行动者。分散在校园内外的要素，需要机构这个集体行动者主动去识别、收集、控制、转化和分配这些要素，即只有通过机构才能合法且合理地配置要素，以生产出供学校或其某一方面发展所需的资源。这一过程及其结果，既是其治理能力的体现，也是发挥其主体作用的一种基本方式。

（二）机构是要素配置的平台

每一所大学虽然由于其历史、禀赋的不同在要素的种类、质量和数量上有所差别，但作为一个组织的存在无疑都拥有或存在一定的要素。但是，这些要素的存在，虽然很有价值，但并不意味着其效力可以自动发挥或者充分施展，它们通常只是以一种"潜能"的形式存在，只有经过要素的配置环节，才能实现由"潜能"向"显能"的现实转化，即转化为大学所需的各种资源。换句话来讲，各种要素都具有价值，但要具有使用价值，必须通过配置才能转化为大学发展可用的资源或者可得的资源（accessible resources）。例如，在大学治理实践中，无论是政策、制度、人员、经费、设施等要素，还是信息、关系等要素，都无法实现大学所希望得到的诸如人才辈出、科研成果丰硕等治理成效，必须通过要素的配置环节才能产生想要的结果。

大学机构恰恰承担着大学治理能力从"潜能"到"显能"转化的中介角色，即承担着要素配置环节这一角色。在大学治理实践中，因为机构的存在，相关人员利用机构既可以提供现有的政策、制度、场地、设施、经费和人力，还能从校园内外挖掘一些要素，以汇集所有相关要素来完成治理任务。这也就是说，机构实际上不仅给要素配置提供了一个固定的物理空间（场所），还提供了一组操作机制和内在心理预期，如拥有可以影响或控制特定方面变化的规则，定义了谁可以与谁进行合作与互动，这实际上就给来自校内外的相关要素提供了稳定性、规范性、专业性的配置平台。

四 大学治理能力视野中的"机构"作为

要深刻地理解和把握机构与大学治理能力之间的逻辑关系，除了要理清机构在其中承担的角色之外，还需分析机构是如何作为的。从以上分析来看，如果我们把大学治理理解为要素的配置过程，那么起主导作用的就是大学机构对要素的配置。由于要素配置受众多时空条件的限制，因此行动者具备采取一定方式的能力就很有必要。这也就是说，在大学治理实践中，当治理主体、客体以及治理所面对的治理要素是既定的，那么决定大学治理能力大小的就是如何对要素进行有效配置，以提升要素的整体效应，即通过设定某种方式，决定何种组织或个人在符合何种条件下可以使用这些要素，以达到帕累托最优状态。那么，机构作为大学治理能力体现的"抓手"，在实践中大学治理能力是如何通过机构得以体现的呢？以下本书还是要从要素（治理要素）的属性入手，在上文有关论述的基础上，论证大学治理能力视野中机构的作为。

（一）大学治理体系中的要素属性

现有的研究文献一般都是根据要素在空间上的分布来考察其特性，并按照这一特性来分析其组合方式即配置方式。为了能全面且深入地透析机构在大学治理能力中的作为，本书将突破要素分析的一般惯常做法，除空间维度之外，还同时纳入时间维度和数量维度，以图对大学治理场域中要素的属性有一个全面的认知。

一是要素在时间维度上具有时效性。要素与特定的阶段与时点相联系，具有动态变化的特点，即它在不同的时间段上会具有面貌乃至性质上的差异，甚至会稍纵即逝。或者说要素在一个时间段内可被机构利用或探索，在另一个时间段内则可能会丧失其使用价值。同时，要素的组合状态在不同的时间段内也会发生变化，并以某种方式传导给其他要素，随着时间的推移而呈现出不同的行为方式、结构特征以及整体功能，从而引起整个治理任务和治理结果的变化。要素的时效性，也意味着大学需要的是动态治理而不是静态治理，需要大学能随着内外部条件的变化而相机采取应对之策，以实现大学治理与内外部环境的动态匹配。

二是要素在空间维度上具有流动性和离散性。要素的流动性是由其分布的不均衡以及对效率的追求所决定的，意指要素与特定的行为主体与区域范围相联系，在空间上会发生位移（从一个位置到另一个位置）。伴随着全球化和信息技术的发展以及高等教育自身社会化程度的加深，人员、信息、知识、资金、关系等要素的流动强度已超过了过去任何时候。一所大学的发展，总是伴随着要素在校内、校外不同方向的流动。同时，要素在空间分布上并不总是聚集在一起，而是常常处在一种多点散落状态，即要素具有离散性。如学校若计划成立一个跨学科研究中心，所需经费、人员、设备等要素很可能分散在多处，需要机构采取手段将它们聚拢在一起，以发挥它们的整体功能和效应。

三是要素在数量维度上具有稀缺性。意指要素并不是可以无限量地供给，而是往往有很多限制性条件。纳入大学治理的视野，所有要素虽然有质量上的差别，即有质量高低之分，但都必须是符合一定质量要求的，否则就不能称之为要素。在此条件下，要素的数量，如要素的充裕度、要素种类的丰富性等，自然会影响要素的配置效率。任何一个不满足于现状、有进取心的大学机构，总是力求突破其自身在历史、禀赋、社会关系等方面所受到的约束，以获取更多符合一定质量要求的要素。

（二）大学机构的要素配置方式与能力

在大学治理能力视野中，机构就是按照要素的不同属性予以配置的，或者说在一定的背景下，机构应有能力相机采取不同的配置方式，以控制所能获取的要素（治理要素），创造可以影响特定方面变化的条件，最终在不同的维度上产出大学需要的发展资源（具体如表3-1所示）。

表 3-1　　　　　　　　要素与大学机构的治理能力

要素（治理要素）		大学的机构			配置后的理想状态
维度	属性	主要配置方式		应具备的能力	
时间	时效性	研判、响应等	机构内：利用 机构外：探索	识别—抓取能力	纵向：开启—把控能力（吸纳+建制+动员+约束） 横向：协同—开拓能力（调配+联合+合作+延展）	承转通畅 分布合理 汇聚集成
空间	流动性	转移、联结等	:	汇集—整合能力	:	:
^	离散性	:	:	:	:	:
数量	稀缺性	转换、开拓等	:	挖掘—拓展能力	:	:

1. 时间维度的机构配置方式与能力

基于要素在时间上的时效性，大学机构必须及时识别，方能在配置要素过程中拿下先手棋。过去，由于大学拥有的要素及资源获取单一且简单，现在增多了、复杂多了，即便是来自于某一单一通道（比如政府）的要素及资源，也往往都是竞争性的。尤其是在信息化社会环境下，仅对要素的识别就变得比以往更为复杂和多变。这就需要大学机构在机会或需求出现时，能通过研判、响应等方式，具备在第一时间识别、抓取某一或某些要素的能力，以体现机构对所辖事务的前瞻性、主动性、计划性和策划性。为此，就需要大学机构在动态环境下根据不同要素的不同属性，对要素进行快速采集、过滤、选择、适配和链接等布局和组合行动，能在事务的动态演化中寻找相对稳定的因素，并从随机中寻找规律性，否则要么贻误时机，因而不能把要素及时调取起来加以使用，或者分不清孰急孰缓、孰先孰后，因而造成慌乱、错乱，使要素与要素之间难以发挥整体联动效应。

换句话来讲，要素的时效性要求大学机构具备识别—抓取能力，即能在第一时间内获得各类最新信息，然后迅速形成易于辨识的态势分析结果，在此基础上拿出针对性的解决方案。也就是需要机构在大学治理过程中有发现问题的预见力与应对问题的处理能力。当不良问题正在形成或已经形成时，机构需要立即启动问题解决触发机制，在问题形成或蔓延之前要能及时予以遏制。或者更为具体地说，就是大学机构能根据内外部环境的变化，及时掌握并分析各种社会信息，洞察未来的发展趋势与规律，适时对现有政策的执行情况和实际运行效果进行评估和反思，并及时对其进行修正以取得与预期目标相适应的工作成果。如大学的教务管理部门，能快速识别来自社会的新的发展变化和需求，且又能在第一时间内会同相关院系对校内的一些学科专业进行新的调整或布局。

2. 空间维度的机构配置方式与能力

基于要素在空间上的流动性和离散性，即处在一种非均衡且离散的状态，这就需要大学机构能适时采取转移、联结等方式，将一定空间范围内的要素集聚起来。要素只有集聚在一起，才能发生相互作用，由此才能形成生产过程（获取资源的过程）。正如马克思所论述的："不论生产的社会的形式如何，劳动者和生产资料始终是生产的因素。但是，二者在彼此分离的情况下只在可能性上是生产因素，凡要进行生产，它们就必须结合起来。"① 基于此，大学机构一是需要采取转移方式，将一种要素从一个地方转移到所需要的位置，然后与其他要素一起，达到要素为我所用的目的；二是需要采取联结方式（如调取、归并），就是通过关联分析将来自校园内外的零散要素组合起来，然后选择合适的激活工具使这些要素环环相扣，相互联系，互为条件和因果，以提高获取发展资源的整体联动效应。例如，为了一项任务的完成，机构在校园内能将其自身与其他机构或个人联动起来，在校外也能将本机构与其他社会组织或个人联动起来。

要素的流动性和离散性，也意味着机构很难将其自身封闭起来，也不能把其自身封闭在一个小圈子里，必须以开放的心态和作为，根据治理需要对要素进行转移和联结。无论是要素的转移还是联结，实际上都要求机构具有对要素的汇集—整合能力。比如，大学围绕国家的重大科研需求，整合校内一些学科的力量，成立能进行联合攻关的研究院，以获取科研成果、财政支持等发展资源。再一个，治理目标的实现有赖于各类要素相互间的协调、配合、共同作用，而其中任何一类要素的不足

---

① ［德］马克思：《资本论》（第2卷），人民出版社2004年版，第44页。

或缺失都不可能使治理的整体功能得到有效实现。大学机构可以基于要素流动性，把相关要素汇集、整合起来，以产生新的协同效应。

3. 数量维度的机构配置方式与能力

基于要素在数量上的稀缺性，需要机构具备挖掘—开拓能力，即能在已有存量要素的基础上主要采取转换和开拓方式，以获取更多符合一定质量要求或高质量的要素。（1）就转换这种方式来讲，大学机构一是需要推动要素从低质量向高质量方向转换，即对已有要素的升级和充分利用。如通过对管理人员自身的学习、积累和转化，将新知识、新思想传递到组织层面并将其制度化，从而提升机构的治理能力。再如，通过给教学与科研人员培训和提供锻炼机会，使其成长为更高质量的师资。二是大学机构能够按照当时的治理需要，具有把一种要素转换为另一种要素的能力。在大学治理实践中，要素可通过一定形式进行校园内外部的交换，以达到有效利用其自身要素、获取新的要素的目的。例如，作为流动性和交换能力最强的经费要素，可通过购买、交换等形式转换为科研设备、师资等资源。再如，当教师科研成果这一发展资源被纳入治理过程中的要素范畴时，又可以通过市场孵化环节，转换为货币形态的要素（科研经费或奖金）。（2）就开拓这种方式来讲，大学机构不被现有条件所囿，主动寻求新的要素，即获得要素量的增加或要素种类的增加。如在国家"双一流"建设背景下，一些高校走出发展舒适区，通过及时调整学科布局等手段，集中要素于某一或某些学科，以此获得国家重点学科建设立项以及相应的政策、财力等发展资源。

在大学治理实践中，要素配置的最高境界是物尽其用、人尽其才，是一种基于现有条件的最大治理成效获取的整合，为此需要恰当且切实地使用转换和开拓这两种要素配置方式。如果一味地致力于转换（利用）现有的要素，就会陷入其自身的"内卷化"，同时也会让整个学校难以打开新的局面，因而暮气沉沉；如果不顾及其自身条件、不利用已有条件而仅仅追求新奇独特，机构最终只能成为不愿脚踏实地做事的"鲁莽的蛮干者"。为此，机构在配置要素时，需要具备挖掘—拓展能力，既需要投入一部分要素以维持组织的稳定和存续，还需要投入一部分要素用在开拓上，即采用一些非常规的手段，汲取其他同行难以拥有的异质性资源，以使组织具有活力和特色，创造出复杂且不易被模仿的竞争优势。对于某一具体的大学机构而言，一方面，它要充分履行好其自身职能，完成学校交代的任务；另一方面也要不断归纳总结，积极主动地开拓新路，构建出长期的、稳健的治理创新机制，为其自身乃至整个学校汲取更多的资源。

以上三种相互联结、贯通的要素配置方式，涵盖了时间、空间、数量三个维度，虽然不能穷尽所有，但却是机构在大学治理实践中经常采用的基本的几种方式，体现出过程与结果的统一，如识别—抓取既是一种过程（治理过程），也是一种结果（治理成效）。机构有时会根据治理需要采用其中的某一种方式，也有可能同时采用几种方式。这也意味着一个合格的大学机构，在面对要素的配置任务时，要同时具备识别—抓取能力、汇集—整合能力和挖掘—拓展能力。在大学治理实践中，机构的几种能力相互配合使用，以达到承转通畅、分布合理、汇聚集成的理想要素配置状态。

还需强调的是，时间、空间、数量作为三个影响要素配置效率的维度或向度，不仅可以成为衡量大学机构布局是否科学、合理、高效的评价标准，也可以构成观察大学机构治理能力的一组坐标，在包括大学机构改革在内的大学治理改革实践中具有重要的启发意义。

（三）大学治理能力的机构生产和再生产机制

大学机构在要素配置上采取的方式，如何按照要素所处的机构相对位置来划分，又可归结为利用、探索两种路径，既要充分利用机构内部已熟悉了解、充分掌控的要素，以获取最大程度的利用，同时也要延展到机构之外探索新的外部要素，以获取要素量的增加。两种要素配置的路径难分先后，往往是同时发生或相互交织、耦合在一起。在大学治理实践中，需要机构在利用好通过完成任务所获得资源的基础上，继续深化探索，把通过探索得以拓展的新对象、新内容、新经验、新方式再巩固为已有资源，并进一步加以利用，从而形成良性的利用—探索、再利用—再探索的良性循环。

同样，大学机构所需具备的识别—抓取能力、汇集—整合能力以及挖掘—拓展能力，若站在整个大学机构系统的立场上，又可以归结为开启—把控能力和协同—开拓能力。前者是从纵向的角度，需要机构具有吸纳、建制、动员、约束的能力，后者则是从横向的视角，需要机构具有调配、联合、合作、延展的能力。但是，本书在探究大学治理能力的机构逻辑以及实现机制时，还是主张从要素—资源的视角出发，即从有利于要素在时间、空间、数量三个维度的流动和汇集出发，以突破在论证大学治理能力时存在的纵向或横向的单向度阻碍和局限，做到要素在不同维度方向上的统一。由此，基于要素配置这个逻辑起点，我们可以初步建构大学治理能力视野中机构的生产机制和再生产机制（如图3-2所示）：

第一轮生产：大学的要素也可称为校园内的存量资源，是大学治理能力来源的基础所在，它们往往是静止的。在大学治理实践中，需要机构采取一定的路径和手段将这些存量资源作为治理要素（要素），通过其治理能力的介入，在动态的配置中产生发展资源（增量资源），从而使要素具有自我可持续性，即具有成长性和可持续发展的特性。

第二轮生产（再生产）：在第一轮通过治理生产的增量资源去除必要的消耗之外，机构又可以将其作为新的要素，从而与原有的要素一起，通过新一轮的配置，产生更多的发展资源。如此循环往复，使发展资源不断地生产出来，大学也由此得到持续的发展和壮大。

同样，大学治理能力的机构生产虽然在理论上可划分为生产、再生产两个阶段，但在实践中却难分先后，二者同样交织、耦合在一起，其良好体现是，机构既脚踏实地地做好本职工作，同时又不甘于被现实条件所囿，为所在部门及整所大学的发展开拓新局。

第四章 大学需要怎样的机构布局：质的研究

所谓机构布局，就是一个具有行政主体身份的组织基于其自身的发展定位和目标，对其内部机构及其关系的设置和安排，以维持其生存和发展所需的治理能力。大学作为一个具有独立履责能力的行政主体，一个庞大的、具有多重功能的社会组织，需要怎样的机构布局才能具备其生存和发展所需的治理能力呢？接下来，本书将结合上文有关大学治理能力的理论解读，运用专家深度访谈法，以图在对相关质性数据的分析中建立分析中国大学机构布局状态的理论模型，并进一步建立指导大学机构布局的理论框架，这既是为建构一套优化、协同、高效的内部机构体系提供理论指导的需要，也是适应当前中国大学治理进入新阶段后提升治理能力的需要。

一 研究方法与资料分析

（一）研究方法与对象的选取

为了全面且深入地透析机构在大学治理能力中的作为，为治理新阶段的大学机构布局提供指导性框架，本书通过专家深度访谈并运用质性研究方法，收集研究对象的真实感受和看法，然后将收集到的质性数据资料进行逐级编码分析，提炼出范畴，最终在范畴（概念）之间建立起联系并形成能用于大学机构布局状态分析的模型。

质性研究注重的研究对象,要有其内在经验,且能获得对研究问题比较深入细致的解释性理解[①]。对此,本书研究对象选取的是国内一些高校的校领导、行政管理人员和教师,他们均有长期在高校任职的经历,对大学的治理能力现状以及机构布局有切身的体验。为了获取可为研究所用的翔实的文本资料(质性数据),本书采用目的性抽样策略中的强度抽样方法,在符合条件的研究对象中选取了21位受访者(专家)。受访者皆具有足够的代表性,同时也考虑到了高校类型差异、职务(行政级别)差异、职称差异和所在地区差异等影响因素。受访者的基本信息如表4-1所示。

表4-1　　　　　　　　　受访者基本情况

序号	访谈对象编码	职称	职务或曾任职务	序号	访谈对象编码	职称	职务或曾任职务
1	ASL0502	副研究员	副处长	12	LSF0524	副教授	副处长
2	BSH0502	副研究员	副处长	13	MCL0602	教授	院长
3	CLZ0502	副研究员	副处长	14	NHL0602	教授	院长
4	DLW0507	教授	学院书记	15	OXX0602	副研究员	主任
5	EDW0507	教授	院长	16	PYH0602	教授	副院长
6	FJR0507	教授	无行政职务	17	LXZ0709	助理研究员	科长
7	GWZ0513	教授	副校长	18	EFD0709	助理研究员	副科长
8	HWH0513	教授	本科生院副院长兼处长	19	DHW0709	教授	校党委书记
9	IHT0513	教授	处长	20	ZXS0711	研究员	校长助理
10	JSS0524	副研究员	学院书记	21	ZQZ0711	教授	处长
11	KHZ0524	副研究员	学院副书记				

(二) 研究数据收集

数据收集包括两个阶段。第一阶段是根据研究问题布局访谈提纲。

[①] 陈向明:《质的研究方法与社会科学研究》,教育科学出版社2000年版,第103页。

访谈提纲所列的问题包括三个类别共七个问题（群），另附加一道总括性的问题：类别一是顶层安排问题，类别二是执行问题，类别三是协调协作问题。提纲中所有问题虽然围绕大学机构这一研究主题来布局，但都保持开放性，并避免有明显的价值导向，如类别一："对于高校存在的党委书记、校长两个'一把手'关系难以处理的问题，您觉得从机构布局上还可以采取哪些做法，以促使二者能够补位合作、协同发力？"类别二："对于高校存在的'执行难到位''越往下越变味'的问题，您觉得在机构布局上可采取哪些做法，以促进学校做出的决策都能够落实到位？"类别三："对于高校院系、研究机构'各自为政'问题，您觉得在机构布局上可采取哪些做法，以促进各学科交叉合作、建大平台、出大成果？"在进行正式访谈之前，对三名受访者进行预访谈，根据访谈结果修改访谈提纲。在整个过程中，都会根据上一次的访谈情况作出反馈，对下一次的访谈提纲进行补充和完善。

第二阶段是进行访谈。在正式访谈开始之前，先向受访者介绍研究主题，让受访者对研究内容有一定的了解。在获得受访者对访谈录音的同意后，开始正式访谈。访谈采取线上面对面的方式[①]，与受访者进行半结构式深度访谈，并根据受访者的回答，进行适时追问，以保证访谈的深度。在访谈结束后，向受访者表达感谢，并与受访者保持联系，以就后续研究过程中产生的问题进行进一步交流。本次访谈从2022年5月2日开始，7月11日结束。其中每人访谈时长为1.5小时左右，累计访谈总时长约为32小时。后来，又根据研究需要对一些受访者进行了回访，一直到访谈达到饱和为止。共获取访谈文本资料近16万字。

（三）研究数据分析

本书借鉴了施特劳斯和科尔宾的三级编码程序[②]，并借助Nvivo 11软件完成数据分析流程。本书随机抽取其中16份访谈资料进行编码分析，

[①] 由于当时全国正值新冠疫情防控期间，所有的访谈都在腾讯视频会议平台上进行。

[②] A. Strauss and J. Corbin, *Basics of Qualitative Research: Grounded Theory Procedures and Techniques*, Mewbury Park: Sage, 1990, p. 171.

在三级编码完成后，将剩余资料用于理论饱和度检验，最终发现没有形成新的概念和范畴，因此建构的理论模型是适用的。

1. 开放式编码

所谓开放式编码，就是对原始访谈资料进行逐字逐句编码，为每一种现象都贴上标签，得到各种概念并将相似的概念归类到一起，最终得到主范畴的过程。本书在对原始材料进行逐词逐行编码时，尽可能以受访者的原话作为初始概念，以避免研究者主观性的影响。在完成对本土概念的提取后，再对这些概念进行分类，将相似的概念集合在一起，形成初始范畴。最后，经合计一共得到了269条原始语句（用"a+序号"编码），从中提炼出27个本土概念（用"aa+序号"编码），再从中获取12个初始范畴（用"A+序号"编码）（如表4-2所示）。

表4-2　　　　　　　　部分开放式编码示例

原始语句	开放式编码		
	贴标签	概念化	范畴化
总之，面上的、宏观上到位，但搬到基层很难（a78）。上层还是很重视、很强调、很突出，到职能部门还可以，但到了基层可能就大打折扣，失真了（a79）。实际上到基层操作、学院层面，完全不是这回事儿，基层层面高度的任性、高度地不走程序、不按规矩办事，这种现象我觉得很普遍（a80）	a78：搬到基层困难 a79：到基层失真 a80：基层集权	aa4 传递到基层失真 aa5 落实到基层困难	A2 决策落实
有时得到的回应是：做的工作有瑕疵，以后要注意，可问题是现在怎么办？最后事情就算了。往往因为这种情况，老师、学生已经不愿意再说了，因为知道说了也没用（a87）。有些不讲良心的或者不履行职责的，会找各种原因拖着不办理（a88）	a87：得不到解决 a88：处理速度慢	aa6 办理结果 aa7 办理效率	A3 事务办理

续表

原始语句	开放式编码		
	贴标签	概念化	范畴化
我们现在的干部编制非常紧缺，所以我所在单位有好些人都是一人兼几职（a113）。负责人要明确工作职责，明确自己的定位、业务，配备的人员的能力要真正能够支撑他的业务，支撑他的职责，注意人员的培训（a114）	a113：行政岗缺编 a114：注意人员培训	aa12 编制配置 aa13 人员发展	A6 行政人员管理
比如说"985"的学校，可能已经有足够的资源，不需要校长找资源，更多的是要做好管理。但是对于地方高校来说，资源很有限，需要校长找资源（a128）。可以与校外的相关企业合作，争取资金、场地等发展资源（a129）	a128 校长找资源 a129 对外合作争取资源	aa18 外部资源获取方式	A9 资源开拓
学校一些部门，我认为是能够合并的。职能部门相近的，要尽量把它放到一个部门去做（a157）。现在学校搞得条条块块特别多，只要一开会，会场上坐的全是处长，每个人讲五分钟，都得讲半天（a158）。学校在发展过程中，会自然形成部门利益、部门主义。部门为了守住自己的利益，守住自己的职权，就会导致部门主义，导致部门与部门之间的不合作（a159）	a157：职能相近可以合并 a158：条块多降低效率 A159：部门主义	aa20 合作动因 Aa21 合作阻碍	A10 部门协同

2. 主轴编码

主轴编码是通过类聚分析在开放式编码所得范畴之间建立联系，并根据各范畴之间的逻辑关系和相互联系将具有相似性主题的范畴归为一类，形成主范畴①。本书将开放式编码所形成的 12 个初始范畴进行分类

---

① 周青、吴童祯、杨伟等：《面向"一带一路"企业技术标准联盟的驱动因素与作用机制研究——基于文本挖掘和程序化扎根理论融合方法》，《南开管理评论》2021 年第 3 期。

与比较，最终提炼出"高层作用""部门工作""人员管理""协作关系""资源汲取"五个主范畴（如表4-3所示）。

表4-3　　　　　　　　　　主轴编码形成的主范畴

初始范畴	主范畴	初始范畴	主范畴
方向把控	高层作用	一把手选配	人员管理
决策落实		行政人员管理	
职责搭配	部门工作	教师管理	
事务办理		部门协同	协作关系
资源开拓	资源汲取	跨学科合作	
资源利用		对外合作	

3. 选择性编码

在对主轴编码的结果进行归类后，确定本书的核心范畴为"机构布局"。"机构布局"由高层作用、部门工作、协作关系、人员管理、资源汲取五个主范畴组成。其中，高层作用由方向把控和决策落实两个基本维度构成，部门工作主要是指事务办理和职责搭配，人员管理包括一把手选配、行政人员管理和教师管理三个基本维度，协作关系由部门协同、跨学科合作和对外合作三个基本维度组成，资源汲取则包括资源开拓和资源利用两个基本维度。

围绕核心范畴"机构布局"，可以梳理出一条故事线："高层作用"在大学整个机构系统中发挥着方向指引、关系协调和政策保障的作用，"部门工作"则是指各个部门按照高层传达的指令进行资源的调配和关系的组建以推动任务的完成，"协作关系"则专指在各部门之间建立工作联结以推动复杂任务的完成，"人员管理"为各机构提供人力支撑，"资源汲取"则是衡量机构工作绩效乃至整个机构系统治理能力的主要标准。总之，大学的机构布局是一个系统，由五个主范畴及其子范畴分别组成的五个子系统相互影响，共同作用且决定着大学整个机构的运行状态及其治理能力水平的高低。基于此，本书可尝试构建用于描述大学机构布局状态的理论模型（如图 4-1 所示）。

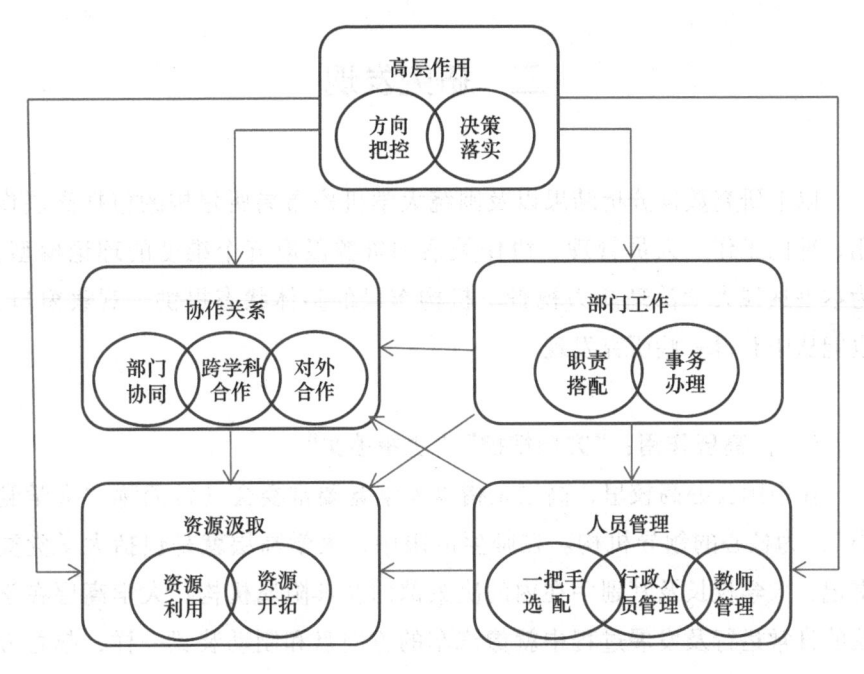

图 4-1　大学机构布局理论模型

4. 饱和度检验

理论饱和度检验是指在不获取额外数据的基础上，进一步发展某一范畴，以作为停止采样的鉴定标准①。本书利用预留的五份访谈资料进行理论饱和度检验。具体方法是：对预留的文本资料再次进行三级编码，在此过程中观察是否有新的概念出现，检验模型中的"初始范畴""副范畴"和"主范畴"是否已经达到饱和。结果显示，大学机构布局理论模型中的五个主范畴、12 个初始范畴已较为完善，未发现有新的范畴与逻辑关系形成。此外，笔者还将这一模型建构结果提供给相关研究领域的一些学者审查，他们均未提出异议。由此，可以认定该模型在理论上

---

① R. E. Fassinger, "Paradigms, Praxis, Problems, and Promise: Grounded Theory in Counseling Psychology Research", *Journal of Counseling Psychology*, Vol. 52, No. 2, 2005, pp. 156–166.

已达到饱和状态。

二 研究发现

以上研究数据分析结果以及围绕大学机构布局所建构的包括高层作用、部门工作、人员管理、协作关系和资源汲取五个维度的理论模型，为本书透视大学治理能力视野下机构布局的整体状态提供了观察窗口，也能从中获得一些研究发现。

（一）高层作用："方向把控""决策落实"

在中国公办高校里，高层是指以大学党委常委会（常简称"大学党委"）为核心的领导机构。在师生的眼中，大学高层就是包括大学党委书记、大学校长及其副手在内的决策部门及其附属机构。大学高层在学校的日常运行及发展过程中就像汽车的方向盘和制动装置一样，起着方向把控、事件启动及制动的作用，是大学治理能力的核心主体力量。根据 2021 年 4 月 16 日中共中央发布的新修订的《中国共产党普通高等学校基层组织工作条例》，大学党委需要在"把方向、管大局、作决策、抓班子、带队伍、保落实"六个方面发挥作用。从访谈的结果来看，以上六个方面的作用可以概述成"方向把控"和"决策落实"两个前后相互联结的阶段。

在访谈中，专家对大学高层在"方向把控"尤其是在思想政治方向把握方面的作用普遍持相对乐观的态度，认为是"发挥了有效作用的""没有什么问题的""做得还算可以的"。如一位曾担任大学党委会委员、副校长的专家谈道：

> 我觉得现在高校党的领导或者说党委领导、统揽全局，这一点是做到位了的，不存在任何问题和质疑。党委书记的作用比过去强得多，党委书记不是"保障作用"，是"领导作用"，这两个字的变

化就体现了高校加强党的领导是全方位的。领导是政治的领导、组织的领导、思想的领导、意识形态的领导、廉政建设的领导。后来教育部又下文件进一步明确校长是党委副书记，并且必须兼党委副书记。我想这是有意安排的，隐含了党委书记是"一把手"，校长是副书记兼校长的意思。（GWZ0513）

以上表述还表明"到底谁是大学的一把手"这一长期困扰国内高教界的问题，至少在国家政策层面已获得比较明晰的确认，党对把控学校发展大局的作用也得到强化，但在落实大学党委决策即"决策落实"方面却不尽如人意，主要表现在政策执行上难以落地，即在"管到位"上存在问题。如两位来自学校教务管理部门的专家谈道：

宏观上面或者说面上可以做得到，谁也不敢在"把方向"问题上犹豫，至于能不能管得到位、控制得住，那就不一定了。面上讲起来都很好听，学校领导在检查工作时看材料、看报告，也找不到一点问题，写得很漂亮。但实际到基层操作、学院层面，完全不是一回事儿……这种现象我觉得还很普遍。（HWH0513）

我们是教务，是学校与学院之间的连接点，国家或省里的政策到学校没有任何问题，学校都会在第一时间组织我们中层干部认真学习，但是从学校中层再下去就很难了，几乎很多政策到学校层面讨论以后，到我们中层干部讨论以后，再往下传递，第一要么没传递，第二要么走形了。不信你去问问老师们，大家几乎不关注学校领导在说什么、在干什么，因为院长们长期都在行政楼开会，从会议室到会议室，甚至他们都不记得上个会开的是什么了。基本上整天都在开会，包括我自己，我是一个不称职的处长，因为我一年365天，这个位置我几乎都不坐，每天都有四个到五个会议，还要跟领导汇报，根本没有时间带团队去努力做事情……（IHT0513）

以上这种以写报告、组织中层干部学习、开会的形式落实学校决策的做法，难免会使大学高层制定的决策走形、变样，也就难以达到"决策落实"的目的。至于原因，受访专家也做了描述。如有三位受访专家谈道：

> 副校长头衔安上了，他总要做点事情体现他的价值，就会造成多头管理，给中层管理造成困扰。有些学校设置副校长也成了一个激励手段，比如现在好多职能部的处长，不可能让他一直干，总要有一个上升的空间，怎么办？多设点副校长，副校长职位不够了，就设"学术副校长"这个上级组织部门不认可的职位。但是这样做的后果就是，想指挥别人的人变多了，真正做事的人变少了。（EDW0507）

> 目前，高校在内部管理职责划分上有交叉，这样就会存在多个部门的管理问题。如我们学校在继续教育这块儿，就分散到很多部门，很不利于管理。需要学校在管理过程中不断地磨合，划清不同职能部门界限，才能够保证各部门在各自范围内完成任务。（EDW0507）

> 很多管理出现问题以后，比如部门之间的推诿扯皮问题，学校领导即便有所了解，也不太愿意主动去协调、去解决，如果部门之间能够自己消化，尽量自己消化，消化不了再说……（HWH0513）

从以上受访专家所做的描述来看，大学高层在"决策落实"方面的作用没有体现出来的原因，可以归结为三个方面：一是学校存在多头领导；二是学校没有将各部门的管理职责划分清楚；三是校领导没有从中起到协调、统筹管理的作用。

（二）部门工作："事务办理"

部门是指大学除了高层（大学党委会及校领导）之外的各职能机

构,其工作状态最能被师生直接地感受到。从受访专家反馈的情况来看,他们普遍对部门工作持一种相当负面的评价,如"上面很好看,基层部门一片乱",主要表现为"做事不主动""办事不力""只热衷于上传下达而不主动做事"等。对此,两位受访专家描述道:

> 老师和学生的需求很多,职能部门有时候不能及时跟进处理,对于会出现的问题,能对付先对付过去,实在对付不了的,就放下等等再说。有些事情师生可能反应比较强烈,学校就会重视一点;如果声音后来变弱了或没有了,事情也就不了了之了……(HWH0513)

> 总的感觉是学校的管理部门还是多,人浮于事、执行不到位的现象普遍存在。有的部门和主管领导责任心强的,可能执行得到位一些;有的部门领导只坐在位置上,执行起来不一定主动,是被动的,解决问题也只是走个形式……至少我对我们学校的管理在内心上是不满意的,他们平时高高在上,很多简单的问题都得不到解决,我也不知道他们是没有看见还是没意识到,还是根本就不想管。(GWZ0513)

至于部门"不能及时跟进处理""执行不到位"的原因,受访者的回答主要集中在一个方面,即部门职责不清,职责要么缺位,要么相互重叠。对此,有两位受访专家谈道:

> 领导的用心和愿望是好的,但往往事与愿违。比如,我校最近成立的人才办,类似于引进高端人才的,如果机构成立了,负责人还按以往传统的方式来办事,说这个归人事管,那个归教务处管,那么成立这个机构有啥用呢?!既然成立人才办,就应该为人才的引进和后续服务提供一条龙的管理和服务,因为你的职责定位就是服务人才,而不应该让他们自己东奔西跑去办。(HXL0507)

我在本科生院工作的时候就经常碰到一个情况，我们有个教室管理中心，实际上当时它的职能只是负责管理教室能不能够正常使用。但问题是老师不知道，老师认为教室里所有的问题，比如灯泡不亮了、网络不通了，都应由教室管理中心来管。但教室管理中心却说，这都是由后勤保障部门负责的，找我干嘛？这个时候就会出现事务不清、责任不清，相互踢皮球的现象，给老师、学生的印象非常不好。（HWH0513）

职责不清会带来很多负面现象，除了会出现上文所描述的"推诿扯皮"等现象之外，对部门来讲就是任务不均，即有的部门会很忙，有的部门会很清闲，最突出的问题就是"不愿担责""遇事躲着走"。如一位受访专家就此描述道：

大家基本上都是抱着"多一事不如少一事"的想法来做事的，也就是说我只管我自己的事情，跟自己事情没有关系的就尽量离得远一点，原因在于不愿意担责，现在部门领导都怕担责任。一旦出了问题，部门领导的第一反应是事情是不是我这个部门要干的活儿，如果跟我的部门关系不大，能够打擦边球的，就尽量把手往回缩、不伸手去做……（HWH0513）

若站在师生（管理和服务对象）的角度，职责不清带来的一个负面现象就是办事烦琐、拖沓。关于这方面，受访专家也多次提到。

（三）协作关系："部门协同""跨学科合作""对外合作"

大学是一个整体，大学治理也是一个系统工程，每一个机构之间的关系也都是相互作用、相互关联的，所以在许多治理情境下需要机构与校内外的有关组织维持一种协作关系，这也是大学治理能力的一种表现。就校内职能部门来讲，许多工作任务都需要在两个或多个职能部门相互协同下才能完成。但是，这一需要却往往与部门的职责分工相互矛盾或对立，这正如一位受访专家所讲的：

> 在职责配置上，要求各部门机关职责分工明确，但问题是，我们高校或者各职能部门经常会面临很多临时、突发性的工作，或者是需要分工协作的工作，一旦出现这种情况就很难再分清职责了。比如说事务是从上级教育厅高教处来的，那么这当然会涉及教务处，也可能会涉及学生处及其他部门。但是，只要是从教育厅高教处下来的事，其他部门就认为是对着教务处来的，他们只是从中协助、配合。如果认为这件事不是属于他们自己要做的，而是协助、配合他人的，那么做事的态度和作为就很不一样，可以做也可以不做，可以多做也可以少做……（ASL0502）

这说明部门职责清晰固然可以减少"推诿扯皮"现象，但若仅仅停留在表面的"分工明确"上，一旦遇到需要多方协作的事项就会形成"部门墙"，从而难以形成做事的合力。一些需要多部门协作完成的事情，如果无法达成协作关系而长时间得不到解决，反而会助推"推诿扯皮"现象的发生。这种界限分明的机构布局，也会影响到学科与学科之间的交叉合作。对此，两位受访专家谈道：

> 确实，现在学院的分工和机关行政职能设置存在共同的问题，它们都是条块比较明显，以学科体系来设置，导致跨学科交叉确实很难。但是要把壁垒都打开，把它们都融到一个学院，老师之间认识也有成本，你研究什么，他研究什么，彼此是不清楚的。一位老师想做个大项目，他去找谁来合作？（BSH0502）

> 我校号称是学科最齐全的大学，我记得每一届校领导在上台的时候，都会讲到要发挥学校的多学科优势，培养跨学科的人才，讲起来都是一套一套的，但就是推动不起来。比如刚才我讲的文、史、哲三个学院情况，至少在地理位置上有一起合作的便利，但也组织

不起来。我们研究生院还曾搞了一个"博士生导师论坛",定期一个月召开一次,研究生院邀请各个学科的博士生导师在一起研讨,不带任何主题,大家就在一块儿闲聊,聊到什么程度就什么程度,但事情干了大概不到半年,后面也就不了了之了。(IHT0513)

由于学院都是依托某个学科建立的,学科交叉问题实际上也是学院之间的合作。如何在包括学院在内的不同机构之间建立协作关系以破除"各自为政"的治理碎片化状态?受访者大都认为,这个问题虽然很难解决,即"组织机构设置必然导致部门主义"(DLW0507),但却可以动用组织力量来解决,如建立一个协调机制。对此,一位受访专家谈道:

形成合力肯定很难。我们中国人经常讲的一句话叫"屁股指挥脑袋",我坐的位置只想我的事儿,我自己的事都搞不完,我怎么去配合别人,或者说是配合对方,对我有什么好处呢?我们很多学校对什么事情都搞个机制或成立一个小组,每遇到一个问题,学校立马成立一个机制,一定是校长书记挂帅,副校长任副组长,把几个职能部门的"一把手"搞到一起。如果不这样做,叫部门之间主动合作是非常难的。你去找他合作的时候,他会说你凭什么来找我,我为什么要听你的,你是个处长,我也是个处长……(IHT0513)

对于如何促进学科交叉或学院之间的合作,受访专家认为也可以采取上述类似的做法:

如果要组织大的跨学科项目,还得要发动学校组织的力量,比如科研部门或者是作为学科第一责任人的校长、副校长,由他们牵头抽调各个学院的人来完成……因为中国现有的国情或者是学校现有的机构设置模式,想把它大面积地打破,很难办到,也是不可行的,只能从这种小的切口开始。(BSH0502)

从以上访谈专家的话语来看，要促成不同部门、不同学科（学院）之间的合作关系，就要由更高一层的领导甚至校长、书记出面来主导，即建立一个"校级层面的协调机制"，这被认为是目前比较可行的一个办法。此外，受访专家还谈到机构布局中的对外合作问题，限于篇幅，本书不再赘述。

（四）人员管理："行政人员管理""教师管理""一把手选配"

人员管理是大学机构布局需要考虑的一个基本方面，既涉及人员及其素质问题，也涉及人员的考核与激励问题。比如就前者来讲，机构要发挥应有的效用，一是要配备足够的人手，二是其人员应具备与工作任务相配备的态度与能力。在访谈中，有多个受访者表达了他们对人员不足以及人员工作素质欠缺的不满，如"缺乏人手""人员素质参差不齐""做事不用心、不投入"等。有两位受访专家谈道：

> 部门设置完以后，就要有相应的人。比如，为了体现对教师专业发展工作的重视，许多高校都纷纷成立了教师发展中心，我校也成立了，是人事处和教务处合署办公，人事处长是中心的主任，教务处长是副主任，工作人员也都是两个部门的人，结果大学平时干活都看心情，能干点就带着干点，干不上也就干不上了……由于没有给配专门的人，这个教师发展中心最终也就成了一个"三不管的地带"。（BSH0502）

> 在大学成立新部门，首先配置人员的能力水平要跟上。如果就给两个人或者几个兼职人员去做，也干不好……包括我在基层做管理，就感觉手下的人，哪怕十个人，能力不行，也不顶一个办事能力强的人。配备的人员的能力要真正能够支撑他的业务，支撑他的职责。（ASL0502）

设置一个机构，就需要配备符合一定数量和质量要求的人员，这是机构有效运行的基础，否则不仅会导致机构处于"空转状态"，还会出现由受访专家所描述的"用心组建的一个新机构，结果却变成了大家做不好事情就往这个机构推卸责任的东西"（BSH0502）。至于人员的素质和能力，有访谈专家认为，虽然一些机构由于受编制的限制而难以配足人手，但却可以通过信息化技术、人员业务培训等"比较容易做到的"手段来弥补人员的不足：

> 学校除了可以靠新技术手段把行政管理人员从"事务主义"中解脱出来，还可以强化管理人员的业务培训，我认为不能只靠个人的努力，而应该有培训，尤其是新入职的员工不能只靠工作经验来培养能力，我们需要有体制化手段让他们能很快适应工作，解决工作效率低下的问题。这些都是比较容易做到的。（FJR0507）

大学机构中的事务主义，会严重损耗机构的工作效能，阻碍大学治理水平的提升。所谓事务主义，就是机械性执行、盲目性推进、经验性因循、虚假性替代的综合体，其具体表现是缺乏主动精神，忽略目标计划和实际效果，不抓工作重点和关键，只是机械地做事①。要规避事务主义，强化机构成员的教育和培训是一个有效的应对措施。因为机构成员的专业知识体系如果固化和单一，不仅容易引发本位主义的滋长和蔓延，而且很容易陷入日常事务主义的自我满足。同时，对于行政管理人员、教师等这些涉及机构布局成效的人员管理，受访专家还主张"采取措施促进人岗匹配"，以"做到人尽其才"。此外，受访专家最关注的是机构负责人（俗称"部门一把手"）的选配问题。对此，一位现担任校领导的受访专家谈道：

> 有些大学的院长明显能力不强，但仍然干完一届又一届，让学

---

① 陈廷栋、盛明科：《防范"事务主义"：基层行政效能内耗现象研究——基于角色"结构—过程"分析框架》，《中国行政管理》2022年第11期。

院错过大把的发展机会。比如我校一个学院一直缺少办公场地,办学经费不足,老师的工作积极性不足,一些老师要求调走也被院长找理由卡着不放,学院内部关系弄得很紧张。新进老师连办公室都安排不开,从外引进人才,人家一看这状况,根本就不来。多年来,这个学院的学科水平就是上不去,暮气沉沉、原地打转。后来换了一个新院长,这个院长一方面向内找校长,利用国家"双一流"建设的时机积极向学校争取政策支持,引进了一批新人;另一方面向外找市场,调整专业和学科方向,还弄到了一个与企业共建的项目,这样就很快为学院打开了局面。(DHW0709)

在受访专家看来,上述这个学院之所以"打开了局面",走出"暮气沉沉、原地打转"的怪圈,与这个学院的负责人即院长有很大的关联。为此,受访者建议大学"应注重选拔素质高、业务精、能力优的人担任部门负责人",并采取措施充分激发他们带领团队往前、往上发展的"闯劲"。

(五) 资源汲取:"资源利用""资源开拓"

大学在校内设置不同类别的机构,目的在于通过机构汲取学校生存和发展所需的各种资源。换句话来讲,学校是否能够汲取到足够的资源,也是衡量机构活力及机构布局合理性的重要尺度。众所周知,大学是一个资源高消耗型的社会组织,大学汲取资源的多少,决定着大学的办学活力和发展走向。所以每一所大学都倾向于寻求更多的资源,这不仅是向外界显示其存在的意义和合法性,而且更紧要的是用于维持其日常的正常运转,用于获得其在同行竞争中的有利占位。但是,大学作为一个抽象的主体,其汲取资源的任务需要其内设的机构系统来承担。对于机构在资源汲取方面的作为,受访专家主要是从两个方面出发进行描述的。一方面是大学现有的机构布局是否有利于资源的有效利用。对此,有受访专家谈道:

现在国内有不少高校为了追求"上下对口"带来的业务办理方便，设置了许多职能类似或重叠的部门，造成机构臃肿，带来的就是资源的分散和浪费，因此增加了工作人员，也拉高了管理成本。更为要命的是，这种机构设置做法，还往往会造成部门职能混乱和错位。同样的事情上面可以做，下面也可以做，这边可以做，那边也可以做。真要是出了问题，又可能会出现无部门愿出面、无人愿担责的尴尬局面。（EDW0507）

至于形成这一"尴尬局面"的原因以及化解路径，有受访专家给出了他自己的解读和看法：

一些高校在机构设置上对"上下对口"有偏好甚至依赖，是因为思想认识有问题，认为"既然要重视某项工作，就起码要设立一个专门机构"，否则无法体现学校的重视，工作也无法开展。事实并非如此，在大学这个庞大的机构系统中，设立对口机构未必就能干好工作，不设立也未必就干不好工作。对于那些细枝末节的工作或临时性的工作，就"对责"好了——找专人负责去做就行了，根本没有必要多设一个机构、多拉一套人马、多挂一个牌子，浪费资源的同时还不见得就能把事情做好。（LXZ0709）

此外，还有受访专家谈到大学要通过一些机构的合并、合署实现资源共享，并通过突出核心工作方向以及简化管理流程，以避免由于过度管理所带来的行政资源浪费以及精力和管理注意力分散。

另一方面，受访者也谈到大学不仅要利用好已有的资源，还要想办法争取新的资源。在这方面，自然也有机构方面的缘由和作为。一位受访专家谈道：

资源就是一切！争取办公和实验场地，争取项目机会，争取上级政策支持……这些不都是学校发展所需要的资源吗？！但资源总是有限的，永远是稀缺的，狼多肉少，资源总是紧着最能出成绩的组织给。一所大学，无论是管理线上的，还是专业技术线上的，都要学会争取资源。哪个部门获得更多的资源，哪个部门就会取得成绩，就会脱颖而出。（DHW0709）

能否获取新的、更多的资源，也是衡量机构布局是否科学、合理的重要评价标准。但受访专家认为，目前大学存在的管理层级多、决策慢、封闭等机构布局方面的弊端，不仅浪费了学校现有的宝贵资源，也不利于各机构放开手脚去争取新的资源。

三 理论对话与分析

如本书第二章所述，在大学治理实践中，治理能力不能凭空产生，总是需要许多支撑条件，如地理空间、制度、权力、人员、经费、设施、规范等，本书将其统称为治理要素。以上这些要素在现实的大学治理实践中，又表现为工作场地、政策、拨款、编制、职位、职称、荣誉称号、奖金等更为具体的要素。大学治理无论是整个治理体系，还是某一具体的治理机构，实际上都是某一或某些要素在某一层面的组合及其体现。[1]确立了这一点，就可以在上文五个维度描述的基础上，对大学的机构布局做更深层次的理解和把握。

（一）大学的机构布局，表现为学校对其校内相关要素的不同配置

在大学的机构布局中，学校对机构的设置及其对机构之间关系的处理，其实就是通过对某些要素的识别、流转、转移、组合、分配等方式来实现的。比如，"高层作用"可理解为大学高层对要素在校内流

---

[1] 罗志敏、陈春莲:《转进改革"下半场"：大学治理能力的理论框架与院校生产》，《华东师范大学学报》（教育科学版）2023年第5期。

向及其速度的把控,"人员管理"可理解为大学对编制、职位、职称等要素的运用,"协作关系"则可以理解成信息等要素在机构之间的流转。这一过程可理解为学校对其自身已拥有的要素在各个面向上的安排和利用,本书将其统称为要素的配置。对于机构布局中一些问题的处理,实际上也是通过对校内相关要素的不同配置来实现的。比如,对于大学机构布局中存在的"忙闲不均"难题,就可以通过要素的配置来解决:

> 学校可以通过人员配备等手段来取得一定的平衡。比如,今年我校行政人员只有五个进人的名额,相对忙的部门会分配一下。像我校图书馆这么多年,一直处于自然减员的状态,将近十年没进入了,从原来的 70 多人缩减到现在只有 48 人。还有职称评审,像图书馆 48 个人,一年只有一个参评高级职称名额,而像财务处、科技处等这种平时工作很忙的部门,可能也就 10 个员工,但就有一个参评的名额。此外,学校还通过现代技术设备的添置或更新来自然减员……(BSH0502)

> 在疫情防控期间,我校保卫处等机构的工作量比平时要大得多,除了从其他相对清闲的部门调来人员补充力量之外,还在年终考核获奖人数的数量、奖金额度上进行调节,这样才能调动人的工作积极性,否则就是鞭打快牛……(ASL0502)

以上两位受访专家所描述的,其实就是学校通过人员编制、职称、奖金等几种要素侧重点不同的配置,即通过让"忙的机构得到补偿"这种手段,以在校内取得机构布局的平衡。如果缺乏这种配置,机构就会产生影响大学治理能力的问题,如一位受访专家针对院系存在的"各自为政"问题谈道:

> 院系与院系之间各自为政,跟院系之间资源分配的不合理有很

大关系。其实院系之间的合作，主要涉及背后人事、荣誉等资源的调配。比如，需要几个院系合作进行一个教学改革项目或联合科研攻关项目，如果学校不把这里面的人员安排以及将来的成果归属理清楚，就很难形成合力……（BSH0502）

以上访谈也表明，大学治理实践中的要素配置，就是在要素总量一定的情况下，不同要素在不同机构之间的分布及组合。这些要素虽然不像经济领域中的要素市场那样可以进行自由流通和交换，但却是大学可以凭借一定的治理手段来配置的，以达到对机构的合理布局并通过机构展现治理能力的目的。

（二）大学的机构布局，在于通过要素配置使学校获取发展所需的资源

如上文所述，机构布局是大学对相关要素配置的结果。但就教务处、人事处等单个机构来讲，它们不仅是要素配置后的呈现，也是要素配置的具体行动者，因为大学只是一个抽象的主体，是无法进行要素配置的，总需要具体的行动者即机构来负责操作。这正如一位受访专家所讲到的那样：

我们经常讲大学治理，其实学校里的大小事情，还不都是我们这些部门做的，其中教务处、学生处、财务处、党政办等这些部门是很忙的，即便是大学党委发出的决策，也是我们这些部门去反映、去上报、去推动、去执行的。近年来，常听到大学"治理下沉"的呼吁，其实也是主张大学要赋予部门更大的权力，放手让它们去做事。一流的大学，首先需要一流的部门；一流的教学，首先需要一流的教务处……（PYH0602）

如本书第三章所述，不同于大学校长、处长、科员、教师等这些个体行动者，机构是一个具有稳定性、规范性、专业性的集体行动者。散布在校园内外的要素，需要机构这个集体行动者去识别、收集、控制、转化和分配，即只有通过机构才能合法且合理地配置要素，以生产出供学校发展所需的资源。换句话来讲，各种要素虽然都具有价值，但必须通过配置才能具有使用价值，即转化为大学发展所需的资源。例如，无论是政策、制度、人员、经费、设施还是信息、关系等这些要素，都是无法自然取得大学所希望得到的诸如人才辈出、科研成果丰硕、社会声誉好等治理成效的，必须进入配置环节才能产生想要的结果。但对机构布局来讲，学校对其内部机构安置以及相互关系的不同处理，不仅会影响单个机构的行动能力，还会影响整个机构系统的行动能力。换句话来讲，不同的机构布局会带来不同的要素配置状态以及相应的结果。对此，一位受访专家谈道：

> 为什么地理位置、办学禀赋条件差不多的大学，在一些年后会千差万别？这其实就是管理上的差别造成的。就拿我所在学校的科技处来讲，配置的管理人数比我们同城的一所高校差不多，师资水平也大差不差，但近些年获得的科研项目、基地及经费却比人家少很多，水平完全不在一个档次上……这里面的原因有很多，但科研处以及主管科研工作的校领导难辞其咎……（0XX0602）

要素量相同的大学，为什么会产生不一样的治理结果，主要在于治理能力的高低，而治理能力又与大学的机构布局及其影响下的要素配置状态密切相关。要素配置效率越高，就越能实现低投入、高产出的目标，从而在高等教育市场中由于拥有更多资源而获得有利的竞争位置。当前，大学治理的复杂性，需要大学通过合理的机构布局来高效地配置要素，即机构能运用有限的要素完成复杂、多样的治理目标。基于此，要衡量大学机构布局的效果，就要看其校内机构对要素配置效率的高低，即产出资源的多少。

（三）大学要提升治理能力，需按照要素在不同向度上的特性来布局机构

作为大学实现办学目标的综合性力量，大学治理能力可还原为要素配置效率的高低。机构布局是否合理，就要看要素配置效率的高低以及由此获得的资源的多少。那么问题是，如何通过机构布局这一明面上的组织化操作来提高要素的配置效率呢？在本书看来，要回答这一问题，还需要回到问题的原点，把握好要素的特性。接下来，本书就结合本书第三章有关要素的特性的论述，从时间、空间、数量这三个不同且相互关联的向度出发，探讨基于要素特性的大学机构布局。

1. 时间向度的机构布局

要素总是与特定的阶段与时点相联系，具有动态变化的特点，所以具有时效性。在大学治理实践中，要素在一个时间段里可被学校利用，在另一个时间段里则可能丧失其使用价值。同时，大学治理也是一个多个要素的控制过程，各个要素所占的权重及其关系还会随着时间的变化而发生动态的变化。对此，大学必须通过合理的机构布局来呼应要素的时效性，使学校具备在第一时间识别、抓取某一或某些要素的能力，以做到大学治理的前瞻性、主动性和计划性，否则要么贻误时机，因而不能把要素及时调取起来使用，要么分不清孰急孰缓、孰先孰后，因而造成要素难以发挥整体联动效应。基于要素的这一特性，大学在机构布局上需要做到使要素在机构之间承转通畅，并规避阻滞现象的发生。

其一，要尽量减少要素流动的半径以增加其流转的速度。对此，大学在机构布局时一定要设置尽量少的机构层级。机构具有等级性，一般会按照权责范围的大小被划分为上下不同的几个层级。如果层级过多，就会使要素（比如信息）传递的链条过长，文牍主义也就会滋生和盛行，因此就不可避免地会带来信息失真或扭曲，信息就难以通过及时、妥当的配置而转化为机构可用的"管理知识"，最终降低大学的治理能力。对此，本书主张大学在机构布局时，要尽量压缩机构层级，采取扁平化的机构布局模式，因为扁平化能压缩机构间的距离，通过缩短要素的承接、流传的距离而提升配置效率以及治理能力。

其二，要尽量消除由于要素长时间堆积而产生的"要素阻滞"现象。"大事议不透，小事议不完"，就是人们对这一现象的一个形象化描述，这意味着要素长时间停留在机构间的"议事与协商环节"，而迟迟不能到达"执行与落地环节"，要素也就由于得不到及时配置而使治理效率低下。对此，两位在高校担任部门负责人的受访专家就抱怨说：

> 我目前最烦的就是开会。像今天上午我们开常委会，但首先要开校长办公会，书记不来，其他的都过一下。昨天下午我们把今天上午所有东西都搞完，搞完了以后今天上午又要再开常委会，把我们昨天校长办公会的东西重新拿到常委会上再过一遍，要搞两遍。（IHT0513）

> 我有一天曾参加9个会，许多职能部处负责人一天到头不是在开会，就是在去开会的路上。（HWH0513）

会议是机构间或机构内议事协调的一种正式方式，主要目的在于沟通、妥协和平衡，并规避冲突。但过多的会议使要素流动变得缓慢乃至停滞，是大学治理能力缺失的一大表现。目前，一些高校会议繁多，很多事项都依赖开会来协调，每次协调都需要花费大量的时间和人力成本。在本书看来，机构布局不合理也是产生这种现象的重要原因，比如部门设置过多，职能划分过细，造成很多事项都需要几个部门共同参与才能完成，因此也就需要通过召集会议甚至反复召集会议来协调，有时还容易出现推诿扯皮现象从而造成协调失败。

2. 空间向度的机构布局

要素在空间上是流动的，而且常常会发生位移，这往往是由于其分布的不均衡以及对效率的追求所决定的。一所大学的发展总是伴随着要素在校内、校外不同方向的流动。同时，要素在空间分布上并不总是聚集在一起，常常处在一种多点散布状态。其中，任何一类要素的不足或缺失，都会使治理的整体功能难以得到有效实现。对此，大学有必要通过机构布局将那些来自校园内外的零散要素组合起来，然后选择合适的激活工具使这些要素汇集、整合起来，互为条件和因果，以提高学校获取发展资源的协同效应和整体联动效应。目前，一些高校在治理上存在碎片化现象，如各自为政的"部门主义"，学科难以交叉融合的"山头主义"，其实质都是没有把握好要素在空间上所具有的流动性。基于要素的这一特性，大学在机构布局上需要做到以下两点：

其一，高层的机构设置要做到"合二为一"，以便处在不同空间上的要素既能快速地集中到某一指定的位置点上，又能顺畅地被划拨到某一指定的位置点上。由于高层主要是由大学党委书记和大学校长这两个关键人物及其附属机构组成的，是大学治理中的"关键少数"[①]，因此在高层布局上能否做到"合二为一"，往往取决于二者之间的关系。对此，受访专家大都持一种相对乐观的态度：

> 我相信大多数校长和书记还是能够相互支持配合的，比方说在干部问题、办学方向、廉政问题上，可能校长一般会尊重书记的意见；在学习事务上、行政事务上，可能书记一般会尊重校长的意见。但也有一些校长和书记很难配合，甚至有极端的情况：你支持的我反对，你反对的我支持，完全处于一种对立的状态。对立状态并非一开始就形成，而是在工作相处中由小矛盾转化为大矛盾，不可调和以后，最后变成要么红、要么黑。(GWZ0513)

但这种乐观预期是建立在两位"一把手"各自的品性、对关系的理解和把握上的，具有很大的个人色彩和不确定性。一旦大学党委书记和大学校长二人或某一人处理不好二者之间的关系，学校政令就难以统一甚至会滋生混乱，从而拖累整个学校的发展。对此，就有受访专家表达了担忧：

---

① 龚放：《大学治理现代化必须重视"关键少数"》，《高等教育研究》2022年第6期。

> 在高校，一旦大学党委书记和校长关系不好甚至互撕，下边的人包括副校长、处长们，就会纷纷站队，形成派别，从而导致学校力量分散、内耗，难以形成合力……（DLW0507）

对此，本书主张大学高层机构在布局上要处在一种"集合"状态，即大学要实施集中统一领导，确保高层作用的全覆盖和坚强有力，以起到政令统一、行动一致、令行禁止的组织效能，力避政出多门，力避出现美国康奈尔大学前校长詹姆斯·珀金斯在《组织与大学的功能》一文中所描述的"大学越来越复杂，也越来越混乱"[①]的情况，力避由于缺乏统筹和整合而出现部门主义、山头主义等不良现象。

其二，在部门设置上要避免各自为政，以使要素的流动尽量少受空间的阻碍。要素只有在无障碍流转中才能发挥它们的最大效应，也才能产出更多的可用资源。具体到大学机构，就需要每个部门都愿意与其他相关部门分享要素，不能迟滞要素的流动甚至截留要素。要做到这一点，在机构布局上还是可以采取多种策略或方法。比如，在部门数量上，可考虑合署一些职能相近的机构，并做好机构的内部整合，以加快要素的区间流动；再如，在部门关系上，可考虑在强化部门"伙伴性"角色属性的基础上，通过牵头人在领导赋权、资源共享、任务分解、职责共担上的协调作用，以形成条块联动互嵌的协作工作网络；又如，在技术支撑上，可考虑设置专门负责数据收集、处理、发布的机构，以便各部门能利用好信息化"一张网"在促进各机构业务互通、互融和互嵌方面加大作用，以减少工作负担向单一机构的堆积。

3. 数量向度上的机构布局

若在数量向度上衡量要素，就会发现具有一定质量要求的要素并不能无限量地供给，往往有很多限制性条件，即要素具有稀缺性。要素的这一特性，意味着大学的机构布局除了能够对其自身已拥有的要素进行

---

① James Perkins, "Organization and Functions of the University", J. Perkins, *University as an Organization*, CNY: McGraw-Hill, 1973, p. 3.

升级和充分利用之外，还能不被现有条件所囿，主动寻求新的要素，即获得要素量的增加或要素种类的增加。否则，就会使机构以及整个学校不仅浪费资源，不能物尽其用、人尽其才，而且会"在一个盘子里打转转"，使学校缺乏生机和活力，发展滞后。对此，一位受访专家谈道：

> 我们学校做了很多重复性、形式化的工作。比如，校党委要求强化师德师风建设，结果是我们人事处就组织了一个师德师风征文活动，宣传部则组织师德师风讲座，其他部门也没有闲着，比如工会、妇联啦，都会发布一些类似的活动的信息，而且活动通知都是发到学院，分头发。这个部门下一个通知，另一个部门接着下一个类似的通知，学院及老师应接不暇……实际上，这些活动都是形式大于内容，有的就是拍个照、发个新闻……这种重复管理给基层增加了很多不必要的负担，而一旦出了问题，相关部门又会互相扯皮……（LXZ0609）

以上受访专家反映的主要是学校由于多头管理、重复管理而造成的要素没有得到充分利用，许多资源消耗都是重复性的、无意义的。下面这位受访专家也有类似的感受：

> 对我而言，单调的工作并不可怕，加班也无妨。因为我选择做行政工作，原本就有做这类工作的心理准备，可怕的是很多工作都是毫无意义的……每年什么时间最消磨心智，就是年底写各类没人看的总结，写各类没人听的报告……很多像这种毫无意义的工作，让我很烦闷，估计像这样再磨几年，我就习惯了。（EFD0609）

上述受访专家反映的现象不仅是已有要素没有得到有效利用，同时也没有创造出新的要素，机构也就难以有好的表现乃至影响整个学校的绩效。如何从机构布局上寻找解决问题的办法，本书认为，一个最基本的策略就是推动机构具有能跨越组织界限的开放性，以促进信息、人员等要素在不同部门之间的流动和转换。有研究发现，无论组织之间的正式沟通，还是组织成员之间的非正式沟通，都有利于有效治理的实现[1]。

在本书看来，要使机构具有开放性，大学在机构布局上可以采取多种办法，比如除了不受本机构、本校的地理空间限制，目光向外，积极从机构外、校外寻求合作机会（资源）之外，在机构内部人员构成上也要本着"胜任者留，不胜任者走""旧的去、新的来"的原则，保持机构成员在校内外一定比例的流动性。目前在大学机构尤其是院系这种学术机构里，由于其成员个人的行为选择变得比以往自由，这使得机构必须面对人员流动性不断增大而引发的诸多问题。在此境况下，如果采取任何限制其成员流动的封闭性做法，都可能使机构陷入与其成员的冲突之中，而且这种冲突有可能使机构陷入困境。对此，机构最恰当的做法是对人员流动保持正常心态，并采取措施鼓励人员的正常有序流动，这样机构就会在不断从外界汲取新思想、新方法的同时实现要素优化配置，以获取新的发展资源。

四　研究结论与启示

对大学来讲，机构是大学治理体系中的一只"看得见的手"，是大学正常运转的基础，也是大学治理能力得以体现的组织载体和底座。但是，大学的机构体系不可能保持不变，需要根据学校自身条件和需求适时进行机构改革。但是，随着高等教育改革的深入以及更多利益的调整，大学机构改革的阻力明显加大，以往的那种简单的、局部的、表层的机构增加、裁撤或合并再也难以达到目标[2]。在此情势下，大学就需要对

---

[1] B. Lee, "Campus Leaders and Campus Senates", *New Directions for Higher Education*, Vol. 75, 1991, pp. 41–61.

[2] 罗志敏、马浚锋：《大学治理能力建设：新挑战、新要求和着力点》，《南昌大学学报》（人文社会科学版）2022年第3期。

其内部机构进行一次全面的、整体的布局。事实上，办学规模已趋稳定且又面临诸多治理能力新要求的中国大学，其内部机构也的确到了一个新的布局的历史节点。成功的机构布局，可以使大学各机构之间的关系变得清晰、有序，机构及其人员履行责任的通道变得顺畅，并能减少校长、处长、管理人员等个体差异对大学组织的负面影响，从而可以在整体上推动大学治理能力的提升。但是，在如何进行机构布局这个问题上，以往一直存在着以学科中心设置机构还是以问题中心设置机构的矛盾，同时还面临着如何在行政机构和学术机构之间建立协调和控制关系的难题，面临着如何跨越院系机构布局所带来的围障以实现多学科交叉融合的难题。

在此背景下，本书采用通过深度访谈得来的质性数据，建构了可以描述和观测大学机构运行状态的、包含"高层作用""部门工作""人员管理""合作关系""资源汲取"五个主范畴的理论模型，并进一步得出了可以用于今后大学机构布局的指导性框架。该框架从要素—资源的视角出发，将大学的机构布局看作要素在时间、空间、数量三个向度上的不同配置方式。机构的不同布局，也意味着要素配置方式的不同，从而直接影响到大学机构系统运行的整体效能（如图4-2所示）。要衡量大学的机构布局是否合理、有效，就可以将这三个向度上的要素配置程度作为观测坐标和衡量标准，那就是大学机构在要素的时间向度上是否具备快速识别和抓取要素的能力，在空间向度上是否具备汇集和整合要素的能力，在数量向度上是否具备挖掘和拓展要素的能力。当整个要素在机构的作为下达到承转通畅、分布合理、汇聚集成的理想配置状态时，就一定是合理、有效的机构布局，大学治理能力自然也就能得以提升。

此外，本框架还可以为解决治理新阶段下大学机构布局所面临的矛盾和难题带来一些启示，那就是在大学进行机构布局时，不要再囿于机构数量的增减，也不要再拘泥于校内几种权力主体的平衡和权力关系调整，而是要着眼于机构布局是否有利于要素在时间、空间、数量三个向度上的配置，致力于通过机构布局使要素在校内达到承转通畅、分布合理、汇聚集成的理想配置状态，如在时间向度上要设置或强化用于决策

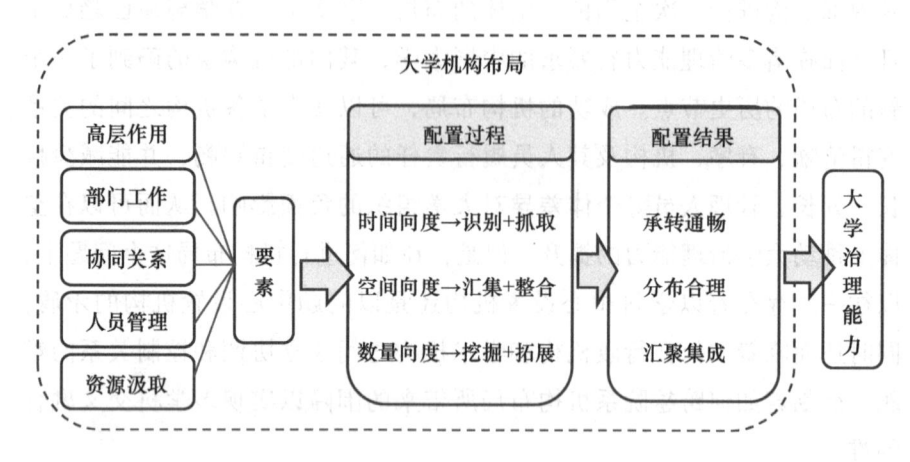

图 4-2　机构布局与大学治理能力关系

支持的机构，在空间向度上要注重机构职能的整合以及各机构跨界协作关系的建构，在数量向度上要注重机构的开放性布局并注重部门负责人的选配以及员工的培训。如此一来，大学才能在校内布局一套合理且高效的机构体系，大学的治理能力也就自然能够得以提升。

第五章　大学的机构布局与治理能力：量的研究

本章属于实证研究部分，主要任务有二：一是继续以本书第三章的研究为基础，创编（自编）一个从机构层面评价大学治理能力的调查问卷；二是以此问卷为工具，从治理要素的三个不同维度出发，对机构布局与大学治理能力提升的内在机制做出量化分析，以图得出一些有启发性和建设性的研究结论。

一　研究问题的提出

20世纪末21世纪初，随着新公共管理运动的兴起，高等教育进入全球性"善治"时代，要求重塑大学治理体系，提升大学治理能力。2013年11月中国共产党十八届三中全会提出将"完善和发展中国特色社会主义制度，推进国家治理体系和治理能力现代化"作为全面深化改革的总目标，从而使中国大学治理现代化改革迈入一个新的阶段——大学治理能力提升阶段[1]。如何提升大学治理能力，也就被自然地纳入国家综合治理改革体系中，并成为中国高等教育发展新阶段的一个重要改革议题。

---

[1] 罗志敏、马浚锋：《大学治理能力建设：新挑战、新要求和着力点》，《南昌大学学报》（人文社会科学版）2022年第3期。

大学治理能力是其治理体系运转的整合性能力，集中表现为大学围绕治理任务创造治理绩效、实现大学特定治理目标的能力[①]。那么，诸如教务处、人事处等这种高校内设的机构，就是大学治理能力的主体，大学治理能力要能在学校办学实践中展现出来，也必须依赖于其校内的一套独特且相互关联的机构系统。在大学治理重心下沉、治理复杂性增加的当下，科学合理地在校内进行机构布局，对于优化大学内部治理结构和治理体系，提升大学治理能力至关重要。2017 年，加州大学伯克利分校高等教育研究中心（Center for Studies in Higher Education, University of California, Berkeley）在对全球公立大学的 116 位领导者进行访谈调查后提出"如何通过机构布局理顺大学治理体系，并提升大学治理能力"这一问题。这一问题被视为未来 20 年世界高等教育的十大问题之一[②]。所谓机构布局，就是组织基于其自身的发展定位和目标，对其内部机构及其关系的设置和安排。大学作为一个具有独立履责能力的社会组织，自然也需要机构布局。

在本书看来，无论是何种机构布局，都要看其能否充分照应大学的组织特点和运行规律，其最终衡量标准则是看这一布局是否能在实践中提升大学自身的治理能力，如此这样，才能为大学的生存和发展提供更大的机会和可能性，也才能增强大学的办学实力，实现大学的多重办学目标。那么，由此带来的问题是，机构布局能影响大学治理能力吗？如果这一回答是肯定的，那么，大学通过何种机构布局来提升大学治理能力？针对上述问题，笔者将以本书第三章提出和建构的新视角和新框架自编调查问卷，并通过该调查问卷所收集的数据建立模型，来寻找影响大学治理能力的机构因素及其内在机制，并就相关问题做出实证分析和讨论。

---

① 罗志敏、马浚锋：《大学治理能力建设：新挑战、新要求和着力点》，《南昌大学学报》（人文社会科学版）2022 年第 3 期。
② G. Croucher and W. B. Lacy, "The Emergence of Academic Capitalism and University Neoliberalism: Perspectives of Australian Higher Education Leadership", *Higher Education*, Vol. 83, No. 1, 2022, pp. 279–295.

二 理论框架与研究假设

(一) 理论框架

国内学界针对大学机构布局问题的研究和探讨，长期处于匮乏乃至缺位状态，其原因主要是现有的研究范式和研究视角一直把大学看成是一个整体，或者将大学分割成行政、学术等几大块，而不是将大学视为一个各机构相互关联的有机体。从目前所能搜索到的少许相关文献来看，其研究主要可归结为前后两种视角。一种是数量视角的，即从部门数量的视角看待大学机构布局问题。他们认为，大学的内设部门偏多，从而造成校内分工细、协调差、效率低等问题。至于如何解决问题，其思路主要是通过裁撤、合并、合署等方法来精简机构。另一种是近几年才出现的权力视角，即从权力的视角看待大学机构布局问题。他们或主张建立健全监督机构以在学校形成权力制衡机制，或主张去除职能部门的级别意识和行政身份以凸显其"服务"职能，或主张在大学机构体系中"分权"或"下放权力"以实现管理重心下移。

以上针对大学机构布局问题研究的两种视角，虽然自有一定道理，但却存在难以呼应大学内部治理现实的问题。比如视角一，在实践中就是通过合并与合署等方式，实现了机构数量的减少，但却未真正实现组织结构调整与工作职能转变，也因此未能跳出"精简—膨胀—再精简—再膨胀"的恶性循环[①]。至于视角二，在实践中虽然增强了学术权力，减轻了校级机构的管理负担，但却使学校的学科统筹力量变弱，院系层面的管理层次增加且出现了机构膨胀现象，大学的管理效率因此也没有得以提高。对此，本书尝试采用新的视角即要素—资源的视角。

如本书第三章所述，在大学治理实践中，治理能力不能凭空产生，总是需要许多支撑条件的，如地理空间、制度、权力、人员、经费、设

---

① 刘方路:《校院二级管理模式下学院教务管理人员工作思考》,《求学》2020 年第 31 期。

施、规范等,笔者将其统称为要素。以上这些要素在现实的大学治理实践中,又表现为政策、工作场地、拨款、编制、职位、职称、荣誉称号、奖金等更为具体的治理要素。大学治理无论是整个治理体系,还是某一具体的治理机构,实际上都是某一或某些治理要素在某一层面的组合及其体现。① 确立了这一点,就可以对大学的机构布局做更深层次的理解和把握。大学机构布局的实质就是学校对其校内相关治理要素的不同配置,以获取发展所需的资源。大学对其机构的设置以及对机构关系的处理,其实就是通过对某些治理要素的识别、流转、转移、组合、分配等方式来实现的。比如大学机构布局中的部门协作关系,就可以将其理解成信息等治理要素在机构之间的安排和流转。基于此,本章就从要素—资源的视角出发,突破现有研究文献仅局限于空间向度的要素分析惯常做法,从治理要素的三个维度(时间、空间、数量)出发考察大学机构布局及其影响下的大学治理能力,并就此建立可用于本章研究的理论框架(见表5-1)。

表 5-1　　　　大学机构布局及其治理能力理论框架

要素(治理要素)		大学机构布局要求	大学治理能力
维度	属性		
时间	时效性	治理要素在机构内外部之间能即时传递且承转通畅,力避阻滞现象	识别—抓取能力
空间	流动性	治理要素在机构内外部之间分布合理且能产生整体联动效应,力避政出多门、部门主义或山头主义	汇集—整合能力
	离散性		
数量	稀缺性	治理要素在机构内外部之间持续积累、转换和转化,力避闲置和浪费、"在一个盘子里打转转"	挖掘—拓展能力

其一,在时间维度上,治理要素具有时效性,这意味着大学需要的

---

① 周青、吴童祯、杨伟等:《面向"一带一路"企业技术标准联盟的驱动因素与作用机制研究——基于文本挖掘和程序化扎根理论融合方法》,《南开管理评论》2021年第3期。

是动态治理而不是静态治理，能随着内外部条件的变化而采取相应对策，以实现大学治理与内外部环境的动态匹配。这同时也意味着大学在其机构布局中，需要着重考量的是治理要素能否在机构内外部之间及时传递且承转通畅，力避阻滞现象，以使大学能在机会或需求出现时具备第一时间识别和抓取某一或某些资源的治理能力，体现大学对所辖事务的前瞻性、主动性、计划性和策划性。其二，在空间维度上，治理要素具有流动性和离散性，即处在一种非均衡且分离的状态，这意味着大学能适时采取转移、联结等方式，将一定空间范围内的治理要素集聚起来。这同时也意味着大学在其机构布局中，需要着重考量的是治理要素能否布排合理，能否产生整体联动效应，力避政出多门、部门主义或山头主义，以使大学具备汇集和整合各方面治理要素的治理能力。其三，在数量维度上，治理要素具有稀缺性，这意味着大学能在现有基础上采取转换、开拓等方式，为大学的生存及发展获取更多资源。这同时也意味着大学在进行机构布局中，需要着重考量的是治理要素能在机构内外部之间持续积累、转换和转化，力避闲置和浪费、"在一个盘子里打转转"，以使大学具备挖掘存量、开拓增量的治理能力。

以上三个维度，概而言之就是大学在进行机构布局时，不要再囿于机构数量的增减，也不要再拘泥于校内几种权力主体的平衡和权力关系的调整，而是要着眼于大学机构布局是否有利于治理要素在时间、空间、数量三个向度上的有效配置，致力于通过机构布局使治理要素在校内达到承转通畅、分布合理、汇聚集成的理想配置状态。如此一来，大学才能在校内布局一套优化、协同、高效的机构体系，大学的治理能力即识别—抓取能力、汇集—整合能力和挖掘—拓展能力，也能相应地得以提升。

（二）研究假设

1. 时间维度上的大学机构布局及其治理能力

治理要素在时间维度上的时效性，需要大学通过机构布局使其具备识别—抓取能力，即能在第一时间内获得各类最新信息，然后迅速形成易于辨识的态势分析结果，在此基础上拿出针对性的解决方案。换句话来讲，就是大学能根据内外部环境的变化，及时掌握并分析各种内外部信息，洞察未来的发展趋势与规律，适时对现有政策的执行情况和实际运行效果进行评估和反思，并及时对其进行修正以取得与预期目标相适应的工作成果。由此得出以下研究假设：

H1：当治理要素有限且流动性、离散性恒定时，通过机构布局把握治理要素的时效性，可以增强大学的识别—抓取能力。

2. 空间维度上的大学机构布局及其治理能力

治理要素在空间维度上的流动性和离散性，需要大学通过机构布局使其具备汇集—整合能力。大学治理目标的实现，有赖于各类治理要素相互间的协调、配合、共同作用，而其中任何一类治理要素的不足或缺失，都不可能使治理的整体功能得到有效实现。大学只有具备汇集—整合能力，才能使大学治理产生 1+1>2 的协同效应。由此得出以下研究假设：

H2：当治理要素有限且时效性恒定时，通过机构布局提高治理要素的流动性、降低治理要素的离散性，可以增强大学的汇集—整合能力。

3. 数量维度上的大学机构布局及其治理能力

治理要素在数量维度上的稀缺性，需要大学通过机构布局使其具备挖掘—拓展能力。大学治理的最高境界是物尽其用、人尽其才，是一种基于现有条件的最大治理成效的获取。这意味着大学的机构布局除了能够对其自身已拥有的治理要素进行升级和充分利用之外，还能不被现有条件所囿，主动寻求新的治理要素，即获得治理要素量的增加或要素种类的增加。否则，就会使大学不仅不能物尽其用、人尽其才，而且会使大学缺乏生机和活力。由此得出以下研究假设：

H3：当治理要素的时效性、流动性和离散性恒定时，通过机构布局克服治理要素的稀缺性，可以增强大学的挖掘—拓展能力。

三 研究设计

要全面且深入地研究大学机构布局及其影响下的治理能力，拥有一套基于要素—资源视角的、能用于大学机构布局优化的、专门调查或评价大学治理能力的调查问卷，自然就是必不可少的。但令人遗憾的是，截至目前学界还没有任何针对这一研究对象的调查问卷出现。为此，研制一套相应的调查问卷，就成为本书一项基础性的重要任务。

（一）问卷的编制

1. 方法

（1）被试

采用方便取样法测试了来自北京、安徽、吉林、辽宁、重庆等24个省市的有效被试共232人，他们在校工作时间为1—42年，平均工作时间为16.83年，标准差为9.17。其中，中级及以下职称人员77人，副高职称者84人，正高职称者23人；无行政职务者98人，基层人员（科级及科员）66人，中层人员（处级/副处级、院级/副院级）52人，高层人员（副校级、校级）1人；一线教学科研人员49人，党团政群、教辅及后勤人员130人，"双肩挑"人员39人；来自党团政群、教辅及后勤辅助机构人员112人，院系及科研机构人员84人，其他机构人员21人。从学校办学类型来看，财经类者人员6人，理工类者人员40人，民族类者人员1人，农林类人员20人，师范类人员29人，体育类人员1人，医药类人员12人，艺术类人员1人，语言类人员1人，综合类人员121人。来自教育部所属高校人员91人，其他部委所属高校人员11人，省或直辖市所属高校人员127人，州或市属高校人员15人。

（2）量具

① "大学内部机构治理能力调查问卷"（以下简称"大学治理能力问卷"）

由于机构是大学治理能力的主体，大学内部各机构的治理能力，反映和呈现的其实也是大学整体的治理能力。所以，本书重在编制考察大学内部各机构治理能力的问卷，可简称为"大学治理能力问卷"。该问卷为自编问卷，分时间、空间、数量三个维度。每个维度各有若干题项，均采用 Likert 7 点量表计分，即"0—6" 7 级记分，0 表示"完全不符合"，1 表示"非常不符合"，2 表示"基本不符合"，3 表示"不确定"，4 表示"基本符合"，5 表示"非常符合"，6 表示"完全符合"。每个题项或维度的得分越高，表明大学的治理能力越强。为了防止定势、默许反应倾向等的影响，问卷还设计了反向赋分题。

②单一总评量表

该量表由四个单一总评题项组成，采用单一整体评估法计分，用作效标工具，分别测评一个人所感知到的大学的响应度、协同度、拓展度以及机构设置符合度。题项设置如下：总体上，我校上下承转通畅、执行力强（响应度）；总体上，我校各机构分工合理、协同合作（协同度）；总体上，我校各部门工作潜力充分发挥、工作效率高（拓展度）；总体上，我校的机构设置符合当前办学需要（机构设置符合度）。上述题项均采用 Likert 7 点量表计分，即"0—6" 7 级记分，0 表示"完全不符合"，1 表示"非常不符合"，2 表示"基本不符合"，3 表示"不确定"，4 表示"基本符合"，5 表示"非常符合"，6 表示"完全符合"。分数越高，表明大学机构总的响应度、协同度、拓展度及符合度越高。

③程序

首先，根据分析框架的三个维度，编制了 40 个初始题项，后经课题组会议集中讨论，对每一题项的文字表述、题意表达、句式结构等进行了修改、调整、润色或重写，将题项语句过长、表意不明确、题项间语义重复以及与研究目的关联弱的那些题项删除，保留了 34 个初测题项，其中四个单一整体评估题项用作效标。

其次，将初测题项编入"问卷网"网络平台，然后采用方便取样法，利用微信和互联网社交平台向调查被试发布测试链接，被试点击链接后即可进入测试界面，在测毕后，可以领取随机数额的红包作为致谢和奖励。

第五章　大学的机构布局与治理能力：量的研究

再次，数据检查和删除。把作答时间小于 5 分钟、所有题项只有同一答案或呈某种规律或形状的被试数据视为无效数据，予以删除。

最后，应用 SPSS 统计软件，计算和检验了题项的正态性指标、方差值、题总相关系数、极端组差异比较、因子负荷值，然后依据有关的临界值或决断标准，删除不符合标准的题项，剩余题项即为有效项目，编入正式问卷。

④数据分析

应用 SPSS 25.0 和 Lisrel 8.8 两个软件进行数据处理，统计分析如下：

其一，计算每一题项的偏态系数和峰度系数。偏态系数（skewness）是描述一个变量的数值分布的对称性（symmetry）的统计量，取值分布有负偏（negatively skewed）、正偏（positively skewed）和对称三种特性。峰度系数（kurtosis）是描述一个变量的数值分布集中部分形态的陡峭程度的统计量。一个对称的钟形分布可围绕变量取值的众数所在位置形成高狭峰（leptokurtic）、低阔峰（platykurtic）、正态峰（mesokurtic）三种分布形态。偏态和峰度是否异常可采取绝对分数判断原则，即当变量的数值分布符合正态分布时，偏态和峰度系数应为 0；当偏态系数大于 0 时为正偏态，小于 0 时则为负偏态；当峰度系数大于 0 时称为高狭峰，小于 0 时为低阔峰。系数值越大，表示偏离正态的情况越明显[1]。根据克利恩所提出的标准[2]，本书将偏度值大于 3 和峰度值大于 10（绝对值）的题项视为严重正态偏离，予以删除。

表 5-2　　　　　初始问卷题项的描述统计结果

题项	平均数	标准差	偏度	峰度	决断
1. 在推进改革方面，我校总能乘势而为，走在前列	3.73	1.43	-0.13	-0.60	有效

---

[1] 邱皓政：《量化研究与统计分析——SPSS 数据分析范例解析》，重庆大学出版社 2013 年版，第 76 页。

[2] R. B. Kline, *Methodology in the Social Sciences: Principles and Practice of Structural Equation Modeling* (2nd ed.), New York: Guilford Press, 2005, pp. 58-61.

续表

题项	平均数	标准差	偏度	峰度	决断
2. 我校议事效率低，会议数量多且持续时间长	3.16	1.67	-0.04	-0.67	有效
3. 我校政令上下畅通、响应迅速	3.98	1.36	-0.48	0.11	有效
4. 我校政令能及时执行到位	3.16	1.27	-0.40	0.08	有效
5. 我所在部门能正确领会上层的意图和指令	3.36	1.25	-0.49	-0.12	有效
6. 我所在部门能及时跟进落实上层指令	3.49	1.21	-0.56	0.04	有效
7. 我所在部门能主动捕捉师生的需求或建议	3.79	1.46	-0.38	-0.18	有效
8. 我所在部门能及时处理师生的需求或建议	3.17	1.39	-0.56	-0.07	有效
9. 在因工作需要而求助上级时，我所在部门能及时得到支持回应	3.82	1.50	-0.43	-0.27	有效
10. 在因工作需要而求助其他部门时，我所在部门能及时得到协助回应	3.96	1.37	-0.48	-0.05	有效
11. 在宏观层面，我校高层能够做到"把方向、控得住"	3.26	1.26	-0.52	0.15	有效
12. 在执行层面，我校高层能够做到"管到位、保落实"	3.90	1.32	-0.25	-0.10	有效
13. 在平时工作中，我校党委书记和校长能补位搭台、协同发力	3.15	1.43	-0.54	-0.15	有效
14. 我校推进相关工作或改革时，各部门存在推诿扯皮等问题	3.20	1.58	-0.24	-0.62	有效
15. 我校推进相关工作或改革时，各部门存在遇事闪躲等问题	3.17	1.55	-0.28	-0.46	有效
16. 我校党政部门各自为政，难以协同发力	2.67	1.71	0.06	-0.84	有效

续表

题项	平均数	标准差	偏度	峰度	决断
17. 我校二级学院各自为政，漠视学校整体的发展	2.44	1.66	0.18	-0.79	有效
18. 我校存在忙闲不均或人员闲置现象	3.82	1.70	-0.49	-0.62	有效
19. 我校存在人浮于事或"十羊九牧"现象	2.97	1.75	-0.02	-0.82	有效
20. 我校常能见到多个部门去做本来一个部门就可以集中完成的工作	3.05	1.65	-0.21	-0.66	有效
21. 我所在部门的人手充足	3.03	1.63	-0.01	-0.75	有效
22. 我所在部门经常采取学习、培训或参观交流等手段来提升员工的业务水平	3.87	1.53	-0.39	-0.43	有效
23. 我所在部门经常会吸纳一些新理念，以拓展工作思路	3.76	1.56	-0.36	-0.48	有效
24. 我所在部门经常会引进一些新模式，以优化工作流程	3.62	1.48	-0.17	-0.44	有效
25. 我所在部门人力资源没有得到充分挖掘	3.54	1.59	-0.40	-0.29	有效
26. 我所在部门常陷于烦琐的事务主义当中，疲于应付事务性工作	3.81	1.57	-0.67	0.02	有效
27. 我所在部门做了很多没什么实质意义的事	2.69	1.76	0.05	-0.94	有效
28. 我所在部门安于现状，缺乏发展斗志	2.83	1.77	-0.04	-0.94	有效
29. 我所在部门善于争取人员、资金、场地等发展资源	3.50	1.54	-0.17	-0.65	有效
30. 我所在部门善于开拓校外资金、合作机会等资源	3.25	1.63	-0.21	-0.68	有效

续表

题项	平均数	标准差	偏度	峰度	决断
31. 总体上，我校上下承转通畅、执行力强	3.97	1.32	-0.30	-0.20	有效
32. 总体上，我校各机构分工合理、协同合作	3.89	1.25	-0.32	0.06	有效
33. 总体上，我校各部门工作潜力充分发挥、工作效率高	3.78	1.32	-0.17	-0.51	有效
34. 总体上，我校的机构设置符合当前办学需要	3.92	1.24	-0.38	0.18	有效

其二，检验每一题项的方差值，较小的标准差表示题项可能存在鉴别度不足问题。本书将标准差小于 1.0 的项目，视为变异性不足给予剔除[①]。

其三，求题项与总分相关系数。计算一个题项与剔除该题项后的题项—总分之间的相关系数，将其作为指标，即依据信度分析中校正后题项—总分相关系数，来评判一个题项与总问卷的同质性，将相关系数小于 0.40 的题项视为同质性低，可考虑予以删除。

其四，比较极端组得分差异。在极端组比较法中，首先把处于问卷总分高低两极端者的被试归类为高分组和低分组，然后，通过独立样本 t 检验或 F 检验比较两极端组在各题项得分上的差异。只有当平均数差异显著时，才认为该题项具有好的鉴别度。考虑到被试样本量偏少，本书采用 27% 的分组比例，来寻找极端组的切割点，并根据 27% 分组切割的临界值来区分高分组和低分组，然后对两组进行独立样本 t 检验，把不具有统计学意义的显著性水平（$p > \alpha = 0.01$）的题项删除。

其五，在探索性因素分析中，根据凯泽和赖斯提出的决断标准[②]，

[①] 罗伯特·F. 德威利斯（Robert F. DeVellis）：《量表编制：理论与应用》，席仲恩、杜珏译，重庆大学出版社 2016 年版，第 161 页。

[②] H. F. Kaiser and J. Rice, "Little Jiffy, Mark IV", *Educational and Psychological Measurement*, Vol. 34, No. 1, 1974, pp. 111 – 117.

当 KMO 值为 0.80 以上, 即因素分析适当性达到良好水平、取样适当, 且 Bartlett 球形检验具有统计学意义的显著性水平 ($p < \alpha = 0.05$) 时, 采用主成分和主轴因素两种方法提取公因子, 分别进行方差极大和直接斜交法 (direct oblimin) 转轴。本书将题项的删除标准设定为：一是在主因子上的负载小于 0.55 者；二是尽管因子负载大于 0.55 但同时在其他因子上的交叉负载大于 0.30 者[1]；三是题项的因子归属不符合理论预期, 而是归属其他因子者；四是每个因子至少包括三个题项者。此外, 在简约原则下, 当因子结构稳定后, 将共同度小于 0.50 的题项予以删除。

其六, 性能评定。计算内部一致性系数、分半系数并将其作为信度指标, 采用相关分析、效标关联法和验证性因素分析评定问卷的结构效度。在验证性因素分析中, 分别建构了一阶单因子模型、一阶三因子模型来选择适合该问卷的最优模型, 然后依据拟合指数标准[2]进一步评估它的结构效度。

2. 结果

(1) 描述统计检测

各题的平均数、标准差、偏态和峰度如表 5-2 所示。题项得分的平均数为 2.18—3.49, 标准差介于 1.21—1.77, 偏态系数为 -0.56—0.67, 峰度系数为 -0.94—0.18。根据项目选取标准, 34 个题项的正态偏离较小, 鉴别度较好, 均有效。

(2) 题项—总分相关检验

每一个题项与总分的校正后相关系数见表 5-3 所示。相关系数低于标准的有第 21 题, 予以删除。其余题项与总分的相关系数为 0.47—0.76, 均有效。

---

[1] Barbara G. Tabachnick and Linda S. Fidell, *Using Multivariate Statistics* (Sixth Edition), London: Pearson, 2013, p. 616.

[2] 侯杰泰、温忠麟、成子娟:《结构方程模型及其应用》, 教育科学出版社 2004 年版, 第 155—161 页。

表5-3　　　　　初始问卷中题项—总分相关的分析结果

题项	平均得分	方差	相关系数	决定系数	α系数	决断
1	100.72	811.56	0.71	0.63	0.95	有效
2	101.6	805.31	0.67	0.65	0.95	有效
3	100.47	810.55	0.76	0.74	0.95	有效
4	100.29	820.48	0.68	0.70	0.95	有效
5	100.09	821.94	0.66	0.62	0.95	有效
6	99.96	825.06	0.64	0.60	0.95	有效
7	100.66	808.82	0.72	0.71	0.95	有效
8	100.28	818.63	0.64	0.65	0.95	有效
9	100.63	811.59	0.67	0.65	0.95	有效
10	100.49	817.73	0.66	0.62	0.95	有效
11	100.19	820.10	0.68	0.64	0.95	有效
12	100.55	815.63	0.72	0.67	0.95	有效
13	100.30	813.01	0.69	0.63	0.95	有效
14	101.65	814.89	0.60	0.57	0.95	有效
15	101.62	808.05	0.69	0.63	0.95	有效
16	101.12	816.90	0.52	0.52	0.95	有效
17	100.88	809.93	0.62	0.61	0.95	有效
18	102.27	812.52	0.57	0.53	0.95	有效
19	101.41	798.43	0.70	0.65	0.95	有效
20	101.50	812.20	0.60	0.56	0.95	有效
21	101.42	849.12	0.20	0.21	0.95	无效
22	100.57	815.81	0.61	0.53	0.95	有效
23	100.69	807.33	0.69	0.72	0.95	有效
24	100.83	809.67	0.70	0.66	0.95	有效
25	101.99	825.58	0.47	0.42	0.95	有效
26	102.26	825.39	0.48	0.38	0.95	有效
27	101.13	808.81	0.59	0.53	0.95	有效
28	101.28	801.48	0.66	0.60	0.95	有效
29	100.95	819.22	0.56	0.51	0.95	有效
30	101.19	824.52	0.47	0.47	0.95	有效

(3) 极端组比较

频次分布统计显示，被试的问卷总分处于27、73百分位数的切割点分数分别是88、121。因此，总分高于121的为高分组（$n=63$），低于88的为低分组（$n=66$）。独立样本t检验显示，两极端组在30个题项上的得分差异均具有统计学意义的显著性水平（$p<\alpha=0.01$），说明这些题项皆可有效鉴别高低分者。

(4) 因子负载判断

根据上述理论构想，分别对三个大学治理能力分量表进行探索性因素分析。首先，在时间维度的大学治理能力分量表的探索性因素分析中，$KMO=0.914$，Bartlett's 球形检验的 $\chi^2=1385.875$，$df=45$，$p<0.0001$。根据10个题项在公因子上的因素负荷，参照题项删除标准，移除第2题后，再次进行探索性因素分析，分析结果如表5-4所示，$KMO=0.912$，Bartlett's 球形检验的 $\chi^2=1310.338$，$df=36$，$p<0.0001$。余下9个题项归于1个公因子，可解释62.16%的总变异，它们的因子负荷值介于0.76—0.84，共同度为0.57—0.71，表明它们无须删除，均可保留。

表5-4　时间维度的大学治理能力分量表题项的因子负荷矩阵

题项	因子负荷	共同度
1. 在推进改革方面，我校总能乘势而为，走在前列	0.76	0.57
3. 我校政令上下畅通、响应迅速	0.84	0.71
4. 我校政令能及时执行到位	0.79	0.62
5. 我所在部门能正确领会上层的意图和指令	0.78	0.61
6. 我所在部门能及时跟进落实上级指令	0.76	0.58
7. 我所在部门能主动捕捉师生的需求或建议	0.81	0.66
8. 我所在部门能及时处理师生的需求或建议	0.77	0.59
9. 在因工作需要而求助上级时，我所在部门能及时得到支持回应	0.80	0.64
10. 在因工作需要而求助其他部门时，我所在部门能及时得到协助回应	0.79	0.63

其次,在空间维度的大学治理能力分量表的探索性因素分析中,KMO = 0.907,Bartlett's 球形检验的 χ^2 = 1179.082,df = 45,p < 0.0001。结果如表 5-5 所示,10 个题项在公因子上的因素负荷及共同度均不满足题项删除标准,表明均有效,可归于 2 个公因子,解释 65.03% 的总变异,它们的因子负荷值介于 0.64—0.84,共同度为 0.50—0.76,表明它们无须删除,均可保留。

表 5-5　空间维度的大学治理能力分量表题项的因子负荷矩阵

题项	公因子 1	公因子 2	共同度
11. 在宏观层面,我校高层能够做到"把方向、控得住"		0.82	0.74
12. 在执行层面,我校高层能够做到"管到位、保落实"		0.82	0.76
13. 在平时工作中,我校党委书记和校长能补位搭台、协同发力		0.84	0.77
14. 我校推进相关工作或改革时,各部门存在推诿扯皮等问题	0.80		0.67
15. 我校推进相关工作或改革时,各部门存在遇事闪躲等问题	0.73		0.62
16. 我校党政部门各自为政,难以协同发力	0.72		0.56
17. 我校二级学院各自为政,漠视学校整体的发展	0.77		0.65
18. 我校存在忙闲不均或人员闲置现象	0.67		0.50
19. 我校存在人浮于事或"十羊九牧"现象	0.79		0.71
20. 我校常能见到多个部门去做本来一个部门就可以集中完成的工作	0.64		0.53

最后,在数量维度的大学治理能力分量表的探索性因素分析中,KMO = 0.857,Bartlett's 球形检验的 χ^2 = 792.910,df = 45,p < 0.0001。根据 10 个题项在公因子上的因素负荷,参照题项删除标准,移除第 21 题后,再次进行探索性因素分析,分析结果如表 5-6 所示,KMO = 0.866,Bartlett's 球形检验的 χ^2 = 765.960,df = 36,p < 0.0001。余下 9

个题项归于 2 个公因子,可解释 60.91% 的总变异,它们的因子负荷值介于 0.63—0.81,共同度为 0.52—0.69,表明它们无须删除,均可保留。

表 5-6 数量维度的大学机构治理能力分量表题项的因子负荷矩阵

题项	公因子 1	公因子 2	共同度
23. 我所在部门经常会吸纳一些新理念,以拓展工作思路	0.78		0.59
29. 我所在部门善于争取人员、资金、场地等发展资源	0.77		0.61
24. 我所在部门经常会引进一些新模式,以优化工作流程	0.77		0.67
22. 我所在部门经常采取学习、培训或参观交流等手段来提升员工的业务水平	0.75		0.59
30. 我所在部门善于开拓校外资金、合作机会等资源	0.73		0.53
27. 我所在部门做了很多没什么实质意义的事		0.81	0.69
25. 我所在部门人力资源没有得到充分挖掘		0.75	0.56
26. 我所在部门常陷于烦琐的事务主义当中,疲于应付事务性工作		0.71	0.52
28. 我所在部门安于现状,缺乏发展斗志		0.63	0.61

(二) 问卷的后续优化

1. 方法

(1) 被试

结合初测结果在对问卷进行优化后,本书采用方便取样法测试了来自安徽、北京、福建、甘肃等 30 个省(自治区、直辖市)的有效被试共 742 人,他们在校工作时间为 1—42 年,平均工作时间为 12.23 年。其中,中级及以下职称人员 412 人,副高职称人员 198 人,正高职称人员 132 人;无行政职务人员 377 人,基层人员(科级及科员)208 人,中层人员(处级/副处级、院级/副院级)152 人,高层人员(副校级、校级)5 人;一线教学科研人员 258 人,党团政群、教辅及后勤人员 394

人,"双肩挑"人员 135 人；来自党团政群、教辅及后勤辅助机构人员 262 人,院系及科研机构人员 379 人,其他机构人员 101 人。从学校办学类型来看,来自综合类院校人员 319 人,理工类院校人员 148 人,师范类院校人员 105 人,农林类院校人员 32 人,语言类院校人员 7 人,体育类院校人员 1 人,医药类院校人员 56 人,财经类院校人员 33 人,政法类院校人员 8 人,艺术类院校人员 4 人,民族类院校人员 4 人,其他院校人员 25 人。来自教育部所属高校人员 246 人,其他部委所属高校人员 44 人,省或直辖市所属高校人员 408 人,州或市属高校人员 95 人。

(2) 量具

其一,"大学治理能力问卷"。该问卷经试测调整后,由 28 个题项组成,如前理论框架所述,分属于时间、空间、数量三个维度,题项分别为 9 个、10 个和 9 个。每个题项均采用 Likert 7 点量表计分,即"0—6"级记分,0 表示"完全不符合"(0),1 表示"非常不符合"(15%),2 表示"很不符合"(25%),3 表示"不确定"(50%),4 表示"很符合"(75%),5 表示"非常符合"(85%),6 表示"完全符合"(100%)。每个题项或维度的得分越高,表明大学治理能力越强(其中有 10 个题项采用反向赋分)。前述初步研究表明,该问卷已划分为时间、空间和数量三个维度,因此,可跳过探索性因子分析,直接进行验证性因子分析。结构效度分析显示,KMO 值为 0.970,大于 0.8,说明研究数据非常适合提取信息(从侧面反映出效度很好)。验证性因素分析(N = 742)显示,χ^2 = 4029.135,df = 458,RMSEA = 0.103,表明模型饱和,各拟合指数较好,效度较为理想。

其二,"单一总评量表"。该问卷由四个题项组成,采用单一整体评估法计分,用作效标工具,分别测评一个人所感知到的大学治理过程中机构布局的响应度、协同度、拓展度和机构设置符合度。具体题项如下：总体上,我校上下承转通畅、执行力强(响应度)；总体上,我校各机构分工合理、协同合作(协同度)；总体上,我校各部门工作潜力充分发挥、工作效率高(拓展度)；总体上,我校的机构设置符合当前办学需要(机构设置符合度)。上述题项均采用 Likert 7 点量表计分,即

"0—6"级记分，0表示"完全不符合"（0），1表示"非常不符合"（15%），2表示"很不符合"（25%），3表示"不确定"（50%），4表示"很符合"（75%），5表示"非常符合"（85%），6表示"完全符合"（100%）。分数越高，表明大学机构布局的响应度、协同度、拓展度和整体符合度越高。

在探索性因素分析（N=742）中，主成分法方差极大旋转分析显示，四个题项归属于一个公因子，共同度为0.709—0.813，因素负荷为0.842—0.901，可解释项目总方差的77.884%，内部一致性系数为0.905，大于0.9，说明研究数据信度质量较高；校正项总计相关性（CITC）均大于0.4，说明分析项之间具有良好的相关关系，同时也说明信度水平良好。效度分析显示，KMO值为0.970，大于0.8，说明研究数据非常适合提取信息（从侧面反映出效度很好）。验证性因素分析（N=742）显示，修正后的 $\chi^2=0.229$，df=2，RMSEA=0.0001，表明模型饱和，与数据拟合完美，结构效度好；模型平均方差变异值（AVE）和临界比值（CR）等指标结果显示，共提取一个因子，对应的平均方差变异值（AVE）均大于0.5，且临界比值（CR）均高于0.7，意味着本次分析数据具有良好的聚合效度。

（3）程序

首先，数据收集。将上述问卷及所在机构基本情况制作成测题包后编入"问卷网"网络平台，然后采用方便取样法，利用微信和互联网向被试发布测试链接，被试点击链接后即可进入测试界面。在测试完成后，可以领取随机数量的红包作为致谢和奖励，总共收集了1491份问卷数据。其次，数据检查和删除。把作答时间小于5分钟、所有题项只有同一答案或呈某种规律或形状的被试数据，视为无效数据，给予剔除，得到有效问卷数据742份。最后，对有效数据进行信度分析、验证性因子分析、效度分析。

（4）数据分析

首先，信度分析。使用SPSS 22.0软件计算内部一致性α系数和分半信度，来评估大学治理能力调查问卷的信度。其次，验证性因子分析。

应用 Lisrel 8.8 软件，使用最大似然法（Maximum Likelihood），对探索性因素分析所得出的因子结构模型进行参数估计，并根据各种统计拟合指数来判别问卷的结构效度。最后，效度分析。计算效标关联效度和构建结构方程全模型来评估大学治理能力调查问卷的预测效度。

2. 结果

（1）信度检验

"大学治理能力问卷"中下时间维度、空间维度和数量维度三个因子及单一总评问卷的内部一致性 Cronbach's α 系数依次为 0.852、0.898、0.867 和 0.905，信度系数值均大于 0.8，说明研究数据信度质量高。大学治理能力各因子与总问卷的校正项总计相关性（CITC）值均大于 0.4，说明分析项之间具有良好的相关关系，同时也说明信度水平良好。大学机构治理能力各因子与总问卷的分半信度 α 系数分别为 0.860、0.858、0.822 和 0.905，大学机构治理能力各因子与总问卷的 McDonald's ω 信度系数值分别为 0.917、0.915、0.810 和 0.934，均大于 0.8，说明研究数据信度质量高。以上系数指标表明，该问卷的信度质量水平较高，可作进一步的分析。

（2）模型验证

"大学治理能力问卷"的一阶三因素模型的验证性因子分析结果显示，χ^2 = 3606.594，df = 347，RMSEA = 0.113，表明问卷结构效度良好，模型拟合良好。由表 5-7 可知，在因子荷数表（聚合效度）中，时间、空间、数量三维度的各个潜变量对应各个题项的因子载荷数均大于 0.7，说明各个潜变量对应所属题项具有很高代表性；各个潜变量平均方差变异值（AVE）均大于 0.5，组合信度的临界比值（CR）大于 0.8，表明问卷信效度理想。

表 5-7　　　　　　　　因子荷数（聚合效度）

路径			因子载荷数	P	平均方差变异值	临界比值
题项 1	←	时间维度	0.729	***	0.560	0.904
题项 2	←	时间维度	0.827	***		

第五章 大学的机构布局与治理能力：量的研究　　　137

续表

路径			因子载荷数	P	平均方差变异值	临界比值
题项3	←	时间维度	0.765	***		
题项4	←	时间维度	0.771	***		
题项5	←	时间维度	0.770	***		
题项6	←	时间维度	0.735	***		
题项7	←	时间维度	0.785	***		
题项8	←	时间维度	0.759	***		
题项9	←	时间维度	0.789	***		
题项10	←	时间维度	0.709	***		
题项1	←	空间维度	0.786	***	0.574	0.899
题项2	←	空间维度	0.794	***		
题项3	←	空间维度	0.865	***		
题项4	←	空间维度	0.868	***		
题项5	←	空间维度	0.781	***		
题项6	←	空间维度	0.897	***		
题项7	←	空间维度	0.762	***		
题项8	←	空间维度	0.703	***		
题项9	←	空间维度	0.783	***		
题项10	←	空间维度	0.813	***		
题项1	←	数量维度	0.831	***	0.604	0.867
题项2	←	数量维度	0.810	***		
题项3	←	数量维度	0.840	***		
题项4	←	数量维度	0.756	***		
题项5	←	数量维度	0.743	***		
题项6	←	数量维度	0.849	***		
题项7	←	数量维度	0.758	***		
题项8	←	数量维度	0.752	***		

（3）效度检验

Pearson相关与平均方差变异（AVE）平方根值分析结果如表5-8所示，大学治理能力问卷总分与其三个因子之间的相关系数为0.726—0.841，三个因子之间的相关系数为0.602—0.724。由此可见，问卷总分与因子之间的相关系数高于因子之间的相关系数，表明大学治理能力问卷的结构效度非常好。区分效度显示，时间维度的平均方差变异（AVE）平方根值为 0.748，小于因子间相关系数绝对值的最大值 0.817，意味着其区分效度一般；空间维度的平均方差变异（AVE）平方根值为 0.689，小于因子间相关系数绝对值的最大值 0.726，意味着其区分效度一般；数量维度的平均方差变异（AVE）平方根值为 0.635，小于因子间相关系数绝对值的最大值 0.743，意味着其区分效度一般；针对能力总分，其平均方差变异（AVE）平方根值为 0.841，大于因子间相关系数绝对值的最大值 0.817，意味着其具有良好的区分效度。

表 5-8　　机构布局与总体能力的 Pearson 相关与
平均方差变异（AVE）平方根值（区分效度）

因子	时间维度	空间维度	数量维度	能力总分
时间维度	0.748			
空间维度	0.602	0.689		
数量维度	0.716	0.724	0.635	
能力总分	0.817	0.726	0.743	0.841

（三）模型设定与变量选择

1. 基准回归模型构建

根据治理要素特性、配置方向与大学治理能力的理论分析框架，在时间、空间、数量三维度下，机构布局就是按照治理要素的不同特性予以配置的，或者说在一定的背景条件下，机构应有能力采取不同的配置方式，以控制所能获取的治理要素，创造可以影响特定方面变化的条件，最终在不同的维度上实现治理要素配置的承转通畅、分布合理和汇聚集成，产出大学生存和发展所需要的资源。本书的主要任务是，立足治理要素的时间、空间、数量三个维度及其相应特性（时效性、流动性、离散性和稀缺性），探讨机构布局中响应、转移、联结和开拓等治理要素配置方式何以影响大学机构的治理能力。因此，本书以高维固定效应构建基准回归模型，分析时间、空间、数量维度下的机构布局状况对大学治理能力的影响，其表达式为：

$$Y_{iuds} = \beta_0 + \beta_1 X_{iuds} + \beta_2 Controls_{iuds} + \alpha_i + \lambda_u + \gamma_d + \delta_s + \varepsilon_{iuds} \quad （式1）$$

在式1中，下标 i 表示样本个体，u、d、s 分别表示个体所属的院校类型、工作部门以及身份类别。Y_{iuds} 为被解释变量，表示大学治理能力，得分越高，大学治理能力越高；β_0 为常数项；X_{iuds} 为解释变量，分别表示时间、空间、数量三维度下的机构布局状况，得分越高，机构布局合理性、有效性越高；$Controls_{iuds}$ 为一组影响大学治理能力的控制变量，鉴于个体的工作年限、行政职务（无行政职务、基层、中层和高层）和职称（中级及以下、副高和正高）可能会影响个体对大学治理能力的感知，故而将它们作为控制变量纳入计量模型；β_1 和 β_2 分别表示解释变量、控制变量的系数向量，α_i 为个体固定效应，表示与个体相关的未观察因素，用以控制样本个体不易被观察到的、不随时间变化的差异性；λ_u 代表院校类型固定效应，用以控制个体所处院校类型（综合类、理工类、师范类、农林类、语言类、体育类、医药类、财经类、政法类、艺术类、民族类及其他类型高校）带来的宏观变化；γ_d 为工作部门固定效应，用于控制个体所处工作部门（党团政群、教辅及后勤辅助机构、院系及科研机构、其他）对大学治理能力评价的差异性；δ_s 为身份类别固定效应，用以控制个体身份（党团政群、教辅及后勤人员、一线教学科研人员、"双肩挑"人员）对大学治理能力评价的差异性；ε_{iuds} 为随机扰动项。

2. 门限回归模型构建

尽管高维固定效应的基准回归模型能够为我们提供时间、空间、数量三维度下的机构布局状况影响大学治理能力的整体性估计结果，但是，受个体工作年限的影响，三维度下的机构布局状况对大学治理能力的影响可能是非线性的，其函数形式可能随某个变量即"门限变量"（threshold variable）而改变。这一非线性关系就被称为门限效应，它是指当一个经济参数达到特定的数值后，引起另外一个经济参数突然转向其他发展形式的现象（结构突变）。传统的做法是，由研究者主观（随意）地确定一个门限值（threshold level），既不对门限值进行参数估计，也不对其进行显著性统计检验，这样得到的估计结果往往并不可靠[1]。汉森（Bruce E. Hansen）于1999年首次提出了门限模型，以残差平方和（SSR）最小化为条件确定门限值，并检验门限值的显著性，从而克服了主观设定结构突变点的偏误[2]。

门限回归（threshold regression，亦称门槛回归）的具体操作思路是，选定某一变量作为门限变量，根据搜寻到的门限值将回归模型区分为多个区间（每个区间的回归方程表达不同），再根据门限划分的区间将其他样本值进行归类，然后比较不同区间回归系数的变化。门限回归的计量模型的一般表达式为[3]：

$$\begin{cases} Y_{it} = \mu_i + \beta'_1 X_{it} + \varepsilon_{it}, & 若\ q_{it} \leq \gamma \\ Y_{it} = \mu_i + \beta'_1 X_{it} + \varepsilon_{it}, & 若\ q_{it} > \gamma \end{cases} \quad （式2）$$

通过构造示性函数式3[4]，并根据本书研究问题，可以将式2中的门限回归模型表达式写作式4：

$$I(q_{it} \leq \gamma) = \begin{cases} 1 & if q_{it} \leq \gamma \\ 0 & if q_{it} > \gamma \end{cases}; I(q_{it} > \gamma) = \begin{cases} 0 & if q_{it} \leq \gamma \\ 1 & if q_{it} > \gamma \end{cases} \quad （式3）$$

$$Y_{iuds} = \beta'_1 X_{iuds} \cdot I(q_{iuds} \leq \gamma) + \beta'_2 X_{iuds} \cdot I(q_{iuds} > \gamma) + \beta_3 Controls_{iuds} + \alpha_i + \lambda_u + \gamma_d + \delta_s + \varepsilon_{iuds} \quad （式4）$$

在式4中，Y_{iuds}为被解释变量，表示大学机构治理能力；X_{iuds}为核心解释变量，表示时间、空间、数量三维度下的机构布局状况；$Controls_{iuds}$为一组控制变量；β'_1、β'_2和β_3分别表示解释变量、控制变量和系数向量；$I(\cdot)$为示性函数，q_{iuds}为门限变量，本书选择个体工作年限为门限变量；γ为待估计的门限值；扰动项ε_{iuds}服从独立同分布（independ-

---

[1] 陈强：《高级计量经济学及Stata应用》，高等教育出版社2014年版，第506页。

[2] B. E. Hansen, "Threshold Effects in Non-Dynamic Panels: Estimation, Testing, and Inference", *Journal of Econometrics*, Vol. 93, No. 2, 1999, pp. 345–368.

[3] B. E. Hansen, "Sample Splitting and Threshold Estimation", *Journal of Econometrics*, Vol. 68, No. 3, 2000, pp. 575–604.

[4] M. Caner and B. E. Hansen, "Instrumental Variable Estimation of a Threshold Model", *Econometric Theory*, Vol. 20, No. 5, 2004, pp. 813–843.

ently identically distribution）；其余向量与式1一致。各变量的描述性统计结果如表5-9所示。

表5-9　　　　　　　　相关变量的描述性统计

($N=742$)

变量类型	变量名	含义	均值	标准差	最小值	最大值
被解释变量	大学治理能力总评	大学治理能力总评分	3.3977	1.2398	0	6
核心解释变量	时间维度	以识别—抓取能力得分衡量的、时间维度的机构布局状况	3.5394	0.9713	0.6	6
	空间维度	以汇集—整合能力得分衡量的、空间维度的机构布局状况	3.2918	1.2175	0	6
	数量维度	以挖掘—拓展能力得分衡量的、数量维度的机构布局状况	3.3620	0.9358	0.5	6
控制变量	工作年限	在高校工作的时间	12.2251	9.6312	1	42
	行政职务	4=无行政职务；5=基层（科级及科员）；6=中层（处级/副处级、院级/副院级）；7=高层（副校级、校级）	4.7102	0.8104	4	7
	职称	3=中级及以下；4=副高；5=正高	3.6226	0.7691	3	5

四　结果与发现

根据表5-9描述性统计结果，大学治理能力总评分的总体均值为3.3977，得分处于"一般"至"符合"，说明当前国内大学治理能力处于一般偏上水平；同时，标准差高达1.2398，说明不同院校的大学治理能力存在明显差异，造成这种差异的原因将在下文进行深入分析。聚焦各维度下的机构布局状况，时间维度的机构布局状况＞数量维度的机构布局状况＞空间维度的机构布局状况，平均得分分别为3.5394、3.3620和3.2918。尽管时间维度下的机构布局状况较为良好，但就标准差来讲，其院校差异也较为明显，而院校间在数量维度下的机构布局状况则较为接近。从平均分上看，空间维度下的机构布局状况不佳，且标准差最大，意味着改善该维度下的机构布局状况是提升大学治理能力的重中之重。

（一）基准回归结果

模型(1)—(6)在逐步放入工作年限、行政职务和职称等控制变量的情况下，使用高维固定效应模型控制院校类型、所在部门和身份等固定效应后，各模型均具有较好的拟合效果。机构布局对大学治理能力的回归结果显示（见表5-10）：总体而言，通过机构布局下的各类要素的整合，能够显著推动大学治理能力的提高，这也说明三维度下的机构布局状况的确是解释大学治理能力的核心变量。

具体而言，模型(1)—(2)考察了时间维度下的机构布局状况对大学治理能力的直接影响。它要回答的问题是，在时间维度下，通过机构布局把握治理要素的时效性是否能够直接推动大学治理能力的提升。结果显示，时间维度下的机构布局状况对大学治理能力的影响在1%显著性水平下呈正向影响，其系数估计值分别为0.8283和0.8190。在加入工作年限、行政职务和职称等控制变量后，时间维度下的机构布局状况对大学治理能力的积极影响仍然显著。这表明，大学的机构布局若能根据内外部环境的变化，及时掌握并分析各种社会信息，洞察未来的发展趋势与规律，适时对现有政策的执行情况和实际运行效果进行评估和反思，并及时对其进行修正，就能取得与预期目标相一致的工作成效，由此能够提升大学治理能力。

模型(3)—(4)考察了空间维度下的机构布局状况与大学治理能力之间的关系。它回答的问题是，通过机构布局分别增强和克服治理要素的流动性和离散性是否能够直接推动大学治理能力的提升。结果显示，空间维度下的机构布局状况对大学治理能力的影响在1%水平下显著为正，系数估计值分别为0.5801和0.5686，在加入工作年限、行政职务和职称等控制变量后，数量维度下的机构布局状况对大学治理能力的积极影响仍然显著。这表明，大学机构基于治理要素流动性和离散性进行再布局，把相关要素通过转移、联结等方式汇集、整合起来，从而能在产生协同治理效应的过程中提升大学治理能力。

模型(5)—(6)考察了数量维度下的机构布局状况对大学治理能力的直接影响。它回答的问题是，通过机构布局化解治理要素的稀缺性是否能够直接推动大学治理能力的提升。结果显示，数量维度下的机构布局状况对大学治理能力的影响在1%显著性水平下呈正向影响，其系数估计值分别为0.7693和0.7560，在加入工作年限、行政职务和职称等控制变量后，数量维度下的机构布局状况对大学治理能力的积极影响仍然显著。这表明，如果机构布局能够切实解决好治理要素的闲置等问题，大学就有可能实现现有条件下的最大治理成效。

就协变量而言，在时间、空间、数量三维度下的大学机构布局中，个体的工作年限和职称均会对大学治理能力的评价产生影响，个体在大学机构工作的年限越长、职称越高，他们能够发现的大学治理诟病与陋习也就越多，对大学治理能力评价也就越低。值得注意的是，在时间维度下的大学机构布局中，行政职务并没有对大学治理能力产生正向影响，亦即行政职务的高低并不会影响大学通过合理的机构布局来呼应要素的时效性。然而，在空间维度和数量维度下的机构布局中，行政职务对大学治理能力却产生了正向影响，系数估计值分别为0.0690和0.0231，且在空间维度下达到10%的显著性水平。这也就是说，无行政职务、基层人员（科级及科员）、中层人员（处级/副处级、院级/副院级）和高层人员（副校级、校级）能够在不同程度上影响机构布局，从而对大学治理能力所产生的影响也不尽相同。其中，高层人员（副校级、校级）所产生的影响最大，因为他们大都拥有更广泛的社会网络，能够从中动员的资源也更多。

表 5-10　时间·空间·数量维度下的机构布局
与大学治理能力的回归结果

	(1)	(2)	(3)	(4)	(5)	(6)
	\multicolumn{6}{c}{大学治理能力}
时间维度	0.8283 *** (0.0219)	0.8190 *** (0.0221)				
空间维度			0.5801 *** (0.0213)	0.5686 *** (0.0217)		
数量维度					0.7693 *** (0.0266)	0.7560 *** (0.0271)
工作年限		-0.0082 *** (0.0029)		-0.0050 (0.0035)		-0.0050 (0.0034)
行政职务		-0.0125 (0.0312)		0.0690 * (0.0378)		0.0231 (0.0368)
职称		-0.0115 (0.0356)		-0.0438 (0.0434)		-0.0366 (0.0421)
常数项	-01591 ** (0.0888)	0.0781 (0.1890)	0.7887 *** (0.0887)	0.7293 *** (0.2267)	0.2291 ** (0.1022)	0.3635 (0.2241)
样本量	741	741	741	741	741	741
R^2	0.6852	0.6921	0.5373	0.5421	0.5662	0.5689
院校类型	YES	YES	YES	YES	YES	YES
所在部门	YES	YES	YES	YES	YES	YES
身份	YES	YES	YES	YES	YES	YES

说明：括号内为稳健的标准误；*、**、*** 分别代表 10%、5%、1% 的显著性水平。

（二）机制分析

尽管基准回归结果证实了时间、空间、数量三维度下的机构布局状况是解释大学治理能力的核心变量，大学治理能力还是可以通过机构布局对时间、空间、数量三维度下的治理要素的有效配置表现出来。然而，机构布局何以通过响应、转移、联结和开拓等配置方式匹配治理要素的时效性、流动性、离散性和稀缺性，进而影响大学治理能力呢？或者说，时间、空间、数量三维度下的机构布局状况如何影响大学治理能力，其中的路径尚不明晰。在此，就有必要进行机制分析，即将"大学治理能力问卷"下的时间维度、空间维度和数量维度三个因子与"单一总评量表"中的响应度、协同度、拓展度和机构设置符合度分别生成的交互项放进基准回归模型里，考察时间、空间、数量三维度下的机构布局状况与大学治理能力的调节效应，进而分析两者存在的机制路径，结果如表5-11、表5-12和表5-13所示。

表5-11为时间维度下的机构布局状况与大学治理能力的调节效应，分别放入交互项"时间维度×响应度""时间维度×协同度""时间维度×拓展度"和"时间维度×机构设置符合度"，用以捕捉时间维度下的机构布局状况影响大学治理能力的作用渠道。模型(1)—(4)结果显示，主效应显著，交互项显著，联合检验显著，说明时间维度下的机构布局状况对大学治理能力的影响存在机制路径，即对治理要素时效性的准确把握，会直接影响大学机构响应度、协同度、拓展度以及机构设置符合度，进而影响大学治理能力。例如，机构设置符合度越高，要素就越能够在机构之间承转通畅，就越能规避要素阻滞现象的发生。或者说，响应度、协同度、拓展度和机构设置符合度在时间维度下的机构布局状况，在对大学治理能力的影响中产生了调节效应，这就证实了假设H1的成立：当要素有限且流动性、离散性恒定时，通过机构布局把握治理要素的时效性，能够增强大学机构的识别—抓取能力，进而有利于促进大学治理能力提升。

表5-11 时间维度下的机构布局与大学治理能力的调节效应

	(1)	(2)	(3)	(4)
	大学治理能力			
时间维度	0.0236 ** (0.0345)	0.0995 *** (0.0322)	0.1208 *** (0.0295)	0.1717 *** (0.0343)

续表

	(1)	(2)	(3)	(4)
	大学治理能力			
时间维度×响应度	0.1006 *** (0.0039)			
时间维度×协同度		0.0956 *** (0.0037)		
时间维度×拓展度			0.0925 *** (0.0033)	
时间维度×机构设置符合度				0.0859 *** (0.0039)
工作年限	-0.0072 *** (0.0021)	-0.0039 * (0.0021)	-0.0033 (0.0020)	-0.0060 *** (0.0022)
行政职务	0.0267 (0.0225)	-0.0025 (0.0226)	0.0132 (0.0218)	0.0133 (0.02431)
职称	0.0217 (0.0257)	-0.0426 * (0.0258)	-0.0220 (0.0248)	0.0138 (0.0277)
常数项	1.2235 *** (0.1430)	1.3853 *** (0.1458)	1.2241 *** (0.1379)	0.9673 *** (0.1524)
样本量	741	741	741	741
R^2	0.8408	0.8393	0.8510	0.8144
院校类型	YES	YES	YES	YES
所在部门	YES	YES	YES	YES
身份	YES	YES	YES	YES

说明：括号内为稳健的标准误；*、**、*** 分别代表10%、5%、1%的显著性水平。

表5-12为空间维度下的机构布局状况与大学治理能力的调节效应，分别放入交互项"空间维度×响应度""空间维度×协同度""空间维度×拓展度"和"空间维度×机构设置符合度"，用以捕捉空间维度下的机构布局状况影响大学治理能力的作用渠道。模型(1)—(4)结果显示，主效应显著，与基准回归相比，影响方向由正转负，交互项显著，

联合检验显著,说明空间维度下的机构布局状况对大学治理能力的影响存在机制路径。这也就是说,尽管空间维度下的机构布局状况并不能直接对大学治理能力产生积极影响,但是把握好治理要素的流动性和离散性进行大学机构布局,却能够增强机构的汇集—整合能力,进而间接促进大学治理能力的提高。或者说,在空间维度下,反映机构布局状况的响应度、协同度、拓展度和机构设置符合度是影响大学治理能力的调节变量,空间维度下的机构布局状况对大学治理能力的积极影响需要通过这一作用渠道来实现。这就证实了假设 H2 的成立:当要素有限且时效性恒定时,通过机构布局提高治理要素的流动性、降低治理要素的离散性,能够增强大学机构的汇集—整合能力,进而有利于促进大学治理能力的提升。

表 5-12　空间维度下的机构布局与大学治理能力的调节效应

	(1)	(2)	(3)	(4)
	大学治理能力			
空间维度	-0.2751 *** (0.0335)	-0.0353 *** (0.0353)	-0.1994 *** (0.0337)	-0.1359 *** (0.0344)
空间维度×响应度	0.1203 *** (0.0043)			
空间维度×协同度		0.1115 *** (0.0045)		
空间维度×拓展度			0.1097 *** (0.0043)	
空间维度×机构设置符合度				0.1041 *** (0.0045)
工作年限	-0.0073 *** (0.0024)	-0.0046 * (0.0026)	-0.0041 (0.0026)	-0.0061 ** (0.0027)
行政职务	0.0697 *** (0.0261)	0.0565 ** (0.0279)	0.0727 *** (0.0273)	0.0775 *** (0.0286)

续表

	（1）	（2）	（3）	（4）
	\multicolumn{4}{c}{大学治理能力}
职称	0.0097 (0.0300)	-0.0531* (0.0320)	-0.0369 (0.0313)	0.0026 (0.0329)
常数项	1.8965*** (0.1618)	2.0702*** (0.1759)	1.9672*** (0.1706)	1.5948*** (0.1754)
样本量	741	741	741	741
R^2	0.7823	0.7531	0.7618	0.7389
院校类型	YES	YES	YES	YES
所在部门	YES	YES	YES	YES
身份	YES	YES	YES	YES

说明：括号内为稳健的标准误；*、**、***分别代表10%、5%、1%的显著性水平。

表5-13为数量维度下的机构布局状况与大学治理能力的调节效应，分别放入交互项"数量维度×响应度""数量维度×协同度""数量维度×拓展度"和"数量维度×机构设置符合度"，用以捕捉数量维度下的机构布局状况影响大学治理能力的作用渠道。模型（1）—（4）结果显示，主效应显著，与基准回归相比，影响方向由正转负，交互项显著，联合检验显著，说明数量维度下的机构布局状况对大学治理能力的影响存在机制路径，即当机构布局能够有效克服治理要素稀缺性时，通过提高机构布局的响应度、协同度、拓展度和机构设置符合度，可以间接带动大学治理能力的提升。或者说，数量维度下的机构布局不仅需要充分利用现有要素、主动寻求新的要素，而且大学需要加强机构响应度、协同度、拓展度和机构设置符合度，才能提升大学的治理能力。这就证实了假设H3的成立：当要素的时效性、流动性和离散性恒定时，通过机构布局克服治理要素的稀缺性，能够增强大学机构的挖掘—拓展能力，进而有利于促进大学治理能力的提升。

表5-13　　数量维度下的机构布局与大学治理能力的调节效应

	（1）	（2）	（3）	（4）
	\multicolumn{4}{c}{大学治理能力}			
数量维度	-0.1945*** (0.0337)	-0.1726*** (0.0385)	-0.1382*** (0.0365)	-0.0497*** (0.0391)
数量维度×响应度	0.1282*** (0.0039)			
数量维度×协同度		0.1238*** (0.0045)		
数量维度×拓展度			0.1178*** (0.0041)	
数量维度×机构设置符合度				0.1094*** (0.0046)
工作年限	-0.0047** (0.0022)	-0.0024 (0.0024)	-0.0020 (0.0024)	-0.0044* (0.0026)
行政职务	0.0336 (0.0233)	0.0234 (0.0257)	0.0427* (0.0253)	0.0366 (0.0275)
职称	0.0122 (0.0267)	-0.0526* (0.0293)	-0.0340 (0.0289)	0.0064 (0.0314)
常数项	1.6840*** (0.1475)	1.9706*** (0.1666)	1.8047*** (0.1620)	1.4383*** (0.1729)
样本量	741	741	741	741
R^2	0.8277	0.7914	0.7975	0.7613
院校类型	YES	YES	YES	YES
所在部门	YES	YES	YES	YES
身份	YES	YES	YES	YES

说明：括号内为稳健的标准误；*、**、*** 分别代表10%、5%、1%的显著性水平。

（三）异质性分析

中国作为"后发赶超型"国家，通过重点大学建设工程等方式将中国大学带进世界一流大学行列，是高等教育强国建设的必由之路。由此带来的办学条件不同，导致部属院校与非部属院校的发展水平不一。与此同时，中国高等教育实行中央和地方两级管理，以省级统筹为主，也由此带来各高校所能获取的资源多寡不一。存在于中国大学之间的这种不同，也自然反映在机构布局的差异上。而机构布局的差异，很可能导致大学治理能力存在院校异质性。因此，本书将院校划分为"教育部所属高校""其他部委所属高校""省或直辖市所属高校"和"州或市属高校"，通过对关键解释变量进行分组回归来分析异质性问题，结果如表5－14所示。

　　模型(1)—(4)的回归结果，分别为"教育部所属高校""其他部委所属高校""省或直辖市所属高校"和"州或市属高校"在时间维度下的机构布局状况对大学治理能力提升所产生的影响。结果显示，在时间维度下，各类院校的机构布局状况均能对大学治理能力产生正向影响，且均在1%显著性水平上具有统计学意义，与基准回归结果一致；组间系数差异检验 SUR 估计在1%的显著性水平下拒绝原假设，即分组回归系数可以比较各类院校的机构布局状况对大学治理能力的影响程度高低，具体表现为"其他部委所属高校"（0.8876）＞"州或市属高校"（0.8442）＞"省或直辖市所属高校"（0.8094）＞"教育部所属高校"（0.8025）。

　　模型(5)—(8)的回归结果分别为"教育部所属高校""其他部委所属高校""省或直辖市所属高校"和"州或市属高校"在空间维度下的机构布局状况对大学治理能力提高所产生的影响，其在方向和显著性上与基准回归结果一致；组间系数差异检验 SUR 估计在5%的显著性水平下拒绝原假设，即分组回归系数可以比较各类院校的机构布局状况对大学治理能力的影响程度高低，具体表现为"省或直辖市所属高校"（0.6170）＞"教育部所属高校"（0.5267）＞"其他部委所属高校"（0.5256）＞"州或市属高校"（0.4878）。值得注意的是，在空间维度下的机构布局中，行政职务对"省或直辖市所属高校"和"州或市属高校"的治理能力产生了积极的正向影响，系数估计值分别为0.0926和

第五章　大学的机构布局与治理能力：量的研究　　151

表 5-14　机构布局与大学治理能力的异质性分析结果

	(1) 教育部所属高校	(2) 其他部委所属高校	(3) 省或直辖市所属高校	(4) 州或市属高校	(5) 教育部所属高校	(6) 其他部委所属高校	(7) 省或直辖市所属高校	(8) 州或市属高校	(9) 教育部所属高校	(10) 其他部委所属高校	(11) 省或直辖市所属高校	(12) 州或市属高校
时间维度	0.8025*** (0.0409)	0.8876*** (0.1067)	0.8094*** (0.0313)	0.8442*** (0.0528)								
空间维度					0.5267*** (0.0397)	0.5256*** (0.1061)	0.6170*** (0.0276)	0.4878*** (0.0634)				
数量维度									0.7327*** (0.0450)	0.8812*** (0.2016)	0.7640*** (0.0359)	0.7282*** (0.0704)
工作年限	−0.0027 (0.0059)	−0.0155 (0.0130)	−0.0103*** (0.0040)	−0.0179*** (0.0081)	−0.0035 (0.0059)	−0.0288 (0.0176)	−0.0075 (0.0045)	−0.0080 (0.0126)	0.0008 (0.0057)	−0.0375* (0.0192)	−0.0043 (0.0046)	−0.0119 (0.0108)
行政职务	−0.0210 (0.0538)	0.0307 (0.1472)	0.0039 (0.0457)	0.0271 (0.0759)	−0.0194 (0.0663)	0.1222 (0.2027)	0.0926** (0.0852)	0.3233*** (0.1107)	−0.0040 (0.0632)	0.1020 (0.2135)	0.0222 (0.0513)	0.2531** (0.0964)
职称	−0.0465 (0.0623)	−0.0763 (0.1452)	−0.0176 (0.0503)	−0.0546 (0.0933)	−0.0711 (0.0767)	0.1487 (0.1953)	−0.0802 (0.0545)	−0.0901 (0.1450)	−0.0088 (0.0735)	0.2343 (0.2083)	−0.0619 (0.0561)	−0.0688 (01250)
常数项	0.2961 (0.3536)	−0.0307 (0.7834)	−0.0994 (0.2778)	0.1205 (0.3722)	1.4489*** (0.4160)	0.3527 (1.0944)	0.4253 (0.2966)	0.1796 (0.5941)	0.4398 (0.4236)	−1.0372** (1.3991)	0.3660 (0.3073)	−0.2760 (0.5193)

续表

	(1)	(2)	(3)	(4)	(5)	(6)	(7)	(8)	(9)	(10)	(11)	(12)
	大学治理能力											
	教育部所属高校	其他部委所属高校	省或直辖市所属高校	州或市属高校	教育部所属高校	其他部委所属高校	省或直辖市所属高校	州或市属高校	教育部所属高校	其他部委所属高校	省或直辖市所属高校	州或市属高校
样本量	246	43	407	95	246	43	407	95	246	43	407	95
R^2	0.6788	0.7870	0.6787	0.8278	0.5128	0.6092	0.6180	0.5854	0.5562	0.5651	0.5955	0.6915
院校类型	YES	YES	YES	YES	YES	YES	YES	YES	YES	YES	YES	YES
所在部门	YES	YES	YES	YES	YES	YES	YES	YES	YES	YES	YES	YES
身份	YES	YES	YES	YES	YES	YES	YES	YES	YES	YES	YES	YES
SUR估计	1%显著性水平				5%显著性水平				1%显著性水平			

说明：括号内为稳健的标准误；*、**、***分别代表10%、5%、1%的显著性水平。

0.3233，且分别在5%和1%的显著性水平下具有统计学意义。这也就说明，对于这两类地方院校来讲，由于难以得到部属高校所拥有的国家倾斜性支持，在办学资源相对匮乏的情况下，机构布局往往就很倚重院校领导者凭借行政职务所建立起来的关系网络。这一关系网络能把相关治理要素汇集、整合起来，以期在产生协同治理效应的过程中提升大学的治理能力。

模型(9)—(12)的回归结果，分别为"教育部所属高校""其他部委所属高校""省或直辖市所属高校"和"州或市属高校"在数量维度下的机构布局状况对大学治理能力提高所产生的影响。结果显示，在数量维度下，各类院校的机构布局状况均对大学治理能力产生正向影响，且均达到具有统计学意义的显著性水平，与基准回归结果一致；组间系数差异检验SUR估计在1%的显著性水平下拒绝原假设，即分组回归系数可以比较各类院校的机构布局状况对大学治理能力的影响程度高低，具体表现为"其他部委所属高校"（0.8812）＞"省或直辖市所属高校"（0.7640）＞"教育部所属高校"（0.7327）＞"州或市属高校"（0.7282）。与此同时，行政职务同样影响着"省或直辖市所属高校"和"州或市属高校"的要素挖掘—拓展能力，当机构领导者具有较高行政职务时，更有利于其所在机构使用转换、开拓等要素配置方式，以提升大学的治理能力。

（四）门限效应

基准回归结果显示，在时间、空间、数量三维度下的机构布局中，个体工作年限均对大学治理能力的提高呈现出负向影响。为了更好地探讨工作年限在机构布局与大学治理能力之间的关系机制，本书通过门限效应回归模型做了进一步分析，门限个数及门限值检验结果如图5-1、图5-2和图5-3所示。其一，在时间维度下，机构布局状况对大学治理能力的影响存在单一门限效应，且在1%显著性水平下具有统计学意义，（工作年限）门限值为7；其二，在空间维度下，机构布局状况对大学治理能力的影响存在单一门限效应，且在1%显著性水平下具有统计学意义，（工作年限）门限值为3；其三，在数量维度下，机构布局状况对大学治理能力的影响存在单一门限效应，且在1%显著性水平下具有统计学意义，（工作年限）门限值为21。基于（工作年限）门限值的分区间估计结果如表5-15所示，分别解释说明如下。

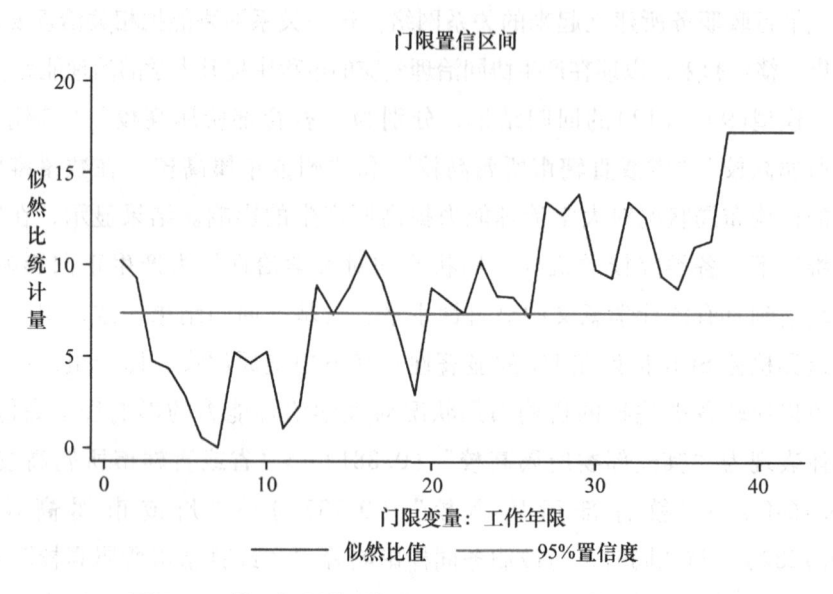

图5-1 单一门限模型似然比统计量曲线（时间维度）

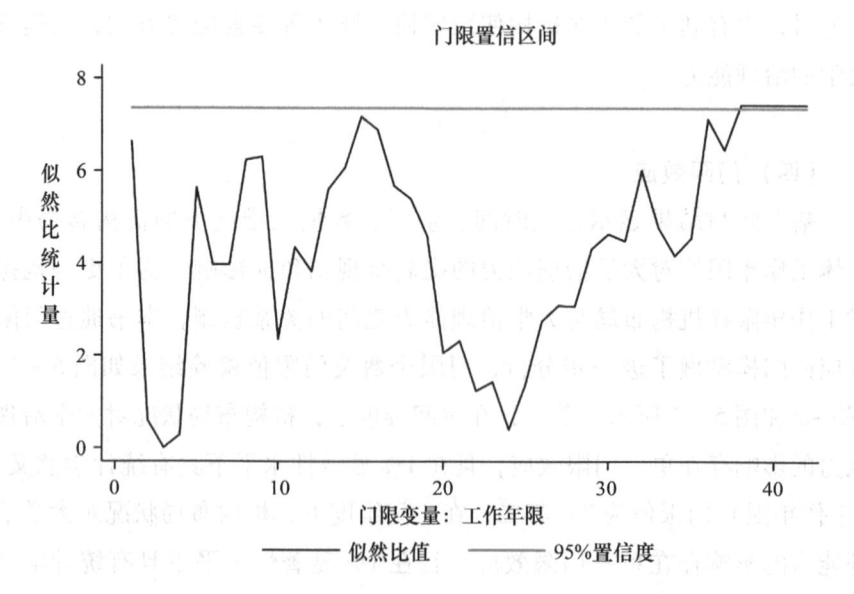

图5-2 单一门限模型似然比统计量曲线（空间维度）

第五章 大学的机构布局与治理能力：量的研究

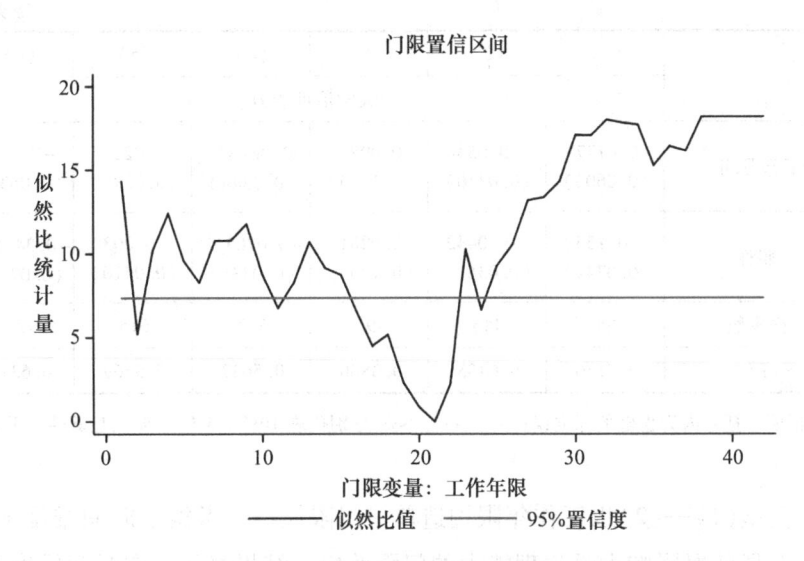

门限置信区间

图5-3 单一门限模型似然比统计量曲线（数量维度）

表5-15 机构布局与大学治理能力的门限效应回归结果

	(1)	(2)	(3)	(4)	(5)	(6)
	大学治理能力					
时间维度 （工作年限<7）	0.8885 *** (0.0335)					
时间维度 （工作年限>7）		0.7919 *** (0.0321)				
空间维度 （工作年限<3）			0.5172 *** (0.0463)			
空间维度 （工作年限>3）				0.5940 *** (0.0224)		
数量维度 （工作年限<21）					0.7885 *** (0.0312)	
数量维度 （工作年限>21）						0.7802 *** (0.0559)

续表

	(1)	(2)	(3)	(4)	(5)	(6)
	\multicolumn{6}{c}{大学治理能力}
行政职务	0.0177 (0.0603)	-0.0548 (0.0310)	0.0981 (0.1215)	0.0614* (0.0344)	0.0226 (0.0380)	-0.0240 (0.0635)
职称	-0.1550 (0.0742)	-0.0442 (0.0367)	0.0281 (0.1735)	-0.0703*** (0.0336)	-0.0034 (0.0410)	-0.3446*** (0.0772)
样本数	296	446	195	547	615	127
R^2	0.7136	0.6455	0.3880	0.5647	0.5469	0.6314

说明：括号内为稳健的标准误；*、**、*** 分别代表10%、5%、1%的显著性水平。

模型(1)—(2)以工作年限构造单一门限模型，考察了时间维度下的机构布局状况影响大学治理能力的门限效应。结果显示，在时间维度下，机构布局对治理要素时效性的把握能够直接影响大学治理能力的提高；估计结果均在1%的显著性水平下具有统计学意义，与基准回归结果一致。然而，从门限效应的估计值大小来看，随着个体工作年限的增加，机构布局状况的改善很可能具有"物极必反"的特征，进而影响大学治理能力。即当个体工作年限小于7年时，个体能充分把握治理要素的时效性，从而提升大学治理能力；然而，随着工龄的增长，即当个体工作年限大于7年时，个体便随之出现了工作倦怠，工作积极性可能会降低，从而不利于大学治理能力的提升。

模型(3)—(4)以工作年限构造单一门限模型，考察了空间维度下的机构布局状况影响大学治理能力的门限效应。结果显示，在空间维度下，机构布局能够直接影响大学治理能力的提升，估计结果均在1%的显著性水平下具有统计学意义，与基准回归结果一致。同时，空间维度下的机构布局状况对大学治理能力所产生的正向影响存在门限效应，即随着个体工作年限的增加，其关系网的建立以及工作经验的积累，使其能够更好地把相关要素汇集、整合起来，产生协同治理效应。当个体工作年限小于3年时，由于工作经验不足，个体受条件限制难以充分实现治理要素的转移、集聚和联结，难以提高治理要素的流动性，也难以降低治理要素的离散性，于是就会使机构因缺乏要素汇集—整合能力而难以带动大学治理能力的提升；当个体工作年限大于3年时，随着个体资源关系网的建立以及工作经验的积累，个体就能够切实运用要素的转移、集聚和联结等手段，也由此在使机构获得要素汇集—整合能力的同时带动大学治理能力的提升。

模型(5)—(6)以工作年限构造单一门限模型，考察了数量维度下的机构布局状况影响大学治理能力的门限效应。结果显示，在数量维度下，通过机构布局克服治理要素的稀缺性能够直接影响大学治理能力的提高，且估计结果均在1%的显著性水平下具有统计学意义，与基准回归结果一致。然而，从门限效应的估计值大小来看，随着个体工作年限的增加，数量维度下的机构布局状况对大学治理能力的提高很可能会具有"倒U形"的特征，即当个体工作年限小于21年时，个体具有克服治理要素稀缺性的充分积极性，即在对现有资源充分利用和开拓的过程中提升大学的治理能力；然而，随着工龄的增长，即当个体工作年限大于21年时，个体便出现了路径依赖，发展动力不足，不再勇于开拓新路，也由此使机构因难以获得要素挖掘—开拓能力而影响大学的治理能力。

五 结论与讨论

作为大学治理体系中的一只"看得见的手"，机构是大学治理能力得以体现的、最具稳定性的组织力量。在校内如何进行合理的机构布局，以适应治理能力提升的需要，就成了大学治理现代化新阶段所面临的一项重要课题。在本书中，大学机构布局中时间、空间、数量三个维度，既是影响治理要素配置效率的三个关键变量，也是构成观察大学治理能力的三个基本坐标。通过自编"大学治理能力问卷"和"单一总评量表"进行数据收集后，本书构建了高维固定效应的基准回归模型，以此分析机构布局状况对大学治理能力的影响，并以此为基础结合机制分析和异质性分析，探讨了机构布局状况影响大学治理能力的作用渠道、路径以及不同院校归属性质（教育部所属高校、其他部委所属高校、省或直辖市所属高校、州或市属高校）的机构布局状况影响大学治理能力的差异。与此同时，本书还运用门限效应模型进一步证实了个体工作年限在时间、空间、数量维度的机构布局中对大学治理能力所产生的不同影响。

（一）时间维度下的机构布局状况与大学治理能力

在时间维度下，大学机构需要在机会或需求出现时能通过研判、响应等方式，具备在第一时间识别、抓取某一或某些要素的能力，以体现机构对所辖事务的前瞻性、主动性、计划性和策划性。因此，为提高大学治理能力，机构布局需要对治理要素的时效性有着充分把握。基准回归结果也证实，时间维度下的机构布局状况对大学治理能力的正向影响在 1% 显著性水平下具有统计学意义，其系数估计值为 0.8190，在加入工作年限、行政职务和职称等控制变量后，时间维度下的机构布局状况对大学治理能力的积极影响仍然显著。这表明，要提高大学的治理能力，就需要大学机构布局中的各机构都能够根据内外部环境的变化，及时掌握并分析相关信息，洞察未来的发展趋势与规律，适时对现有政策的执行情况和实际运行效果进行评估和反思，并及时对其进行修正以取得与预期目标相对应的工作成果。同时，机制分析结果也表明，大学机构的响应度、协同度、拓展度和机构设置符合度作为调节效应，能够强化在时间维度下的机构布局状况对大学治理能力的影响，这同时也证实了假设 H1 的成立。这一研究发现的政策含义是，大学必须通过合理的机构布局来呼应治理要素的时效性，以做到大学治理的前瞻性、主动性和计划性，否则要么贻误时机，因而不能及时调取治理要素加以使用；要么分不清孰急孰缓、孰先孰后，因而造成治理要素难以发挥整体联动效应。基于治理要素的时效性，大学在机构布局时一定要设置尽量少的机构层级，尽量减少治理要素流动的半径以增加其流转的速度，同时还要尽量消除由于治理要素长时间堆积而产生的"要素阻滞"现象。

(二) 空间维度下的机构布局状况与大学治理能力

在空间维度下，由于治理要素具有流动性、离散性，因此，大学机构就有必要通过转移、联结等方式将相关人、财、物等办学资源汇集、整合起来。但是，要素只有在无障碍流转中才能发挥出它们的最大效应，也由此才能产出更多的可用资源，这是大学在机构布局中需要重点考虑的。基准回归结果显示，在控制一系列影响因素后，在空间维度下的机构布局过程中，治理要素流动性的增强与离散性的降低对大学治理能力的影响在1%水平下显著为正，系数估计值为0.5686。这也表明，相关要素只有在汇集、整合的过程中才能产生协同治理效应，也由此才能在整体上提升大学的治理能力。与此同时，机制分析结果表明，通过机构布局调整提高治理要素的流动性、降低治理要素的离散性，能够强化大学机构的汇集—整合能力，并影响大学机构的响应度、协同度、拓展度和机构设置符合度，进而间接促进大学治理能力的提升，这就证实了假设H2的成立。这一研究发现的政策含义是，大学有必要通过机构布局将那些分布在校园内外的零散治理要素组合起来，然后选择合适的激活工具，使这些治理要素汇集、整合起来，使它们互为条件和因果，以提高学校获取发展资源的协同效应和整体联动效应。目前，一些高校在治理上存在碎片化现象，如各自为政的"部门主义"，学科难以交叉融合的"山头主义"，其实质都是没有把握好治理要素在空间上所具有的流动性和离散性。基于治理要素的离散性，大学在机构布局上就需要确保学校具有政令统一、行动一致、令行禁止的组织效能，力避政出多门。基于治理要素的流动性，大学在机构布局上就要保持各机构具有一定的业务互通性，使治理要素的流动尽量少受空间的阻碍。

(三) 数量维度下的机构布局状况与大学治理能力

大学治理能力的提高与办学资源的持续获取紧密关联。在数量维度下，机构布局需要克服治理要素的稀缺性，这是大学治理能力提升的核心因素。因此，机构布局不仅要有利于学校对现有资源的整合和利用，还要有利于学校能积极主动地开拓新的资源。基准回归结果显示，数量维度下的机构布局状况对大学治理能力的影响在1%显著性水平下呈现出正向影响，其系数估计值为0.7560，在加入工作年限、行政职务和职称等控制变量后，数量维度下的机构布局状况对大学治理能力的积极影响显著加强。这表明，基于治理要素在数量维度上的稀缺性，大学治理能力的提升需要机构布局考虑要素挖掘—开拓能力，亦即能够在已有存量要素的基础上充分利用和开拓资源。同时，机制分析结果表明，大学机构的响应度、协同度、拓展度和机构设置符合度作为调节效应，能够强化大学的要素挖掘—开拓能力，进而在克服要素稀缺性的过程中促进大学治理能力的提升，这也就证实了假设H3的成立。这一研究发现的政策含义是，大学的机构布局除了要规避由于多头管理、重复设置而造成治理要素没有得到充分利用之外，还要能不被现有条件所囿，主动寻求新的治理要素，即获得治理要素量的增加或要素种类的增加。否则，就会使机构以及整个学校不仅浪费现有资源，而且会使学校缺乏发展的生机和活力。对此，大学在新的机构布局中，除了要做到机构设置的精简高效之外，还要设法推动和维持机构的开放性，以使每一个机构都能与校内外组织及个人形成良性互动关系，从而促使机构在不断从外界汲取新思想、新方法的同时实现要素优化配置，获取新的发展资源。

（四）门限效应（工作年限）、机构布局状况与大学治理能力

基准回归结果凸显出工作年限与大学治理能力之间的非线性关系，亦即在时间、空间、数量三维度下，个体的工作年限影响着机构布局的外在表现，并对大学治理能力产生不同程度的影响：一方面，当个体在大学机构工作的年限增加时，其建立的关系网以及积累的经验也就越广、越多，其发现和改变大学治理诟病或顽疾的主观意愿和能力就会相应增强，从而对大学治理能力的提升产生积极影响；另一方面，当这些治理

诟病或顽疾长期得不到解决时，个体求新求变的积极性也就每况愈下，最终不利于大学治理能力的提升。对此，门限回归模型以工作年限构造了单一门限，分别考察了时间、空间、数量三维度下的机构布局影响大学治理能力的门限效应：在时间维度下，当个体工作年限小于7年时，个体具有把握治理要素时效性的充分积极性，使治理要素在机构之间承转通畅并规避阻滞现象，从而提升大学的治理能力。但随着工龄的增长，即当个体工作年限大于7年时，个体出现了工作倦怠感，在机构中的工作积极性可能会降低。这就需要大学通过更多的激励措施或轮岗机制来调节个体的工作积极性。然而，在空间维度下，工作年限却是个体累积经验、建立关系网络的重要变量，当工作年限大于3年时，个体能在机构工作过程中妥善地运用转移、集聚、联结等要素配置方式。至于数量维度，其门限效应则与时间维度有异曲同工之妙。值得一提的是，在大学的机构布局中，行政职务对大学治理能力产生了显著的正向影响，且均达到具有统计学意义的显著性水平。即随着个体行政职务的提升，机构人员将拥有更广的社会关系网络以及更丰富的工作经验，因此也就更有能力把握治理要素的时效性、流动性、离散性和稀缺性，从而使大学治理能力得以提升。此外，异质性分析也显示，相较于"教育部所属高校"和"其他部委所属高校"，行政职务在"省或直辖市所属高校"和"州或市属高校"的机构布局中更具积极影响，因此对大学治理能力提升的表现也更为明显。

这些研究发现的政策含义是，机构人员个体的工作经验、积极性决定着机构布局的成功与否，而个体的工作经验、积极性又与其工作年限息息相关，且在时间、空间、数量维度下表现各异。因此，大学应注重机构人员的培养和激励，一是要对机构新进人员进行岗前培训和到岗后的定期培训，并通过"以老带新"的方式帮助其尽快积累工作经验，建立社会关系网络；二是要时常关注机构人员的工作积极性，当个体的工作年限过长（7年以上）、工作上出现倦怠情绪时，就要及时通过轮岗制度转换个体的工作环境，以缓解或消除个体的消极情绪；三是通过建立激励机制，提高机构人员的积极性。与此同时，不同院校在机构布局过程中存在办学资源差异，且行政职务及行政级别又有助于省或直辖市所属高校、州或市属高校开拓办学资源，表明地方高校机构人员的行政职务和行政级别在资源利用和开拓方面所起的作用更为突出，这或许能解释目前中国大学校园中存在的一个现象：与部属高校相比，地方高校的教师在取得学术成功的同时，比如在获得一个较高的学术职务（副教授、教授）之后，还更倾向于在校内谋取一个行政职位。

第六章　大学机构改革的历史演进与时代诉求

大学的机构起源于中世纪大学，当时大学被称为是教师和学生的团体，以巴黎大学为代表的教师行会与以博洛尼亚大学为代表的学生行会，分别成为欧洲中世纪两种类型大学的代表。但在与宗教势力、封建王朝和地方政府等的冲突过程中，大学为了维护其内部成员间的共同利益，逐步由行会性社团组织向制度化的规范性机构过渡[①]。目前，机构已演化成为大学治理体系的组织构件，在大学治理能力现代化中具有重要作用，是治理体系和治理效能之间的桥梁和纽带。但是，要充分发挥大学内部各机构的桥梁和纽带作用，其前提之一在于机构的科学布局，从而给大学的利益相关者形成合理的、确定性的预期。2021年11月，党的十九届六中全会决议面对过去所总结的"过往成功"的历史经验以及面向未来所提出的如何"继续成功"的发展要求，同样也给中国大学机构历史变迁的过往经验以及未来发展带来重要的启迪。为此，本章的主要任务是，概括性地梳理中国大学自诞生以来的机构演进历程，从中理出其历史性逻辑，然后在此基础上把握大学机构改革的时代性诉求。

---

① 谢安邦：《比较高等教育》，广西师范大学出版社2002年版，第32—33页。

一　中国大学机构演进的历史梳理

机构演进总是伴随着一个组织的发展历程。如就政府组织来讲，从君主专制型政府到官僚制政府，从官僚制政府到企业型政府，从企业型政府再到整体性政府，其中的一个很突出的表征就是机构的变化。至于中国，自1949年中华人民共和国成立以来，国家机构改革进行过多次，且可以按照时间段进行划分。有一种普遍的说法是，中国政府已进行了14轮机构改革（如表6-1所示[①]），分别是1951—1953年、1954—1956年、1956—1959年、1960—1965年、1966—1975年、1976—1981年、1982年、1988年、1993年、1998年、2003年、2008年、2013年以及2018年。其中，2018年的改革被认为是一场系统性、整体性、重构性的变革，力度规模之大、涉及范围之广、触及利益之深前所未有，既有当下"改"的举措，又有长久"立"的布局，是一个比较全面、比较彻底、比较可行的改革顶层布局[②]。时至2023年3月，十四届全国人大一次会议审议通过的《党和国家机构改革方案》，又被称为中华人民共和国成立以来第15轮、改革开放以来第9轮机构改革。与上一轮改革方案相比，此轮改革被认为针对性更强，力度更大，涉及面更广，触及的利益更深。

但是，同样作为社会公共组织的大学，其机构却没有像政府机构一样呈现出相应的时段改变特征。这也许与大学的组织性质相关，因为大学被认为是一个墨守成规的保守机构，无论是管理人员还是教师，都习惯于他们已经熟悉的工作方式，很难主动地做出改变和调整。但是，如果把时间线延长到中国大学的诞生之初，并把时间段扩大，还是能从中

[①] 范瑞光：《新中国成立以来政府机构改革的演进逻辑——一个生态系统分析的解释框架》，《中共宁波市委党校学报》2019年第5期。

[②] 光明日报社：《习近平同志〈论坚持全面深化改革〉主要篇目介绍》，《光明日报》2018年12月30日第2版。

看出机构的一些改变。

表6-1　　中国政府进行的15轮机构改革（1951年至今）

改革年份	改革举措	改革结果
1951—1953	调整、精简、合并机构	中央政务部门增加到42个，加强中央集权，厘清企业、事业、行政机关编制开支
1954—1956	调整、精简机构，减少层级	层级减少，但机构总数上升到81个
1956—1959	精简机构，下放权力	地方权力扩大，国务院机构减少21个
1960—1965	前一阶段，对行政部门和事业单位同时进行精简；后一阶段，收回前期下放给地方的权力并恢复撤销的机构	恢复机构，收回权力，精简干部，充实生产一线，1965年国务院机构数达79个
1966—1975	撤销、合并军管组成部门	国务院部门撤销合并到32个，其中军管部门13个
1976—1981	恢复50年代原有机构体制	国务院部门增加到100个
1982	精简、调整机构和人员，改革领导班子组成	明确领导班子组成，干部年轻化、经济管理弱化
1988	弱化、裁撤专业经济部门，加强宏观调控	强调对经济的间接管理、弱化微观调控，调整高度集中的计划经济管理体制
1993	裁减专业工业经济部门	机构数量有所减少，裁撤一些工业专业经济部门，成立了一些新部门
1998	调整政府组织结构	国务院组成部门减少到29个，裁撤工业专业经济部门
2003	整合组织机构、改进管理方式、推进电子政务	加强政府宏观调控能力，加强金融管理和社会管理，规范政府经济职能
2008	探索职能有机统一的大部制，合理配置宏观调控部门职能，加强与整合社会管理和公共服务部门	除国务院办公厅外，国务院组成部门设置27个。加强了宏观调控、社会管理和公共服务职能
2013	深化大部制改革	更加重视政府的公共服务职能
2018	党政机构协调统一	党的全面领导得到加强等

续表

改革年份	改革举措	改革结果
2023	坚持问题导向，统筹党政机构，深化重点领域机构改革等	—

资料来源：根据相关文献提供的数据资料整理而成。

（一）清末学堂及大学的内部机构

摇摇欲坠的清末政府在内焦外困以及"西学东渐"思想的影响下，除了一些由国外教会组织筹办的教会大学之外，开始参照西方大学模式改造旧学堂，自行创办了一些以"急用现学"为办学目标的新式学堂。1862年创办的以培养外语翻译、洋务人才为目的的京师同文馆，堪称那一时期新式学堂的典型和范例。同文馆虽只有教习人员和学生百人左右，却设置了直接隶属于总理衙门的、诸如提调（类似于校长）、帮提调、总教习、苏拉（类似办事员）等管理人员9—11人，学校的大小事务都经由管理人员来办理。如教学事务就交由总教习管理，校园布置及经费由总办办理等。另外，同文馆还有一些杂役（仆人、火夫）作为后勤人员，人数30—40人。[1] 从机构的层面来看，同文馆由于沿袭了传统官学的体制，只是一个小型集权组织，内部组织体系很简单，只拥有一定官职的行政管理人员，却没有内设专门的行政管理机构，学校是在管理人员的直接监督和控制之下运作的。在教学方面，按学习内容分为英文馆、法文馆、德文馆、俄文馆、东文馆、算学馆、格致馆等。各馆师生具有官员身份，内部关系简单，教习负责日常功课和学业，学生充任的帮教习只负责日常辅导，帮提调与苏拉则负责日常监督[2]。

1898年京师同文馆并入新创办的、以民族自强为办学目标的京师大学堂。京师大学堂师生人数增多，并开始模仿西方大学分科教育的办法，

---

[1] 陈明远：《那时的大学》，山西人民出版社2011年版，第5页；舒新城：《中国近代教育史资料》，人民教育出版社1981年版，第137页。

[2] 司洪昌：《晚清新式学堂的组织架构——从同文馆看19世纪中后期的新式学堂》，《国家教育行政学院学报》2006年第11期。

分普通学科和专门学科两类。在内部管理上，除了行政管理人员的数量相应增加且分工变得细致之外，开始出现了类似堂提调办事处、讲堂事务处等这种有固定办公场所、有专门职责的管理机构。如堂提调办事处，就配备标有学生履历的名簿、学生旷课簿和学生请假簿。学生因事、因病不能前来上课，该机构需把其姓名及事由记录在旷课簿上，学生请假则记录在请假簿上。此外，堂提调办事处还需将学生的出勤记录及时通知讲堂事务处，以备稽查。① 就教学来讲，在总监督之下按照经科、法政科、文科、医科、格致、农科、工科和商科八科，各自设立分科监督及其三个分管副职——教务提调、庶务提调和斋务提调，相当于今天大学中的院长和分管副院长。各学科还设立"教员监学会议所"这种议事机构，通过教务提调、正副教员、各监学的共同商议，审查、决定诸如学生考试、毕业等事务。②

（二）民国时期大学的内部机构

民国大学深受日本、德国和美国大学组织模式的影响。1912年，以京师大学堂更名为北京大学为标志，中国高等教育进入民国时期，表现为在学人数明显增多，大学在机构设置上也呈现出一些新的变化。如被认为开启了中国高校"学术"与"自由"之风的蔡元培在1916年至1927年任北京大学校长期间，比照德国大学的组织架构，对校内机构进行了整体改造。一是设置评议会为学校最高立法机关和权力机构；二是废科设系，按照学科划分为不同的系，各系设置教授会；三是设行政会为全校最高行政机构和执行机构，下设专司庶务、组织、学生自治、出版、预算、图书、入学考试等行政事务的专门委员会11个；四是设教务处，统领学校的教学工作；五是设总务处，主管学校

---

① 北京大学校史研究室：《北京大学史料第一卷（1898—1911）》，北京大学出版社1993年版，第215页。
② 刘香菊、易灵杰：《京师大学堂分科监督：我国大学院长角色的萌芽》，《河北科技大学学报》（社会科学版）》2013年第3期。

的人事和后勤事务工作。① 至于同期开办的其他大学的办学规模普遍很小，所设机构十分简单。如 1912 年创办的大同学院（私立），除教员外，管理人员仅院长一人、教务员一人、庶务员一人、庶务赞一人，所设机构自然很少②。

但大学的机构系统真正出现大幅度、大范围改变的，应该是 1927 年南京国民政府成立之后。1927—1949 年，其机构设置可大致划分为两个阶段。第一阶段以 1927—1929 年南京国民政府制定并颁布《大学组织法》《大学规程》《私立学校规程》等一系列法规为标志。这些法规只是对大学内部的组织架构做出基本规定，但其中并未涉及大学内部机构的具体设置，这使当时国内为数不多的大学依据其自身的办学需求设置机构，机构的名称、职能、人员配置等也各异。如 1930 年，北京大学时任校长蒋梦麟依照《大学组织法》的规定③，在前校长蔡元培的组织改造基础上，主持制定了《国立北京大学组织大纲》，将大学组织机构分为校务会议、教务处、行政会议和秘书处（事务会议），并将原来的"校—系"两级管理体制改为"校—院—系"三级管理体制④；再如，国民政府铁道部主管的交通大学实行校长全面负责制，在校内设有校长办公室、秘书处、总务处、训育处、图书馆、博物馆、体育部、科学馆、研究所以及各学院，一些大的机构如总务处按照所处理的具体事务的不同划分为不同的事务股，同时还在全校校务会议下设全校事务会议和全校教务会议这样的议事机构⑤。又如，由美国监理会主办的东吴大学，则以校董会为学校最高行政组织机关，下设校长、教务长、校政部、教授

---

① 韩绍欣：《我国大学机构变革中的组织行为学思考》，《辽宁教育研究》2005 年第 8 期。
② 王仁中等：《爱国办学的范例：立达学社与大同大学、大同附中一院史料实录》，上海古籍出版社 2002 年版，第 130—131 页。
③ 如 1929 年《大学组织法》第十五条："大学设校务会议，以全体教授、副教授所选出之代表若干人，及校长、各学院院长、各学系主任组织之，校长为主席。"（参见宋恩荣《中华民国教育法规选编（1912—1949）》，江苏教育出版社 1990 年版，第 217 页）
④ 刘强：《民国初期国立北京大学内部治理结构研究——基于〈国立北京大学现行章程〉与〈国立北京大学组织大纲〉的分析》，《教育与考试》2015 年第 3 期。
⑤ 《交通大学校史》编写组：《交通大学校史资料汇编》（第二卷），西安交通大学出版社 1986 年版，第 23—28 页。

会、教员会、文理学院、法律学院等行政和教学机构①。

第二阶段以1939年南京国民政府教育部颁行《大学行政组织补充要点》为标志。该法规以促进各校行政组织规范、统一为目标，共12项。如规定"教务处分设注册、出版等组及图书馆""训导处须分设生活指导、军事管理、体育卫生等组""大学设会计室"等。该法规还对一些议事机构的构成以及议事规程做出具体规定，如第九条规定："大学设教务会议，由教务长、各学院院长、各系科主任及教务处各组馆主任组织之。教务长为主席，讨论一切教务事项。"②《大学行政组织补充要点》的颁布实施，对当时的大学（国立大学、省立大学、私立大学和教会大学）统一内部结构设置、规范机构职能都产生了明显的影响。当时，教务处、训导处、总务处成为大学必须设置的三大基本机构，校务会议及其下属的教务会议、训导会议、总务会议则成为当时大学都采用的议事机构③。除此之外，大学也可自主设置一些专门委员会，承担一部分管理职能④。

（三）1949年至20世纪90年代末的大学内部机构

中国大学从1952年的"院系调整"开始，教会大学和其他私立大学的董事会机构不复存在，全部由国家接办成为公立大学，如1952年并入私立金陵大学后的南京大学在机构设置上，主要包括校长办公室、教务处（下设业务教育组、政治教育部、健康教育组、注册组、辅导组及出版组）、总务处（下设事务组、工务组、财务组、校产组、舍务组、膳务组、卫生室及驻卫警察队）、图书馆、各学院、各系科、各院附属机构以及工会、学生会等社团组织。另外，学校在校长领导下设校务委员会，作为大学最高议事机关，下设常务委员会及各专门委员会。教务处、

---

① 王国平、张菊兰：《东吴大学史料选辑》，苏州大学出版社2010年版，第234—236页。
② 中国第二历史档案馆：《中华民国史档案资料汇编》（第五辑/第二编/教育一），江苏古籍出版社1997年版，第699—700页。
③ 陈立夫：《成败之鉴——陈立夫回忆录》，（中国台北）正中书局1994年版，第257页。
④ 徐梅：《大学行政组织机构变革研究》，中国海洋大学出版社2017年版，第82页。

总务处建立处务会议制度，分别由教务长及总务长主持；各院在院长领导下举行院务会议；各系（科）在系（科）主任领导下举行系（科）务会议。①随后，中国大学开始一边倒地学习苏联大学模式。如大学一般参照苏联经验，设立教务部、研究部、行政事务部、图书馆与俄语专修班，同时取消学院设置，设系科，系科中再按专业设立专业教学研究组（室）作为教学、科研的基层机构。

至此，中国大学在机构设置上走向高度整齐划一，其基本特点一是"突出政治"。如1961年9月中共中央正式发布、试行《教育部直属高等学校暂行工作条例》（即"高校60条"），规定高校实行党委领导下以校长为首的校务委员会负责制，设立校务委员会作为学校行政工作的集体领导组织，同时增设工会、政治教学委员会等。在校长、副校长的职责中增加"领导全校教师、学生、职员、工警的政治学习"等内容。二是通过设置教研组（室）以突出按专业培养学生，即在系之下设置专业教研组（室）这个基层机构。同时规定系是按照专业性质设置的教学行政组织，教研组（室）是按照一门或者几门课程设置的教学组织。除此之外，还根据需要在系或教学研究室下设研究所或研究室，以从事科学研究。三是与政府机构高度同构。大学被视为政府的下属组织，其内部也就建立起同政府机构几乎一致的党群职能部门和行政职能部门，如前者一般设有党委办公室、组织部、宣传部、统战部、团委等机构，后者则设有基建处、保卫处、人事处、政治辅导处以及后来增设的武装部、校办工厂办公室等机构。

1977年，随着高考制度的恢复，中国大学的组织架构也逐步恢复到"文化大革命"前的组织状态。1985年《中共中央关于教育体制改革的决定》发布，高校开始借鉴当时国有企业扩大企业自主权和实行厂长负责制的做法推行校长负责制。1990年，中国大学又进行了纠偏，仍实行

---

① 《南大百年实录》编辑组：《南京大学校史资料选辑》，南京大学出版社1982年版，第519—526页。

校党委领导下的校长负责制。虽然社会主义市场经济体制在这一时期得以在社会许多领域建立和推行，但大学却基本沿用过去计划经济体制下的做法，在机构数量上呈现出明显的增多趋势。例如，在党委组织系统增设纪委、学工部门，在行政组织系统中设置科研处、学生处、财务处、审计处、外事处、督察室、研究生处等部门及一些学校直属机构。同时，在教学、研究的基层组织机构设置方面也进行了改革，普遍设立研究所以及电教中心等科研机构及教学辅助机构，一些高校还试办研究生院。1985年后，许多高校增设了学院，有的高校将教研室改为学科组。随着大学内设机构的不断增多，也引发了外界的许多诟病。对此现象，当时有一篇文章评论道[①]：学校办社会，社会有的机构，学校也必须设。这样一来，学校除了四大系统的机构之外，什么"落实办""综合治理办""经打办"以及"爱国卫生""义务劳动""计划生育"等组织机构应运而生，且越来越多，与政府机构具有很强的同构性，其人员也带有明显的国家行政机构职位配置现象。

以上这种机构设置以专业分工为基础，使一个部门、一个岗位只需要重复一种工作，有利于学校工作与政府部门工作的联系，也有利于保证国家和地方的政策法规在学校的落实。但由于分工过细而造成部门林立、职责交叉和多头指挥，具体表现为学校行政队伍庞大，造成机构臃肿、人浮于事的局面，学校组织的科层化机制、"官本位"倾向更为突出。[②] 对此，有学者总结出"职责不清，该管不管""部门太多，遇事互相推诿""机构臃肿，忙闲不均"等七大问题。[③] 这些问题的存在，也得到了国家的重视。如1988年5月，国家教委发布了《关于对普通高校机构设置的意见（试行稿）》，指出高校机构设置应本着"精简机构、减少层次、精干有力、提高效能"的原则进行。

---

① 李富明、张述禹、马永金：《现行高校组织机构必须改革》，《辽宁高等教育研究》1988年第1期。
② 韩绍欣：《我国大学机构变革中的组织行为学思考》，《辽宁教育研究》2005年第8期。
③ 吴军青：《关于高校机构改革问题的探讨》，《教育管理研究》1994年第4期。

(四) 1999年至2009年的大学内部机构

1998年颁布的《中华人民共和国高等教育法》规定，"高校要根据实际需要和精简、效能的原则，自主确定行政职能部门等内部组织机构的设置和人员配备"，以及同年《面向21世纪教育振兴行动计划》提出要"大力推进高等学校内部管理体制改革"，为随后在全国范围内推动大学机构改革创造了必要的政策环境。如1999年9月，教育部印发了《关于当前深化高等学校人事分配制度改革的若干意见》，要求高校根据实际需要和精简、高效的原则，精简管理机构，并明确要求学校管理机构数按学校规模和管理跨度确定，原则上只允许保留10—20个。

在此背景下，中国大学开始本着精干、高效的原则设置党政职能部门，合并了一些主体职能相近的部门，职能交叉或相近的部门进行合署办公。如党委办公室和校长办公室合并为党政办公室，学工部和学生处合署办公（一套人马、两块牌子）。在此阶段，许多高校经过几轮改革后，呈现出一些新的变化：其一，党政组织系统的机构总数明显减少。如有研究发现，党群机构在管理机构中的比例下降了，1980年为42%，1992年为36%，2001年为33%。[①] 其二，总务系统的机构数由于后勤服务职能从大学组织系统中剥离的原因也大幅较少。如高校普遍成立后勤集团，将学生公寓、教室管理科、膳食服务中心、生活服务中心、绿化服务中心、建筑维修中心、动力维修中心、物业公司、节能办、幼儿园、校医院等机构全部划归后勤集团，实行企业化管理。

但是，随着1999年高校大扩招带来的办学规模的快速增大以及众多办学思潮和理念的蜂拥而至，如国际化办学、社会化办学、市场化办学、科研化办学、信息化办学等，中国大学又开始设置一些新的机构，如董事会或理事会（一般只具有顾问性质）、发展规划处、国际交流与合作处、科技处、社科处、教学评估中心、社会服务处、就业指导中心、教

[①] 阎凤桥、康宁：《中国大学管理结构变化实证分析》，《高等教育研究》2004年第5期。

育筹资办公室（基金会）、校友工作办公室（校友总会）、信息化办公室等。其中，一些机构也随着大学社会化程度的加强而处在人才培养、科学研究、社会服务的前沿。此外，一些高校还设置了专门办公室，如清华大学于2009年设立国家科技重大专项管理办公室，以具体负责该校实施国家重大科技专项的组织协调、运作和全过程管理[1]。但是，随着不断增设新的机构后大学内设机构的增多，一些负面效应开始显现，如普遍存在一个机构往往很难单独办成一件事，且存在相互推诿的弊病。在此背景下，有学校又进行了诸如精简、合并机构的改革（如大部制改革），但成效并不明显，甚至还出现组织僵化、资源割裂、流程破碎等新问题，如有学者对当时的大学机构改革成效评论道："（这些改革）并未真正实现组织结构调整与工作职能转变，未能跳出精简、膨胀、再精简、再膨胀的恶性循环"[2]。

（五）2010年至今的大学内部机构

2010年，随着《国家中长期教育改革和发展规划纲要（2010—2020年）》的颁布实施，大学在形成多元治理结构、建设现代大学制度等国家政策目标的推动下，其内部机构体系得以进一步完善。从横向上看，大学职能机构包括由组织部、宣传部、统战部、团委、督察处、党委办公室、工会、纪委办公室等组成的党群政工机构，由教学系统、科研系统、财务系统（财务处和审计处）、人事系统和学生工作系统等组成的行政机构，同时包括国际交流与合作、高等教育研究所（政策研究室）、校医院、基建处、后勤集团等直属管理机构。此外，还有一些党政合署机构，如研究生院与研究生工作部、学工部与学生处、教师工作部与人事处。另外，还出现了一些挂靠机构，如人才办公室挂靠人事处，教师专业发展办公室和教学质量评估办公室挂靠教务处等。从纵向上讲，主

---

[1] 崔凯、于振华：《清华大学成立国家重大科技专项管理办公室》，2009年10月15日，华禹教育网（http://www.huaue.com）。

[2] 高桂娟、刘地：《大学内部管理机构设置的实证分析与问题探讨——以"985工程"大学为例》，《高校教育管理》2013年第5期。

要分为校、院两级组织架构。学院层面的行政组织机构则包括学院党委、院团委、学工等党团机构，以及学院办公室、教学管理办公室等院务、教务组织部门。

目前，中国大学在以机构多样性回应社会需求的同时，在机构改革方面也呈现出两个方面的特点：

其一，注重分权与制衡的民主化取向。一是注重民主决策。主要是通过完善党政联席会议制度、教职工代表大会制度等来保障学校重大事项的民主决策。二是加强学术权力。主要是明确和强化了学术委员会的职能权责，一些高校还借鉴国际通行做法，在学校学术委员会内部设立各种专业学术治理机构，为学术权力的行使提供基本的组织载体①。至于在学院层面，则建立院级学术委员会，替换过去的教授委员会，讨论和决定事关学院学科与专业建设、人才引进和考核等重大事项。三是注重分权。一些职能和权力通过二级管理体制改革下放到学院，比如师资的引进、教师考核等，从而扩大了学院的权力。四是注重对权力的制衡和问责。比如将教学质量评价办公室从教务处剥离，单设成一个学校职能机构，将教学监督权独立出来，以强化对学术权力（教学权力）的制衡和问责。

其二，注重专业与分工的专业化取向。一是细化机构内部的职能分工。如人事处下设3—5个科室，分管人事（人才培养与引进、人员调配与管理、人员考核与奖惩等）、师资（师资队伍建设与规划、职务评聘、教职工培训等）、机要、档案及学校日常运行工作（博士后工作、社会用工管理、劳动工资、保险福利与薪酬管理等）。二是非学术管理人员大量出现。为应对大学越来越复杂、越来越专业的管理需要，许多领导职位不再由教授担任，同时也出现了大量的副职，如副校长、副处长、副院长等。三是出现了大量的专门科研机构。由于科研受到普遍的重视，大学校园内增加了许多实体的或虚拟的科研机构，如研究院、研究所、

---

① 刘亚荣、屈潇潇、康宁：《高校办学自主权变迁的实证再研究（二）：高校内部学术决策权运行现状》，《复旦教育论坛》2020年第2期。

研究中心等。

2017年党的十九大以来，中国大学在其机构设置方面也没有停下改革的脚步，其改革主要体现在三个方面：

其一，强化党的领导。加强党对学校工作的全面领导得到大学的普遍重视。落实到机构层面，一是大学党委书记相对于大学校长的地位得到突出和加强，有些省市已经明确了大学党委书记在学校组织机构中的"一把手"地位。相应地，大学所属二级学院的党支书记（或分党委书记）的地位也得以加强。二是新设教师工作部、研究生工作部等机构，以增强大学"立德树人"的办学宗旨，同时在学校机关党委下设置各职能部处党小组，在学院党委（党总支）下设置系党支部，定期召开会议，举办政治学习活动。

其二，简政和放权。一方面，旨在为师生提供便捷管理和服务的简政。如许多高校呼应2017年教育部等五部门联合发布的《关于深化高等教育领域简政放权放管结合优化服务改革的若干意见》，在校内强化了信息公开，简化了学校财务流程，建立了管理服务一体化平台。另一方面，旨在增强二级组织活力的放权。如近一两年来，一些地方院校除了追随国内一些名校早年推行的、以院系归并为主的学部制改革之外，还着手推动以权力下放为特征的"院办校"改革等①。

其三，精简和合并。如2018年，清华大学启动机构改革，将39个校机关部门精简为33个部门。2019年，华中农业大学将独立设置的管理和服务机构从之前的33个调整为20个，一次性砍掉13个机构。2023年10月26日，西北工业大学在机构改革工作动员部署会上明确：要通过"三减"（减机构、减干部、减管理人员），提高部门的运转效率。②2023年8月28日，南京大学在其召开的办公室全体工作人员会议上，宣布将其党办、校办合并为南京大学办公室，被认为是推进学校治理体

---

① 麦克思：《合并、撤销，多所高校进行机构重组》，《麦克思研究》2022年10月20日。
② 麦克思：《985官宣：减机构、干部和管理人员！》，2023年10月30日，麦克思研究（https://baijiahao.baidu.com/s?id=1781177665740548209&wfr=spider&for=pc）。

系和治理能力现代化的重要举措。① 当然，在这期间，也有不少高校增设了一些机构，如许多高校先后组建了科技项目管理中心、学生就业指导中心、学生创新创业指导中心等机构。

二 大学机构历史演进的内在逻辑与反思

大学机构的演进总是外在建构与内在调适的双向过程，既表现为外部政治、经济、社会、文化、技术环境变化所带来的宏观建构过程，也是大学以其自身发展诉求为标的的微观调适过程。从以上对中国大学机构的简要梳理中可以发现，大学机构的数量、种类、职能以及名称（称呼）并不是一成不变的，而是随着时代的变迁、社会形势的变化以及大学自身的发展需求，发生或主动或被动的变革。在本书看来，大学机构的演进一定不是自然而然发生的，必定有着某一或某些内在的逻辑。由于大学内在的保守性以及中国大学单位制留存的组织惯性，大学机构的演进可以看作大学对外部环境变化及内部需求的一种调适和回应，即其所做出的一些改变是由某种内、外在因素推动的，因此值得我们在反思中考量未来大学机构演进的方向和路径。

（一）大学机构演进的主导性逻辑

大学机构一般是在维持相对稳定的基础上进行一些改革，机构改革的方式主要有增设、拆分、合并、移植、模仿、改造、去除（撤销）等。若考察中华人民共和国成立以来尤其是 1999 年高校大扩招以来的大学机构改革特点，就会从中发现有三条主导性的逻辑，即合法性逻辑、社会性逻辑和专业性逻辑，主导或共同主导着大学机构的演进。

---

① 南京大学：《学校召开南京大学办公室全体工作人员会议》，2023 年 8 月 28 日，南京大学（https：//www.nju.edu.cn/info/1055/337671.htm）。

1. 专业性逻辑：符合知识传承和创造规律

大学是一个特殊的社会组织，目前已演变成为人类所创造的、一个国家内最为复杂的组织形式。这种特殊和复杂的根本就在于大学基于知识传承和创造的高度专业性，这自然就决定着大学要设置一些独特的机构，以符合知识传承和创造的规律。基于此，专业性就成了大学机构演进的一条最基本的逻辑，一是基于对知识传承和创造所需的学术自由、学术独立的保护，大学需要专门设置一些机构，如学术委员会、教授委员会、学术评议会等不同名称的、能维护教师权益并能合法决定学术事务的学术机构；二是基于知识传承和创造越来越复杂和分化的缘由，大学除了增添一些专门学院，还设置专司知识创造职能的研究机构，同时通过行政机构与学术机构并行设置的方式体现行政与学术分权治理的理想。

专业性逻辑决定着大学机构是以稳为主、稳中有变，机构改革采取的方式主要有三：一是保持大学一些传统机构不变，以维护大学的组织独特性。例如，当前大学虽然历经新管理主义、市场主义的冲击，也逐渐形成了多样化的大学机构体系，但仍然保留着200多年前的一些洪堡式的机构，如以大学校长为核心的行政机构、校务委员会、学术委员会等。二是对功能增多到一定程度的机构进行拆分。例如，早前大学的教务管理机构由于教师科研管理任务的增加，拆分出科研管理机构，随后科研管理机构由于知识分类管理的需要又拆分为专司自然科学管理的科技处和专司人文社科管理的社科处。三是增设一些机构。如根据知识分化后加强治理专业化的需要，大学在其学术委员会内增设了许多专门委员会，如人文社科类教师资格评定分委员会等。

2. 合法性逻辑：符合国家和同行的认可

大学虽然是一个独特的组织实体，但毕竟是嵌入一个国家内部环境中的，受制于该国政治制度、文化传统、社会认知水平等因素的影响和制约。大学尤其是由公共财政举办的大学与国家机构类似，同时也是一个需要进行社会关系交往的社会组织，在其内设机构的改革上自然要遵循合法性逻辑，以符合国家和同行的认可。合法性逻辑对大学具有某种强制性的压力，当大学缺乏有效的手段来实现组织目标或者处在不确定性的环境中时，这些压力深重的合法性逻辑给大学机构带来的结果就是机构同构，机构同构是大学的一种生存机制。这就如同有学者所讲的那样："大学之所以幸存，是因为可以不断在外部压力和内部核心价值的影响下自我改造，并因此成功地保持了它们作为高等教育轴心机构以及知识生产和传播中心的地位。"[①] 基于合法性逻辑，大学机构的演进一般会遵从以下三条路径：

一是通过移植或比照政府相关机构的名称和职能来赋予其机构以及行动的合作性，并以此获得政府支持，即规范性同构。虽然在世界范围内，大学被划分为美国模式、英国模式、欧洲大陆模式等几种组织架构模式，相应地，在具体的机构设置上也有差异，但在一国范围内，大学机构的设置一定会受制于所在国家的政府法规，政府会通过有关的政策文件鼓励或要求大学对其机构做出政府所希望看到的改变或调整，其结果就是大学机构与政府有关机构趋于同构，包括人员配置和工作流程的同构。如政府都会设置组织部、宣传部、统战部等党务机构，大学也设置了对应的机构，以做到工作对口、业务对接。再如，省级教育主管机构（教育厅）设有发展规划处，大学也相应地设置了类似"发展规划办公室"这种机构来对接。

二是通过采取增设、改造或去除某一机构的做法来呼应政府相关政策要求，以获得政府的支持，即回应性同构。例如，1982年1月13日，邓小平在中央政治局讨论中央机构精简问题会议上针对当时机构臃肿问题指出："精简机构是一场革命。"[②] 于是，去除各级政府及相关事业单位冗余的机构就成了当时一大政策要求。在此背景下，许多高校开始在校内撤掉一些机构，对于一些无法去除的职能，则采取合并或合署机构

---

① M. Bauer, B. Askling, S. G. Mmarton and F. Marton, "Transforming Universities: Changing Patterns of Governance", *Structure and Learning in Swedish Higher Education*, London, England: Jessica Kingsley, 1999, p. 13.

② 江岩：《把培养选拔年轻干部列入重要议事日程——学习邓小平同志有关论述》，《人民日报》2000年1月25日第9版。

的做法，以达到减少校内机构数量的目的。再如，在 2016 年 12 月全国高校思想政治工作会议召开之后，许多高校根据"要加强师德师风建设""加强教师队伍和思想政治工作队伍建设""要办好思想政治理论课"等会议精神①，组建或创建了专司思想政治教育教学和科研之责的马克思主义学院，在短短 5 年时间内设置这一机构的高校由 450 余所增至 1400 余所②，同时许多高校还设置了党委教师工作部这一新的机构，有的是作为独立部门，有的与组织部或者宣传部或者人事处合署办公。

三是通过模仿示范性高校在某一机构设置及名称称呼上的做法，以获得政府的支持和同行的认可，即模仿性同构。如 2011 年以来，随着教育部在一些高校推动建设教师教学发展示范中心，许多高校纷纷效仿，先后在校内设置了类似"教师发展中心"名称的机构，以推进高校教师培训工作的常态化③。此外，这种模仿性同构还能获得与同行沟通和交往的便利。

3. 社会性逻辑：满足市场竞争需要

社会性逻辑对大学的影响越来越大，尤其是在世界贸易组织（WTO）宣布教育是一种可交易的服务产品之后，大学还成了活跃的市场参与者。从象牙塔内的学术共同体到社会、到市场的转向，使得大学治理模式从传统经典的学院模式转变为类似于企业的模式，这导致大学的运作框架发生了改变。社会化逻辑使大学往往采取消费者导向，着重市场机制，以符合相关人群期待进而获得其在资金等方面的支持，即大学通过多方面履行社会服务职能以争取政府资助之外的社会资源，这样才能获得额外的竞争性收益，减少对政府的资源依赖。

近年来，社会性逻辑使大学的治理方式从单纯地以国家为中心转向

---

① 新华社：《习近平在全国高校思想政治工作会议上重要讲话》，2016 年 12 月 8 日，新华网（http：//www.xinhuanet.com/politics/2016-12/08/c_1120083340.htm）。

② 佚名：《全国高校马院由 450 余家增至 1400 余家》，2021 年 12 月 7 日，红星新闻（https：//baijiahao.baidu.com/s? id =1718473307907179808&wfr = spider&for = pc）。

③ 刘文健：《教育部：高校应建立教师发展机构》，《中国教育报》2011 年 10 月 10 日第 2 版。

同时以市场为重要考量。如果大学要提高社会服务水平，从经费、生源等资源市场中获得相应的社会资源，就要设置相应的机构。例如，20世纪90年代初，中国政府对大学拨款开始与在校生人数相对接，这种拨款方式推动了大学与大学之间的招生竞争。为了招揽到更多的生源，大学就增设了专门用于招生的机构。同时，由于招生与大学的社会声誉和影响力密切相关，大学为了增加其自身的社会美誉度，于是又增设了专门用于宣传推广工作的宣传机构。再如，在经济全球化背景下，大学迎来了学生、教师、课程、资金等资源在国际上的流动，为了参与国际上的资源竞争，大学又增设了专门从事国际交往以及留学生事务的国际交流机构。目前，在社会化逻辑的带动下，高校与外部的社会关系愈加密切，办学规模不断扩大，职能也不断拓展，从事具体事项管理的机构也就相应增多，使大学成为一个具有复杂管理系统的社会组织。当然，社会性逻辑会使大学为了成本控制而去除或合并一些机构。

以上三条大学机构的演变逻辑相互交织，但有时又相互冲突。比如，合法性逻辑与专业性逻辑有时就存在矛盾，专业性逻辑也往往与社会性逻辑相悖。

（二）对中国大学机构演进历程的反思

在中国大学机构演进历程中，专业性、合法性和社会性这三种主导逻辑分别影响、共同影响或交替影响了大学机构的沿革和更替。但是，它们往往在解决了老问题的同时又释放出了新的问题，如遵循专业性逻辑设置机构虽然可以使高校形成、发展和传承它们自己的办学风格和治理文化，但却容易使高校忽略外界影响，缺乏对外界环境的适应力；通过合法性逻辑配置机构，虽然可以获得政府这一关键资源供应者的认可和资助，但却容易造成大学在机构设置上步入"上下对口"的误区，导致机构设置数量过多、机构臃肿。至于在机构设置上所遵循的社会化逻辑，虽然志在采用符合社会需求的治理结构，以使学校与外界建立起大范围的联通关系，如大学与关键资源供应者（如企业）建立战略合作伙伴关系，但却容易形成"大学办社会"的弊端。如20世纪八九十年代高校出现的"落实办""综合治理办""经打办"以及"爱国卫生""义务劳动""计划生育办"等机构就是一个典型的例子。更为根本的是，以上影响乃至决定大学机构改革的三种逻辑以及所采取的一些相应手段，始终无法回避和化解在设置大学机构方面存在的一个矛盾、一个难题和一个壁垒。

1. 一个矛盾：大学机构设置是以学科为中心还是以问题为中心

大学要生存和发展，需要协调好其自身发展需要与政治、社会、市场等外部要求之间的矛盾，其突出表现为大学机构设置始终面临着以专业为中心还是以问题为中心的矛盾。学科中心意味着大学要根据学科知识的生产和传承需要来配置机构，如设置院系、研究院和研究中心，并围绕这些机构再配置一些辅助性的机构，如师资管理处、学生管理处、教务管理处、图书馆、实验室等。根据学科设置机构是基于专业主义的，强调的是以知识生产的独有规律来行事。由于学科不断的分化和融合，大学机构演进的一个重要表现就是一些教学、科研机构及其辅助机构的更替。

至于以问题为中心，则是指大学需要设置专门机构来解决其面临的问题。比如，为应对学生宿舍出现的管理难题，一些学校成立了宿舍管理中心。大学生越来越多，就业问题开始出现，学生就业指导中心也就相应成立。随着学生人数的增多，部分学生因家庭经济原因而无力完成学业，影响到学生的成长乃至引起家庭和社会问题。为了解决这些问题，一些学校便成立了学生心理健康指导中心、学生资助管理中心。[①] 目前，根据新问题设置新机构，已成为大学机构设置的一个基本依据。如中国人民大学教授郭英剑在谈到博士生教育问题时就认为，综合性研究型大学，特别是"双一流"建设高校应从原有的研究生院中分离出博士生院，搭建本科生院、研究生院和博士生院三级管理体制，以强化对博士生的指导和培养力度[②]。根据问题设置机构是基于职能主义的，随着大

[①] 田子俊：《大学内设机构膨胀的组织社会学分析》，《郑州大学学报》（哲学社会科学版）2015年第2期。

[②] 郭英剑：《综合性研究型大学应逐步建立博士生院》，《中国科学报》2022年8月23日第3版。

学的职能从人才培养的单一职能拓展到如今的人才培养、科学研究、社会服务、政治宣教、文化传承、卫生防疫、国际交流等多种职能，大学设置的机构也越来越多样化，出现了许多类似于政府、企业的机构，如大学理事会、宣传部、工会等。这种基于职能主义而设置机构的做法，长此以往，就容易在大学校园内出现机构膨胀问题。

以学科为中心与以问题为中心之间矛盾的存在，使大学始终处在维护自我独特性还是面向社会开放办学的矛盾中，表现在大学机构设置上，由于社会对大学赋予了更多的新职能，大学除了要增设新的机构来应对形形色色的、需要解决的新问题，还需要在学科知识方向上做出切实的努力，以使大学在其神圣和权威被外在环境持续影响和解构的态势下能维持其自身的独立性和不可替代性。但是，由于在现实的大学治理实践中学科中心、问题中心二者方向的不一致，侧重点也不同，因此大学就很难通过机构设置这种制度化的安排来维持二者之间的平衡。此外，即便是只顾及一个方面，也会面临一些难以解决的矛盾。如就此问题为中心来讲，如果机构过少，则应对不了出现的新问题；如果机构过多，则会出现机构的职能分散，互相牵制，一个部门很难单独办成一件事。

2. 一个难题：如何在行政机构和学术机构之间建立协调和控制关系

哈佛大学教授西达·斯考切波（Theda Skocpol）在对美国全国复兴总署和农业调整署于各自政策领域的不同表现的分析中认为，国家是由不同机构组成的，这些机构彼此之间的相互关系，会影响国家能力的发挥[①]。作为一个拥有复杂机构系统的大学，自然也存在机构关系的处理问题。从治理结构上讲，大学存在着两种基本的也是完全不同的机构体系，即行政—学术双轨机构系统。中国大学亦是如此。行政机构以"××处""××办公室"为标识，负责招生和注册管理、信息技术、预算和财务、数据统计等事务，一些行政机构与学术机构往往还不发生直接的联系。行政机构的组成人员主要为行政管理人员，呈现出一种从上至

---

① ［美］西达·斯考切波：《找回国家：当前研究的战略分析》，［美］彼得·埃文斯、迪特里希·鲁施迈耶、西达·斯考克波：《找回国家》，方力维等译，上海三联书店2009年版，第10页。

下的垂直状态,其职责体系基于职位,通过机构的等级(行政级别)来定义其等级。行政机构的决策遵循官僚制的行政模式,即行政机构的计划和决策在明确等级、规则和程序驱动的环境中进行。伴随着高等教育从精英化到大众化再到普及化所带来的校园规模越来越大,大学倾向于采用更大的官僚制的行政模式。行政机构的特征主要有:国家特许(政府备案)、正式的沟通渠道、标准化的规章制度、工作记录保持、强调步调一致和效率等。

学术机构则以"××学院""××研究所""××研究中心"为标识,主要负责教学和研究。其组成人员主要为学术专业人员,呈现出一种比较平坦的状态,它们基于学科分化和专业水平,通过专业知识来定义其权威。学术机构的决策遵循民主制的学院模式,它们建立在对学术单位或部门层面的分权基础之上。学术机构以松散耦合的方式聚集在一起,每一个机构(单一机构)都倾向于优先关注与其自己相关的事项,在整个组织架构上具有"分散式结构"的特征。[1] 因为这种结构被认为更加符合教师个人的专业化知识和地位,也更适合各个院系的日常运行。学术机构的特征主要有灵活性的工作安排、注重学术质量和创新等。

行政机构与学术机构在结构以及具体运作方式上的区别,在大学内部广泛存在着,给大学内部治理带来了很多难题。比如,松散耦合虽然被认为是一种最适合教师和学术人员生存和发展的机构框架,也有利于各个学术单位的创新、灵活性和快速反应,但却限制了整所大学集中性的行动和决策,同时其成员的聘用、课程设置、教学等问题需要行政机构提供标准化的和预先确认的流程。[2] 这其实就涉及了大学校园内的双重治理或共享治理问题,但无论是双重治理还是共享治理,都一定要位于集权与分权之间的某个或某些坐标上,这一或这些坐标其实就是需要

---

[1] [加] 亨利·明茨伯格:《卓有成效的组织》,魏青江译,中国人民大学出版社 2012 年版,第 97 页。

[2] W. G. Tierney, *A Cultural Analysis of Shared Governance: The Challenge Ahead*, In J. G. Smart (ed.), *Higher Education: Handbook of Theory and Research*, Dordrecht, The Netherlands: Kluwer, 2004, pp. 85–132.

某一个或某几个机构来对接完成,但却面临着难以解决的一大难题:如何在擅长从事大规模、稳定而重复性业务工作的行政机构与注重灵活、独立的学术机构之间建立协调和控制关系?因为一个高度分权的环境需要协调和控制,以确保大学仍然是一个统一的组织,特别是对于那些拥有多个部门、学院和研究机构的大型大学来讲更是如此。

3. 一个壁垒:学科如何跨越院系机构布局所带来的屏障

大学分院系设置,产生于知识大生产的背景以及知识生产劳动分工的需要,并日益成为学校进行行政、学术两类要素配置的工具。在大学内部,学科归属于不同的院系,院系则掌控着各自学科的预算、教师的聘任与晋升、教学事务以及学生的管理,长此以往,院系也就形成了能迎合其自身发展利益的学科文化和制度规范,进而成了一个个"独立王国"。这一现实状况使学术系统内部各机构之间并不是如"齿轮咬合"般紧密,而是一种独立性明显、学科资源被分割为各个院系的离散状态。院系的这一机构布局虽然有利于为每个学科的建制提供庇护,但却难以在院系之间建立起协调和控制关系,同时也阻碍了学科之间以及学院之间的交流与合作,哪怕是在同一个学部乃至同一个院系内两个不同学科也是如此。这就如同有学者在论及跨学科合作难题时所描述的那样[1]:

> 如果对跨学科研究有兴趣,目前的院系机构布局不仅是大学教师哪怕是校长都很难跨越的"院系堡垒",而且易于陷入合法性危机。组建跨学科中心自然可为教师们的跨学科研究提供组织支持和保障。但可以设想的是,如果新成立的跨学科中心要与院系竞争学校资源(人员编制、设施设备、运行经费等),院系就有可能与这些单位为敌……因为跨学科中心需要相对独立且要重组多个学科的人力资源,这与院系结构有较大冲突:第一,院系反对抽调优秀人

---

[1] 刘凡丰、徐晓创、周辉等:《高校促进跨学科研究的组织设计策略》,《清华大学教育研究》2017年第5期。

才进入跨学科中心，因院系的学科规划、教学安排可能被打乱；反对学校经费向中心倾斜，因学科院系分得的经费会相对减少。第二，跨学科中心教师所取得的成果有可能是在院系开展多年研究后的成果，归到中心名下属于"摘果子"，哪怕成果确实是在中心研发出来，哪怕可以重复计算，院系也希望独享。第三，跨学科中心教师若未晋升高级职称，就难免担忧因为顾不上院系的工作而不利于职称晋升。新进校的科研人员如果人事关系直接落到中心，没有学科归属，一旦中心关闭，处境就很不利；落到院系，但在中心工作，则又没有"家"的感觉。第四，时间因素。中心获支持的周期，与教师职称晋升、学生培养周期往往不一致。

因此，即便是目前大学普遍采用"学部""研究院""研究中心"等类似名称的跨学科组织布局，也并未打破这种以院系为管理单位的学科制度。这种难以跨越院系"围墙"和"栅栏"的尴尬状态，使学院之间的跨学科参与非常有限[1]，学科之间的交叉融合更是难以实现，由此造成的科研力量分散也难以承担和完成需要各院系深度合作的重大研究项目。早在2006年的中外校长论坛上，时任教育部部长周济就指出，科研力量分散是中国大学科技创新亟待解决的突出问题[2]。截至目前，虽然许多大学采取了一些促进多学科合作的政策，但由于学科难以跨越院系机构壁垒而难以建立起有战斗力的跨学科合作组织，即便建立起来也难以持久，从而使各个学科的科研人员在面临共同的科研问题时缺乏相互沟通、协调与合作，各自为政，难以集中力量攻关重大科研难题，致使科研的整体性目标无法达成。如此一来，一个难以突破的壁垒就是，如何消除传统院系机构布局所带来的屏障以在学科与学科之间建立协作关系？

---

[1] 余江、管开轩、李哲等：《聚焦关键核心技术攻关 强化国家科技创新体系化能力》，《中国科学院院刊》2020年第8期。

[2] 吕诺、周婷玉：《科研力量分散整合程度不高 缺乏核心竞争力成果转化率不高——我国大学科技创新亟待解决四大问题》，《甘肃科技》2006年第7期。

三 提升治理能力：新时期大学机构改革的时代诉求

大学机构设置所面临的以上矛盾、难题和壁垒，是大学机构改革始终绕不过的问题。在本书看来，要有效化解这些问题，一个基本的思路就是跳脱以往机构改革所遵循的三种逻辑（专业性、合法性、社会性），并将这三者整合成治理能力的逻辑。因为机构本来就是治理能力指向的，没有一定治理能力的机构显然就是无效的机构，大学机构改革的目的，也绝不仅仅是改造、增设或去除几个机构，而是旨在提升大学的治理能力。但是，要全面理解大学机构改革的治理能力逻辑，还需在阐述有关大学机构改革的几种代表性主张的基础上，把握新时期大学机构改革的新要求，只有这样，才能找到治理能力逻辑下大学机构改革的行进方向。

（一）关于大学机构改革的几种代表性主张

由于一直难以消除大学校园内存在的机构膨胀、人浮于事、遇事相互推诿等现象，也由于难以化解大学机构在布局上所面临的矛盾、难题和壁垒，大学的机构设置曾被认为是中国大学内部管理组织架构中"最受诟病的"问题[1]。目前，机构设置尽管没有像招生、教学、科研等问题那样受到持续的关注，但自20世纪80年代末以来也时不时会得到一些学者和高等教育界人士的留意和探讨，由此形成了有关大学机构改革的四种代表性主张。

第一种，从机构数量的视角探讨大学机构设置。早在1988年刊出的一篇文章就指出，大学在机构设置上存在机构重叠、机构臃肿、职责不

---

[1] 高桂娟、刘地：《大学内部管理机构设置的实证分析与问题探讨——以"985工程"大学为例》，《高校教育管理》2013年第5期。

清、人浮于事、管理层次过多等问题①。也有文献将这种现状描述为"大学内部管理部门及附属机构林立、门类繁多"②。而存在这些问题的主要原因，就是机构设置偏多，从而造成校内分工较细、协调较差、效率不高③。至于如何解决这一问题，其思路主要是精简机构，即主张通过裁撤、合并、合署等方法来精简结构，从而达到解决大学内设机构过多、机构重叠、分工过细的问题，以此提升大学的治理效率。如有学者主张高校仅设置教务处、科研与研究生处、党政处、学生工作处、后勤处五个左右的管理部门即可④。还有学者主张将高校现有的党政职能部门整合为党群工作部、总务部、教务部、科学研究部、学生综合服务部、合作发展部六个大的部门⑤。但对于通过减少机构数量进行的机构改革，也有学者给予了十分负面的评价：历次机构改革的基本特征是"减"，具体的措施就是简单合并与合署办公，但并未真正实现组织结构调整与工作职能转变，因此也未能跳出"精简—膨胀—再精简—再膨胀"的恶性循环⑥。

第二种，从去行政化的视角探讨大学机构设置。进入 21 世纪以来，随着建立"现代大学制度"成为高等教育界的共识，人们除了继续关注由于机构设置不合理而形成的机构政府化⑦、官僚化、职能交叉、工作任务烦琐等问题，还开始从去行政化的角度看待大学机构设置问题。如

---

① 李富明、张述禹、马永金：《现行高校组织机构必须改革》，《辽宁高等教育研究》1988 年第 1 期。
② 张建新、廖鸿志：《中国高校管理结构的弊端、突破口与路径探讨》，《思想战线》2011 年第 6 期。
③ 傅大友、顾永安、陆正林：《应用型本科高校内部机构设置与改革探析——基于 C 校的个案分析》，《职教论坛》2015 年第 5 期。
④ 张建新、廖鸿志：《中国高校管理结构的弊端、突破口与路径探讨》，《思想战线》2011 年第 6 期。
⑤ 林祥柽、范丽娟：《高校职能部门大部制改革的目标方案与运行机制》，《高校教育管理》2014 年第 4 期。
⑥ 高桂娟、刘地：《大学内部管理机构设置的实证分析与问题探讨——以"985 工程"大学为例》，《高校教育管理》2013 年第 5 期。
⑦ 冯伟、金劲彪：《现代大学制度下高校内部管理机构优化设置的路径》，《浙江树人大学学报》（人文社会科学版）2010 年第 4 期。

有学者整理出中国大学内部治理应该去除的行政化现象,如部门设置交叉重叠,出了事情互相推诿,谁都不负责任("有组织的不负责任"),内耗很大,或存在烦琐而无用的规则体系,事事报批,事事走程序,烦琐无用①。再如,有文献在调查中国国内20所高校机构设置状况的基础上,认为高校重"非生产"轻"生产"、重行政轻学术,为此应缩减"非生产机构",建立以学术为核心的内部管理体制。②此外,还有学者认为学术委员会等体现学术权力的机构很不完善,从而限制其职能的发挥③,为此大学要去除行政化,回归学术本位,其组织架构(机构体系)也应该回归到"有知识的人有更大发言权"的轨道上来④,或者逐渐去除职能部门的级别意识和行政身份,然后辅之以必要的制度和激励手段,凸显职能部门"服务"和"监督"职能⑤。

第三种,从完善治理结构的视角探讨大学机构设置。如有学者认为,大学机构存在运行不畅的问题,一是党政职责界限不清,校务委员会难以发挥作用;二是外部利益相关者参与内部治理机制缺乏,内部人控制现象严重;三是内部治理机构设置行政化,监督缺位;四是内部治理由行政权力主导,学术权力式微。为此应建立健全大学最高决策机构,以在学校形成权力制衡机制。⑥有学者认为,教师参与大学治理的机构存在缺陷,即分配实质性利益的决策通过非正规渠道参与,分配象征性利益的决策通过正规渠道参与,为此应健全相关机构,以提高教师参与治

---

① 李立国:《什么是好的大学治理:治理的"实然"与"应然"分析》,《华东师范大学学报》(教育科学版)2019年第5期。
② 顾华锋:《内部治理视角下我国高校机构设置现状分析——基于20所高校的调查》,《江苏高教》2008年第6期。
③ 李玲玲、蔡三发:《基于章程文本分析的高校治理问题研究——以"一流大学"建设高校为例》,《高教探索》2018年第8期。
④ 任少波:《重构细胞:大学管理组织架构改革的基础》,《高等教育研究》2004年第4期。
⑤ 王骥、查永军:《治理能力现代化视野下我国高校职能部门的越位与复位》,《黑龙江高教研究》2018年第10期。
⑥ 周光礼、郭卉:《大学治理实证研究2015—2019:特征、趋势与展望》,《华东师范大学学报》(教育科学版)2020年第9期。

理的能力。① 此外，还有学者研究二级学院这一机构设置问题，认为党政联席会议与党委会议、学术委员会、教代会、学代会关系不明确，同时还存在党政关系不融洽、院系党政联席会议制度形式主义严重、党政联席会议的决策程序缺失和效率低下等问题②。

第四种，从分权的角度探讨大学机构设置。随着大学办学规模扩大带来的权力过于集中、内部协调成本高等问题，有文献主张通过分权以及相应的机构设置来提高大学管理效率、增强办学活力，即主张将大学的管理重心下移，将原本属于学校的一些权力下放给院系，以实现高校管理模式从"学校校办大学"向"学院办大学"转变，即以"小机关大院系"的组织架构强化学院的办学自主权③。比如，有学者就认为，大学应通过校院两级事权和管理职权的调整，确立学院的"主体性"地位④，从而推动学校管理重心的下移，对此就需要给学院配备相应的行政管理机构和专职人员⑤，同时通过校部机关改革，精简决策机构，促进部门间横向协作⑥。此外，与这种"分权"思想相联系的是，一些高校通过设置更多副职（副校长、副处长、副院长等）的方式，将正职领导的一部分权力转移给副职领导，以减轻正职领导的工作负担，提高管理的专业性。

以上针对大学机构改革的四种代表性主张，虽然有其一定的道理，但却存在着一些缺陷。比如，就第一种代表性主张来看，大学机构的改革不仅仅是机构数量的变化，也不能简单地做"减法"（裁减机构），更不能武断地以大学管理机构数量的多寡作为判别大学管理效率高低、大

---

① 朱家德：《教师参与高校治理现状的个案研究》，《高等教育研究》2017年第8期。
② 张雷生：《高校院系内部治理结构现状调查研究》，《高校教育管理》2017年第3期。
③ 刘炎欣、艾述华：《从"治理"到"善治"：新时期大学管理的话语逻辑与变革路径——基于复杂性思维理论的分析》，《民族高等教育研究》2019年第3期。
④ 刘天佐、周清明：《高等学校构建校院两级管理模式若干问题》，《教育研究》2005年第11期。
⑤ 刘方路：《校院二级管理模式下学院教务管理人员工作思考》，《求学》2020年第31期。
⑥ 杨颉：《协同治理协议授权——探索校院二级管理改革新路径》，《中国高教研究》2017年第3期。

学行政化与否的标准,而是一个包括机构数量增减、职能调整、流程再造在内的综合行动。具体而言,在大学机构改革实践中,机构的精简或增加都只是手段,不是目的,目的在于促进大学治理能力的提升,即为大学的生存和发展提供更多资源,如此这样,才有利于改善师生的学习、工作、生活条件,才有利于调动师生员工的积极性,才有利于提高学校教学科研水平和培养高质量的人才,最终才能增强学校的办学实力。再如,第四种主张虽然在大学治理实践中能减轻校级机构的管理负担,但却使院系机构膨胀,造成整个学校管理层次的增加,大学的管理效率因此并没有得到提高。

(二) 新时期大学机构改革的新要求

从传统管理走向现代治理,是新时期各类组织机构改革都要面临的重大课题,直接关系和影响着其组织的治理效能。作为大学治理体系不可或缺、不可忽视的结构性组成部分的机构,在直面其自身存在的问题的同时,也需认识和深刻把握新时期给大学机构改革提出的新要求。

1. 企业及政府机构改革的成功实践需要大学机构做出跟随性改革

对于机构改革,包括中国国有企业在内的企业一直在改革的路上,进行内部机构改革也被视为其是否能在市场上成活下去、发展起来的一条重要的"生命线"。党的十九大以来,中国企业又围绕着国资监管、产权制度、治理结构、内部制度进行了大量的理论探索与改革实践,先后提出分类改革、混合所有制、由管企业向管资本转变、高管市场化选聘等新的改革方案[①],同时也对董事会、监事会以及党组织等机构做了优化调整。目前,国内许多企业紧跟世界潮流,采用诸如去中心化、分布式的组织机构,取代以往僵化的科层制组织机构,以提高企业治理能力和管理效率。如海尔公司采用"人单合一"组织机构

---

① 戚聿东、肖旭:《新中国 70 年国有企业制度建设的历史进程、基本经验与未竟使命》,《经济管理研究》2019 年第 10 期。

模式，将共享模式、社群粉丝以及眼球经济等混合模式的互联网策略运用到机构改革实践中，可以说很好地顺应了互联网时代去中心化的组织结构特征①。

关于政府机构改革，从20世纪70年代末开始，无论是发达国家还是发展中国家，都围绕提升政府治理能力展开了一系列机构改革实践，以应对日益严重的财政危机、社会危机与合法性危机。在此背景下，机构改革成为撬动各个领域改革的有力杠杆，如美国的"重塑政府运动"（Reinventing Government Movement）、德国的"精干政府"运动，新西兰的"大部制改革"等②。至于中国的政府机构，若从1949年中华人民共和国成立算起，经历过十多次大的改革。改革开放后至2022年，政府也历经了八次集中的机构改革，实现了"权力收放导向""职能转变导向""国家治理现代化导向"三次具有决定性意义的跃迁③，目前已逐步建立起具有中国特色社会主义的、能适应市场经济体制的机构体系，同时也推进了法治政府和廉洁政府的建设④，提升了政府的治理能力⑤，从而为国家治理现代化提供了有力的支撑。

2018年2月，中国共产党十九届三中全会提出要"改革机构设置"，并将机构改革作为推进国家治理体系和治理能力现代化的"一场深刻变革"⑥。2019年7月，习近平总书记还曾在深化党和国家机构改革总结会议上强调："深化党和国家机构改革，是贯彻落实党的十九大决策部署的一个重要举措，是全面深化改革的一个重大动作，是推进国家治理体

---

① 李轶南：《布局思维新向度：从组织布局到开放式创新》，《美术与布局》2020年第1期。

② 郭哲、曹静：《我国机构改革的进程与逻辑——基于"情境—目标—策略"分析框架的视角》，《求实》2019年第3期。

③ 吕志奎：《从职能带动到体系驱动：中国政府机构改革的"三次跃迁"》，《学术研究》2019年第11期。

④ 马宝成、安森东：《中国行政体制改革40年：主要成就和未来展望》，《行政管理改革》2018年第10期。

⑤ 刘祺、许罐桐：《改革开放以来政府机构改革的历程和启示》，《海南大学学报》（人文社会科学版）2017年第5期。

⑥《中共十九届三中全会公报》，新华社，2018年2月28日。

系和治理能力现代化的一次集中行动。"① 在此背景下，许多地方政府也着手进行了一些机构改革实践，如浙江的"最多跑一次"改革、天津的"一枚印章管审批"改革以及"只进一扇门"改革等就是一些很典型的例子，并出现了类似"阳光政务大厅""政务超市""政务一站式服务"等新型的、打破传统科层制管理模式的机构。目前，这场自上而下的机构改革已经推进至市县层级，并从政务服务走向公共服务、经济管理、社会治理等领域，也初步取得了一些成效。如逐步解决了机构庞杂及人员冗余问题，提升了组织运行效率，降低了行政交易成本等②。2023年3月，十四届全国人大一次会议审议通过的《党和国家机构改革方案》，则是中国发起的最新一轮机构改革行动。

相对于注重市场效益的企业和注重公共利益维护的政府，大学在机构改革方面却显得保守和滞后③。毋庸置疑，在中国，教育改革远远滞后于经济改革，大学改革远远滞后于企业改革，也滞后于政务改革。有学者认为，除去"文化大革命"十年这一特殊时期，60年来中国大学的体制表现出相当的一致性。即使是在今天，除了"开放"这一点之外，中国大学的体制与它在"十七年"时即1949—1966年的体制并没有太大差别，这与经济领域的情况很不同：今天中国的经济体制已经用市场经济体制取代了20世纪五六十年代的计划经济体制。④ 本书也发现，自2010年《国家中长期教育改革和发展规划纲要（2010—2020年）》颁布以来，中国大学所进行的三次大的改革行动，都是回应性的（对国家政策要求的回应），少有主动的作为，也自然滞后于政务改革和企业改革（如表6-2所示）。

---

① 光明日报评论员：《巩固改革成果推进国家治理现代化》，《光明日报》2019年7月6日第1版。
② 文宏、林仁镇：《中国特色现代化治理体系构建的实践探索——基于新中国70年机构改革的考察》，《社会科学战线》2020年第4期。
③ 钱颖一：《大学治理：美国、欧洲、中国》，《清华大学教育研究》2015年第5期。
④ 钱颖一：《大学治理：美国、欧洲、中国》，《清华大学教育研究》2015年第5期。

表 6-2　　　　　2010—2020 年中国大学三次大的改革行动

国家政策要求			大学的回应	
政策及发布时间	政策要求摘录	改革主题	改革内容	举例
《关于开展国家教育体制改革试点的通知》（国办发〔2010〕48 号），2010 年 10 月 24 日发布	建设现代大学制度	现代大学制度建设	完善党委领导下的校长负责制，组建或完善大学学术委员会，完善教职工代表大会制度等	2013 年 10 月 8 日，教育部审议通过《中国人民大学章程》（章程核准书第 1 号）
《中共中央关于全面深化改革若干重大问题的决定》，2013 年 11 月 12 日发布	全面深化改革，创新高校人才培养机制，完善学校内部治理结构等	内部综合治理改革	完善内部治理体系，深化人事分配制度改革等	2014 年 12 月 1 日，国家教育体制改革领导小组办公室正式批准《北京大学综合改革方案》
《关于深化高等教育领域简政放权放管结合优化服务改革的若干意见》，教育部等五部门 2017 年 3 月 31 日联合发布	高校自主公开招聘人才，自主组织职称评审，自主确定本校绩效工资结构和分配方式，强化信息公开与社会监督等	内部"放管服"改革	完善学科建设体制机制，简化学校财务流程，强化考核和监督，构建行政服务平台体系等	2019 年 6 月 28 日，吉林大学委员会颁布《吉林大学简政放权放管结合优化服务改革实施方案》

当然，大学可以从中国经济以及政务改革的经验中获得对其自身机构改革的启示和借鉴。中国改革成功的一条重要经验就是解放思想，允许大胆尝试不同模式，并通过实践来检验和发展。类似的，中国的大学治理改革也应该允许探索不同模式，并通过实践来检验。[1] 为此，作为被认为应该走在时代前列的、以提供公共产品为主要职责的大学，应与这场从企业到政府、从中央政府到市县政府、从政务服务到社会治理的机构改革潮流同频共振，或至少对其内部机构进行跟随性的改革，以在提升大学治理能力的过程中充分释放和激发大学的组织活力，这不仅是国家的政策精神和导向，也是作为社会重要组织的大学自身生存和发展的需要。

---

[1] 钱颖一：《大学治理：美国、欧洲、中国》，《清华大学教育研究》2015 年第 5 期。

2. 新技术的运用需要大学机构做出适应性改革

当前社会已进入"智治时代"。以大数据和人工智能为代表的新技术是当前信息化向纵深发展的产物，被认为是赋能大到一个国家、小到一个社会组织的成长与发展的重要手段。目前，新技术已在政务管理、企业营销、社会治理等领域得到越来越广泛和深入的运用。如在生态环境治理领域，通过新技术的引入，建立起了集监测、分析、响应、整治与一体的生态环境综合管理信息化平台。对大学来讲，其治理过程也受益于这种技术的使用。比如可以通过新技术的常态化应用，进行数据采集、数据分析、规律发现、机制探索等治理工作，还可以利用新技术推动大学建立一体化、协同化的办公平台。

以新技术为基础的数字化转型[①]是当前推进治理能力现代化的必由之路。新技术运用于大学治理实践是大势所趋，也承载着师生对学校在日常运行上提供即时化、精准化管理和服务的需求。目前，已有越来越多的高校运用新技术来构建新的管理和服务平台，但其效果却取决于信息传递的速度、质量以及共享的程度，取决于大学是否形成了融合性的机构体系，即需要大学从机构层面做出系统性的改革。对此，大学机构还存在不少堵点、难点问题亟待破解：其一，数据管理机构与其他业务机构在数据应用上的权责关系没有理顺，导致数据采集机构不愿意与其他机构制度化地分享数据，只能采用类似"一事一议"的、临时性的或非正规的方式进行。此外，数据管理机构提供的数据与具体的业务需求不匹配，即线上平台和线下业务在流程上不匹配，从而影响了线上办理事项的即时性。其二，机构之间在数据的应用上存在壁垒，导致数据共享交换难以实现。如数据往返困难，也难以回流到基层，导致"块"上机构面临重复录入和数据不足等问题。如有学院反映，"上报数据多，可获得的数据少"。再如，各机构在数据管理和使用方面存在多套系统来回切换、多头采集等问题，造成数据在提供上样式、标准不统一，多

---

① 所谓数字化转型，是指组织利用数字化思维、战略、资源、工具和规则等治理信息社会空间、提供优质服务、增强公众服务满意度的过程（参见戴长征、鲍静《数字政府治理——基于社会形态演变进程的考察》，《中国行政管理》2017年第9期）。

次重复录入和运算，而且在数据汇聚和共享过程中会发生"扯皮"或"数据质量低下"等问题。以上情况的存在，造成数据无法真正实现共享，造成数据汇聚滞后于实际应用的需要，新技术对大学治理的赋能作用难以体现出来。

这些情况表明，新技术在工具层面为优化大学治理、提升治理能力提供了有利条件，但它毕竟只是一种技术手段，只能作为大学治理的支撑者和能力提供者，不能解决所有问题，还需要大学机构做出适应性的调整，以统筹推进数据的协调共享以及管理和服务的便捷高效。对此，需要通过强化大学条块之间的协调性和联动性，推进线上职责整合与线下部门分工对应协调，同时推进线上和线下业务部门的关系同向理顺，以使机构这个"操盘手"能通过衔接通畅、业务协同、标准互认等手段，有效掌控数据的采集、归集、分析、分享、共享、使用以及安全、存储、归档等事务，进而推动技术创新、治理结构重组与组织变革的建构互动和深度融合。如此这样，才能充分发挥新技术赋能大学治理的作用，否则不仅不会提升治理效率，使"应上尽上、全程在线"或"一网统管、一网协同、一网通办"理想的办事操作模式难以实现，而且会给管理者和被管理者带来不必要的工作负担和心理负担。

3. 机构改革的国家政策导向需要大学机构做出同向性改革

对于大学的机构改革，国家也不乏一些指导性文件和政策。早在1999年，教育部就在《关于当前深化高等学校人事分配制度改革的若干意见》中提出，高校要根据其自身实际需要和精简、高效的原则，精简学校管理机构，同时剥离服务职能和经营职能，划出教学科研辅助服务等部门；机构设置也不要求上下对口、职能相近的部门和机构尽可能合并或实行合署办公。2017年，教育部等五部门在《关于深化高等教育领域简政放权放管结合优化服务改革的若干意见》中提到，高校可根据办学实际需要和精简、效能的原则，自主确定教学、科研、行政职能部门等内设机构的设置和人员配备。2019年，科技部等六部门在印发《关于扩大高校和科研院所科研相关自主权的若干意见》中，提出高校可以按照精简、效能的原则，自主设置、变更和取消内设机构。

这些有关大学机构改革的指导性文件和政策，都突出了"精简机构"的重要性。但是，当高校还在考虑如何通过精简机构来完成大学机构改革任务这一问题时，政府的机构改革无论是在理念还是实践上都更进一步。如2018年党的十九届三中全会通过的《中共中央关于深化党和国家机构改革的决定》就提出了"优化、协同、高效"的指导原则。这一原则是对过去机构改革"精简"政策导向的继承和升华，颇具普适性，应同样适用于新时期大学的机构改革。

优化、协同、高效这一指导原则及其所体现的价值取向，紧跟时代步伐，强调机构改革的整体统筹和整体性，可作为政府机构改革成效的基本评判标准，也自然能为大学机构改革提供分析评判的工具。何谓优化、协同、高效？优化就是科学合理，权责一致；协同就是有统有分，有主有次；高效就是履职到位，流程通畅。[①] 具体来讲，所谓"优化"，就要从之前主要强调数量、规模控制和成本减少等方面的"精简"，转向更多关注机构的职能配置以及功能调整，避免出现由于职能交叉、权责脱节而造成责任不清、推诿扯皮等问题；所谓"协同"，就是要从之前更多强调整体性的控制服从或一致性管理的"统一"，转向更多强调各机构的配合联动和有序协同。比如创新议事协调决策机构，加强统的层次和力度，加强归口协调职能等；至于"高效"，强调机构要有高的运行效率、取得好的效益和效果。比如改变重决策轻协调、重审批轻监管的管理方式，推行扁平化管理，减少中间层次，实现工作流程公开透明，激发机构内部人员的工作积极性和创造性等。[②]

与政府机关一样，大学也是一个内部拥有庞大、复杂机构系统的组织，也面临着由于专业分工、条块分割而呈现出的"碎片化管理"问题以及由其造成的低效率、公共资源浪费问题。比如，虽然目前许多高校

[①] 新华社：《中共中央关于深化党和国家机构改革的决定》，2018年3月4日，中国政府网（http://www.gov.cn/zhengce/2018-03/04/content_5270704.htm）。

[②] 吴知论：《优化协同高效原则的理论和实践意义》，《中国行政管理》2021年第12期。

都花费巨资建立了网上办事系统，以图利用现代信息技术提高管理效率，但由于各部门之间没有实现协同，师生仍然感到办事烦琐，甚至还由于需要线上、线下两头操作而徒生更多烦恼。在此背景下，优化、协同、高效也应是大学机构改革的指导原则，如何使大学内部诸机构从过去以"精简"为主的改革走向"优化、协同、高效"的综合性改革，以使大学机构改革与国家相关政策导向保持同一方向，应是新时期大学治理需要面对和解决的一大问题。

四 机构布局：大学治理能力提升的重要着力点

当前，中国正在进入一个需要把国家制度优势转化为国家治理效能优势的战略性转换期和交汇期，也由此给中国大学提出了百年未遇之大问题：如何通过治理能力的提升将国家的制度优势转化为大学的治理效能优势？与此同时，自从"治理能力"进入中国顶层布局的政策文本以来，它无论是作为一个阐释学概念，还是作为一种治校的模式选择，都标志着中国大学进入一个发展新阶段，即大学治理能力的提升阶段。在此阶段下，找到中国大学治理能力提升的着力点和突破口，就显得尤为必要和紧要。

（一）中国大学到了必须进行系统性机构改革的历史关口

在新时代背景下，中国大学到了必须进行系统性机构改革的重要历史关口。其一，构建大学治理的"中国模式"需要其机构做出系统性改革。大学的机构系统除了与其办学传统和历史传承密切相连外，还与其所在国的政治、经济、文化环境有很大关联，所以在机构的具体设置上也就有各国的不同样态。如自20世纪初开始，由于要在竞争激烈的学术市场上获得资金以及相应的合法性，美国大学比欧洲大学更早地利用多种资金来源，更多地向入学者敞开大门，也由此采用了面向市场、面向社会的组织结构①。而同一时期的欧洲大学，其公共资助几乎是它们唯一的支持来源，对从社会中识别和提取资源的关注较少，所以其机构的种类及样式也就相对比较简单②。自1999年以来，中国高等教育以惊人的扩张速度震惊了世界，也由此引发了对是否可能存在另一种新兴的大学模式的讨论③。机构作为大学模式的支撑物，建构一套与大学治理"中国模式"相匹配的机构系统也成了必要之举。2022年4月25日，习近平总书记到中国人民大学考察调研时强调，要"扎根中国大地办大学，走出一条建设中国特色、世界一流大学的新路"④。在笔者看来，要建设中国特色大学，对校内那些受西方大学影响而照搬或沿袭下来的机构进行系统性的改革，同样也成了一项基础性的工作。

其二，中国大学发展新阶段需要对其机构做出系统性改革。一个组织生命力的强弱，往往与它的机构及其配置有直接的关系。大学发展到一定阶段，最终也躲不过来自大学内部的机构及其配置缺陷所带来的制约。自20世纪90年代初以来，世界大学的知识生产模式已由模式Ⅰ过渡到模式Ⅱ、模式Ⅲ，大学作为知识生产、传播的主体地位虽然没有变，但知识生产、传播的逻辑关系却发生了大的变化，变得复杂且非线性，作为担负起应对这一变化责任的大学机构，其作用也就变得越来越突出，由此需要进行大范围的调整。与此同时，中国高等教育也经历了从精英化、大众化到普及化阶段的转变，但其大学内部机构却无根本上的、结构上的改变，有的也只是诸如一些机构职能上的拆分或者合并等调整做

---

① D. Labree, *The Power of the Parochial in Shaping the American System of Higher Education*, Paper Presented at Conference on "The Role of Space in Education", Nuremburg, November 10, 2011.

② Francisco O. Ramirez and Tom Christensen, "The Formalization of the University: Rules, Roots, and Routes", *Higher Education*, Vol. 65, 2013, pp. 706–707.

③ 自胡适1914年提出要举办真正的中国大学以来，是否建立大学的"中国模式"，就成了一个循环往复的讨论。胡适在1946年成为北京大学校长后，于1947年建议国民政府通过培育5—10所大学成为世界学术卓越中心，从而形成学术独立的国家基础。即这些大学要体现中国认识论和学术独立性，而不是成为西方体系的附庸（参见甘阳《华人大学理念九十年》,《读书》2003年第9期）。

④ 新华社：《习近平在中国人民大学考察时强调：坚持党的领导传承红色基因扎根中国大地，走出一条建设中国特色世界一流大学新路》，2022年4月25日，中国政府网（https://www.gov.cn/xinwen/2022-04/25/content_5687105.htm）。

其三，中国大学留存弊病的化解需要其机构做出系统性改革。当前人们对大学的颇多诟病，其要害之一就是大学机构及其配置缺陷。如近期的一份实地调查研究发现，在以高校管理人员和教师作为受访者的1299份有效样本中，有半数以上（53.35%）认为，"高校内部的组织及其权力构架过于复杂，组织管理过程中的内耗较大"①。对此，一些高校虽然进行了诸如"大部制""学部制"等机构改革实践，但由于只是将一些部门进行简单的物理合并，未能实现真正的化学融合，因此其改革带来的边际效应很少，也就难以消除内部机构复杂臃肿、内耗严重的现象。在此背景下，就需要大学对其内部机构进行系统性改革，由此才能为大学化解其长期留存的弊病提供一个突破口。

其四，中国大学拥有实施系统性机构改革的制度和操作空间。当前，中国有关法律规定以及大学管理体制机制建设的现实情况，不仅给建构一套大学内部机构体系的"中国模式"带来了可能，也给大学对其内部机构进行系统性改革留下了较大的制度性空间。最新修订的《中华人民共和国高等教育法》（2018年）第三十七条就规定："高等学校根据实际需要和精简、效能的原则，自主确定教学、科学研究、行政职能部门等内部组织机构的设置和人员配备。"这为大学进行机构布局提供了法律上的保障。2011年以来，许多高校根据教育部出台的《高等学校章程制定暂行办法》（2011年），先后修订或制定了各自高校的大学章程。这些大学章程虽然都提出了"党委领导、校长负责、教授治学、民主管理"这一总的治理架构，但对其内部的机构设置则表述模糊，只是对内部各类组织（机构）进行分类别描述。这正如有学者所认为的那样，大学章程中关于"中国共产党大学委员会、纪律委员会、校长办公会、行政部门、学术委员会、教学委员会、职称评审委员会、教职工代表大学、

---

① 眭依凡：《转向大学内部治理体系创新：高等教育治理体系现代化的紧要议程》，《教育研究》2020年第12期。

学生代表大会及群众组织、学院及其他部门的职能、权责、运行机制等或空泛概述或抽象表达。这种治理内涵模糊、主体虚化、权利职责互扰的组织结构安排无法体现出高校通过治理权责拟定以厘清内外权利关系，高校自治也就无法得以充分体现"[1]。这种状态的存在，无疑凸显了大学在新的发展阶段下进行机构改革的必要性，自然也为大学机构的系统性改革创造了想象和操作空间。

（二）机构布局是新阶段中国大学治理能力提升的重要着力点

目前，中国大学治理体系的主体框架（治理结构）已经基本建立，但这只是完成了大学治理能力建设的第一步，或者换句话来说，只是给大学治理能力的提升提供了一个合法性框架，只是解决了"面"上的问题，真正要发生"化学变化"，还需做更深层次的改革。随着中国大学治理改革从"结构—合法"走向"机构—有效"，无论是整体的大学治理能力还是大学内部某一方面的治理能力，都将成为高等教育管理乃至公共管理学科的一个讨论中心。但是，要将该领域的研究重心转向治理能力，就必须在认真回应中国对"大学治理"本身的诉求的基础上，找准新时期大学治理能力提升的改革着力点，否则要么流于泛泛而谈、自说自话，要么囿于循环解释、往复论证，从而难以解决大学治理能力研究的"落地难题"，同时也无法突破传统研究范式的思维局限。

因为在大学治理现代化"下半场"的改革进程中，大学治理能力提升是一个复杂的系统工程，其改革当然不能眉毛胡子一把抓，而是必须找到并发力于能力提升的着力点。在本书看来，这些着力点有很多，比如大学人事制度再设计、以"破五唯"为基调的大学评价制度再调整、大学财政收支结构再优化等，这些着力点都是牵一发而动全身的改革，也是大学治理改革中"难啃的硬骨头"。在本书看来，大学对其内部机构进行系统性的再配置、再安排即机构布局，也是大学治理能力提升的

---

[1] 张红峰：《制度、参与和权力：内地与澳门高校内部治理的比较研究》，《高教探索》2015年第9期。

一个很重要的着力点，同时是一个被急推到改革前沿地带的实践问题。这是因为现代大学表现为一个院校两级的庞大机构系统。从历史上看，大学每一次以提升其治理能力为中心的改革实践，都是从其内部机构的改变开始的。机构的每一次大的改变，也总是内嵌在高等教育管理体制、大学内部治理机制改革中。从这个意义上讲，机构布局是大学开启各项改革的突破口，为大学各项政策的出台及施行提供了组织基础和制度平台。

对大学来讲，机构是其内部诸权力关系的制度性设置和安排。制度性设置和安排的不同，也意味着要素资源整合模式的不同，从而直接影响到大学机构系统运行的整体效能。而机构布局不是简单的合并、分拆或重组，而是大学组织单元的再造，也是要素资源即组织资源的再配置，其核心要义在于提升大学的治理能力。作为大学治理能力的载体和行动者，大学机构体系都不是一劳永逸、一成不变的，维持一定治理能力的机构往往是在实践中不断完善和修正的机构。而成功的机构布局，可以使大学各机构之间的关系变得清晰、有序，机构及其人员履行责任的通道变得通畅，并能减少个体差异对大学组织的负面影响，从而可以在整体上推动大学治理能力的提升。

在动态变化的环境和充满竞争的高等教育院校市场上，大学的治理能力难以提升或不能持续，根本原因还是其自身的组织惰性和路径依赖两大阻力，而机构恰恰是大学组织惰性和路径依赖的载体和现实表征。对此，大学就要通过机构布局这一系统性的改革，打造分工合理、整体联动、过程透明、弹性敏捷的机构系统，以推动大学机构的管理方式从职能驱动到需求驱动转变，管理模式从计划管理向精准治理转变，决策方法从经验型决策向数据驱动的智能研判型转变，监管形式从"单打独斗"向联合监管和注重多机构协同监管转变，最终在更高层面提升大学的治理能力。因为大学治理能力并不是治理学校事务的诸多能量和力量的简单相加，而是由所有能力构成的一个有机整体，是一种体现在各机构上的多元的、动态的、韧性的综合能力。

基于以上分析，本书主张，大学机构布局作为系统性的机构改革行动，在实践中需考虑的因素必然很多，但最终都要遵循治理能力的逻辑。

大学机构布局，不是简单的权力增减或关系调整，也不局限于机构的职能改变或范围调整，而是志在大学整体治理能力的注入和提升。大学只有具备足够的治理能力，才能凝聚学校各方面的整体力量，才能构建起各方之间的相互支持关系，进而才能将大学的治理体系更好地转化为治理效能。这也就是说，作为治理体系与治理效能的中介环节的大学机构，需要我们集中思考的问题是，如何通过机构布局提升大学的治理能力，这应该是新时期大学机构改革的时代诉求。

第七章　大学机构布局的思想基础与改革理路

作为一个系统性的改革行动，大学机构布局牵一发而动全身，事关大学治理改革的方方面面，因此需要找到能够为改革提供指导的理论工具和方法，以掌握改革的主动权和可预见性。本章将重点探讨大学机构布局的指导思想和基本理论等问题，以图为新发展阶段中国大学机构改革提供理论上的启示和铺垫。

一　大学机构改革难以走出的迷局

机构是大学治理体系中一只"看得见的手"，是维系大学组织运转的基本功能构件，是连接治理体系与治理效能之间的桥梁和纽带，也是大学治理能力得以体现的、最具稳定性的组织力量。但是，哪怕是最保守的大学，也要适时对其机构做出改革。大学之所以要这样做，是因为一个组织生命力的强弱往往与它的机构及其配置有直接的关系。大学发展到一定阶段，最终都躲不过来自大学内部的机构及其配置缺陷所带来的制约，因此也就需要通过机构改革来提升大学治理能力，以适应时代的变迁、社会形势的变化以及大学自身的发展需求。大学机构改革，从表面上看是大学内部机构"排列组合"式的调整与重组，从本质上看则是大学基于知识创新的一种组织创新，其目的在于使大学能够更好地开展新的知识活动，更有效地适应社会发展需求所带来的新变化。如历史上美国大学就是通过分院系设置教学机构和研究生院，然后由组织结构单一的古典学院转型为教学与研究并重的研究型大学，后来又通过设置项目办公室、技术转让办公室、科技园、跨学科研究中心等机构，发展成为适应知识经济时代的创业型大学[①]。在中国，自1898年京师同文馆并入新创办的、以民族自强为办学目标的京师大学堂以来，机构便开始进入一个历史的变革或演变进程，对其校内的某一或某些机构的增设、拆分、合并、移植、模仿、改造或去除（撤销），就是大学在机构改革中常采取的动作。

现如今，中国大学还需要进行新的机构改革，且到了需要进行一次全面且深入的机构改革的历史关口。这一方面是因为中国大学在治理能力上有许多被诟病之处，其问题的源头之一就是大学机构及其配置缺陷。如机构重叠、忙闲不均、做事推诿拖沓、内部协调成本高、缺乏部门协同等，在校园内的一个突出表现就是"会议越来越多，基层愈来愈忙，成本愈来愈高，师生愈来愈不满"，大学的管理也由此被认为"已进入高成本与内耗的阶段"[②]，因此，需要从机构改革着手提升大学的治理能力。这对于已进入高质量发展阶段、对治理能力有更多且更高要求的大学来讲，更是如此。而另一方面，相较于高等教育精英化时代的封闭、线性、层次清晰的大学治理，当前的大学治理早已跨过大众化阶段进入普及化阶段，呈现出更多的开放性、关联性和跨部门特征，这就需要大学机构做出相应的改革，以适应这一大的变化。更为关键的是，中国大学在照搬苏联模式过程中所建立的、以学校—院系—专业为基本框架的教学组织及其配套的管理体系，还有后来衍生出来的科研组织，已经使人才培养的功能遭到弱化[③]，且科研合作又难以达成，建立能改变这一现状的新型大学机构系统也就成了当务之急。但是，作为一个由系列机构"板块"衔接而成的复杂组织系统，中国大学在如何进行机构改革的问

[①] 亚瑟·科恩（Arthur M. Cochen）：《美国高等教育通史》，李子江译，北京大学出版社2019年版，第22—26页。

[②] 林中祥：《大学的管理已经进入高成本与内耗的阶段》，2017年1月8日，安徽工业大学网（http://fgcgjs.ahut.edu.cn/info/1654/4362.htm）。

[③] 邬大光：《我国大学人才培养模式须走出历史惯性》，《光明日报》2018年6月19日第13版。

题上，虽在以往的改革探索中取得了不少成绩，却也有不好的历史记忆，并一直处在改革的迷局中，具体表现为两个"怪圈"和两个"主义"。

所谓两个"怪圈"，一是在机构数量上呈现出一个膨胀、缩减、再膨胀、再缩减、再再膨胀的"怪圈"。而且在现实中，我们惊讶地发现且难以理解的是，一些在办学绩效上排名靠前的国内顶尖大学却往往拥有比其他高校多得多甚至被诟病为"庞杂"的内设机构；二是在具体某个机构的设置上，呈现出一个拆分、合并、再拆分、再合并的"怪圈"。如学院、学系与学部之间的反复拆分与合并，人事处与高层办（高层次人才办公室）的反复拆分与合并等。还有让我们同样难以理解的是，当一些高校大张旗鼓地整合院系、建立学部的时候，为什么还有高校却反其道而行之，将设立多年的学部或学院撤销然后拆分成几个新的、独立的学院？[1] 至于两个"主义"，一个主要存在于职能部门，表现为各自为政、遇事推诿扯皮的"部门主义"；另一个主要存在于院系和科研组织，表现为各奔各的路、不相往来的"山头主义"，这也成了学科交叉融合、有组织科研难以推进的大难题。这一迷局不仅使大学的机构改革动作所带来的边际效应越来越微弱，而且始终绕不开一个难题，那就是如何在行政机构和学术机构之间建立协调和控制关系。即如何在擅长从事大规模、稳定而重复性业务工作的行政机构与注重灵活、独立的学术机构之间建立协调和控制关系。同时，还使大学的机构改革始终难以跨越一个壁垒，那就是学科如何跨越分院系设置所带来的屏障，这一屏障使院系之间的跨学科参与非常有限[2]，学科之间的交叉融合更是难以实现，由此造成科研力量

---

[1] 如2022年11月14日，厦门大学决定撤销人文学院，即将原人文学院下设的历史系独立成院（历史与文化遗产学院），另外的两个系即中国语言文学系和哲学系则分别独立为学校直属教学科研单位。再如，2023年6月，北京语言大学宣布撤销汉语国际教育学部，分设汉学与中国学学院、国际中文学院和应用中文学院。同年7月，大连理工大学宣布撤销已设立多年的人文与社会科学学部，组建人文学院和公共管理学院，并独立设置高等教育研究院［参见麦可思《一批中国大学，撤销学院！》，2022年11月21日，麦可思研究（https://baijiahao.baidu.com/s?id=1750070599202364370&wfr=spider&for=pc）；麦可思：《985大学，撤销学部！》，2023年7月25日，麦可思研究（https://www.163.com/dy/article/IAEC4OTP05218435.html）］。

[2] 余江、管开轩、李哲等：《聚焦关键核心技术攻关强化国家科技创新体系化能力》，《中国科学院院刊》2020年第8期。

分散而难以承担和完成需要各院系深度合作的重大研究项目。

为中国大学机构改革寻找破局的"良方",自20世纪80年代末以来就有学者在尝试研究。一种思路就是减数量,即将大学描述成"部门太多"①或"机构林立、门类繁多"②,解决之道就是通过裁撤、合并、合署等方法精简机构③。另一种思路是去权力,即将大学描述成"行政部门权力膨胀"④"学术权力式微"⑤,其解决途径在于"去行政化"⑥,并"将管理重心下移"⑦。在本书看来,这类研究只是触及问题的表面,要想破除大学机构改革的迷局,提出可行的应对之策,还需围绕大学机构改革迷局的"破"与"立"做更深层次的研究。只有如此,才能在大学机构改革上突破观念、行动上的阻碍,打造出一套分工合理、整体联动、过程透明、弹性敏捷的机构系统,从而在更高层面上提升大学的治理能力。基于此,本书就侧重从透析中国大学机构改革"迷局"背后的思想根源入手,提出和建构用于指导今后大学机构布局的新思想和新理念。

二 大学"行政主体"概念的周延及其机构设置困局

20世纪80年代早期,从西方引入的行政主体理论及其不断周延的

---

① 吴军青:《关于高校机构改革问题的探讨》,《教育管理研究》1994年第4期。
② 张建新、廖鸿志:《中国高校管理结构的弊端、突破口与路径探讨》,《思想战线》2011年第6期。
③ 张建新、廖鸿志:《中国高校管理结构的弊端、突破口与路径探讨》,《思想战线》2011年第6期。
④ 冯伟、金劲彪:《现代大学制度下高校内部管理机构优化设置的路径》,《浙江树人大学学报》(人文社会科学版) 2010年第4期。
⑤ 周光礼、郭卉:《大学治理实证研究2015—2019:特征、趋势与展望》,《华东师范大学学报》(教育科学版) 2020年第9期。
⑥ 李立国:《什么是好的大学治理:治理的"实然"与"应然"分析》,《华东师范大学学报》(教育科学版) 2019年第5期。
⑦ 刘炎欣、艾述华:《从"治理"到"善治":新时期大学管理的话语逻辑与变革路径——基于复杂性思维理论的分析》,《民族高等教育研究》2019年第3期。

"行政主体"概念，使大学的主体从一元的"行政主体"，延展到多个"权力主体"乃至多元的"治理主体"，导致大学的机构配置陷于"主体"困局。

（一）"行政主体"概念周延下的大学机构

若观察目前大学的机构布局，就会发现它有一个很明显的表征：机构是按照主体来分类设置的，这在中国的大学中表现得最为明显。即根据权力来源、内容和形式的不同，将整个大学治理体系划分为政治主体、行政主体、学术主体、学习主体四大类[①]。其中，政治主体表现为以大学党委书记为首的党务管理机构系统，行政主体表现为以大学校长为首的各级行政机构系统，学术主体则表现为教学、科研机构系统[②]。至于也作为主体之一的在校学生，其对应的机构除了一些具有自组织性质的社团性机构之外，其事务如政治活动、教师评价、心理咨询、食宿服务等都被纳入上述三类机构系统中。在这些按权力来源、内容和形式划分的几个权力主体中，又分别配有若干个作为权力行使载体的机构，如政治主体设置党务、宣传、组织等机构，行政主体设置教务、人事、财务等机构，学术主体则设置了院系、研究中心等机构。

近些年来，大学机构虽然通过增、减、合并、拆分、合署等方式进行了一些改革，但这种按权力主体分类的机构布局架构仍维持不变。在笔者看来，这种机构布局框架都是按照其需要承担的行政职能来配置的，其实质都是建构在行政主体理论所体现的理念和逻辑之上。因为在大学机构系统中，无论是归属行政主体的教务处、人事处、财务处等行政机构，还是政治主体和学术主体架构中的机构，由于都具有行政管理的职能，因此其实都是行政主体或是行政主体的一种外在表现。虽然研究大

---

① 对于大学治理体系中权力的划分，大都采用二分法，即行政权力和学术权力。此外，还有三分法，如政治权力、行政权力和学术权力。四分法，即党政权力、学术权力、民主权力和社会权力。不同的权力，对应着不同的治理主体（参见张衡、眭依凡《中国特色一流大学治理结构：理论基础、体系架构、变革路径》，《中国高教研究》2020年第3期）。

② 罗志敏：《我国大学治理的制度供给逻辑》，《教育发展研究》2014年第5期。

学治理问题的学者都尽量避免用"行政"来描述政治性机构尤其是学术性机构，但事实上它们由于具有管理职能而无疑都是行政机构，如院系其实就是一个具有组织教学、科研等事务的行政机构。

行政主体理论一经引入中国，便发挥了促使行政法学独立于行政学的作用，在实践中则为行政权设立了必要的边界，为推动行政改革中整肃越权执法、管辖混乱等弊政产生了积极影响[1]。作为这一理论被中国学界广泛认同和使用的核心概念，"行政主体"是指"依法享有行政权力，能以自己的名义行使行政权，并能独立承担由此产生的法律责任的组织"[2]。此外，由于行政主体理论来源于宪法和组织法意义上的分权原则，行政主体在西方的语境中还被表述为一种"分权主体模式"，承载着行政民主化、地方分权、公务分权等功能，注重的是行政主体的组织构造，并通过立法来建构行政组织体系、设置行政机关和控制公务员的规模[3]。目前，行政主体这一概念已经形成一种难以扭转的"理论惯性"，深深根植于中国行政管理的理论体系和实践操作中[4]。由于该理论将法律、法规授权的组织和行政机关并列为行政主体[5]，因此大学也被看成一个独立的诉讼主体即行政主体。大学校长就被认定为大学这一行政主体的第一责任人即法人代表，至于教务处、图书馆、院系等部门，则被看成是围绕行政主体所配置的一些能体现其主体价值的机构。

但是，由于后来地方政府以及与其有同构的大学在机构改革实践中普遍采用党政合署、合设、合并的方式来达到精简机构、促进党政协同的目标，这就明显与行政主体理论所强调的"行政主体负责制"产生了矛盾。在步入多元治理时代以后，行政主体理论更是显现出其不相适应

---

[1] 王敬波：《面向整体政府的改革与行政主体理论的重塑》，《中国社会科学》2020年第7期。

[2] 王名扬：《法国行政法》，北京大学出版社2016年版，第30—31页；应松年：《行政法与行政诉讼法》，中国政法大学出版社2011年版，第55页。

[3] 应松年、薛刚凌：《行政组织法研究》，法律出版社2002年版，第117—119页。

[4] 王敬波：《面向整体政府的改革与行政主体理论的重塑》，《中国社会科学》2020年第7期。

[5] 杨海坤、章志远：《中国行政法基本理论研究》，北京大学出版社2004年版，第182页。

之处。为了解决这一理论的缺陷以及在实践中遇到的困惑，行政主体理论又在国内被改造成为泛化的行政主体理论，即将行政主体扩大到受委托组织、行政公务人员甚至行政机关所属内部机构这一范围[1]，主张凡是行使公权力的组织均应赋予其复议和诉讼的主体资格[2]。如此一来，行政主体也就成了权力主体。后来，又进一步延展为"享有某一共同权利、承担某一共同义务"的组织或群体，权力主体也就成了治理主体，从而就衍生出多个与原有行政主体地位相等的主体，强调要以不同治理主体为依托，通过共同参与治理、发挥主体各自强项来形成优势互补、协同合作的治理模式。在此背景下，大学治理的主体由此从一元行政主体走向政治主体、行政主体、学术主体等并存的多元主体，主张其分析单位不再是单个的主体，而是多个治理主体及其独立性。如此一来，本来作为大学这一唯一行政主体的"器官"的机构，也就获得了主体的地位。比如，曾承担学校部分学术管理职能的校设机构——学术委员会就被认为是代表学术权力、与行政权力并驾齐驱的主体。为了强化学术委员会的主体地位以及该地位特别注重的独立性和组织界限，许多高校还明文规定代表行政主体一方的大学校长不得进入学术委员会，更不能在其中担任职务。目前，这一理论思维也延伸到大学的学科建设中，从学校的专业、教学以及科研活动中分化成以某个学科为标识的院系或科研组织，展露在校园里的现象就是学院和研究院数量的大幅增加。

（二）大学机构设置的"主体"困局

沿着"行政主体"这一概念不断周延的理论逻辑，大学校长及其领导下的管理系统属于行政区域，其他不同的区域也就自然被划分为政治、学术等几个类别，各部门（机构）在其区域范围内独立行使权力。这样做虽然可以在学术研究的表述中形成一种泾渭分明的分析框架，但却与现实中的大学治理有很多不相契合之处。比如，学院和研究院在其研究

---

[1] 杨解君：《行政主体及其类型的理论界定与探索》，《法学评论》1999 年第 5 期。
[2] 姬亚平：《机构改革对行政复议与诉讼的新要求》，《人民法治》2018 年第 Z1 期。

中被划到学术主体的范畴中，但实际上它们往往还承担着行政管理的职责，拥有它们自己的专职管理人员和管理部门。在一些有上千人规模的学院里，由于学院的行政权分权或管理下沉式改革，学院内部还设置了党政办公室、人事科、研究生事务科等职能机构，简直类似于一所小的"大学"。再如，一些部门由于需要纳入不同权力主体身份的人员，因此很难被认定为是一个学术机构还是一个行政机构，是属于学术主体还是行政主体。就拿教务委员会来讲，从表面上看，它是一个代表学术主体权益的学术机构，但由于实际工作的需要，其成员构成中除了教授之外，还有高级行政管理人员和一些学生代表。又如，大学治理中的许多事务具有跨行政区域性，因而很难将其归于某一主体范围来解决，往往需要动员不同行政区域的治理要素才能实现。就拿师资招聘这一日常工作来讲，师资的需求计划由院系所属的行政机构来制定和提交，师资的标准由学校学术委员会和学校人事处共同制定，师资的考核和评定由学院教授委员会或与学校教授委员会共同认定，师资的入职流程则由学校人事处主导办理。对此，有一篇题为"论大学治理的模糊性"的文章就给出了十分具象的描述[①]：

> 很少有组织会像大学那样，目标不明确，技术不明晰，参与者也是流动的。以学术委员会为例，其职责权限涉及学位评定、人员评聘、学术道德等。显然，这些事项虽然都属于学术委员会的职责，但很难单纯由学术委员会定夺。如学术诚信事件的处理，除了学术委员会之外，常常还涉及学校相关行政部门。此外，学术委员会的人员构成，在多数情况下除了大学教授外，还包括学校高层领导（他们是当然委员）。其原因在于，学术委员会如果全部由教授构成，很难保证他们在决策时只是基于教师群体利益，而不是出于学校整体利益的考量。

---

① 刘爱生：《论大学治理的模糊性》，《重庆高教研究》2020年第4期。

因此，基于行政主体理论逻辑对大学机构所做的划分和归类，是从主体的范畴出发的，这与大学治理需要从事务办理或问题解决的角度出发设置机构产生了矛盾。即便是将分析单位从行政区域具象化到个人，行政主体理论也与实际有不相契合之处。如大学教授作为学术领域（主体）的专家，一直将学科、专业和课程的发展及修订视为他们自己的专属领域。然而，这些看起来十分"学术"的领域，也会涉及财务、人事等"行政"方面的改变，所以必须与行政管理人员进行沟通[1]。又如，在学术人员编制和学术职位晋升委员会中，教授一般拥有较大的权力。但为了避免与那些提出晋升申请的教员尴尬相处，结果是，委员会中的大多数成员会给申请者以正面的评价。而这个时候，行政人员的角色和权力就变得异常关键，需要他们来鼓励学术人员参与共治，并从中调解学术人员之间的冲突，甚至在某一特定时候还需由他们代替学术人员做出决策[2]。由此可见，行政主体在许多情况下都与学术主体等交织在一起，并发挥着某种作用。

目前，中国大学正处在高等教育普及化继续推进的进程中，正在从一个相对封闭的超稳态结构过渡到以高流动性为特征的异质性社会组织。同时，伴随着大学校园内各种人群利益诉求的分化，校园场域内不仅充斥着情境性和综合性的治理事务，还内生出对于解决复杂问题的治理需要（如针对重大科技攻关任务的有组织科研）。大学的这些变化，如不断变动中的行动者、利益多样性以及非线性变化的环境等，更是使其与注重主体独立、界限分明的行政主体理论以及由此理论逻辑所设置的机构产生了不适应。

---

[1] T. Heaney, "Democracy Shared Governanceand the University", S. Imel and M. Ross-Gordon (eds.), *The Struggle for Democracy in Adult Education: New Directions for Adult an d Continuing Education*, No. 128. Wiley Periodicals, Inc., 2010, pp. 69–79.

[2] Simplicioand S. C. Joseph, "Shared Governance: An Analysis of Power on the Modern University Campus from the Perspective of an Administrator", *Education*, Vol. 126, No. 4, 2006, pp. 763–768.

三 "行政主体"逻辑下大学机构改革的方向偏移与难题遭遇

与中国大学过去以消除部门林立、机构臃肿、去官僚化为主要方向的机构改革不同，现阶段的改革方向主要聚焦在机构的"部门协同"上，即强调各机构的配合联动和有序协同。但在行政主体理论及其"行政主体"逻辑牵引或影响下的大学机构改革行动，却往往偏移这一方向，不仅难以促成部门协同，甚至会遭遇一些治理难题。

（一）"行政主体"逻辑下的改革方向偏移

梳理近些年来中国大学机构的改革逻辑，从中可以发现一个比较清晰的机构更替规律，那就是始终围绕某一主体的确认以及相应的机构增减和调整。自2010年以来，大学通过出台有关学术委员会的成员构成、职责以及限制性规范等措施，确认学术主体的地位，强化学术权力和行政权力二者间的分野。党的十九大以来，许多大学又基于加强党的全面领导的需要，通过设置教师工作部、研究生工作部等机构增强了政治主体在大学里的地位。近年来，一些大学为了强化某一主体的独立性，还往往通过经费独立、编制独立、责任独立的方式下放权力，如许多大学目前正在着手进行的、旨在增强院系办学自主权的"院办校"改革等。

这种围绕行政主体独立性所进行的机构改革路径，使各部门都形成了相互独立的管制目标和规范体系，且各有一套它们自己的规则和办事程序，虽然维护了各主体的专业性，但也强化了部门之间基于主体类别以及专业性所形成的壁垒，已显露出越来越多的弊端，这在强调学术自由和学术交流的学科、院系之间也是如此。按照有学者所描述的，就是这些经过权力主体确认和调整的机构，坚持部门权力本位，认识问题局限于部门角度，将部门利益高于公共利益，较少关注部门决策措施的关联性，甚至对其他部门采取不合作、不支持、不协助的消极对策[①]。

这一问题的存在，在院系等部门上很容易形成有文章所描述的"一个个故步自封的利益群体"以及"巴尔干式的组织割据"状态[②]。这除了使学校有限的要素与资源难以整合和充分利用之外，还容易造成大学机构的臃肿。比如，许多大学无论是在校级层面还是在院级层面，都先后出现了或实体、或虚体的各种研究院、研究所和研究中心，由于数量过多且鱼龙混杂，时不时还迫使学校在校内来一次机构的清理行动[③]；至于大学的行政部门，最明显的就是加剧了各机构基于其自身权力的"部门意识"，容易使学校陷入碎片化的管理、服务困境。例如，由于不同部门设置的多重行政许可叠加，本来一个部门就能主导办结的事项，往往需要多个部门领导签字和加盖公章，有时甚至还会由于互设许可前提而产生推诿扯皮现象，管理效率因此也就低下且难以提高。

（二）"行政主体"逻辑下遭遇的治理难题

1. 难以实现职能整合

在近年来的政府机构改革实践中，职能整合被认为是化解治理碎片化、部门之间相互推诿扯皮等问题的一个颇具针对性的改革思路。这一思路也被一些高校用于其机构改革实践。但是，由于难以突破行政主体理论所带来的"一件事要归口一个部门""一个部门要专门做好一件事"的"边界思维"，导致高校所推行的机构改革实践并没有真正实现职能整合。如基于行政主体理论，"各主体需要建立边界清晰，分工协作，和谐互动的良性关系"[④]，但现实中的大学事务管理却是，"边界清晰"

[①] 王敬波：《面向整体政府的改革与行政主体理论的重塑》，《中国社会科学》2020 年第 7 期。

[②] 李鹏虎：《论我国研究型大学中"巴尔干化"式的组织割据》，《国家教育行政学院学报》2019 年第 5 期。

[③] 如 2022 年以来，哈尔滨工业大学、西安交通大学、华东师范大学等高校先后发起"机构清理行动"，集中撤销了其校内一些达不到考核要求的研究机构，以减轻学校的管理负担（参见杨飒《高校清理校级科研机构——去除冗余之后，科研组织管理怎样优化》，《光明日报》2023 年 1 月 3 日第 14 版）。

[④] 褚宏启、贾继娥：《教育治理与教育善治》，《中国教育学刊》2014 年第 12 期。

往往与"分工协作"相矛盾,"和谐互动的良性关系"最终难以建立起来。近些年来,一些高校所推进的"大部制"①改革就是一个典型的例证。所谓"大部制",一是学校把一些工作业务比较接近的机构归并成一个大的部门,如将团委、学工部、学生处、招生就业工作处等涉及本科生事务的部门合并成本科生院;二是学校把一些学科联系比较紧密的学院归并成一个学部,如有高校把其校内的数十个院系归并为理学部、工学部、医学部、信息学部、人文学部等。这种以归并为主要方式的改革思路,虽然从表面上削减了一些机构,减少了部门数量,但其大部门内部的小部门并没有减少,其内部仍然是壁垒分明的小部门。对此,有学者曾这样评价大部制改革:它只是把原来的部际协调问题转换成了部门内部协调问题,在实践中不仅无法完全消除跨部门事务的协调矛盾与协调成本,还导致了组织内部协调问题的产生②。还有学者专门针对学部制改革问题描述道③:

  实行学部制之后,院系被合并成6—7个学部,表面上看横向的学科组织单位少一些了,但真正实体性质院系组织的壁垒并没有被打破,学部以下的这些数量众多的院系还是各自为政,学生和教师仍然工作、学习、生活在狭窄的院系组织内,缺少学科文化的交流。

这些都表明国内高校所做的一些类似"大部制"的机构改革实践,还是停留在行政主体理论的思维定势中,由于各机构在工作目标和手段

---

  ① "大部制"改革来自于中国政府的改革实践,就是在政府机构设置上,通过职能整合组建一个大的部门,以统一行使相关管辖权。"大部制"改革的主要目的是最大限度地避免政府职能交叉、政出多门、多头管理,以提高行政效率、降低行政成本。对于"大部制"的改革成效,有学者评价道:当前大部制改革更多的是实现了单一部门内部职责流程的完整性,依然无法达成政府职责的整体性,使得市场和社会感知方面呈现出"有改革无变化"的现象(参见熊文钊《试论大部门制及其改革》,《行政论坛》2013年第3期;宋林霖、李广文《"放管服"改革的治理意蕴及其走向》,《中国行政管理》2022年第8期)。

  ② 刘锦:《地方政府跨部门协同治理机制建构——以A市发改、国土和规划部门"三规合一"工作为例》,《中国行政管理》2017年第10期。

  ③ 胥秋:《学科融合视角下的大学组织变革》,《高等教育研究》2010年第7期。

之间存在冲突或者不协调，旨在实现职能整合的改革目标也就难以实现。更为突出的问题是，随着改革的深入以及更多利益的调整，大学机构改革的阻力明显加大，那种简单的、局部的、表层的机构增加、裁撤或合并，越来越难以填充越来越多的管理和服务缝隙。换句话来讲，那些以分散的行政主体状态存在的各个机构也就越来越难以应对师生个性化的需求，更难以提供全方位、无缝隙的管理和服务，甚至还会出现"有组织的不负责任"的现象。如有学者就此认为，行政主体理论以行政权力为中心构建多层次的行政组织及其分散型治理，面对风险社会不确定性的叠加效应，有时难以找到真正的责任主体，从而导致更大的风险[1]。

2. 与校务一体化所需的运行机制不匹配

由于现代信息技术广泛运用带来的政务一体化平台，其"一张网""一站式"政府行政管理和服务理念，为大学的校务一体化提供了技术条件和心理氛围，为大学实现无缝隙的管理和服务供给带来了可能。在此背景下，许多高校先后花费巨资建立了校务一体化平台。这种平台在线上表现为一个囊括多种管理和服务项目的网上办事大厅，在线下则是一个综合服务大厅。但是，囿于行政主体理论对独立性的强调以及由此带来的部门隔离，学校在运行机制上极易陷入路径依赖锁定，突出表现为部门权限扩张、文牍主义盛行、信息壁垒等问题，自然也就无法打破校内条块机构之间的"墙"而使校务一体化难以实现。如笔者在"卧底式"调研国内一所"双一流"建设高校的综合服务大厅后发现：该大厅虽然设有多达24个办事窗口，但除了校长办公室、保卫处提供一些诸如盖公章、校内车辆管理等服务之外，其他窗口（部门）基本上处在空转状态，其结果就是不仅没有达到学校设定的"打破部门壁垒""以师生需求为中心""一站式服务"等目标，还变相加重了一些管理人员的工作负担。对于一些前来办理业务的师生，他们不仅没有体会到多少便捷，还往往由于来回奔跑于校行政大楼和办事服务大厅之间而产生抱怨和不

---

[1] 王敬波：《面向整体政府的改革与行政主体理论的重塑》，《中国社会科学》2020年第7期。

满情绪。

校务一体化这种集约化平台，使部门间的层级划分、职能区分都不再重要，需要以师生事务的解决为中心而不是以部门的"主体"事务为中心，需要事务处理流程不是每个部门的简单排序而是每个部门相互协调、步调一致。但现实的情况却是，大学的内部管理是以各部门为中心，部门负责人及人员都在现有的政策及经验内解决问题，而不涉及超过部门业务范围的问题，更不会触碰那些易于诱发连锁反应的问题，以免被认为是"自讨苦吃"。大学提供管理及服务的内容、数量和方式，都由部门和部门领导及管理人员决定，他们遵循各自的"控制—管理"模式，考虑更多的是其自身管理的一致性和便捷性。在上述案例中，该校的综合服务大厅之所以没有运转好，是因为许多部门早已形成较为稳定的内部架构、工作运行模式，不愿意将业务转移到大厅与其他部门进行合并处理。再说，一些业务本来就是一体的，若剥离出一部分，将其转移到大厅处理反而会降低工作效率。同时，还因为各部门"各唱各的调，各吹各的号"，有些部门甚至将各自业务设为"前置门槛"，互相掣肘，从而造成办事"死结"①。概而言之，该校通过综合服务大厅这种形式只是实现了简单的物理性合并，与校务一体化所需的运行机制相距甚远。

四 大学机构布局"整体—设计"新思维的确立

大学机构改革要真正突破实践上的迷局，除了在思想上要有"破"外，还要有"立"，即通过确立新的思想、理念或思维，从理论上扫清阻碍大学机构布局业已存在的思想障碍。

---

① 王敬波：《面向整体政府的改革与行政主体理论的重塑》，《中国社会科学》2020年第7期。

(一) 几种代表性机构改革思想、理念的吸收及借鉴

即便是作为一个相对独立的社会组织,大学在机构设置上往往会与政府组织、企业组织有同构现象,在机构布局的过程中也自然可以从一些组织理论或思潮那里汲取理论营养。过去强调劳动分工的古典组织理论、强调科层制管理的新古典组织理论、强调协作的行为组织理论以及试图打破组织边界的现代组织理论,都为包括大学机构改革在内的大学治理改革带来了启迪。现如今,在政府治理、社会治理、工程治理、信息治理等领域,又出现了一些新的旨在提升组织治理能力的改革思想或理念,如侧重政府治理的整体治理,侧重社会治理的精准治理,侧重信息治理的敏捷治理,侧重工程治理的复杂治理,侧重乡村治理或基层治理的简约治理等。这些改革思想或理念虽然有所侧重,但针对的大都是"部门林立""部门区隔""职责交叉""各自为政"等问题,所提出的解决方案也都是类似"职能整合""设立协调性的机构"等措施,所以被认为是分析和探讨机构改革问题的新思想或新理念(如表 7-1 所示)。那么,这些新思想或其中的某一个能否作为大学机构改革的思想或理论指引呢?

经考察发现,涉及机构改革的思想或理念对于某一领域中的某一具体问题,具有很明显的解释力,但若内、外部条件发生变化,就会显露出其弊端或不足。例如,对于整体治理这一常用来解决机构"部门化""碎片化"问题的思想,虽然强调将部门之间的协调转为部门内部的协调,但若不能实现部门内部要素的清晰分工和关联协调,治理能力并非一定会提升,反而可能具有增大机构臃肿所带来的效率低下的风险[1]。有学者就认为,整体治理强调通过跨越组织界限的工作方式来促进政府绩效的改进,但却缺少一种操作性强的工具系统,从而导致改革目标难

---

[1] 朱玉知:《整体性治理与分散性治理:公共治理的两种范式》,《行政论坛》2011 年第 11 期。

以实现①。还有学者认为，整体治理走的仍然是结构决定行为和绩效的路径，它强调的部门整合很可能会带来庞大的难以运转的机构，也难以对外部环境的动态变化进行战略嵌入和战略互动②。学者所论及的这些整体治理的理论缺陷表明，对于一个内部有着更复杂分工、拥有众多内设机构的大学来讲，简单地照搬或依照任何一种思想或理念，都是片面的、不可取的。

表7-1　　　　　　有关机构改革的七种代表性思想

改革思想（理念）	针对问题	代表性观点	研究者举例
整体治理	部门壁垒、部门林立、职责交叉、多头指挥等	整合治理主体、治理层级、治理制度，整合治理功能，构建机构整合机制，设立协调性机构等	曾凡军③；谷民崇、孟庆国④；杜倩博⑤；李锋⑥；王敬波⑦
整合治理	部门区隔，政出多门，各自为政等	职能整合，机构重组，强化机构的"服务"意识、"看齐"意识、"全局"意识，建立政策整合机制、冲突预控机制、监督与问责机制等	李文钊、蔡长昆⑧；李燕等⑨

---

① 汪智汉、宋世明：《我国政府职能精细化管理和流程再造的主要内容和路径选择》，《中国行政管理》2013年第6期。

② 卢守权、刘晶晶：《整体性动态治理模式：内涵、方法与逻辑框架》，《中国行政管理》2017年第3期。

③ 曾凡军：《政府组织功能碎片化与整体性治理》，《武汉理工大学学报》（社会科学版）2013年第2期。

④ 谷民崇、孟庆国：《数据统筹视角下的跨部门行政协同问题研究》，《东北大学学报》（社会科学版）2017年第2期。

⑤ 杜倩博：《政府部门内部机构设置的组织逻辑与整合策略——基于中美差异性的比较分析》，《中国行政管理》2018年第9期。

⑥ 李锋：《整体性治理：应对我国社会组织治理碎片化的新范式》，《学习与探索》2020年第12期。

⑦ 王敬波：《面向整体政府的改革与行政主体理论的重塑》，《中国社会科学》2020年第7期。

⑧ 李文钊、蔡长昆：《整合机制的权变模型：一个大部制改革的组织分析——以广东省环境大部制改革为例》，《公共行政评论》2014年第2期。

⑨ 李燕、高慧、尚虎平：《整合性视角下公共政策冲突研究：基于多案例的比较分析》，《中国行政管理》2020年第2期。

第七章　大学机构布局的思想基础与改革理路

续表

改革思想（理念）	针对问题	代表性观点	研究者举例
协同治理	部门分割、缺乏统筹、分头推进、难以协调等	专门建立部门协作机构，建立协同工作机制等	周小平等[①]；颜海娜、曾栋[②]；赖先进[③]
复杂治理	各自为政、相互推诿，治理"部门化""碎片化"等	进行系统化的治理，各机构进行协作，做好任务节点和风险控制等	范如国[④]；山少男、段霞[⑤]
敏捷治理	数字社会快速变迁与政府监管相对滞后之间的矛盾等	引入合作治理方式和方法，建立一个渐进调整的、以关键风险节点控制为主的动态化监管机构，强调和突出"顾客中心"理念，提升灵活响应能力和快速协调能力，建立扁平化的组织结构等	Mergel[⑥]；李晓方[⑦]；任嵘嵘等[⑧]；顾丽梅、宋晔琴[⑨]
精准治理	协同乏力、方式模糊、标准缺失、管控粗放等	调动治理者的主动性，完善政策监督，拓展社会治理参与渠道等	张鸿雁[⑩]；李大宇等[⑪]；刘成良[⑫]

---

① 周小平、赵萌、钱辉：《协同治理视角下空间规划体系的反思与建构》，《中国行政管理》2017 年第 10 期。

② 颜海娜、曾栋：《河长制水环境治理创新的困境与反思——基于协同治理的视角》，《北京行政学院学报》2019 年第 2 期。

③ 赖先进：《国家治理现代化场景下协同治理理论框架的构建》，《党政研究》2020 年第 3 期。

④ 范如国：《复杂性治理：工程学范型与多元化实现机制》，《中国社会科学》2015 年第 10 期。

⑤ 山少男、段霞：《复杂性视角下公共危机多元主体协同治理行为的影响因素与行动路径——基于元分析与模糊集 QCA 的双重分析》，《公共管理与政策评论》2022 年第 1 期。

⑥ I. Mergel, "Agile Innovation Management in Government: A Research Agenda", *Government Information Quarterly*, Vol. 33, No. 3, 2016, pp. 516–523.

⑦ 李晓方：《理念、激励与共享经济的敏捷治理：基于地方政府网约车监管实践的实证分析》，《中国行政管理》2019 年第 6 期。

⑧ 任嵘嵘、齐佳丽、苏露阳：《敏捷治理：一个新的管理变革——研究述评与展望》，《技术经济》2021 年第 8 期。

⑨ 顾丽梅、宋晔琴：《超大城市敏捷治理的路径及其优化研究——基于上海市"一网统管"回应社情民意实践的分析》，《中国行政管理》2023 年第 6 期。

⑩ 张鸿雁：《"社会精准治理"模式的现代性建构》，《探索与争鸣》2016 年第 1 期。

⑪ 李大宇、章昌平、许鹿：《精准治理：中国场景下的政府治理范式转换》，《公共管理学报》2017 年第 1 期。

⑫ 刘成良：《精准治理：地方治理的精准转向及其悖论——地方治理能力的视角》，《人文杂志》2020 年第 3 期。

续表

改革思想（理念）	针对问题	代表性观点	研究者举例
简约治理	基层部门的形式主义、"痕迹管理"等	精简、合并机构，走好"群众路线"，利用好人情等非正式治理资源等	王德福[1]；史云贵、薛喆[2]；欧阳静[3]

说明：除表格中所列外，还有精细治理、分散治理、复合治理、适应性治理（adaptive governance）、参与式治理、协商治理、流动性治理等涉及机构改革的思想或理念。

基于这一考虑，本书在充分借鉴、融合上述几种代表性的机构改革思想、理念的基础上，提出将"整体—设计思维"作为指导大学机构改革的新思维。所谓整体—设计思维，就是在看待大学机构改革问题时，既要坚持整体性思维，也不要忽视布局性思维，整体性与布局性二者要相互结合、配合使用。这一思维模式十分契合国家的政策精神。自2013年11月党的十八届三中全会审议通过《中共中央关于全面深化改革若干重大问题的决定》以来，"全面"与"深化"就成了中国政府、企业、事业单位的两个鲜明的改革主题，要求高校对其内部治理进行全面深化改革也被提上了日程。对于大学机构改革来讲，这里面的"全面"主要是指由于改革的全面性而必须对机构进行整体改革，"深化"则意味着由于改革的创造性而必须对机构及其运作流程进行精心布局。

（二）整体—设计思维具有统合性的理论特质

整体—设计思维具有统合上述几种代表性机构改革思想、理念的理论特质，这一特质来自于"整体"和"布局"两个构念。

构念一"整体"，源自大学事务是结构复杂、行为复杂、功能复杂

---

[1] 王德福：《主辅结构与模糊化运作：城市社区的简约治理机制》，《北京行政学院学报》2019年第3期。

[2] 史云贵、薛喆：《简约治理：概念内涵、生成逻辑与影响因素》，《中国人民大学学报》2022年第1期。

[3] 欧阳静：《简约治理：超越科层化的乡村治理现代化》，《中国社会科学》2022年第3期。

的整体，一个有人、有物、有事、有关联的整体，一个由制度与行动者共同塑造的整体，表现为制度同人们的日常生活之间的相互渗透和相互建构关系①。而且，随着信息化时代的到来，这一建构关系还处于一个更为广阔的、跨领域、跨空间的情境中，由此也就造成大学治理的复杂性、非线性、网络化特征日益明显。这意味着任何单一机构，都不具备解决这一复杂的大学事务所需的全部知识、工具、资源和能力，也不是某一"主体"内机构所能独自完成的，因此也就不能采取还原论的思维方式把大学或大学事务机械地分解成若干个独立的主体，而必须以不可分割的整体观来重视大学治理的复杂性。至于大学机构改革，当然就不能是"头痛医头脚痛医脚"的局部治理行为，而应是一个整体思考和整体行动。因为只有整体性地思考和行动，才能够理顺改革中的体制和机制关系，解决部门之间的利益纠葛，并从中瓦解大学机构改革中一些惯性制度、行为及其附带的垄断资源，最终实现大学机构改革的整体效率目标。这种对大学治理及其机构改革所持的思维，与目前学界提出的整体治理、整合治理、协同治理以及复杂治理的思想或理念相一致。

构念二"设计"，源自大学机构本身就是一个创造性的设计。有研究政府机构改革的文献认为，政府就是人类设计的产物②。在本书看来，大学其实也是人类社会发展到一定阶段后所设计的产物。作为大学的组织支撑物——机构，也像美国管理学家郝伯特·西蒙在其创立的人工科学思想中所论及的"人工物"及其组装成的界面③一样，同样需要设计，以适应人类的目标和意图以及外部环境所赋予大学的功能定位。由于设计的实质是一种以人为本、以用户为中心的思考问题方式，因此在强调大学机构设置及其职责边界的科学化和规范化的同时，也强调工作流程安排的人性化，强调机构在纵向上的统筹与控制、在横向上的分工与协

---

① 罗志敏、孙艳丽、郝艳丽：《从"结构—制度"到"制度—生活"：新时期中国大学内部治理研究的视角转换》，《清华大学教育研究》2019年第6期。

② 李文钊、毛寿龙：《中国政府改革：基本逻辑与发展趋势》，《管理世界》2010年第8期。

③ 郝伯特·A. 西蒙：《人工智能科学》，陈耿宣、陈桓亘译，中国人民大学出版社2023年版，第10页。

调，强调可精准操作和实施的手段运用。所有这些都使它与重在满足人的需要的敏捷治理、精准治理及简约治理的思想或理念十分契合。

整体—设计思维所具有的理论特质，给大学机构布局带来的启示就是"整体"和"设计"必须并存，"整体"是"精心谋划的整体性"，"设计"也是"通盘考虑的设计"，"整体"所需的全面性必须与"设计"所需的创造性统一起来。即通盘布局的大学机构，同时需要通过精心谋划的流程和手段来运作，以实现大学事务的妥善解决和无缝隙管理和服务的有效供给。因为大学机构布局如同其他复杂社会组织的治理一样，包含着众多的行动者、内容、机制、方式、方法和流程，存在着许多随机性及不确定性，既是一种科学又是一种艺术，是科学与艺术的结合。将大学机构布局视为一种科学，是指其存在着内在的客观规律以及运作方式，而将其视为一种艺术，则是强调大学机构运行的生活实践性和创造性，其中很自然地存在着许多非正式制度和非正式操作。大学机构布局的这种特性，意味着大学的机构改革既要关照大学机构是相互联系、相互耦合、相互制约的一个整体，也不能忽略学校自身文化传统、办学层次与规模等特点，要因地制宜地精心谋划、通盘布局，通过一定的设计使机构"既好看还顶用"，比如在面对部门边界阻碍或部门界限模糊问题时的个性化和灵活化的制度及机制安排等。

（三）整体—设计思维模式十分贴合大学机构改革的发生逻辑

将大学机构改革看成是需要通盘布局、精心谋划的改革行动，也使整体—设计思维模式十分贴合其改革的发生逻辑。大学机构体系是大学为了适应其生存与发展需要而对其内部机构进行的"排列组合"，其实质也是校内地理空间、制度、权力、人员、经费、设施、规范等不同要素在某个组织层面的组合及其体现。大学的机构改革也就可以理解为学校对其自身已拥有的要素在各个面向上的再安排和再利用。不同的安排和利用，会带来不同的要素配置状态以及相应的结果。反之也可以说，不同的要素配置状态和结果，最直观的表现就是机构的不同组合，这不仅会影响单个机构的行动能力，还会影响整个机构系统的行动能力以相应的大学治理能力。再换个角度来看，要素量相同的大学，为什么会产生不一样的治理结果？这主要在于治理能力的高低，而治理能力又与大学的机构组合及其影响下的要素配置状态密切相关。要素配置效率越高，就越能实现低投入、高产出的目标，从而在高等教育市场中由于拥有更多资源而获得有利的竞争地位。当前，处于发展新阶段下的中国大学，就需要通过适时的机构改革来高效地配置要素，以实现复杂、多样的治理目标。

整体—设计思维与大学机构改革的这种内在逻辑是完全契合的。因为对于需要全面性和创造性的大学机构改革来讲，自然需要把机构改革这个复杂的改革任务看成是一个完整且需要规划的体系，然后抽取这一体系中的若干要素，将其有条理、有逻辑、有策略地组合起来，构成一个各要素相互补充、关联、协同和强化的严整体系。这种同时呈现事务和行动的思维过程，其实就是整体—设计思维。在大学机构改革实践中，如果各机构在时空分布上由于对"主体"的强调而常处在一种原子化的且分离的状态，就会诱使机构各自为政，从而使大学治理存在"部门化""碎片化"等问题，政策或措施不协调、不配套的情况就会随时发生，许多好的工作部署由于缺乏整体性也会大打折扣。这种现实可能性的存在，使机构的优化组合成为必要。一方面，这种优化组合不是机构的简单合并，而是能发生化学变化的重新布局，是一种融合后形成的综合能力，以使每一个相关要素都环环相扣，相互联系，互为条件和因果，从而形成一个能相互协调、相互补充、相互促进、相互强化的内部组织体系；另一方面，这种优化组合还可还原出大学要素优化组合程度的高低。要素优化组合程度越高，就越能激发大学组织体系内部的活力，越能促进相关各方的通力合作，越能在资源相对稀缺的情况下实现资源的最优化配置，也就越能实现低投入、高产出的目标，就越能在复杂且充满挑战的内外部环境中发挥集聚效应，从而最终实现大学办学复合绩效最大化。

但是，大学机构的这种优化组合不是主动生成的，也不是自然演化而成的，而是一种创造性的构想或最优化的问题解决路径。这就需要大学秉持整体—设计思维，把大学机构看作一个需要精心设计的体系，通过一种全面性、创造性的整体设计和精心布局，破除由于跨部门、跨专业所带来的联合和协同障碍，找出大学机构系统的最佳组成方式以及最有效率的办事流程方法和机制，从而将各个条块单元内的相关要素按照一定的秩序和联系组合成一个整体，即将本来割裂、离散的元素"粘合"起来，以形成体系化的组织力量。换句话来讲，这一思维模式的核心就是把大学机构看作一个可以设计的体系，而这个体系又是由相互联系的要素而不是各个独立的"主体"组合而成的。这一思维模式突破了以往学界在分析大学治理问题时所采取的结构决定论，并挣脱了行政主体理论的束缚，十分符合马克思主义关于物质世界普遍联系的哲学原理。在实践层面，整体—设计思维也呼应了大学机构布局的特点和现代大学治理的复杂性，所要解决的核心问题是，如何通过新的机构布局，协调、配置好学校内部的各个要素，以提升大学机构的整体性能以及由此而来的治理能力。

（四）整体—设计新思维给大学机构布局带来的启示

结合上文分析，笔者发现，行政主体理论不仅为大学各部门的区隔式设置提供了理论依据，而且在机构改革实践中还有继续泛化"主体"的可能，即将本来作为职能机构的部门放在了与"大学"行政主体同样的地位，这不仅无法约束部门的"部门主义""山头主义"，还加剧了各治理区域及所属部门的裂变式扩散，并在"专业独立性"的加持下，形成部门与部门之间基于专业性的壁垒，从而使各部门在运行中维持一种离散割据的不良状态[①]。这种状态的存在，不仅容易导致出现改革是政治但不是效率的悖论，也与现代大学治理强调管理服务一体化的理念格格不入。

对此，大学要规避这类情形的发生，首先需要做的就是在思想上突

---

① 王敬波：《面向整体政府的改革与行政主体理论的重塑》，《中国社会科学》2020年第7期。

破传统行政主体理论所带来的"主体性约束"。在本书看来，大学自然可以作为一个独立行使权力的行政主体，但这并不意味着其政治事务、行政事务、学术事务都可以作为一个单独的行政主体。事实上，大学作为一个整体，很难做到"政治的归政治""行政的归行政""学术的归学术"。大学基于所管辖事务的不同对机构所做的大类别划分以及每一大类内的部门再划分，都是基于分工的不同，但分工不同于分权，各职能机构都没有独立的行政权，即便有，也是在某一时空条件下受托的，所以不能称为行政主体。换句话来讲，我们可以将大学视为行政主体，类似于一个"人"，但不能赋予其政治事务、行政事务、学术事务等行政主体地位，因为它们类似于人的"四肢"，受作为行政主体的大学的节制和协调，对大学负责，这样安排就可以确保大学的整体性以及行政施行的统一和连续，避免职能部门因专业分工而走向分权以及由此而来的分立甚至割据。

反之，如果我们在思想上基于主体分权原则把校内政治事务、行政事务、学术事务都归结为"行政主体"或"权力主体""治理主体"，可以说是混淆了分权原则和职能分工的理论逻辑，在实践中就会造成强化大学职能部门独立性的作用，加剧了部门主义和职能裂化，影响了大学的整体治理和整体利益。对此，本书主张，中国大学有且只能有一个主体（行政主体），即党委领导下的大学校务管理委员会，校内的其他设置都是向这个唯一主体负责的职能部门①。本书还主张，不再以机构性质作为判断和划分行政主体的标准，也不再根据行政主体来匹配其相应的"职能"（或治理任务），而是以"职能"履行为中心配置机构，即先有"职能"，再确定可胜任的履职主体以及适当的组织形式及运作方式。这一改革思想有助于降低条块分割的流弊，强化机构与机构之间的协同性。

---

① 本书做此主张，除了有利于强化大学党委在大学治理体系中的决策中枢作用外，还与"党委领导下的大学校长负责制"这一国家高等教育管理体制完全契合。至于大学校长，其法人代表的身份是由大学党委指定的，是"党委领导下的大学校务管理委员会"这个行政主体的第一责任人，这与公司企业的法定代表人一般由选举产生有所不同。

为此，目前发展阶段下的大学机构布局，就要以整体—设计的新思维，将思考的重心放在问题的解决上，即要从"学校需要什么""师生需要什么"即使用者的角度设置机构以及机构的运行流程。明白了这些，我们就不会再纠结诸如"院系是学术机构还是行政机构""大学校长到底该不该进学术委员会"等问题。这也就意味着，大学机构布局的目标绝不是简单地调整权力关系，或者简单地增设几个职能部门，而是意在使校内各机构形成一种高效协同、补位合作的关系以及由此带来的体系化治理能力。换句话来讲，就是不能再囿于大学几个权力主体或治理主体的独立性，也不用纠结能否在校内保持所谓的权力平衡，而是从权力关系走向机构关系，从权力本位走向能力本位。要明确部门工作关系的衔接比权力划分更加重要，任务的圆满解决要比多元治理更加重要。还要明确大学需要的不是为了民主而民主的分权式管理，而是注重整体效率和个性化需要的"链条式"协同管理。以上这些恰恰都是实现大学治理的"中国之治"所急需的。

五　整体—设计思维下大学机构布局的整体思路

在目前发展阶段下，中国大学可以说是到了要进行一次全面且深入的机构改革的历史关口。整体—设计思维下的大学机构改革，不再是以往改革的零敲碎打，而一定是对整个大学机构的一次再布局，只有这样，才能化解以往机构改革留存的难题，进而起到提升大学治理能力的作用。基于整体—设计思维所体现的改革思想，中国大学机构布局需要遵循两条基本的思路：一是整体的改革而不是局部的改革，二是布局性的改革而不是实验性的改革。

（一）是整体的而不是局部的

与中国政府自改革开放后所进行的八轮机构改革相比，中国大学所进行的机构改革既没有明显的时间线（脉络不清晰），又没有前后一致且统一的行动，所进行的都是高校根据其自身条件和需要对机构进行类似增添、删减、合并等零星的改革实践，所以这些改革都是局部性的。如20世纪80年代末进行的主要是减少机构臃肿、提升行政效率的改革，20世纪90年代末进行的主要是一些后勤管理机构的社会化改革。新世纪伊始，由于大学办学规模扩大，大学又通过增添、拆分一些机构，以优化和扩展大学的管理职能。进入新时代以来，许多大学则主要围绕强化学术权力、加强党的领导的目标，对校内的一些机构进行了改革，如重建学术委员会、增设教师工作部等。这些机构改革虽然在当时缓解了一些矛盾，解决了一些问题，但同时造成了新的矛盾和新的问题，如对内外部变化反应迟缓、管理碎片化、缺乏服务性等。尤其是在新的发展阶段下，中国高等教育与几十年前所处的内外部环境已截然不同，大学治理改革已步入"深水区"，新的问题和挑战要求在机构层面重塑大学治理。

当前，无论是解决大学机构留存的老问题，还是当前背景下对机构治理能力提出的新要求，都要求大学对其机构做出整体性的改革，即对大学机构进行系统性的重构，以使大学既能形成那种校内各机构比学赶超、竞相发展、各具特色的生动局面，也具有那种能围绕某一或某些重大问题的攻关和解决而使校内各机构高效协同、补位合作、跨界集成的体系化能力。如在2022年国家布局的新一轮"双一流"大学建设方案中，除了给高校提出"造就一流自立自强人才方阵"等要求之外，在科研方面则强调"发挥整体优势""集中力量联合科研攻关""汇聚高层次人才团队""强化有组织创新""整合资源、形成合力"等具体任务①，其中的"整体""集中""联合""汇聚"等字眼，无一不是在强调大学的机构体系要具备办大事、办成大事的体系化能力。机构布局是一项系统性、整体性、协同性要求极高的大学治理工程，改革要取得成功，就必须正视机构改革问题的整体性、联动性和系统性，比如通过机构布局，推进大学治理结构优化以及相关业务流程再造，破除机构间立桩定界的

---

① 《教育部、财政部、国家发展改革委发布〈关于深入推进世界一流大学和一流学科建设的若干意见〉》（教研〔2022〕1号），2022年1月29日。

"部门主义""山头主义"惯性思维和运行模式,解决大学存在的机构重叠、职责交叉、推诿扯皮问题,以从整体上提升大学治理能力。

换句话来讲,作为一个总体的改革工程,大学机构布局既包括宏观组织架构的顶层布局,又包括各个机构内部职能及运作流程的底层布局。"顶层布局"与"底层布局"之间如何在结构、功能和流程上实现闭环对接,显然需要系统谋划、整体推进。一项发生在地方政府机构改革中的大样本实证研究发现,如果只单独实现部门间整合或技术赋能,效果并不显著和突出。只有部门间整合和技术赋能同时存在,既成立促进部门间整合的机构如行政服务中心、行政审批局等,又成立技术赋能部门,如大数据局、数据资源管理局等,二者互动融合,才能有更好的改革效果[①]。因此,大学机构布局不能是简单的修修补补或是微调,而应是一个整体的再布局,零敲碎打的局部改革行为难以实现治理目标。笔者是这样认为的:一是大学机构在长期的传统中已形成了一些难以改变的惯习,如一些机构总是试图只追求其自身的部门利益,或以大学公共利益损失为代价服务其狭隘的部门利益,从而带来大学治理效率的损失。如果是局部的小幅度的改革,就难以撼动这一利益格局。二是中国大学的机构已经运行多年且没有全面且彻底地改革过,再加上近些年来中国大学治理外部环境已发生了巨大且深刻的变化,同时内部师生又对学校提供精准化管理和个性化服务的需求高涨。如果是单一方面的改革,就难以使机构面对变化和需求形成协同一致的行动。

(二) 是设计性的而不是实验性的

过去,中国大学所进行的机构改革,虽然在机构关系、机构功能以及职责等方面有所改变,但很难称之为设计性的,大都是自主尝试的实验性改革。如清华大学的"创新服务管理"、哈尔滨工业大学的"一站式搞定"、华中农业大学的"一类事项归口一个部门"以及浙江一些高

---

① 秦强、蓝志勇:《行政机构改革对经济发展影响的实证研究——以"放管服"改革成效为例》,《中国行政管理》2022年第11期。

校的"最多跑一次"改革等，都是近几年来一些高校从机构层面提升其自身治理能力的尝试。所谓实验性改革，就是组织设定的改革目标及实现目标的手段都是阶段性的、临时性的，采取的往往是"摸着石头过河"式的渐进性探索方式，以在不断修订、调适和完善过程中寻求适应性的治理方案[1]。

对于相当复杂的大学机构改革来讲，实验性改革虽然具有一定的创造性，也为今后的相关改革积累了一些实践经验，但却存在着一些无法回避的问题：一是过于保守，要么直接模仿或照搬其他院校的组织架构，要么同构政府的党务和行政管理机构，这一守传统、求稳定的思维模式，会驱使高校为追求统一的形式而回避乃至压制创新，已越来越难以应对大学所面临的问题和挑战。二是虽然解决了一些问题，但同时又造成了一些新问题。如国内一些高校所进行的"大部制"改革，被合并在一起的学部或大部门，名义上是一个大的部门，实际上还是各干各的事，各负各的责，并没有真正形成一个"拳头"，还是会出现诸如职责交叉、推诿扯皮的问题。换句话来说，这种"拼盘式"的改革只是将部门之间的矛盾转移到了部门内部，即"部门间问题部门内部化"[2]，虽然解决了部分问题，但却增加了部门内部管理困难，提高了内部协调和监控成本，降低了管理效率。三是缺乏改革的延续性，容易出现"人走政息""政治秀""无改变的改革"状况，如一些高校一旦更换了校领导，前任领导耗费成本推行的机构改革就偃旗息鼓、不了了之。四是滞后于政府、企业的机构改革，体现不出大学的社会引领性。如一些高校实行的将几个学院整合成一个学部的"学部制"改革[3]，实际上是承接了党的十七

---

[1] 刘太刚、邓正阳：《实验主义治理：公共治理的一个新路径》，《北京行政学院学报》2020 年第 1 期。

[2] 王湘军：《大部门内部机构设置和权力结构研究》，《中共中央党校学报》2014 年第 3 期。

[3] 目前，中国一些大学所采用的学部制有实体、虚体、虚实结合三种模式。实体学部不仅拥有跨学院学术权力，也拥有学院原有学术权力、行政权力（学院管理）、政治权力（党务群团），如北京师范大学教育学部；虚体学部只拥有跨学院的学术权力，如江苏师范大学；虚实结合的学部介于二者之间，如大连理工大学（参见温才妃《发力学部制，高校要交出怎样的"成绩单"》，《中国科学报》2022 年 9 月 6 日第 4 版）。

大以来中央政府和地方政府推行的"大部制"改革的思路和做法,近年来,浙江一些高校推动的"最多跑一次"改革,其思想、思路、方式乃至名称基本上都是移植或照搬其所在省政府于 2016 年推行的"最多跑一次"改革①。

目前,中国高等教育已经进入转型发展时期,已进入一个被巨大的社会经济挑战以及历史性科技进步所影响的新时代,大学既迎来了发展机遇,也将在办学经费的可持续性、生源规模和质量维护、数字化技术冲击等方面面临许多复杂情境和治理难题。具有复杂组织系统且已累积许多治理难题的大学,在机构改革方面复制传统和标准化的做法已不足以应对这些挑战,实验式机构改革也已越来越难以应对,需要在以往的基础上对整个内设机构进行精心谋划、通盘布局,即走向设计性机构改革。所谓设计性机构改革秉持的是设计理念②。设计理念是一种以满足人的需要为中心的组织改革理念,目前还被发展成为一种被企业等社会组织广泛采用的、高效的内部治理改革创新路径和手段,目的在于使组织与外部环境展开有效互动,驱动组织不断创新与变革,提升组织效率,实现个体价值、满足感和幸福感③。在本书看来,作为一种重在创造性的改革路径和手段,设计理念的运用可为复杂问题的解决提供实用和富

---

① 浙江省 2016 年开始推进的旨在简政放权的"最多跑一次"改革,在全国产生了重大影响。该改革是通过一窗受理、集成服务、一网通办、一次办结等服务方式创新,让企业和群众到政府办事实现"最多跑一次"(参见翁列恩《深化"最多跑一次"改革构建整体性政府服务模式》,《中国行政管理》2019 年第 6 期)。

② 设计理念最早可以追溯到经济学家和科学家赫伯特·西蒙,他在 1945 年所著的《行政行为》(Administrative Behavior)一书中首度在组织管理中提出要运用"设计"的概念,后又在 1969 年问世的著作《人工科学》(The Science of the Artificial)中提出了"设计科学"(Design Science)研究范式。随后,杰·加尔布雷思在其 1977 年出版的著作《组织设计》(Organization Design)中,运用并延伸了西蒙关于组织设计的部分想法,提出组织结构设计的具体路径。2002 年,美国凯斯西储大学举办了"作为设计的管理"(Managing as Designing)研讨会,该研讨会探讨了一个当时很前沿的议题,即究竟如何将"设计"用在管理与组织变迁中,以提升组织应对复杂情境的适应力。2004 年,纽约大学主办了题为"组织设计"的工作会议,探讨如何从设计层面提升组织效率(参见 J. R. Galbraith, "Organization Design: an Information Processing View", Interfaces, Vol. 4, No. 3, 1974, pp. 28 - 36; R. Buchanan, "Wicked Problems in Design Thinking", Design Issues, Vol. 8, No. 2, 1992, pp. 5 - 21)。

③ 李轶南:《设计思维新向度:从组织设计到开放式创新》,《南京艺术学院学报》(美术与设计)2020 年第 1 期。

有创造性的解决方案，这不仅使它可以成功地应对广泛意义上的商业挑战，实现突破性创新，也为大学机构提供了一条转型发展的重要路径，即大学机构的布局可以采用设计来实现。具体来讲，可通过高度秩序化的设计方法，系统地提出大学机构布局创新方案，以使其改革既有能兼顾传统又能回应新时代需求的总体行动策略，有个性化和灵活化的制度及机制安排，以提升大学应对复杂治理情境的适应力和胜任力，实现大学治理的"帕累托效率"。

第八章　大学机构布局的原则把握与总体架构

　　大学是建立在一套独特且相互关联的机构之上的，同时，机构也是维系大学组织运转的基本功能要件，是组织和规则的统一体。对大学来讲，机构往往以其自身特有的功能实现对其内外部信息、人事等要素的配置，以实现资源的获取。大学获取资源的必要条件，就在于它依托精密布局的机构及其统筹运作。为此，要发挥好机构在要素—资源中的"转换器"角色，首要的是做好大学机构的布局工作，但这无疑是一项极其困难的工作。一是在理论上，需要突破行政主体理论的束缚，跳脱机构设置一般所遵循的纵向层次、横向职能、管理幅度、职责职权以及集权、分权、授权等框架结构的限制，同时又不能囿于直线式、职能式、事业部式、矩阵式等组织构型，否则就会落入以往的思维套路中；二是在实践上，要为办学定位不同、办学规模不一、类型不一的中国大学布局一套机构体系的难度本来就很大。同时，大学机构布局问题所涉及的影响因素多，并不是通过简单的概括归纳就能够解释清楚的。但是，在本书看来，无论大学机构布局所涉及的学校的差异有多大，影响要素有多复杂，一定会有一个交汇点。这个交汇点就是治理能力。对此，大学在进行机构布局时，需要解决的核心问题是：如何通过机构布局配置好学校内部的各个要素，以提升大学机构的整体性能以及由此而来的治理能力。从这一核心问题出发，本章首先提出大学机构布局需要重点把握和考量的原则和问题，然后由此出发提出大学机构布局的总体框架。

一　大学机构布局的主要原则把握

从治理要素在时间、空间和数量三维度上的特点及其配置要求出发，大学的机构布局需要把握顶层要"集合"、部门能"配合"、学科可"聚合"三大原则。

（一）顶层要"集合"

在大学治理能力的生产机制中，要素的识别—抓取、汇集—整合、挖掘—开拓等配置过程都不是自然而然完成的，而是需要在尽可能短的时间内依靠某一特定力量来推动完成。同时，要素配置也是一个连续不断的过程，要根据出现的问题随时调整。但要素的配置需要一个条件：大学的领导层就是顶层要有很高的权威性，并拥有足够的要素控制能力，这样才能做好要素的统一输出，为大学各部门及时供给所需要的要素。对此，大学顶层在设置上一定要处在一种"集合"状态，即大学的最高层或决策层要拥有政令统一、行动一致的组织性能以及令行禁止的效能，以避免大学的无序状态，影响大学的整体利益。具体到机构布局上，就是需要大学在机构设置时强化统的层次和力度，进而强化学校机构体系最高层的"引领""监督""牵头"和"推进"作用。层次不够，力度不大，权威和格局就不够，意图也就贯彻不下去。

在大学治理的话语环境中，统的力量一直是被警惕乃至被批判的。近年来，基于强化大学二级管理的办学思路，为了激发各二级院系的主动性和积极性，许多高教界人士提出将管理重心下沉。还有，许多学者认为，大学是一个由多个治理主体形塑的组织，是一个"底部沉重"的组织，由此也是需要规避集权以充分保障学术自由的组织。但在本书看来，大学管理重心越下沉，大学的治理主体越多，底部越沉重，越需要重视学术自由，就越不能去中心化，就越需要一个能最终负责的主体，因此也就越需强化统的层次和力度。换句话来讲，大学作为现代社会中最为复杂的组织，必须具有统的力量。因为大学虽然有分权，但必须有单中心的治理权力，以形成多元治理主体基于共同治理目标而协同行动的治理机制。在过去，大学办学目标单一，师生人数少，资源配置问题相对简单，而目前大学办学目标多样，师生人数多且来源及背景多元，其组织要比大型企业复杂，为此必须有一个统的力量作为领导核心。这正如伯顿·克拉克所论及的那样：

> 随着大学复杂性的增强和改革步伐的加快，大学驾驭自己的能力变得更加虚弱……但有抱负的大学却不安于边缘地位，不安于薄弱的驾驭力，而是要关注自己的生存能力，灵活应对日益增强的变革需求，以更有组织的方式重新塑造……强有力的驾驭能力不可或缺，高效率的行政领导和驾驭核心不可或缺。①

如果大学没有统的力量，每一个机构都成了它们各自职能领域的绝对权威，控制着某些专属性的利益、信息和资源，同时由于没有一个机构拥有超越其他部门的权力，跨机构政策的制定和执行也就变成了各机构之间讨价还价的过程。这种碎片化的组织体制不仅增加了在各治理主体之间达成价值共识的难度，也大大增加了破解部门割裂问题的难度。比如，就大学的教学科研事业来讲，如果没有统的力量，整个大学的学术机构就会膨胀成一个个互不搭理的"诸侯王国"，不仅会侵蚀知识的统一性，在某种程度上还可能会摧毁大学的整体性②。

再比如，美国许多大学采用"共同治理"的决策模式（shared governance），即对大学治理做了一个"共同做主、共同履职、共同担责"的组织架构布局，虽然决策过程相对民主和透明，也有利于避免决策过程中个人或者某个利益群体经验的不完整性对决策造成的负面影响，但

---

① ［美］伯顿·克拉克（Burton Clark）:《大学的持续变革：创业型大学新案例和新概念》，王承绪译，人民教育出版社 2008 年版，第 3 页。
② 李鹏虎:《论我国研究型大学中"巴尔干化"式的组织割据》，《国家教育行政学院学报》2019 年第 5 期。

由于学校决策权由董事会分散到由校长负责的行政领导层和由教师组成的学术委员会，许多事项都由双方采取民主投票的方式共同做出决定，这就带来了很大的缺陷。对此，加州大学总校校长办公室院校研究与学术规划处常桐善教授将其总结为五点：一是由于学术委员会人员的任期短，难以制定和实施长远战略规划；二是行政管理部门与学术委员会在产生分歧时会延误很多工作和机会；三是学术委员会常常聚焦于学术有关的问题，甚至是与它自己学科有关的问题，有时会忽视政治、财务等大环境因素对大学政策制定的影响；四是学术委员会成员仅代表部分教师，不能全面反映教师的意见和心声；五是有时学术委员会的工作会过多地占用教师的宝贵时间，影响教师的教学和科研工作[①]。

大学的顶层就相当于人的大脑，强化大学顶层统的力量，就是要求学校的最高层集中、统一、强有力，具有在宏观、中观、微观三个层面都能将各方面要素进行快速、有效整合的强领导力量：其一，在宏观层面，统不是整齐划一，更不是死板一块，而是有利于学校把控办学方向、控制大局。对于涉及学校发展全局的重大工作，一定要实施集中统一领导，确保学校高层领导力的全覆盖和坚强有力。同时，强化顶层统的力量，也有利于大学整合力量与国家、市场与社会之间建立起功能性耦合关系。由于大学天然地存在着行政上的"部门主义"、学术上的"学科主义"，如果任由其发展，就很难形成体系化的力量，就很难集中资源，实现大学的整体利益，也就难以体现大学的社会责任和公共利益。其二，在中观层面，有利于以专治的力量打破大学科层内部的条块结构与部门分立，强化决策中心的枢纽地位以提升大学治理的整体性。换句话来讲，大学统的力量如果很强大，就能整合各部门行政力量，化解多部门并存情况下可能出现的诸如问题转嫁、权责分离、各自为政、条块分割、资源浪费等问题，使整体协同、多方联动的理想局面得以实现。其三，在微观层面，有利于学校管到位、保落实，防止政策效力层层递减或逐层衰减，即防止出现"上热中温下冷"现象。现代大学面临治理规模大、

---

① 常桐善：《高校治理与院校研究》（9），《对话中美高教》2021 年 9 月 28 日。

治理复杂度高、治理精准性不足等难题，大学领导层需要充分运用统的力量，实现了组织末梢的充分下沉并将治理要素推进至治理前沿。

为此，在大学顶层（决策层）的机构设置上，要体现"集中的要更集中"理念，力避复杂和多元，力避政出多门，同时为顶层配备足够的支撑性力量，以使大学决策层做出的行动都是及时的、合理的、有效的、有力的。

（二）部门能"配合"

在大学治理能力生产机制中，要素只有在各区域、各单元的无障碍流转中才能发挥出它们的最大效应，也才能在时间、空间或数量维度的配置向度上产出更多的资源。具体到大学机构设置方面，就需要部门能"配合"，即大学内部无论是上下级之间，还是各职能部门或院系之间，抑或是职能部门与院系之间，都能围绕某一共同目标和任务的完成密切配合。

机构之间缺乏协作与配合、各自为政，一直是中国大学治理难以破解的难题，而且这一难题延伸和反映到机构人员与人员之间的关系上。如有学者就此评价道："大学的内部协作举步维艰，大学内部通常只有为数不多的员工在辛勤工作，而相当一部分人则近似消极怠工，'事不关己，高高挂起'成为一种大家明里不说却暗自存在的现象。"[①] 为此，需要通过机构布局来加强相关机构之间的配合联动和有序协同，具体需要做到以下五个方面：

一是部门在数量上要尽量少。近年来，高校虽然合并、精简掉一些机构，但总的机构数量却由于大学职能的增多、办学规模的扩大等原因而不断增加，从而造成大学机构数量庞大、办事烦琐等弊端难以消除。如北京大学除大学党委会、党政联席会以及在其官网上列出的 5 个治理机构之外，仅管理与服务机构就多达 38 个，另有督

---

① 钱春富、冯伟强：《论大学内部治理的有效性调适——基于大学机构本质、组织特性、结构特征的探讨》，《楚雄师范学院学报》2016 年第 7 期。

查室等挂靠机构 12 个、图书馆等直属和附属机构 21 个、群团组织 2 个（如表 8 – 1 所示）。

表 8 – 1　　　　　　　　北京大学的机构设置（部分）

类别	具体机构设置		
治理机构	1. 学术委员会；2. 学位评定委员会；3. 校务委员会；4. 督察委员会；5. 教职工代表大会		
管理与服务机构	1. 党政办公室校长办公室 2. 政策法规研究室 3. 纪委办公室督察室 4. 党委巡视办公室 5. 党委组织部 6. 党委宣传部 7. 党委统战部 8. 学生工作部 9. 保卫部 10. 保密委员会办公室 11. 教务长办公室 12. 教务部 13. 科学研究部 14. 先进技术研究院	15. 社会科学部 16. 研究生院 17. 继续教育部 18. 人事部 19. 财务部 20. 国有资产管理委员会办公室 21. 国际合作部 22. 国内合作委员会办公室（帮扶工作办公室） 23. 实验室与设备管理部 24. 科技开发部、产业技术研究院 25. 校办产业管理委员会办公室 26. 学科建设办公室 27. 昌平新校区管理委员会办公室	28. 昌平校区管理办公室 29. 校友工作办公室 30. 技术教育学院 31. 离退休工作部 32. 怀柔科学城校区筹建办公室 33. 科技创新研究院管理办公室 34. 创新创业学院 35. 机关党委 36. 后勤党委 37. 产业党工委 38. 直属单位党委
挂靠机构	党委办公室校长办公室	1. 督查室；2. 网络安全和信息化委员会办公室；3. 标识管理办公室；4. 法律事务办公室	
^	党委组织部	5. 党校办公室	
^	党委宣传部	6. 融媒体中心	
^	学生工作部	7. 学生工作部；8. 学生就业指导服务中心；9. 青年研究中心；10. 学生资助中心；11. 学生心理健康教育与咨询中心	
^	科学研究部	12. 新工科建设办公室	

续表

类别	具体机构设置		
直属、附属机构	1. 图书馆 2. 档案馆 3. 校史馆 4. 计算中心 5. 教师教学发展中心 6. 教育基金会 7. 出版社	8. 校医院 9. 深港产学研基地 10. 首都发展研究院 11. 会议中心 12. 燕园社区服务中心 13. 燕园街道办事处 14. 北大附中	15. 北大附小 16. 幼儿园 17. 校园服务中心 18. 餐饮中心 19. 公寓服务中心 20. 特殊用房管理中心 21. 动力中心
群团机构	1. 工会；2. 团委		

资料来源：根据北京大学官网"组织机构"所列示的机构整理而成（网络查阅时间为2023年2月11日）。表中机构不包括学部、院系、研究院等机构及其挂靠机构。

如果再加上其拥有的上百个学部、院系、研究院及其挂靠机构，其数量就更为庞大。大学在机构布局中，一定要坚持一类事情原则上由一个机构统筹，一件事情原则上由一个机构负责。一些事情由机构与机构之间协调，变成机构内部协调，从而可以加快要素的流动，并避免责任不清、推诿扯皮等现象的发生。二是部门角色定位上，要突出部门"伙伴性"的角色属性，并强化其归口协调职能。对于复杂事务的治理，最后由一个部门归口，统筹管理。三是在部门属性上，要通过党政合署合设，实现党政机构一体化治理。这不仅有利于实现党的全面领导，也有利于解决一些领域党政机构重叠、职能交叉、权责脱节的突出问题。四是在部门关系上，要通过议事协调平台，比如通过牵头人在领导赋权、资源共享、任务分解、职责共担上的协调作用，以形成条块联动互嵌的协作工作网络。五是在技术支撑上，要设置专门负责数据收集、处理、发布的机构，以便于各部门能利用好校园内部管理信息化"一张网"在促进各机构业务互通、互融和互嵌上的作用，以减少工作负担向单一机构的堆积，同时避免或减少权责错位、甩锅推责的问题。

（三）学科可"聚合"

在大学治理能力的视野中，学科也是一种要素。但学科背后是人，学科的聚合实质上是使不同学科背景的人能够在一起合作共事。无论是创新型人才培养，还是科研攻关，都需要多学科力量的聚合效应，即需要要素能聚合以及由此方能产生的 1+1>2 的效能。但长期以来，以学科为中心，已成为大学机构设置的一个重要依据与标准。对此，伯顿·克拉克曾形象地说："当我们把目光投向高等教育的'生产车间'时，我们所看到的是一群群研究一门门知识的专业学者。"[1] 这些专业学者只是将学科作为其归属，只对其所在学科负责，很少关注其他学科，也不会关注学校整体状况，更不会关注需要协同合作解决的重大问题。不仅如此，在院系里，还存在着一种"行会心态"，若不加以限制，就很容易形成如阿什比提到的"资深教授寡头统治"[2]，这不仅不会使大学获得发展，反而会成为大学前进道路上的"绊脚石"[3]。

大学的这种机构设置状况，造成的后果就是学科力量分散，而最直接的表现就是人才培养力量和科研力量的分散。比如，就后者来讲，有学者做过很形象的描述："仍存在彼此分割、缺乏协同的'小作坊'式研发，往往满足于在各种'围墙'和'栅栏'以内各自为政的状态，对内对外创新开放合作的巨大潜力还远未发挥出来。"[4] 截至目前，科研力量分散问题仍未得到好的解决，而且愈发复杂。如在科研管理上条块分割从而难以集中资源，在团队建设上成员合作乏力从而难以形成强有力的团队[5]，

---

[1] [美] 伯顿·克拉克（Burton Clark）：《高等教育新论——多学科的研究》，王承绪、徐辉、张继平译，浙江教育出版社 2001 年版，第 119 页。

[2] 转引自 [美] 克拉克·克尔（Clark Kerr）《大学之用》，高铦、高戈、汐汐译，北京大学出版社 2008 年版，第 56 页。

[3] [英] 安东尼·史密斯（Anthony Smith）、弗兰克·韦伯斯特（Frank Webster）：《后现代大学来临？》，侯定凯、赵叶珠译，北京大学出版社 2010 年版，第 42 页。

[4] 余江、管开轩、李哲等：《聚焦关键核心技术攻关强化国家科技创新体系化能力》，《中国科学院院刊》2020 年第 8 期。

[5] 如有学者在论及科研合作问题时就描述道：当前有许多所谓的科研团队在申请项目时"同舟共济"，分担任务时却"同床异梦"。许多联合申请项目中的科研合作多停留在表面，甚至一些项目合作成为共同获取经费的手段，用"合作形式"取代了"合作内容"，将合作研究变成了利益交换关系。还有学者就此批判道：为申报项目而临时组建的豪华团队，在实际研究中却陷入一种类似于"囚徒困境"的博弈局面，导致合作最终沦为一个散乱的成果拼盘，与申报的初始目标存在天壤之别（参见许治、杨芳芳、陈月娉《重大科研项目合作困境——基于有组织无序视角的解释》，《科学学研究》2016 年第 10 期；李侠《中国科研中的合作困境问题》，《科技导报》2012 年第 13 期）。

在学科布局上各自为政从而难以交叉融合，在产学研合作上与企业、政府存在关联障碍从而难以实现学科链、创新链与产业链整合发展。此外，科研人员大都习惯于在他们自己的研究领域内单打独斗，还由于忙于项目申报和论文写作而造成个人工作精力分散等。这些现象在大学校园内的普遍存在，会使各个机构及人员在面临共同的科研问题时缺乏相互沟通、协调与合作，各自为政，难以集中攻关，致使科研的整体性目标无法达成。

对此，大学在机构布局时，一定要把是否有利于全校学科力量聚合作为一条重要原则，即通过机构布局，规避学科割据现象即"巴尔干化"学术组织割据的现象在大学校园内产生。比如，学校某一管理机构要有统筹全校师资、课程、科研设备设施等要素的功能，而院系和研究院也能有机会共享校内其他机构的一些师资、课程、科研设备设施等要素。

二 大学机构布局的关键问题考量

从治理要素在时间、空间和数量三维度上的特点及其配置要求出发，大学的机构布局除了要把握以上三大原则外，在改革实践中还需重点关注三大问题：信息传递的链条要尽量短、议事协商的效率要尽量高、交流开放的范围要尽量广。

（一）信息传递的链条要尽量短

基于大学存在的复杂管理事务，大学治理需要科层制，科层制则需要一定的组织层级，但组织层级一定要尽量少，如果过多，就会使要素上下传递的链条过长，文牍主义也就会滋生和盛行，因此也就会不可避免地带来信息失真或扭曲。一般来讲，组织层级越多，信息传递后失真或扭曲的情况就越严重。美国学者、公共选择学派代表人物之一的安东尼·唐斯在其代表作《官僚制内幕》中，通过其构建的包含七个级别的权力层级体系，形象地表述了信息在传递过程中逐级衰减的状况：假设每一次信息筛选都会缩减真实信息量的10%，那么到达最高层级时，真实信息量只剩下了53%；如果考虑信息报送过程中由于行政官僚业务素质和专业能力不足所带来的失误会造成5%的真实信息损耗，则最终达到最高层级时，真实信息量只剩下了38%[①]。唐斯所描述的是信息从下向上传递的情形，如果组织层级过多，信息从上往下传递时也是如此。如有学者结合国内大学的治理现状描述道：高校决策后，机关部门领导传递给职员（一般有2—3层），职员传递给二级实体单位职员（1层），再传递给该部门领导（1—3层），还可能再传递给教研室、系所等三级机构（1—2层），最后到达学生、教研人员和普通行政职员（1层）……在高达5层以上的传递过程中，信息会损耗，执行效率会磨损[②]。

信息巨大潜能的释放，首先在于其能完整、准确且快速地流通。那么，信息在大学治理组织层级传递的过程中是如何失真或扭曲的呢？仅就信息的对上传递来讲，即信息在从基层师生向最高决策层传递的过程中，一般会有两种基本倾向，即信息缩减和信息填充。信息缩减是将真实信息中有损官僚利益的关键信息加以刻意隐瞒，以减轻上级的问责或处罚；信息填充是将有利于扩充官僚利益的信息加以刻意夸大，也就相应地产生了信息报送中的谎报，如故意夸大事件的影响和意义以争取上级更多的资源支持。换句话来讲，在信息逐层报送过程中，个人或机构出于理性利益考虑，对于紧要的负面信息上报会选择性地进行压缩和删减，以免引起上级的反感及对其能力的质疑，影响个人发展和部门利益；对于无关紧要的信息反倒会进行刻意夸大和反复强调，以争取上级更多的资源支持，进而扩充个人和部门影响力。[③] 近年来，许多高校采用现代化的信息技术手段来克服信息传递失真的问题，但遗憾的是，这种努

---

① ［美］安东尼·唐斯（Anthony Downs）：《官僚制内幕》，郭小聪译，中国人民大学出版社2004年版，第125页。
② 戚兴华、许长青：《场景化互动：高校内部治理权力运作的微空间机制》，《高等工程教育研究》2022年第1期。
③ 姚金伟：《克服现代治理困境中"信息不对称性"难题的路径选择——兼论有效应对疫情防控阻击战中的信息不对称性》，《公共管理与政策评论》2020年第6期。

力不仅收效甚微，相反却进一步加剧了信息填充，造成信息堵塞。因为技术手段只能提高信息传递的速度，但却不能对信息传递的真实性和准确性做出判断①。这正如英国学者戴维·毕瑟姆所评价的那样，科层制既承受信息短缺之苦，也遭受信息泛滥之害②。

由于大学领导层决策十分依赖下级所报送的信息，如果信息失真或衰减，大学领导层为应对治理难题而做出决策的有效性就会大打折扣，治理难题也就难以在短时间内得到有效解决。相反，较少的组织层级却会减少要素流动的半径而相应增加要素的流转速度，有利于要素"一竿子"到达学校管理终端，从而提升大学治理效率。对此，无论是政府还是企业，近年来都希望通过扁平化改革提升组织的灵敏度。所谓扁平化改革，就是对组织层级进行简约化处理，就是压缩组织层级，并减少相应的管理环节。但是，从目前中国高校的组织架构来看，不仅存在党政双口双列管理层级，每列组织层级还存在着过多的管理层次：（1）党委口有两列。一列是党委书记—党委副书记—部长—副部长—干事，另一列是党委书记—党委副书记—院系党委书记—院系党副书记—辅导员。（2）行政口有两列。一列是大学校长—副校长—处长—副处长—科长—科员，另一列是大学校长—副校长—院长—副院长—系主任—教师。这种机构布局不仅使大学面临着协调困难，还使大学存在着过多的组织层级划分，使得大学的决策线条过长，要素配置效率降低，最终降低大学的治理能力。

对此，大学在进行机构布局时，就要尽量压缩组织层级，即通过缩短要素的承接、流传的距离来提升治理效率。或者从委托代理关系的视角来看，层级的压缩意味着"中间环节"和"中间人"的相应缩减，也使委托代理关系更加清晰。就目前中国大学的现实情况来看，要压缩组织层级，有许多值得警惕和防范的地方。比如，要警惕学部成为一个组

---

① 姚金伟：《克服现代治理困境中"信息不对称性"难题的路径选择——兼论有效应对疫情防控阻击战中的信息不对称性》，《公共管理与政策评论》2020年第6期。

② ［英］戴维·毕瑟姆（David Beetham）：《官僚制》，韩志明、张毅译，吉林人民出版社2005年版，第10页。

织层级。目前，许多高校先后推行了学部制改革，即将校内数十个院系组合成若干个学部，虽然学校基于管理效率的考虑将学部定性为非管理层次，但在实际的运行过程中往往会自动变成一个比院系高一级的管理层次。再如，要防范副职成为一个组织层级。虽然党委副书记、副校长、副部长、副处长、副院长等副职的数量受到政府有关制度的限制，但仍有膨胀的趋势，一些高校甚至变相以某种名号设置副职，如校长助理[①]、学术副校长、院长助理等。还有一些高校的副职又担任教务长、总务长、秘书长等正职职务，并配以若干个副职，如副教务长等。这些副职本来承担的是助手的角色，与正职的关系是同僚关系，不是上下级关系，但由于在大学管理中他们在职级上又高于下级，往往就演变成一个管理层级，虽然缩小了管理幅度，减轻了正职的工作负担，但无疑增加了一个管理层级，使治理要素流动和配置的效率降低。如一些副校长的分管领域被当成是个人专属领地，"部门主义"被进一步强化。

（二）议事协商的效率要尽量高

无尽的议事协商会使要素流转的速度降低，其外在表现就是事情进展变得缓慢，这是大学治理能力缺失的一大表现。2019 年，全国人民代表大会常务委员会执法检查组在《关于检查〈中华人民共和国高等教育法〉实施情况的报告》中指出："检查发现，有的高校党委书记、校长配合不好，难以形成工作合力；有的高校'大事议不透，小事议不完'，决策议事规则有待完善。"[②] 除此之外，大学还存在办事程序烦琐、会议多且会议时间长等不良现象。如就会议来讲，学校决策层面的有党委常委会、校长办公会、党政联席会、书记校长碰头会等，还有很多职能部门的工作推进会议；在学术层面，则有学术委员会、教学委员会等以及

[①] 朱四倍：《"校长助理"泛滥折射学术权力虚化》，《中国科学报》2012 年 7 月 5 日第 1 版。

[②] 王晨：《全国人民代表大会常务委员会执法检查组关于检查〈中华人民共和国高等教育法〉实施情况的报告》，《中国人大》2019 年第 24 期。

它们所属的各个专门委员会举办的会议。以会议的形式解决问题，其主要目的在于沟通、妥协和平衡，并规避冲突。但是，对大学来讲，能最快地实现学校办学目标的效率是第一位的，而让各方都满意的平衡则是辅助性的。所以，在大学治理实践中，最忌讳的就是无休无止、没完没了地议事协商。

目前，一些高校会议繁多，很多事情都需要靠开会协调，每次协调都需要花费大量的时间。在本书调研中，有一位从事教学质量控制的处长反映说，他有一天曾参加了9个会议，许多职能部处负责人一年到头不是在开会，就是在去开会的路上。究其原因，跟大学的机构布局缺陷有很大关系，具体有三：（1）大学存在双口、双列协调问题。一是党委口和行政口的关系需要通过正式途径（一般指会议）、非正式的途径（如碰头会）协调；二是党委口需要在党委职能部门（如宣传部）与院系党组织之间进行协调，行政口需要在职能处室与院系行政组织之间进行协调。（2）职能部门设立得过多（机构数量庞大），职能划分得过细，造成职责交叉的问题突出，学校很多事情需要几个部门共同参与才能完成，因此也就需要通过召集会议甚至反复召集会议来协调，有时还容易因出现推诿扯皮现象而造成协调失败。（3）议事协调机构设置过多。

对此，大学在机构布局上就要针对以上问题做出完善和修改，比如拉近协商主体之间的物理距离，为协商提供便利①；将一些议事平台进行合并处理，尽量减少议事平台的数量②；简化议事流程，尽量压缩参与协商的次数和时长；重点关注议题输出与决策结果，杜绝形式主义的

---

① 比如，在美国加州大学，为了提升议事便利性和效率，总校学术委员会的主席、副主席与总校校长、教务长都在奥克兰办公大楼（即加州大学总校办公楼）的同一楼层办公（参见俞婷婕、眭依凡、朱剑等《加州大学内部治理结构与运行机制探微——对加州大学总校前教务长贾德森·金教授的访谈》，《复旦教育论坛》2019年第5期）。

② 设置议事协调机构（议事平台）被认为能够降低部门协作成本，但是设置该机构产生的成本问题却被忽略。设置一个议事协调机构，实质上是权力、责任、人员等要素在部门间进行重新分配：议事协调机构的负责人由哪位领导兼任，办公室设在哪个部门；召集哪些部门开会，会议的决策权限有多大；其工作人员是依托某部门，还是从各部门抽调等。这些事宜的办理都将耗费相当多的行政资源（参见鲁宇《议事协调机构设置的制度逻辑——基于外部比较与内部比较的双重视角》，《中国行政管理》2022年第2期）。

协商；对于纯属于事务性的工作，可采取正式协商和非正式协商相结合的方式进行；通过合并、重新划分职能等方式组成新的部门，使部门间协商关系转换为部门内的行政关系等。

（三）交流开放的范围要尽量广

一般而言，开放的协商环境、信息的公开流动，以及人们对于决策过程的了解，通常能使大学具有上佳表现[1]。大学在本质上就是广阔社会的缩影，也是一个开放的场所，权力、知识和文化在这里发生碰撞[2]，而不能"关着门办学"。大学的这种公开性，实际上就是要求其内部机构都保持足够程度的开放，因为一个机构只有增加各种有益价值观和方法进入的可能性，才能持续改进政策制定和行动的效能。也有研究发现，无论组织与组织之间的正式沟通，还是组织成员之间的非正式沟通，都有利于有效治理的实现[3]。如果机构是封闭的，每个部门都不会关注甚或留意学校的组织目标和整体利益，只会极力控制部门内部信息资源，以维护其自身的利益和势力范围。处在这种状况下，学校就很难实现要素的有效整合和利用。还有学者就此问题评述道：

> 当组织是一个相对封闭的系统时，它解决问题的方案以及经验都来自于其自身所承担的任务的要求，每个组织都仅仅享用其自己的知识和经验，而组织间共享知识和经验的可能性微乎其微。即使在组织内部，不同层级、不同部门间的情况也是如此，以至于重复工作的事情极其普遍。这在全社会的意义上，造成了人力、物力等的极大浪费，许多资源消耗都是重复性的和无意义的。[4]

---

[1] [英]埃德·伯恩（Ed Byrne）、查尔斯·克拉克（Charles Clarke）：《大学的挑战——变革中的时代与大学》，吴寒天、曾令琴译，华东师范大学出版社2022年版，第225页。

[2] [英]杰勒德·德兰迪（Gerard Delanty）：《知识社会中的大学》，黄建如译，北京大学出版社2010年版，第15页。

[3] B. Lee, "Campus Leaders and Campus Senates", *New Directions for Higher Education*, Vol. 75, 1991, pp. 41–61.

[4] 张康之：《走向合作制组织：组织模式的重构》，《中国社会科学》2020年第1期。

在过去相当长的一个时期内，大学都处在低度复杂性和低度不确定性条件下，师生员工都在"象牙塔"所垒砌的高墙内学习、工作和生活，为维持办学的独立性而对大学的开放持反对乃至抵制的态度，这是那个时期可以理解的行为。进入新的世纪以来，随着大学从社会的边缘走向社会的中心，大学所处的社会环境的复杂性和不确定性在增长，这已使得大学机构越来越显现出它们无法作为一个相对封闭的实体存在，而是处于一个承担治理任务、完成治理任务的动态变化过程中。这一动态变化过程使大学机构时常会面对个人或单个组织无法应对的问题，要化解这一挑战，就必须开放自我，从其他机构或个人处汲取知识和经验，即引进差异以及异质性要素。比如，保持机构的开放性，可以争取到企业、校友、慈善基金会的支持。基于此，大学在机构布局时必须强调机构的开放性，与校内外组织及个人形成良性互动关系。校内的，主要是指上级、同级或下级机构及个人；至于校外的，则主要是指国内同行、政府、企业、校友及其校友会、其他社会组织、国际同行及其他国际组织及个人。

从要素—资源的视角来看，要素的稀缺性，意味着对于任一不满足现状、有进取心的大学，都应该在利用好已拥有要素的同时，尽力从外界获取更多的要素，以生产出更多的资源。基于此，大学必须强化其机构的开放性，以使其能与尽量多的组织及个人形成良性互动关系，以获取更多满足其自身生存和发展需求的要素。在本书看来，要使机构具有一定程度的开放性，大学在机构布局时需要从三个方面着手：一是在机构的地理空间上寻找办法。要通过机构设置及其相关制度安排，使大学机构既能维持其"领地"，把最基本的分内工作做好，还能目光向外，不受本机构、本校地理空间的限制，积极从机构外、校外寻求合作机会（资源）。这正如有学者在谈及组织活动时所论述的那样，当组织活动不再受到地理空间的限制时，它也就不会限制其自身在更大的空间中寻求外部支持[①]。二是从机构的人员构成上想方法。比如，20世纪80年代以

---

① 张康之：《走向合作制组织：组织模式的重构》，《中国社会科学》2020年第1期。

来，一些大学成立董事会，这一机构不同于西方高校的董事会，主要是为了取得外界各相关机构与人士对大学的支持，仅具有咨询性质。现如今，大学可通过完善董事会或理事会的方式，将来自政府、企业、社会团体的"外部人"纳入学校内部治理体系中，这样做一方面能使大学为获取外部资源而建立起制度化的通道，另一方面能天然地将大学与外部社会的需求建立起联系。董事会或理事会每年可召集1—2次会议，形成的会议决议供党委会决策是否采纳。三是保持机构成员一定比例的流动性。这意味着无论是整个学校还是某个部门，一方面要对人员的正常流动持开放甚至鼓励态度，另一方面要按计划增补一些新员工。

三 大学机构布局的总体架构

若从外观或形式上看，机构布局本身就是一个组织内部机构"排列组合"式的重新设置。目前在企业管理实践中使用，也是学界常探讨的有U形（united structure）、H形（holding company）和M形（multidivisional structure）。其中，U形也称一元结构（unitary structure）或直线职能型，其特点是管理层级的集中控制；H形也叫控股公司型，其主要特点是具有分权特性；M形也称事业部型或多分支单位结构，是针对U形、H形存在的缺陷提出来的，比较适合一些规模大的组织。至于大学，当前中国高校在机构设置上基本上属于直线—职能制的组织结构类型，即大学—学院—学系为直线部门，其中学院既具有学术管理职能，也具有行政管理职能，是校院两级管理体制的主体。同时，再依据职能分工设置人事处、教务处、科研处、学生处等机构作为职能部门。但是由于中国大学所具有的特殊组织属性（如"党团—行政"双重领导架构体系），现实中的大学机构设置远比理论上所描述的要复杂（如图8-1所示）。

这一机构设置借鉴了西方现代大学的组织模式，并融合了中国行政管理所具有的一些特色（如党委领导、条块结合）。后来，许多高校虽

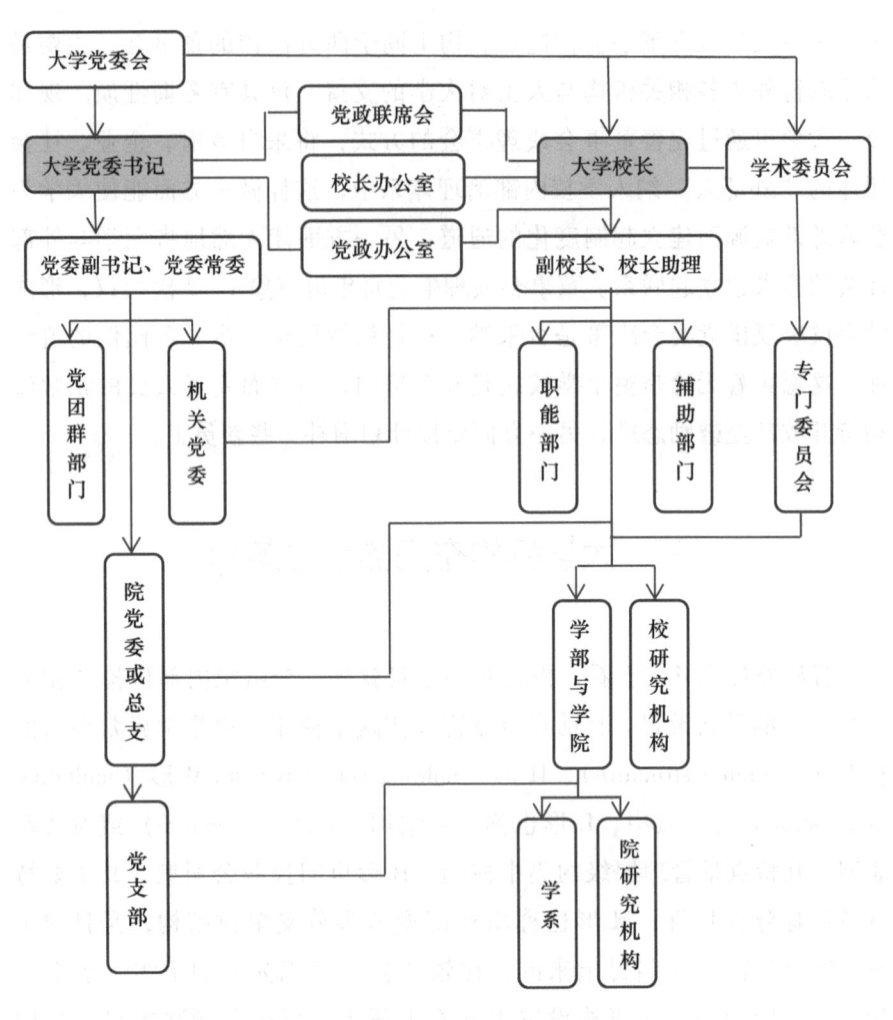

图 8-1 中国大学现行机构布局示意

然通过增添、撤销、合并、合署等手段，对大学的一些内设机构进行几次修改、调整和完善，如为了增强学校党政部门之间的联系和合作而增设了党政联席会，为精简机构而将党委办公室与校长办公室合署为党政办公室等，但直线—职能制的基本架构仍维持不变。针对目前大学在机构布局上存在的弊端，有学者结合西方大学内部治理模式先后出现的学院式、层级式、管理型和创业型四种形态，提出大学应以机构间的网络关系为基础，建构一种"网络治理"式的机构系统[1]；还有学者认为，大学可以将最高领导权之下的行政与学术二元并立的"品"字形内部权力架构，作为大学机构改革的基本组织架构[2]。

对于企业和政府组织所采用的组织结构类型以及围绕大学机构改革所提出的一些改革设想，要么难以为大学所采用和借鉴，要么在实践中难以行得通。因为大学现在已发展成为一个多元复杂的社会组织：既要做好教学，又要做好科学研究，还要从事社会服务，而且这些任务往往都是叠加的、交织的，且需采取的治理手段是多样的。同时，大学作为一个整体，也很难在机构设置上做到"政治的归政治""行政的归行政""学术的归学术"。大学的这一组织属性意味着大学需要布局一种新的机构体系，既有别于企业和政府组织的结构类型，又能突破传统大学的机构设置模式，这样才能确保大学完成复杂且多元的治理任务。对此，本书基于整体—设计思维，并结合大学机构布局需要把握的基本原则以及需要重点考量的基本要求，建构可用于大学机构布局的新结构类型即"中枢—中心—平台"结构（pivotal-central-platformed structure，简称 PCP 构型），具体包括"决策中枢""生产中心"以及一些平台型组织（如图8-2所示）。

1. 决策中枢，即大学党委：是由大学党委书记挂帅领导，包括大学校长及主要行政官员在内的决策部门。决策中枢包括决策平台（大学党委会）以及校务办公室、咨询参谋部和评估督察部三个直属机构。

2. 生产中心：是指各个院系、研究院、研究中心等从事知识传递和生产的教学科研组织。

3. 平台型组织：（1）管理平台。该平台也是由大学校长直接领导，其成员包括大学副校长、各部门负责人。管理平台包括九个大的部门，是辅助大学校长完成其认领的决策任务的部门，即为生产中心提供其发

---

[1] J. Rowlands, *Academic Governance in the Contemporary University: Perspectives from Anglophone Nations*, Singapore: Springer, 2017.
[2] 陈金圣：《从行政主导走向多元共治：中国大学治理的转型路径》，《教育发展研究》2015年第11期。

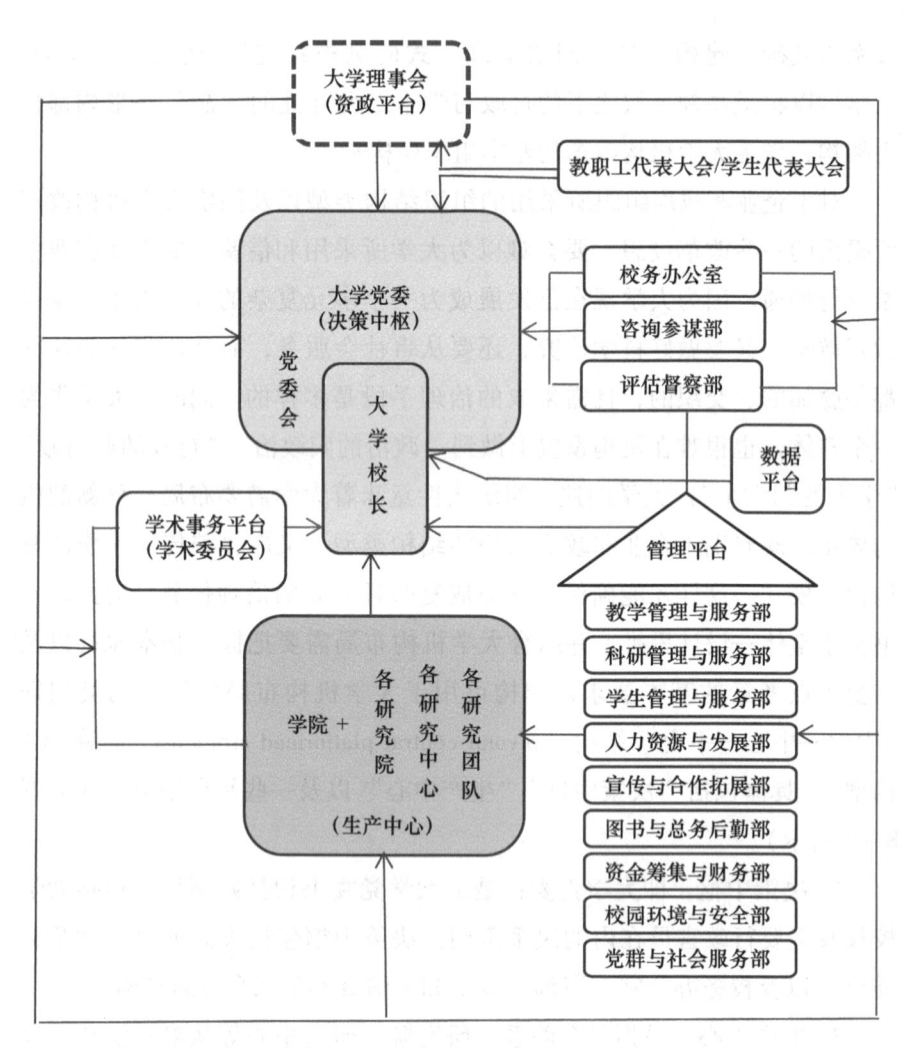

图 8-2　PCP 构型的大学机构布局示意

展所需的管理和服务。九个部门之间的关系需要通过管理平台来统筹和协调。(2) 学术事务平台。即学术委员会，也由大学校长直接领导，用来统筹和协调各院系等教学科研组织的学术事务。(3) 数据平台。该平台也是一个集管理与服务于一体的机构，附属于大学党委，但归大学校长直接管辖，主要负责全校相关数据的集成、共享、挖掘和运用，即为全校所有机构及个人提供信息技术支撑。(4) 资政平台：该平台主要围绕决策中枢设置的用于参政、议政的平台，包括教职工代表大会和学生代表大会以及纳入外部成员的大学理事会。

在本书看来，PCP构型十分契合整体—设计思维，也充分呼应了大学机构布局的原则把握以及问题考量：一是通过将大学党委会及党委书记、大学校长以及校务办公室等核心人物和机构以及辅助和支撑机构都集合进"决策中枢"，除了强化大学顶层统的力量，提高学校重大事项的议事效率外，还能充分体现党对大学的全面领导地位，由于纳入了辅助和支撑机构而能提升学校重大决策的科学性和民主性；二是通过"生产中心"的定位，体现院系、研究院、研究中心等教学科研组织的中心地位，也体现出大学作为知识传递和生产组织的独特性；三是剔除了一些中间层级，将"决策中枢"与"生产中心"直接相连，将"生产中心"与"管理平台"直接对接，使大学机构在科层制与扁平化之间维持一个恰当的平衡；四是通过决策平台（决策中枢）、管理平台、学术事务平台、数据平台、资政平台五大平台化组织布局，突破要素的物理分散困境，并促进要素在校内的无障碍流通。换句话来讲，设立以上这些平台，就是希望通过平台逻辑所体现出来的能协调各方行动的载体空间、互动规则以及弹性结构，实现多种场景协同与耦合，从而最大程度地将学校需要的整体主义、部门行动的专业主义以及师生需求的个体主义有机结合起来。其中，设立决策平台主要维护学校重大决策的科学、民主并兼顾效率，设立管理平台主要是在各管理和服务部门之间建立协作关系，布局学术事务平台主要在各教学科研组织之间建立合作关系并从中解决一些专业性强的问题，设立数据平台主要是为全校所有机构提供基本的数字技术支持，设立资政平台主要是吸纳校内外不同利益相关者的建议并推进外部力量对大学的支持。

这种布局突破了行政主体理论及其分权模式给大学机构改革带来的制约，有利于走出大学机构设置要么关注"条条"，要么重视"块块"的二元思维方式，有利于把大学党委及校长的统筹优势、职能部门的专业管理优势以及数据平台的技术优势结合起来，以便构建以围绕大学知识传递和生产为中心的、简约且高效的大学内部治理体制机制。

第九章 大学机构布局的具体设置与职责配置

机构的设置，往往是由组织内不同任务的性质和数量决定的。大学机构布局，实质上也是大学对其所拥有的要素或治理要素进行整合和重构，以使其自身的组织结构处于帕累托最优状态。上一章所提出的PCP构型仅仅是大学机构的总体性布局，还需对该构型所涉及的机构都做出具体的设置安排，并将每个机构的功能定位具体化，即为每个机构配置相应的职责，清晰地规定事务应该由谁来做、怎么做。

一 大学机构的具体设置

大学是典型的资源依赖性组织，配置要素为获得足量的资源能力而（即大学治理能力）直接制约了大学组织目标的实现。构建一个有利于组织内外部要素配置的机构系统，也就成了大学机构布局的根本出发点。对此，大学布局必须在机构设置上契合要素在时间、空间、数量三个维度上的分布和流动规律：（1）在时间维度上，大学机构系统需要具备识别—抓取能力，即具备在第一时间识别、抓取某一或某些要素的能力，以体现机构对所辖事务的前瞻性、主动性、计划性和策划性；（2）在空间维度上，大学机构系统需要具备汇集—整合能力，即具备把相关要素汇集、整合起来，以具备产生新协同效应的能力；（3）在数量维度上，大学机构系统需要具备挖掘—开拓能力，即具备在现有条件下获取最大治理成效的能力，做到物尽其用、人尽其才。反映在机构设置上，则要求每一个大学机构都具有四个方面的特性：（1）对内外部需求反应敏锐并能快速做出回应；（2）能快速协调并能就共同目标做出一致行动；（3）自主独立且能与其他部门协作开展工作；（4）保持开放进取的心态和行动。下文就从要素的分布和流动规律出发，重点围绕上一章有关大学机构总体布局中的决策中枢、生产中心、管理与服务平台、数据平台、问政平台五个关键组成部分，分别对PCP构型大学机构体系做出具体描述。

（一）决策中枢

决策中枢"总揽全局，协调各方"，是大学复杂治理体系的枢纽，在大学治理中具有最终决定权，以发挥其顶层布局、总体布局、统筹协调的要素整合作用。这一布局方案将大学党委常委会即人们惯称的大学党委定位为大学的决策中枢。大学党委作为大学全委会（党员代表大会）的常设机构，本来就被定位于"统一领导学校工作""发挥领导核心作用"，这也是由党委领导下的校长负责制所决定的。党委领导下的校长负责制是经过长期探索并由法律法规确认的制度性构架，其实质就是确立大学党委在高校的核心决策地位，同时充分发挥大学校长在学校的重要作用，是一种"党政结合"的领导方式，体现了大学治理的中国特色。

至于大学党委的机构配置，高校一般都在校内设置大学党委书记及党委会，还有党委办公室这一辅助机构以及组织部、宣传部等职能机构。后来，为了加强学校党口、政口之间的联系与合作，又设置了党政联席会，并将党委办公室与校长办公室合署。这种机构设置安排看似考虑全面，并顾及党政分工、党政合作，但却一方面增添了许多不必要的工作流程（如会议多），增加了决策的时间，使得大学的感知和响应的速度变得缓慢；另一方面还造成大学党委书记、大学校长的职责和角色不清而难以形成工作合力。在本书看来，以上机构是相互交合、部分重叠的。如许多大学的校长既是党委成员，一些决策议题的提案者，并参与党委决策，又是党委决策的认领者，其行政团队的一些人同时也是党委成员。所以就有学者认为，所谓"党委决策、校长执行"的说法是不确切的①。校长的角色定位，既是党委决策的执行者，也是决策参与者。决策前，校长要主持校长办公会议研究并提出动议方案；决策中，党员校长作为党委副书记要协助组织党委会议，作为党委的一员要参与讨论和表决；决策后，校长要负责执行，落实党委决议。

对此，本书主张在"党委领导下的校长负责制"这一既定的国家体制框架下，将大学涉及决策的所有个人及组织都整合起来，进行集约化布局，以做到顶层的"集合"。本书还主张，在设置大学党委的机构时，要突破与政府"机构同构"的思维窠臼，将目前隶属于大学党委直接管辖的组织部、宣传部、统战部等机构所拥有的具体事务管理性质的职能及人员剥离出来，统筹到学校管理与服务平台。这样做，一方面可以将大学党委从一些具体的事务性管理中解放出来，专注于怎样做出决策、怎样维护决策实施的效果；另一方面还能在现有人员编制限制条件下优化人力配置，充实管理与服务人员队伍。对此，一位高校社科管理部门的负责人抱怨道：

> 我们的管理体制不一样，加之各部门的人员编制缺乏科学论证，导致忙闲不均。希望学校党群部门的人员可以少点，一些重要的行政业务部门人员可以增加一些。我们处只有8个编制，却服务5000多名教职工，确实力不从心。（微信群，2023-10-30）

大学党委作为大学决策中枢，为大学今后"往哪个方向走""应该做什么"做出抉择，即为大学做出方向性决策。但是，大学党委只是一个抽象的主体，决策功能的实现是建立在具体的平台和部门之上的。大学党委由以下四部分组成：

---

① 管培俊：《关于坚持与完善高校党委领导下校长负责制的几点认识》，《国家教育行政学院学报》2022年第4期。

1. 决策平台（大学党委会）

大学党委是大学的决策中枢，是主要为大学做决策的，但基于决策科学、民主的需要，决策不能是个人决策，而是集体决策。既然是由具有背景及来源的多人参与的集体决策，就必须设立一个议事的平台即大学党委会。大学党委会，是一个小范围的领导团队，起着统领全局、协调各方的作用。大学党委会掌握着国家法律赋予的学校最高权力，类似于美国公立院校的理事会，类似于私立院校的董事会，与中国香港地区一些大学的董事会也有相同之处[①]。

2. 校务办公室

与以往党委办公室（简称"党办"）、校长办公室（简称"校办"）只是帮助党委书记和校长做事的机构不同，本书主张整合已有的党委办公室、校长办公室为一个机构——校务办公室（或称"××大学办公室"）。对于党办和校办合并的必要性，有两位在党办和校办担任过职务的人士谈道：

> 我觉得是这样的，本着发展的眼光来看这事，还是合并好，因为现在的治理是要大学党委书记和大学校长两个"一把手"协同发力，两个"一把手"的办公室都不在一块儿，咋协同？起码把办公室合起来是协同的第一步。我觉得这是一个趋势，现在大部分高校的党委办和校长办都应该合起来，这也是为了更好地协同党委跟行政之间的工作……（KHZ0524）

> 从做工作的角度来讲，肯定是两个办公室合在一起好。工作当中我们碰到问题，还不是两个部门的协调问题？！比如我们的校办有法务部，只统管学校的行政规章制度，不管党口的规章制度，那就

[①] 如香港科技大学的董事会就是居于该校治理体系顶层的决策机构，具有全面管控学校的权力。对此，《香港科技大学条例》第8—11条还专门对董事会进行了制度布局，以此保证校董会作为"大学的最高管治机构"的权力［参见《香港科技大学条例》（2009年9月1日修订，宪报编号1141)］。

使得整个规章制度梳理当中有一块缺失，但党办有政策研究室，就等于各管各的，各自为政做事情。如果当时两办是合在一起的，可能问题就解决了，甚至就没有这样的问题。所以我觉得合起来是个大的趋势……（LSF0524）

校务办公室是一个很重要的、包含多个工作团队的支撑性机构，既是承担整个党委会日常管理工作的办公机构，也是大学校长通过管理平台协调和布置工作任务的秘书处。

3. 咨询参谋部

目前，国内高校普遍缺乏咨询参谋机构，一些高校设立的类似高等教育研究所、发展规划处等部门，已很难发挥咨询参谋作用，大都演变成了帮助校领导起草讲话稿和方案文本的秘书班子，或者沦为一个游离于学校决策圈之外的、纯粹的科研机构。咨询参谋作用的弱化，使大学官僚制本身的理性化程度不足，同时决策中枢也缺乏必要的决策支持。由于大学决策中枢除了要"揽全局"，还要"知时局"，更要做到"应变局"，为此就需要有一个专门机构帮助决策中枢密切关注师生需求和外部环境的变化，分析和捕捉窗口期的发展机会，并辅助决策中枢及时提出切实有效的应对方案。对此，本书主张为大学决策中枢设置一个专属的、专司政策咨询的机构——咨询参谋部，即专门为学校高层提供决策支持。对此，本书主张将大学现有的诸如发展规划处、高等教育研究所等机构归并成咨询参谋部，由大学党委直接管辖（直属），作为大学决策中枢的一个"后援团"，以辅助决策层保障决策的正当性和科学性，并尽量缩短用于决策的时间。本书还主张，评估参谋部的成员以专职院校研究者为骨干，并聘请一些有一线管理经验的、热衷和善于建言献策的校内外人士担任"大学参事"。

4. 评估督察部

大学机构应按照决策、执行、监督、咨询、反馈等基本职能进行合理的要素配置。但国内高校普遍存在的情况是，决策和执行机构很齐备，但评估、监督、咨询、反馈等机构要么形同虚设，要么与执行机构混杂在一起，由此出现了既当裁判又当运动员的现象①。再一个就是，监督督察是党委的一项重要职能，但现实的情况是，有些高校的党委以不干涉行政、维护学术自由为由放弃了它们自身的作用，做表面文章。全面领导也就成了走形式、走过场式的领导，没有发挥出监督督察的作用。对此，本书主张，将评估、纪检、监督、督察、巡查、审计、反馈等职能进行归并处理，组建成党委直属的机构——评估督察部。本书还主张，评估督察部这一新的机构是由原有的纪委、党委巡察办公室、审计处、督查办公室、评估办、巡查办②等机构整合而来，只对大学党委负责，且必须保证其拥有充分的独立性，否则就很难行使评估和督察的职能。

对于评估督察部，还需补充说明的是，由于本科教学在大学办学体系中处在一个很基础、十分关键的位置，对其质量状况进行评估也很复杂，为此可以单设类似"大学本科教学质量评价与监测中心"名称的机构，挂靠在评估督察部，其负责人由评估督察部的部长兼任。

（二）生产中心

大学是一个专门从事知识、人才、文化、社会服务等社会公共产品生产的地方，生产中心则是指从事教学和科研任务的院系和科研院所，也是美国高等教育家伯顿·克拉克所讲的"学术中心地带"（academic heartland）③。对其进行布局的核心目标就在于提升学校整体的教学和科研能力。就目前中国大学的机构设置情况来看，学校按照学科被分割成不同的院系，院系又进一步被分割为不同的部门，如系、教研室等。其

---

① 还有，学者在论及当前中国大学的监督职能时就认为："无论是教职工代表大会，还是学生代表大会，其运行均被置于行政机构之下，制衡机制先天不足，作用发挥弱化［参见周光礼、郭卉《大学治理实证研究 2015—2019：特征、趋势与展望》，《华东师范大学学报》（教育科学版）2020 年第 9 期］。

② 目前在国内高校，由于校党委每隔一年或几年需要对校内所有二级单位巡查一次，一些高校还专门成立了巡查办公室（简称"巡查办"），办公室主任为正处级。

③ ［美］伯顿·克拉克（Burton Clark）：《大学的持续变革：创业型大学新案例和新概念》，王承绪译，人民教育出版社 2008 年版。

中一些系科或研究院由于科研实力和人员队伍的增长，又纷纷自立门户成为新的学院①，从而造成学院数量的不断增多甚至膨胀。从整体上看，中国大学内设院系要明显多于美国（如表9-1所示）。这种过多的学院设置，固化了学院的组织边界，加上现有人事管理和评价制度制约了不同学院教师间的交流与合作，很难开展多学科协同攻关②。

与此同时，由于一些教授基于其自身科研的需要以及对学术自由和学术头衔的追求，或基于争夺经费、实验场地等研究资源的需要，近些年来，大学校园内又涌现出许多形形色色的或实体性或虚体性或半实体性半虚体性的研究机构，如研究院、研究所、研究中心等，这些研究机构除了少数是有专门经费、专门人员的实体性研究机构之外，大都内嵌在院系部门中。这种机构设置虽然也能满足某个学科、某些人员的某些需要，但久而久之就形成了有学者所形象地类比的"巴尔干化"式的组织割据状态③，即彼此之间相互孤立，缺乏合作与协同，即便是在同一个学院也是如此。究其原因，就在于现有的院系及其内部构成都是基于不同学科而成立的学术单元，很容易演变成为一个个故步自封的利益群体，形成一定的利益割据，这不仅不利于学科壁垒的消解以及学术资源的流动，而且不利于大学组织的整体发展④。目前，许多高校基于去行政化、调动院系积极性的考量所推行的二级管理体制改革，如有大学推行的"院系办大学"改革⑤，虽然使院系获得了更大的办学自主权，但

---

① 对于出现这种现象的原因，有学者通过调研发现：相比于单一学科类型学院，多学科类型学院在资源分配中明显处于不利地位。在此情况下，但凡一个学科或二级学科若能成为一个单独的学院，就能成为行政管理链条上的一环，这对学科组织而言就显得至关重要。因为学校在进行资源分配时，是以学院为单位的，尤其是在一些职称评审、重要奖项评选、项目申请的关键指标上（参见褚照锋、陈廷柱《多学科类型学院的运行困境与发展对策——基于 W 学院发展历程的考察》，《高校教育管理》2020 年第 1 期）。

② 朱永东：《研究型大学学科组织结构创新探析》，《高等工程教育研究》2021 年第 4 期。

③ 李鹏虎：《论我国研究型大学中"巴尔干化"式的组织割据》，《国家教育行政学院学报》2019 年第 5 期。

④ 李鹏虎、王梦文：《世界一流大学如何实施跨学科组织改革——基于领导力视角的分析》，《高等工程教育研究》2022 年第 1 期。

⑤ 王天定：《"院系办大学"是学校管理模式的重大变革》，《新京报》2018 年 10 月 17 日第 2 版。

却使大学难以拥有院系之外的学术资源以供学院及学科整合使用，同时也强化了院系及其学科的"割据"状态。

表 9-1　　　　　　　中美传统名校学院设置数量对比

类别	中国高校	学院数量（个）	类别	美国高校	学院数量（个）
中国C9、一流大学建设高校	清华大学	34	美国常青藤名校、公立名校	哈佛大学	13
	北京大学	44		耶鲁大学	14
	上海交通大学	34		宾夕法尼亚大学	12
	复旦大学	36		哥伦比亚大学	14
	浙江大学	39		普林斯顿大学	4
	南京大学	33		布朗大学	6
	中国科学技术大学	29		康奈尔大学	14
	西安交通大学	43		达特茅斯学院	5
	哈尔滨工业大学	25		密歇根大学安娜堡分校	19
				加州大学伯克利分校	14
学院设置平均数		35.2	学院设置平均数		11.5

资料来源：(1) 所在高校官网截至 2022 年 7 月上载的最新信息。(2) 中国高校的学院数据不包括跨学科学院（如北大的元培学院、燕京学堂等）、继续教育学院、国际教育学院、研究院、体育学部以及一些承担特殊教学任务的学院（如南京大学的新生学院、中国科技大学的少年班学院），也不包括设在异地的学院（如哈工大的深圳国际布局学院），但包括书院（如清华的新雅书院等。书院制源于西方，目前在中国已有一些大学设立了书院，虽没有固定统一的模式，但基本上属于实体性的机构，与传统学院一样都是二级人才培养机构，如北京大学元培书院、中山大学博雅书院就是如此。）和一些与学院并列的学校直属系（如北大的中文系、清华的化学工程系等）。(3) 美国高校的学院数包括研究生院（如哈佛大学的文理研究生院）、继续教育学院。

针对此状态，实施跨学科战略，就成为常被提及的一个解决之策①。但是，如何实现这一战略，却是一个制度性的大难题，因为这一战略与传统院系机构体系很不相容。究其原因，主要在于学院同时作为行政管理单位，一方面，基于各自部门利益的权衡，对教师的跨院系流动以及相应的资源分配缺乏积极性和主动性的制度支持，甚至采取一种排斥乃至抵制的态度和作为；另一方面，作为学科单位的院系"画地为牢""各管一片"，导致跨学科被封闭在割裂的学科单位中，跨学科研究变成了"跨院系研究"。② 针对这一难题，近年来，一些高校也做了改革尝试，主要有三种情况：一是成立跨学科性质的研究院。这些研究院要么与学院并列，纳入学校的二级机构管理，要么归并于某个学院，属于学院的内设部门。二是组建多学科类型的大规模学院，即将一些相近或相邻学科的学院合并成一个学院。三是学部制改革，即按照学科门类或学科群将若干个学院归属于一个学部管理，由学部承担发展规划、资源统筹、协同建设等职能。比如国内名校大连理工大学实行"两级（学校、学部）管理、三级（学校、学部、学院）建设"的管理体制，下设7个学部，各个学部都设有1名部长、5—6名副部长，同时还建有独立建制的学院、教学部和专门学院。

这些改革虽然在某种形式上整合了某些相近的学院或学科，但教学科研人员、课程、实验设备等资源仍处于分散状态。比如，对于多学科类型的大学院，有研究通过调查就发现："院系合并并不必然推动跨学科研究的开展，实质上反而可能会限制学科自身的发展。"③ 对此，有国外学者就曾发出警示，简单的单位（院系）合并并不能保证跨学科教学和研究的出现，甚至可能更糟，要警惕强迫性"跨学科"的危险④。

---

① T. Becher, "Interdisciplinarity and Community," In Ronald Barnett, ed., *Academic Community: Discourse or Discord?* London & Bristol: Jessica Kingsley Publishers, 1994, p. 55.

② 茹宁、李薪茹：《突破院系单位制：大学"外延型"跨学科组织发展策略探究》，《中国高教研究》2018年第11期。

③ 褚照锋、陈廷柱：《多学科类型学院的运行困境与发展对策——基于W学院发展历程的考察》，《高校教育管理》2020年第1期。

④ [美]朱丽·汤普森·克莱恩（Julie Thompson Klein）：《跨越边界：知识·学科·学科互涉》，姜智芹译，南京大学出版社2005年版，第311页。

再如学部，当学部虚体运行时，虽然能维持学院的办学独立性，但却起不到整合学部内部学科资源的作用，学部形同虚设，学院仍然是各自为政，一些跨学科机构也最终固定成为各学院的附属研究机构[①]；当学部实体运行时（即成为一级管理部门），虽然通过行政权力的强行介入使学部内的学科资源能得到某种程度的共享，但处在不同学部之间的学科资源还是难以实现共享，同时，还由于在学校与学院之间增加了一个管理层级（学部）而降低了管理效率。如有管理者在谈及国内师范院校大都设置的教育学部时就无奈地谈道[②]：

  设置教育学部，从表面上看似乎为教育学、心理学、体育学三个学科交叉融合提供了平台，但三个学院（教育学院、心理学院、体育学院）之间的差别非常大，没有共同的愿景、主题，做着做着便回到了各自的学科圈子里来。

还有网友以一所国内名校设立医学部为例，对国内一些高校热衷于设立学部的用意及其实施效果发出了质疑[③]：

  当初高校大合并的理由就是促进学科融合，结果摆在眼前。如果当初融合了，现在还成立学部干什么？实际上，学科融合不是人为制造出来的，而是在发展当中自然形成的。比如生物医学工程就是学科自然融合的结果，考古学、测绘科学等许多学科也不断融合进其他学科的知识体系。如果为了融合，建立校、院、系体系更加方便……解决学科融合问题，还得回归本原。这就是

[①] 茹宁、李薪茹：《突破院系单位制：大学"外延型"跨学科组织发展策略探究》，《中国高教研究》2018年第11期。

[②] 温才妃：《发力学部制，高校要交出怎样的"成绩单"》，《中国科学报》2022年9月6日第4版。

[③] 人生透镜：《高校纷纷成立学部：促进学科融合还是更加行政官僚化?》，2023年4月7日，教育透镜（https://baijiahao.baidu.com/s? id = 1762411428802576448&wfr = spider&for = pc）。

学校之下设立学院，学院之下设置系。如此，医学范围之内的融合，医学院就统筹了，医学与其他学科的融合则由学校协调。现在，医学范围内的融合需要学部协调，只是增加了更多的麻烦。如果学部不是实体，协调也就成为一句空话。……有的高校居然设了11个学部，如果将11个学部变成11个学院难道不是更加简洁高效吗？

此外，由于学部部长与院长同为正处级干部，在人员、经费等要素配置上往往难以协调。当学部虚实结合运行时，由于在人员聘用、人才评价等方面的职责及权力归属比较复杂，有时在"究竟谁说了算"的问题上，容易出现模糊或真空地带。这正如有学者所评价的那样：所谓的学部制，大多还是停留在原有的院、系、所、教研室等机构的思维定势上，其改革不过是在院、系、所和教研室四者之间做不同的排列组合罢了，实行的还是等级制度的科层管理。至于科学研究，基本上还是取决于教师的个人兴趣和爱好，更谈不上跨学科研究合作[1]。

对此，大学要顺应世界学术发展的趋势和知识生产的规律，走出学科型组织相互割据以及相互孤立的"窠臼"，首先就应在机构设置方面打破院系与院系之间、院系内部各部门之间的边界壁垒，以促进学科之间的交叉与融合。但是，这种愿望却被目前这种管理机制以及院系机构设置体制所阻挡、所限制，中外大学都不外乎如此。在中国，一些大学通过新建实体性的研究院，来推进校内学科的交叉和融合，如北京大学成立的前沿交叉学科研究院，清华大学创建的人工智能研究院，上海交通大学建立的 Med-X 研究院，浙江大学组建的求是高等研究院等。由于学科及科研问题的复杂性，大学内设的这种研究院有逐渐增多的趋势，

---

[1] 杨连生、文少保：《问题制：当今大学跨学科研究组织发展的制度创新》，《中国高教研究》2009年第10期。

如上海交通大学除了有 34 个学院之外，还有与院系在行政管理序列中并列的 25 个研究院，其中综合交叉研究院 7 个①。这些研究院除了在资源分配、师生管理、绩效评价等方面与院系存在冲突之外，还造成了学校教学科研机构系统的膨胀，增加了学校的管理成本和负担。美国威斯康星大学麦迪逊分校（UWM）的前校长大卫·沃德早在 1995 年就在其学校制定的一份名为《未来愿景》（A Vision for the Future）的战略计划中，不无担忧地讲道："为了适应知识瞬息万变的社会需求，我们的组织结构需要灵活地与时俱进……无论学校正式组织结构如何，我们需要改变阻碍跨院系合作的政策和做法。"② 时隔 20 年后，这一问题仍然没有得到有效解决。对此，加州大学总校前教务长贾德森·金教授结合加州大学内部治理所面临的问题，认为大学应当构建一种服务于推动各种学科整合到一起的治理结构，这种结构要能够克服跨学科整合与发展面临的问题③。

对此，需要突破原有的思维和实践模式，通过院系机构设置来助推"学科资源整合"目标的实现：一是适应当前跨学科人才培养的需要，同时有助于发展新兴交叉学科，开拓新的学科领域和研究方向；二是适应有组织科研的需要，即适应大学围绕重要科研课题进行联合科研攻关的需要；三是能充分利用校园内有限的设施设备、实验室空间。与此同时，也要认识到学术系统的"底部沉重"特征，要尊重院系这种基层学术组织的独立自主性。基于这些目标的实现，本书特提出以"学院+"为特色的生产中心机构设置模式（如图 9-1 所示）。生产中心主要由两个部分组成。

1. 学术事务平台

由于大学事务复杂且专业，本书主张在管理平台之外专设一个专司

---

① 上海交通大学：《院系设置》，2022 年 7 月 23 日，上海交通大学网（https://www.sjtu.edu.cn/yjy/index.html）。

② D. Ward, *A Vision for the Future-priorities for UW-madison for the Next Decade*, Madison, WI: University of Wisconsin-Madison, 1995, pp. 8 – 9.

③ 俞婷婕、眭依凡、朱剑等：《加州大学内部治理结构与运行机制探微——对加州大学总校前教务长贾德森·金教授的访谈》，《复旦教育论坛》2019 年第 5 期。

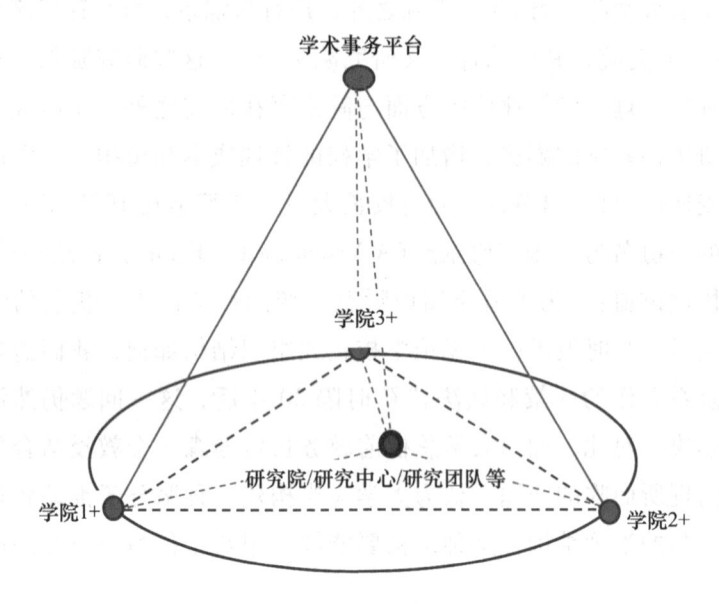

图9-1 "学院+"机构布局模式示意

学术事务议事和协调的平台即学术事务平台。学术事务平台不仅是一个专司学术事务审议和评定的机构，还是一个专门针对跨学院学术事务协调的议事机构。结合中国大学当前的实际以及尽量降低改革成本的考量，本书认为，高校校内现有的学术委员会最适合履行学术事务平台的功能，即把学术委员会改造成专门从事学术事务管理的学术事务平台。

学术事务平台由大学校长直接领导，但由于学术事务的专业性很强，因此可以在大学校长的授权下独立开展工作。又由于学术事务很复杂、类别很多，学术委员会要根据学术业务的不同再设专门委员会，一般有学位委员会、师资聘用委员会、学科建设委员会、课程与教学委员会、学术道德委员会、学位评定委员会、职称评审委员会等；一些专门委员会还可以根据学科大类再分设不同的小组，如职称评审委员会可按学科大类归属再设若干个小组，如人文社科组、理学组、工学组、医学组等。学术委员会委托专门委员会提出基本意见，然后将意见再提交给学术委员会讨论决定，最终形成可供大学校长决定或党委会决策的提议或建议。

为了避免学术事务平台像以往高校的学术委员会一样沦为"花瓶"

角色，本书还主张，学术事务平台需要实体化运行，即要有专门的办公室（秘书处）及人员，有专门的办公场地及会议室。这一安排不仅能让学术事务平台在学术事务管理中真正发挥"内行人把关"的作用，还由于能起到整合不同学科学术资源的作用，而使大学在校内设立"学部"这一学术管理机构不再必要。如有研究者认为，在大学设立由几个学科近似的学院合并的学部，旨在让学部成为"加强版的学术管理枢纽"，学校要将职称评审权、人才引进审核权、学术项目评审权等具有实质性的学术管理权下放到学部，由学部来负责所辖学院的统筹关系[①]。但在本书看来，"加强版的学术管理枢纽"的职责完全可以由学术事务平台来承担，即职称评审权、人才引进审核权、学术项目评审权等学术管理权可以交由学术委员会下属的某一专门委员会负责实施，即现有的学部尤其是虚体运行的学部的职能，完全可以由学术委员会下属的某个专门委员会来承担。如来自人文社科类学院教师的职称评审等，就可以由职称评审委员会或职称评审委员会人文社科组负责评审，人才引进审核可以由师资聘用委员会或师资聘用委员会人文社科组负责评审，学术项目评审可以由学科建设委员会或学科建设委员会人文社科组负责。

2. 学院+

在本书的布局方案中，学院是指以本科教学为主的管理单元，而"学院+"中的"+"则是指学院基本职能衍生或扩展出来的职能、组织或部门，如跨院系课程设置、研究院、研究所、研究中心等。由于这些职能、组织或部门在行政隶属上不完全或只有一部分属于学院，因此就用"学院+"来表示。具体设想及安排如下：

其一，学院+人才培养。本书主张，由于分院（系）设置产生于知识生产劳动分工的需要，学院也都拥有比较固定的部门及人员设置、独立的办公场地以及管理规范，学院的基本建制要维持不变，不能以跨学科人才培养为借口随意拆分或合并学院。因为跨学科人才培养不同于跨

[①] 温才妃：《发力学部制，高校要交出怎样的"成绩单"》，《中国科学报》2022年9月6日第4版。

学科科研，前者必须建立在一定的学科之上，可以实施宽口径培养，但不能随意进行专业混成或叠加，跨学科不能削弱学生基本的专业训练和学科素养。至于后者，则是指由不同学科背景的科研人员聚集在一起进行协作式科研。为此，对于研究型大学，学院的设置必须以一定的学科为基础，可以按照学科归属或学科关联度整合成规模比较大的学院，比如可以将社会学系、民族学系整合成社会与民族学院，将石油工程学院的新能源科学与工程、机械工程学院的能源与动力工程、材料科学与工程学院的新能源材料与器件三个专业整合成新能源学院①。至于应用型大学，应主要按照产业链的需求来设置学院，学科逻辑则不是主要的考量。同时，还要以学科或产业链为基础设置不同专业，并给予学生在一定范围内的选课自由以及完全的转换专业自由。

其二，学院+科学研究。本书主张，除一些从事个人自由探索性质的科研项目的教师之外，其他教师在全校范围内打通使用，科研设施设备等资源由学校统筹，即由大学校长总负责总协调、学术事务平台负责审议和认定、管理平台（科研管理与服务部、总务后勤部）负责提供配套支持，从而达到科研资源最大程度地共享。本书之所以做此安排，主要是因为随着"大科学"时代的到来，学院已无法为跨学科研究尤其是大规模的跨学科研究提供所需条件，必须采用全校科研资源统筹模式。如伦斯勒理工学院在校友支持下新建了名为"生物技术与跨学科研究中心"的大楼，楼内安放了核磁共振、电镜等科研设备。凡是该校从事生物技术研究的新教师以及获得重大项目的老教师经申请以及学校（一个专门委员会）审核，就可以利用楼内的实验室从事科研工作②。近年来，在国内已有中国科学技术大学等高校开始尝试把院系内设的科研设备等资源归并到校级公共科技平台，对一些科研仪器设备尤其是大型科研仪器设备进行集中管理。这一做法不仅推进了科研资源在全校范围内的开

---

① 麦可思：《调整重组！高校院系大变化》，2022年9月1日，麦可思研究（https：//www.163.com/dy/article/HG6UC01M05218435.html）。

② National Academies, *Facilitating Interdisciplinary Research*, Washington: National Academy Press, 2004, p. 183.

放共享，也在一定程度上实现了科研人员的集中与交流。

这种以"学院+"为主要特点的教学科研机构系统布局，是一种以学院为主的布局。在历史上，大学在很大程度上是为本科教学布局的，学生的学费支付了大学的教学费用，人员配置在很大程度上取决于教学需求。后来，大学虽然出现了许多科研组织，如那些能将教师的学术抱负与资助者的利益结合起来的研究院、研究所、研究中心等，但其研究人员基本上仍扎根于既有的学院，并在学科标准方面离不开学院的质量控制系统。[①] 现如今，学院仍然是大学最基本的、不可替代的学术机构。本书提出"学院+"这一机构布局，不仅在于维持学院的独立地位和特殊功能，还在于其适应性和弹性很强，具体缘由有二：

第一，"学院+"很好地顾及了院系这一基本教学单元的独立性，从而能得到各院系的配合和支持，也便于对师生进行归口管理。"学院+"是一种仍然有校级力量介入但以院系为基本盘的生产平台布局模式。无论是教师还是学生都以院系的管理为主，师生的人事关系、学籍和日常归属院系管理，课程设置及教学除全校公选课之外也归属院系管理，教师在教学方面的绩效全部计入所在院系。至于在科研及社会服务工作上的绩效，按照研究人员的归属，其所做贡献的大小按一定比例计入所在院系。这种安排一方面可以维护院系的办学独立性和积极性。"学院+"既是一种以存量改革为主的、相对稳妥的模式，又是一种由于尽量不动用院系利益而能得到院系理解和配合的模式。因为这种模式不会影响院系的基本教学和管理工作，也因为教师科研绩效被同时纳入所在院系而能得到院系的支持；另一方面，这一安排能将院系纳入学校的统筹管理体系中，有效克服传统院系结构所固有的封闭性和排他性，有利于各院系的协同合作、各学科的交叉融合。

第二，"学院+"超越了院系和学科的界限，十分适合在校园内推

---

① R L. Geiger, "Organized Research Units—Their Role in the Development of University Research", *The Journal of Higher Education*, Vol. 61, No. 1, 1990, pp. 1 – 19.

行短期和长期的跨学科研究项目。一方面，教师除了要在所在院校承担必要的教学任务外，还可以根据其自己的研究需要，利用数据平台提供的信息，以学术召集人的身份或课题组负责人的身份自行与所在院系内外的教师组成科研团队。学校对其实施 PI 制（Principal Investigator）管理模式，即对其实行科研、研究生培养的一体化管理。由个人组建的科研团队（或科研小组）根据后期的成长及科研需要，可以逐步发展为研究中心、研究所乃至研究院。另一方面，学校可根据布局重大科研攻关项目的需要，以任务为中心组建研究院、研究中心或研究所等跨学科科研平台，开展联合科研攻关。这些科研团队或研究院、研究中心或研究所，其内部没有学科和专业之分，完全以任务为中心，经该组织负责人申请，经学校评审后（一般由学术委员会下属的专门评审委员会），根据其研究需要为其提供或配备必要的场所、科研设施和人员支持。科研任务完成后，如果没有后续研究项目，科研团队或研究院、研究中心或研究所就要自行解散，同时学校收回相关的场所、科研设施和人员。这样做，可以防止学校研究组织的无序膨胀，也会规避一些"僵尸科研组织"在校园内的存在。此外，"学院+"还有利于科教融合，构建"学院+研究组织"的协同育人平台。如院系与研究组织可通过共享物理空间、科研平台、优秀师资以及其他学术资源，营造以科研反哺教学、以教学驱动科研的人才培养环境。

其三，"学院+"可以较好地平衡院系与研究机构之间的利益关系。在大学的生态系统中，院系早已形成了一套比较完整的教学与人才培养体系，但由于其固有的保守性，因此难以从事跨学科、跨机构、跨地域的研究工作。至于研究院等科研组织，却可以做院系无法做的事情，并为本科教育提供那些来自社会的经费等资源，但却难有本科教学的职能。二者由于拥有其各自的利益链，因此在现实中很难保持均衡发展，于是，有一个难题就是，大学如何在维护院系主体性的同时还能在教学与科研之间维持相互协作、相互促进的和谐关系？针对这一难题，本书主张除了要将教师的教学绩效以及部分科研绩效计入学院之外，在教师的薪酬来源上也应实现双轨道制度。比如，可结合学校的办学定位将教师的月薪或年薪划分为两个部分，其中80%—50%不等的薪水由学院发放，另外的20%—50%则由教师所加入的研究机构发放。与此同时，对于研究组织通过科技成果转化、社会服务获取的收入，学校要将其提取额中的一部分以类似转移支付的方式反哺给院系。这样做，一方面可以激励教师主动组建或参与科研团队从事科学研究，另一方面也使院系愿意积极采取措施支持其教师跨院从事科研活动。

（三）管理平台

管理平台归大学校长直接管辖，它是包括大学校长、各相关部门负责人在内的核心管理集团，是一个旨在为全校师生提供管理和服务的事务性操作平台，是大学校长执行党委决策任务的具体操作者，相当于大学校长的"左右手"。管理平台类似于国内高校现有的校务委员会，但本书布局方案中之所以不将其称为"委员会"而是称为一个"平台"，是因为要强调管理平台是一个虽然有议事职能但却重在执行的机构。基于此，管理平台就类似于一个"超级大办公室"，负责人就是大学校长，副手就是副校长，成员就是各个部的部长。这样安排有利于避免以往走完决策阶段后的事项还要经历再一轮的议事程序，使事项直接进入任务的推进和完成阶段，从而能提高大学的治理效率。此外，为了尽量缩短行政管理链条，强化平台的协调功能，本书还主张管理平台的秘书处挂靠在校务办公室（如图8-2所示）。

管理平台下属的是各个部，是除决策机构、教学研究机构之外的其他机构，也是党委决策后在校长带领下落实决策即承担具体管理和服务事务的机构。但就目前国内高校的机构设置情况来看，职能机构的数量一般在30个以上，一些规模大的高校超过了40个。这些职能机构大体上可分为四大类：第一类是党务部门，包括党委办公室、组织部、宣传部、学工部、统战部、党校等。这类机构一般都划给党委管辖。第二类是行政部门，包括校长办公室、教务处、学生处、科技处、财务处、人事处、学科规划办、评估办、教师发展中心、设备处、基建处、保卫处、校友办等。第三类是直属部门，包括图书馆、网络中心、期刊社、出版社、高等教育研究所、附属学校、附属医院等。第四类是社群组织，包括团委、工会、妇联等。

在这种机构布局中，其职能部门数量过多、分工过细，虽便于管理和服务任务的分解，但也会造成很多影响学校治理效率的问题，主要有二：一是职能交叉、政出多门、职责不清，特别是当管理难题出现时，职能部门都不愿承担相应责任。二是各部门各自为政，协调难度大。如近年来，一些高校为了强化人才引进工作，将人事处有关人才引进的职能剥离出来，专门成立类似于"高层次人才办公室"的学校直属职能机构。这样做从表面上看是学校重视高层次人才的引进工作，实际上这一机构只是接受一个工作委托，走一个程序，最终有疑问或棘手问题，还得交给人事处来处理。这个时候，如果人事处以"此事不归我们管辖"为由拒绝承接办理，就会造成"相互踢皮球"式的推脱现象。针对这一突出问题，近年来，一些高校通过合并或归并一些机构的做法，减少了校内的机构数量。如2018年北京第二外国语学院将其职能部门由原来的22个调整为17个、教学单位由原来的23个减少到17个，2019年，华中农业大学将其独立设置的管理和服务机构由33个减少到20个，等等。但是这些高校的机构改革仍然不够彻底，有些也仅仅是简单的合并，或者是减少了一些机构但同时又增加了一些机构，如清华大学在2019年12月发布的机构改革方案中，虽然撤销了两个机构、剥离了6个机构，但同时又增加了文化建设办公室、终身教育处、法制与法务办公室等机构[①]。

为此，基于要素空间维度的大学机构系统需要具备的汇集—整合能力，大学在机构布局时需要全面梳理大学承担的各类管理和服务事务，需要对工作契合度高、包容性强的同类职能进行平台化的归并整合。对此，本书除了把一些传统职能机构调整为由决策中心直接隶属的支撑和辅助机构，如规划办、评估办、高等教育研究所、党委办公室、校长办

---

① 清华大学发展规划处：《清华大学校机关机构改革》，2020年3月23日，清华网（https：//fzghc.hebmu.edu.cn/a/2020/03/23/1C5E6F9582D447358FC23B41AC530583.html）。

公室等，对于其他职能机构，就按照教学、科研、学生事务、后勤保障、对外合作等维度将大学整个管理和服务职能归并、整合为九个部门，且都以"××部"命名。需要补充说明的是，本书之所以用"××部"命名9个部门，而不是用"××处"，一个考量就是在机构名称上去除大学常被人诟病的"衙门化"现象，弱化其行政意味，强化其管理和服务的职能。以下是纳入管理平台的九个部门：

（1）教学管理与服务部。整合原有的教务处、研究院（研究生处）等部门的课程、教材、教学、专业、学位点等方面的事务，其职能是分管全校的教学管理与服务、专业及课程建设、学位点建设等事务。

（2）科研管理与服务部。整合原有的科技处、社科处、学科规划办公室、期刊社、科技转化办公室等部门，其职能是分管全校的科研及成果转化等事务。

（3）学生管理与服务部。整合原有的招生办、就业服务中心、注册中心、学生处、学工部、研究生处（研究生院）、研工部、团委等机构，其职能是分管全校的招生、在校生管理及服务、在校生思想政治教育等事务。

（4）人力资源与发展部。整合原有的人事处、党委教师工作部、人才交流中心、教师发展中心、高层次人才办公室、离退休老干部处等机构，其职能是分管全校教师及行政管理人员的引进、培训、薪酬管理、专业培训、离退休等事务。

（5）宣传与合作拓展部。整合原有的宣传部、国际交流处、港澳台事务办公室、校友办（校友总会）等部门，其职能是分管学校的对外宣传与合作事宜。

（6）图书与总务后勤部。整合原有的图书馆、实验室管理中心、设备处、后勤管理处等部门，其职能是给全校师生的学习、工作及生活提供设备设施、物质和后勤支撑等管理和服务。图书馆作为单一机构挂靠在图书与总务后勤部。

（7）资金筹集与财务部。整合原有的办学资金筹集办公室、财务处、基金会等相关机构，其职能是给学校筹集和管理办学资金。

（8）校园环境与安全部。整合原有的基建处、档案馆、校史馆、博物馆、保卫处等机构，其职能是营造和维护校园自然、空间和人文环境，并维护校园固定资产和人员安全。

（9）党群与社会服务部。整合原有的统战部、武装部、党校、机关党委、扶贫办、妇联等部门的职能，并纳入工会、党员代表大会、教师代表大会、学生代表大会等群众组织的秘书处或办公室，离退休人员的服务纳入工会管理范畴，其职能是分管全校的党务工作、群众工作和社会服务工作。

这9个部门都是大职能、宽范围的综合性部门。这一灵活性布局，主要是本着"整合相近职能、避免职责交叉"的原则，每个部门都要具有稳定性、可重复性和可预见性的特征，能够解决归属部门内的管理和服务问题，如一些大规模、稳定且重复性的业务工作。这一布局至少有三大好处：一是将原有党的职能部门，如宣传部、组织部、统战部等，在管理与服务这个大平台上与原有的行政管理部门合二为一，这样可以推进党政部门融合，也能更好地发挥原有党的职能部门作用；二是可以减少部门之间的推诿扯皮，将以往的机构之间的协调转化为部门内部的协调，从而避免因机构之间长时间的讨论磋商、讨价还价而提高学校管理运行成本；三是可以维持各部门工作量的大致均衡，避免出现季节性和突击性的忙闲不均现象。

至于九个部门的日常运行，本书主张：其一，每个部都建立平台化的组织架构，按平台化方式开展工作，实行相对独立办公。其二，为了便于对上（政府）、对外进行业务对接，防止"身子找不到脑袋"或"身子找不到腿"的情况出现，一个部可以保留多个牌子和印章，如宣传与合作拓展部，就可以保留宣传部、对外交流与合作处的牌子和印章，以做到上下左右能够衔接和对应。其三，每个部门都要长期保持相对稳定。但随着大学内外部环境的变化，外在需求及自身职能的变化，有可能对其内设机构进行调整（增加、减少或合并），但所有调整都应在部门内进行，比如在其内部增加或减少人手。其四，对于一些部门内部个别业务十分独立且很复杂的管理事项,可以单设挂靠性质的机构,机构的负责人由被挂靠部门的部长兼任。例如,对于在应用科技研究方面有诸多成果的高校,在科研管理与服务部内可以单设类似"××大学科技成果转化中心"的机构,以专门统筹和管理全校的科技成果转化工作;再如,在人力资源与发展部可以单设类似"××大学教师发展中心"的机构,以专门负责统筹和管理全校教师的培训和专业发展事务;又如,在党群与社会服务部可以单设类似"××大学社会服务中心"的机构,以专门负责统筹和管理全校的对外社会服务工作。

(四) 数据平台

目前,数据已经演变为组织的重要资产和战略资源[①]。在一个社会组织治理中,若能将许多治理要素以数据的形式加以传输,就可以大幅降低要素流转、汇集、互通、共享所消耗的成本,从而提升组织的治理效率。在政务管理领域,提升内部治理的信息化、智能化水平常被认为是提高行政效率的一条捷径,这之所以能达成一种共识,就是因为政府部门是通过将一些治理要素数据化(即信息化和智能化)来实现行政效率提升目标的。在当前大学治理实践中,由于信息技术的广泛应用,学校各部门已沉淀了大量公共数据,但由于未经标准化、结构化的处理和清洗,数据质量普遍较低,如数据资源分散、重复、标准和样式不统一等,同时也缺乏保障数据安全的相关制度和技术,不仅使数据在流转、汇集过程中面临许多阻碍,也导致部门不想、不愿、不敢共享数据。如笔者在一所高校的调研中就发现,全校的师资数据在人事处、教务处、规划办、教学评估中心居然都不一致。在另一所高校的调研中,许多教师反映,他们每年都会应学校不同部门的要求填写很多表格,且这些表格中的许多信息都是重复的,所以感到很厌烦和无奈。对此,大学必须设置一个集数据公共设施与数据集约式管理于一体的数据平台,以打破

---

① Y. Lee, S. Madnick and R. Wang, "A Cubic Framework for the Chief Data Officer (CDO): Succeeding in a World of Big Data", *MIS Quarterly Executive*, Vol. 13, No. 1, 2014, p. 1.

数据壁垒，快速形成数据管理和服务能力。

由于数据平台需要许多硬件设施、设备以及相关的技术支撑，因此需要有大额的前期资金投入，从这个意义上讲，数据平台也是类似于教学楼、实验室的校园公共设施，是各种相关数据输入、汇聚、输出的公共场地，也是一种由数据驱动且通过算法、接口实现组织及人员在线互动的信息枢纽。但是，数据平台更具有管理意义，是一个公共电子政务平台，在线上表现为一个系统运行程序（APP）及若干个办事端口，在线下则是一个需要人员、职责、制度和工作流程安排的管理部门。目前，互联网和大数据技术的扩展和应用，不断催生和强化着对于包括大学内部治理业务数据等在内的各类数据的管理需求，大学治理能力的提升也就不能仅仅停留在传统的文件流转层面，而是需要充分利用反映大学内部运行状态痕迹的各种数据，以实现对大学的科学决策和有效施策。因此，充分利用那些能全面、准确地记录大学治理对象的真实活动状态，由"文件办理"走向"数据治理"，也就成为实现大学治理能力现代化的必然要求。在此背景下，将数据平台作为大学的一个重要机构加以设置，可以给大学治理能力的提升带来许多益处：借助数据平台，大学在日常治理实践中就可以推动数据在校园内的共享与互通，从而打破层级、部门之间的边界和信息壁垒，实现要素识别、流转、收集的及时、充分和简约，这一方面有助于将学校的要素直接抵达个人（管理和服务对象），做到"纵向到底"，即能助力学校的决策更加科学、管理更加精准、服务更加高效；另一方面也有助于实现校内要素在校内各机构之间的流动和整合，从而有助于实现机构的协同联动以及学校的整体治理。

这也就是说，设立能对数据进行集约式管理的数据平台，不仅是实现数字技术的广泛运用进而实现大学"智慧治理"的需要，也是校内各机构之间实现数据协同的需要。所谓数据协同，就是数据的共享和交换，就是数据的打通、数据的合并和数据的统一。通过数据协同，可以使数据在全校范围内实现充分流转、汇集、互通和共享，从而减少数据所承载的各类事务的重复办理，简化各类办事手续，减少经办人员和运行成本，提高管理和服务水平①。本书就此主张数据平台归属大学的决策中枢，即把数据平台作为大学党委的一个附属机构，这样做的主要目的在于强化数据管理的层次和力度。但由于数据平台也是一个综合管理与服务部门，因此应由大学校长直接管辖。至于数据平台内部的组织设置，可以按照具体负责事项及其工作流程的不同，组建综合协调、数据采集、技术平台维护和技术支撑、数据管理、数据利用等不同的工作团队。

（五）资政平台

在本书布局方案中，除了教职工代表大会和学生代表大会外，资政平台主要是指大学理事会。如图 8-2 所示，大学理事会用的是非实线框，且从地理空间上外延到校园以外区域，表明大学理事会的成员来自校内外，是一个开放性的组织。本书主张大学理事会的成员应包括大学所有的利益相关者。在校内，除了有党员人士代表、管理人员代表、教师及科研人员代表之外，还应纳入学生代表（包括研究生代表和本科生代表）；在校外，除了纳入行业代表、捐赠人士代表、校友代表之外，还应纳入所在地政府的有关人士。

对于大学理事会，有学者主张应建立一个包括所有大学利益相关者共同参与的学校治理机构，它类似于中国政治架构中具有立法权的"人大"，负责学校治理事务，如决定学校使命、学校组织基本框架和运行框架、学校大政方针、负责学校办学资源、长期战略与资源配置、校长班子聘任与考核、审批年度工作计划和预算、监督学校运行等②。本书认为，这一提法虽有可取之处，但并不可行，也不符合中国的高

---

① 鲍静、张勇进：《政府部门数据治理：一个亟须回应的基本问题》，《中国行政管理》2017 年第 4 期。

② 中国知名院校研究专家、华中科技大学教授赵炬明在其所撰写的一篇文章中认为，应设置学校治理委员会，它应该相当于学校的"人大"，其成员构成与工作方式也应该参考人大的做法。他还就此认为，如果党领导的人大制度可以成功，党领导的学校治理委员会也应该可以成功。把"人大"模式用于高校治理应该是合适的（参见赵炬明《建立高校治理委员会制度的设想》，《中国机构改革与管理》2015 年第 3 期）。

等教育管理体制。在本书的布局中，如果一定要拿中国的政治大架构做类比的话，大学理事会倒是有些类似于中国人民政治协商会议的"政协常委会"，即对大学治理事务具有参政议政的职能，一方面将有关意见和建议通过类似"议案"或"提案"的方式传递给大学最高决策层（大学党委会），供党委会在决策时参考并给予答复；另一方面负责与社会有关方面建立联系，即形成一条大学与外界联系、获得外界支持的渠道。

其一，在成员构成上，大学理事会不同于全部由外行人士组成的美国大学董事会，它执行的是代表会员制，大学党委书记和大学校长是自然会员，大学党委书记可以担任理事长。至于教职工理事、学生理事，则来自教职工代表大会和学生代表大会的选举或推荐。

其二，在成员的任期上，每届理事可任期4—6年，每两年更换1/4，这样既能保证理事会的活跃和开放，也能维持理事会的稳定性。

概而言之，大学治理能力本质上是大学对各种要素进行配置所释放出的综合效能，而机构布局则旨在形成适合大学发展所要求的组织架构，以提高大学整体治理效能。对此，大学机构布局既要致力于局部构建，又要立足于整体打造；既要做到能体现机构数量变化的物理层面的整合，又要做到能体现机构职能以及相互关系调整的机制层面的整合。由于机构既是要素配置的主体和平台，又可以作为要素配置的对象，本章对大学机构所做的重新布局，从表面上看是对校内机构的一次全面的部门组织再安排，其实质也是大学对其所拥有的人、财、物、政策等治理要素的一次再配置。本书提出的 P-C 型大学机构设置模式，很好地体现了敏捷型组织所要具备的"前端灵活、后端集约"的特点，便于对大学整个机构系统进行从上至下、左右结合的结构化改造，从而有利于大学治理中各要素在时间、空间和数量三个维度上的有效配置，从长远来看，也有利于跳出以往在机构改革中难以跳脱的三个循环"怪圈"：机构和人员数量的增减（精简—膨胀—再精简—再膨胀）；机构的分合（合并—分开—再合并—再分开）；权力的收放（上收—下放—再上收—再下放）。

二 大学机构职责配置的基本要求

大学治理是一个动态的过程，是一个由系列机构前后衔接而成的系统，而职责则如同这一系统的"润滑剂"，是各机构运行的依据，能保证机构系统正常运转。换句话来讲，职责代表着大学各机构的工作内容和治理任务，反映了大学各机构的合法性，只有确定机构需要承担的相应职责，才能确保机构设置的必要，才能确保机构关系明晰，各要素也才能得到规范合理的配置，大学机构布局的效果由此才能得到最大程度地发挥。在大学机构布局方案中，由于机构职责配置涉及的元素多、范围广，需要着重从配置的原则、内容以及关系处理三个层面考量。

其一，从大学机构职责配置需要遵循的原则来看，应坚持权责一致、权责相随的基本原则，即遵循权力跟着责任走的原则。在大学治理能力的视野中，大学作为一个具有多种社会功能的重要社会组织，必须是一个责任型大学，机构职责就是要厘清机构在大学治理过程中所要履行的职能以及所应承担的责任，其本质是大学权责关系的整合与重构。一方面，大学为保证其内设机构能够高效履行职责，应赋予其足够的权力。目前，在大学二级机构改革中被广泛重视和强调的"权力下沉"，表述的就是这个道理。另一方面，大学的权力赋予应以能够履行职责为限。换言之，若对机构的权力不加限制，任由其发挥，则很可能会在大学治理实践中存在权力过于集中或权力无序扩张的现象和风险。因此，必须给机构拥有的权力设置界限，明确与权力相一致的职责体系。然而，以往大学在确立各机构权责关系的过程中，权力与责任往往很不匹配，机构希望权力越多越好、越大越好，对责任却希望越少越好、越小越好，从而产生了一系列矛盾和问题。因此，大学机构职责体系优化需要更新权责配置原则，从"权力本位"转向"责任本位"，变"以权定责"为"以责赋权"，即根据机构承担责任大小赋予其相应的治理权力，实现权力与责任的匹配，确保机构在各自的治理领域中既能够发挥必要作用，又能够做到不推诿、不逾矩，确保权力不被滥用。

其二，从大学机构职责配置的内容来看，要在规定机构"做什么工作"的基础上，根据需要将其职责配置进一步细化为"工作分别由谁来做""做了向谁汇报""什么时候做""什么地点做""怎么做""做到什么程度"，即要做到职能、职类、职项的完备。职能类似于机构的角色与定位（比如党委会的主要职能就是决策），职类就是机构需要承担的基本任务，职项则是需要机构完成的具体事务性工作。（1）职能要类聚。要做好大学机构体系的系统统筹（即顶层布局），即以提升大学治理能力为逻辑起点，除少数需要不同部门合作完成的事务之外，要确保大部分领域的事务都交由一个部门管理（负责），防止政出多门，避免机构重叠。即在宏观上保持整体性，实现大学在任一领域治理上的"路径闭环"。（2）职类要理清。要通过建立责任清单制度，将每个机构所应承担的责任内容、责任范围、责任边界以文本的形式一一规定清楚。若按照对行动结果负责的程度，责任还可以分为直接责任和间接责任、主要责任和连带责任。理清各个机构的职责，一方面可为机构的履职能力考核和问责提供依据，另一方面也能以清单形式向学校乃至全社会公布，使其时刻处在师生乃至全社会公众的监督之下。（3）职项要确认。要本着事事有人负责的管理原则，根据机构设置定位，考虑合理的工作负荷，将每一件事都落实到具体的机构，并规定每一个事项的办事流程，做到责任清楚、紧密衔接，从而在校园内树立起一个明确的"做事预期"。

其三，从大学机构职责配置的关系处理上看，要做到各机构在职责方面上下联动贯通、左右有机衔接，以使大学各机构能形成一个"履责共同体"，即大学机构系统能排列组合成为一个立体化的行动集群，能持续性地协同工作。由于机构的职责配置大都是依据专业分工以及各个时期需要达成的目标和完成的任务来规定的，因此在进行职责配置时，一是要避免党、政、学、群等部门"同构"，以防止机构臃肿；二是在职责行使上要实现互动"异构"，以有利于跨部门、跨职能合作的实现。

对此，大学在进行机构职责配置时，一是要做好学校决策层与下属各部门的具体事权划分，赋予部门必要的自主权，避免出现权轻责重或权重责轻的现象，同时还要做好同级职能部门的事权划分，尽量避免机构重叠、职责交叉现象的出现；二是要通过协调性平台的设置，强化部门与部门之间的功能协同，尽量避免部门之间推诿扯皮、推卸责任等现象的发生。

三 大学机构职责配置的具体安排

以下本书就分别从决策中枢、生产中心、管理与服务平台等几大块出发，具体阐述大学机构的职责配置。

（一）决策中枢的职责配置

如上文所述，中国大学的决策中枢就是大学党委。不同于法国大学的校务委员会、英国大学的学术评议会、德国大学的评议会、美国大学的董事会，在中国，大学党委作为大学自上而下渗透国家力量的重要枢纽和决策中心，在配置要素上起着方向引领作用，在大学治理中起着总揽全局作用。这样安排的合法性在于，政府是大学的举办者，而大学党委则是政府的代理人，是国家政治权力的体现。大学党委通过贯彻党和国家的教育方针政策，可以确保政府对大学的政治领导、组织领导与思想领导[①]。大学党委依托党委会做决策，关涉学校发展的重大决策也必须经过党委会的组织程序。一方面，党委会是大学用来决策的议事平台，通过各成员互动沟通和交流，达成共识，推动集体行动；另一方面，党委会也是一种技术控制手段，通过这种正式化、程序化的言语行为和文字表达，可以将大学党委意志嵌入和渗透到基层，使其做出的决策得以顺利贯彻落实。

---

① 董亲学：《大学治理结构中的权力冲突与组织设计》，《学术界》2018 年第 8 期。

至于大学党委的职责，2021年4月16日，中共中央发布新修订的《中国共产党普通高等学校基层组织工作条例》（以下简称"工作条例"），再次明确"高校实行党委领导下的校长负责制"，规定"高校党委全面领导学校工作"，规定高校党委"承担管党治党、办学治校主体责任，把方向、管大局、作决策、抓班子、带队伍、保落实"，并明确了九条具体职责，如第三条职责是"审议确定学校基本管理制度，讨论决定学校改革发展稳定以及教学、科研、行政管理中的重大事项"。在本书看来，大学党委除了负有综合协调、监督执法、党务工作之责外，最重要且最主要的职能是对大学全局性治理问题进行决策，即把做重大的决策作为其自身最主要的职责，或者说对涉及学校发展的重大事项拥有最终裁决权，如组织章程及发展战略规划的制定和修订、年度预算决算审批、牵头校长遴选工作、内部组织架构布局及重要负责人选拔等。

　　但由于大学的决策中枢（大学党委）是一个很特殊且抽象的整体，其职责是由具体的个人和机构来承担的。就个人来讲，包括大学党委书记和大学校长这两个在决策中枢中起关键作用的灵魂人物。在许多论述大学机构改革的文献中，大学党委书记和大学校长都是被作为"机构"来对待的，因为他们不仅仅是指个人的一个职位，而是拥有一班人马（如副手、秘书）及其辅助组织（如校长办公室）。事实上，有关决策从酝酿到启动的整个过程也都需要大学党委书记和大学校长的牵头与组织实施，只不过二者从中所起的作用有所不同罢了。就机构来讲，它包括本书上一章所布局的一个议事平台（党委会）、三个直属机构以及一个数据平台。由于议事平台是由大学党委书记直接负责召集和组织的，数据平台也是一个职能部门，因此本书就从大学党委书记、大学校长、大学党委直属机构、大学党委附属机构四个组成部分入手具体阐述其职责配置问题。

　　1. 大学党委书记的职责

　　现有国家政策文件只是规定了大学党委的职责，但却没有就大学党委书记的职责做出规定或描述，相应地，各高校的大学章程及其官网上也没有相关的规定或描述。在本书看来，大学党委书记作为大学党委的

"一把手",类似于美国一些高校的理事长和董事长,负有落实大学党委职责的责任,即对大学党委的正常、有效运转负责,是大学党委会这个议事平台的总召集人和总协调人,也是整个大学运转的"后台老板"和大学校长最可靠的"支持者"。其主要职责如下:

一是负责召集和组织全校党员大会、大学理事会议。

二是负责主持党委会的日常工作。

三是负责召集和主持党委会的决策议事工作。

四是负责协调学校党、政、学、群等各个主体之间的关系,全力配合和支持大学校长做好校务管理工作。

五是负责监督、评估和审核学校各方面工作,并向大学校长提出整改意见。

2. 大学校长的职责

关于大学校长的职责,目前国内的做法存在两个误区:一是将大学校长定位为"全面负责学校的教学、科学研究和其他行政管理工作",从而无边界地扩大了大学校长的职责范围。如《北京大学章程》第二十六条规定的校长负责"拟订学校的发展规划,制定年度工作计划并组织实施"就很值得商榷[1]。因为"拟订学校的发展规划"属于学校的重大事项,应该属于大学党委会的职责,这显然扩大了大学校长的职责范围。二是将大学校长仅仅定位为"大学决策的执行者",这无疑又缩小了大学校长的职责范围。事实上,大学校长也是决策中枢的关键组成部分,在大学决策过程中起着很关键的作用。在大学校长这个群体中,除少数不具有中共党员身份的大学校长之外,他们还是大学党委成员,并在大学党委中担任重要职务(党委副书记),他们在大学决策中枢中的角色就更加凸显。所以,本书的机构布局方案也把大学校长纳入大学决策中枢这个部分中。

那么,大学校长在其中应担负什么具体职责呢?如图 8-2 所示,大学校长一方面身处在决策中枢中,另一方面又居于生产中心平台、管理

---

[1] 参见《北京大学章程》,2014 年 7 月 15 日教育部第 22 次部务会议审议通过,2014 年 9 月 3 日正式核准生效。

与服务平台的上层，即处在决策—执行环节的中间地带，虽扮演的是一个类似于"上传下达"的中介角色，但又对整个决策的执行及其效果负责。基于此，大学校长的具体职责可以简要描述如下：

一是负责将大学的一些问题及时形成可供大学党委会决策的议题。

二是参与大学的决策并对决策的效果负有部分责任或主要责任。

三是负责领导其团队全面执行大学党委会的决策，并对执行的效果负责。在这方面，大学校长类似于公司的 CEO（首席执行官），全面负责大学的人事、资金筹集及运作、学生事务、学术事务、对外关系、后勤等事务。

3. 大学党委直属机构的职责

在本书的机构布局方案中，大学党委有三个直属机构，即校务办公室、咨询参谋部和评估督察部。这三个机构直接对大学党委会负责，相当于大学党委会的"大脑"和"手脚"，归大学党委书记直接领导。

（1）校务办公室

校务办公室是大学决策中枢的日常办公机构，也是一个具有辅助性质的机构，辅助对象主要是党委会及其成员。至于校务办公室的职责，国内高校的规定及其描述大同小异，且都很复杂和烦琐，如中国矿业大学（北京）的校务办公室的职责足足列举了38条，包括规章制度审核、社会扶贫、院士办公室管理、法律宣传、战略研究、专题调研、年鉴编写、信息公开等都是其负责的领域[①]。本书将校务办公室定位为隶属于大学决策中枢即归大学党委管辖的一个直属机构，其主要职责如下：

一是负责党委会的日常管理工作，包括机关文电、政务公开、新闻发布、校级层面的公务走访及公务接待安排、法律事务、信访工作等。

二是受党委书记指派，组办党委会及其他全校性的会议。包括会议材料准备、会场布置、会议记录和会议纪要编发、归档工作等。

三是受大学校长指派，组办校务协调会议。包括会议材料准备、会

---

① 中国矿业大学（北京）：《党政办公室工作职责》，2022年8月15日，中国矿业大学网（https：//dzb.cumtb.edu.cn/info/1053/1140.htm）。

场布置、会议记录和会议纪要编发、归档工作等。

四是受大学党委和大学校长的委托，行使督查督办职能。

（2）咨询参谋部

大学决策是一个"循证"（evidence-based）、"循规"（rule-based）、"循境"（context-based）的复杂过程，涉及面广，尤其需要决策支持。决策支持主要包括日常事务管理的决策支持、重大事项管理的决策支持和组织变革、转型发展谋划的决策支持三种类型。[①] 大学的决策支持需要有专门的机构负责，在本书的机构布局方案中，咨询参谋部就是一个专门为大学高层（大学党委）提供决策支持的机构。相对于大学的"参谋"或智库，咨询参谋部是由整合原有的学科发展规划办公室、高等教育研究所等机构而来，也可仿照美国一些高校的做法取名为"院校研究中心"，其主要功能是为党委以及大学党委书记、大学校长提供政策咨询建议。咨询参谋部不对工作一线行使权力，是辅助大学党委决策的，即提供决策支持的。咨询参谋部的主要职责如下：

一是负责做好校本研究工作，即以校本问题为导向，平时做好对所在学校问题症结梳理和对策咨询的"闭环"研究工作。

二是负责开展学校重大决策专项调研，分析国内外高等教育发展形势，为学校改革发展提供高水平、建设性、可实施的参谋和决策建议。

三是负责为大学党委提供决策备选方案。现代大学治理的科学性、规范性日益增强。任何一项决策（如规章制度文本）的做出，都需要建立在广泛、深入调研的基础之上。对此，咨询参谋机构需要针对学校情况，拿出具体的决策备选方案，给校领导决策提供依据和参考。此外，还有一种情况就是，当党委会在决策遇到分歧时，就需要咨询参谋部围绕决策问题的分歧点，提供数据支撑并进行深入论证和研判。

四是负责通过学校的信息反馈渠道，将学校各个层面、各个利益主体所表达或反馈的意见进行科学汇集，并将有代表性的意见、诉求通过

[①] 刘献君：《决策支持：院校管理中一个被忽视的重要领域》，《高等教育研究》2022年第11期。

数据分析转化为纸质的报告，为大学党委的决策以及大学校长的决策执行做准备。

五是负责帮助大学决策中枢从基层汇总来的、繁杂的信息堆中梳理出关键的信息，并从中发现真正的问题。咨询参谋部一方面要收集学校不同业务线上的信息，另一方面也要收集来自社会媒体舆情通道上的信息，经过分析后呈交决策中枢——大学校领导。如美国加州大学的院校研究办公室，有30多位工作人员，其数据分析和院校研究工作涵盖学校的方方面面，就学生来讲，分析和研究学生的数据就包括生源、招生、学生入学、就读经验、健康、生活基本需求、课程学习以及就业等每一个与学生发展和成长有关的领域。各分校也有相似的机构，有的部门雇用人员多达15人。在董事会每次召开会议时，它们都要提供数据分析服务。[①]

六是负责为党委会起草政策及方案文本。

（3）评估督察部

评估督察部是由原纪委、审计处、评估办公室、教学质量建设办公室等相关机构整合而来，其功能相当于大学党委的"耳目"和"把门人"，也是大学校长及其附属机构之外的独立"第三方"。其主要职责如下：

一是负责对部门及学院开展独立的绩效评估。评估督察部除了对全校开展某项自我评估之外，重点是对每个职能部门、每个院系、研究组织的绩效进行评估。以往这些部门的工作绩效基本上只是通过其撰写的部门年度工作总结或由部门领导向校领导汇报来呈现，工作绩效评价的客观性、科学性都不足。对此，需要评估督察部以第三方的身份，代表学校党委会，通过调研、座谈等多种渠道收集数据，并对其发展状况进行定期评估，然后拿出尽可能客观、公正的评估报告，供学校决策机构在进行部门奖惩时参考使用。

二是负责对某一学科、某一学位点、某一建设项目、某一科研基地

---

① 常桐善：《院校研究（9）：高校治理与院校研究》，《对话中美高教》2021年9月28日。

或平台开展独立的专项评估。

三是负责对各部门的财务状况进行独立的审计。

四是负责对全校进行"政策巡视"。比如对那些为追求方便其自身管理、维护其自身利益而置师生利益于不顾的机构进行问责与约束。

五是受大学党委书记或校长的委托，负责收集和整理全校某一方面的反馈信息，然后形成评估报告。

对于评估督察部，还需补充说明的是，由于评估督察部涉及的许多工作专业性很强，复杂度很高，因此评估督察部在开展工作时，也可以采取临时聘请或召集校外评审专家、委托其他组织办理等办法，比如，若组织要对校内某一科研基地的建设情况进行评估，就可以委托学术委员会承办。

（二）生产中心的职责配置

生产中心是大学专门从事知识、人才、文化、社会服务等社会公共产品生产的地方，是大学一切工作的中心和重心，也是大学治理逻辑链条的起点和落脚点。在本书的布局方案中，生产中心包含一个议事平台和若干个学院及研究组织。以下本书就从学术事务平台、学院这两大类机构出发，分别阐述其职责配置。

1. 学术事务平台的职责配置

本书主张学术事务平台[①]的职责由目前大学普遍已设置的大学学术委员会来承担。谈及大学学术委员会，2014年1月教育部制定的《高等学校学术委员会规程》是一个最新颁布的政策文件[②]。该规程以及随后

[①] 本书布局方案之所以将这一机构称为学术事务平台而不是学术委员会，主要是因为学术事务平台要承担的职责范围不同于且要大于目前国内高校为学术委员会设定的职责范围。

[②] 1998年8月29日通过的《中华人民共和国高等教育法》明确提出，"高等学校设立学术委员会，审议学科、专业的设置，教学、科学研究计划方案，评定教学、科学研究成果"等有关学术事项。2010年颁布的《国家中长期教育改革和发展规划纲要（2010—2020年）》提出，"要充分发挥学术委员会在学科建设、学术评价、学术发展中的重要作用"。2014年1月，教育部颁布的《高等学校学术委员会规程》首次提出，高校要"健全以学术委员会为核心的学术管理体系与组织架构""以学术委员会作为校内最高学术机构""（学术委员会）行使学术事务的决策、审议、评定和咨询等职权"。

各高校制订或修订的大学章程，大都将学术委员会定位为"校内最高学术机构"，并由此界定学术委员会具有"行使学术事务的决策、审议、评定和咨询等职权"，这种对学术委员会的定位及其职权界定，笔者认为不太确切。大学虽然被认为是一个学术组织，但它早已演变成了具有教学、科研、社会服务、文化传播等多种职能交织的庞大的社会组织，在大学治理实践中很少有纯粹的学术事务，大都是混合型的，即需要政治、行政力量介入的。在此境遇下，大学学术委员会必须有学校最高领导层的授权并在学校党政力量的配合、协作或合作下，才能有效行使职权，其所负责的学术事务也能得到完整地解决。比如，学术委员会可以对一位违反学术道德规范的教师进行调查、审议和认定，但对该教师的处分，比如调离教师岗位、解除聘用关系，则需要报请学校校务委员会乃至党委会来决定，并由人事管理部门负责执行。再如，就设置一个新学科、新学院或新研究院而言，学术委员会重在判断其学术价值和必要性，行政管理部门则要同时考虑其可行性，是否有足够的经费支持，是否符合当前学校及政府的制度、政策等[1]。

基于此，本书认为，那种以"分权制衡"为由而赋予学术委员会对学术事务的"决策"职权是不恰当的，也不符合中国"党委领导下的校长负责制"的基本管理体制以及"党的全面领导"的国家政策导向，在大学治理实践中也会产生矛盾和冲突。本书由此将学术委员会定位为"大学校长领导下的校级学术事务平台"，是一个平台型的议事机构，是一个具有全校统筹性和协调性的机构：其一，学术委员会所从事的事务是在大学校长的授权下进行的，是党委决策事项在学术领域中的"代言人"和"协调人"。其二，学术委员会所辖事务不局限于纯学术事务。只要是那些需要校级层面解决的、需要组织学科专家及相关人员共同商议和认定的学术事务，都属于学术委员会的职责范围。其三，学术委员会对学术事务只有调查、审议、评定（认定）、咨询、提议等职权，其

---

[1] 廖湘阳：《大学学术委员会运行的公共理性与实践逻辑》，《复旦教育论坛》2019年第1期。

决策权归校党委及其授权的大学校长,执行权归属大学校长及其下属部门。其四,凡属于学术委员会职责范围的事务,在提交党委会、校长办公会议(管理平台)讨论和决定前,应当经过学术委员会咨询、评定或审议环节并获得通过。

明确了这些,就可以给大学学术委员会配置职责了。从目前国内高校制定的大学章程文本来看,大都列有 5—7 条,内容也大同小异,如《北京大学章程》第二十七条①的规定是:

(一)讨论决定学位授予标准、教师职务聘任的学术标准与规程、学术道德规范等学术管理制度;

(二)审查评定教师职务拟聘人选、学科专业的设置、变更和撤销等事项,评定并推荐教学和科学研究成果奖;

(三)受理审查学术不端行为,裁决学术纠纷;对违反学术道德行为,可以依职权直接撤销或者建议相关部门撤销当事人相应的学术称号、学术待遇;

(四)对学校事业中长期发展规划,机构编制总体方案,教学科研单位的设置,学校预决算中教学、科研经费的安排、分配与使用以及中外合作办学、重大项目合作等提出意见和建议;

(五)法律、法规、规章规定的其他职权。

相比较而言,《武汉大学章程》对学术委员会职责的规定则要具体一些(多达九条),如该章程第三十六条②规定:

(一)审议学校学科、专业建设规划,学科专业设置;
(二)审议学校科学研究规划以及重大学术交流合作计划;

---

① 参见《北京大学章程》,2014 年 7 月 15 日教育部第 22 次部务会议审议通过,2014 年 9 月 3 日正式核准生效。

② 参见《武汉大学章程》,2014 年 6 月 17 日教育部第 18 次部务会议审议通过,2014 年 7 月 21 日正式核准生效。

（三）审议学校教师职务聘任、科学研究成果、人才培养质量评价标准及考核办法，学位授予标准及细则，学历及非学历教育的标准、教育教学方案及发展政策；

（四）审议学校学术评价标准、争议处理规则、学术道德规范；

（五）评定学校教学、科研成果和奖励；

（六）评审学校高级教师职务聘任人选、高层次人才引进岗位人选、各级政府部门组织人才选拔培养计划人选；

（七）就学校事业规划、中长期发展规划的制定提出咨询意见；

（八）就学校预算、决算中教学、科研经费的安排和使用以及教学、科研重大项目的申报和资金的分配使用提出咨询意见；

（九）审议、评定学术委员会章程规定的其他事项以及就学校认为需要听取学术委员会意见的事项提出咨询意见。

在本书看来，学术委员会除以上职责之外，还应该围绕"统筹""协调""调查""提案""监督"等职权配置相应的职责：

一是负责跨学院学术资源调配事宜的审议，比如审议一个跨学科研究院设立的申请。

二是负责跨学院学术事务的沟通、有关争议的协调以及裁决意见的提出。

三是负责组织对学术案件的调查、审议和裁决意见的提出。如经举报或媒体曝光的、涉及校内师生的学术不端案件，学术委员会有责任授权其下属的学术道德委员会组织人员进行调查、取证和审议，并最终向大学校长及其直属相关机构提出裁决意见。

四是负责就学术事务热点问题向党委会呈交提案（动议或议案）。

五是负责监督和评估有关学术项目的执行情况。

当然，大学治理实践中学术委员会要履行好其职责，还需设立一个专门的办公室用于日常工作的处理，同时还需注意两点：一是处理好其职责体系中职能、职类、职项三者之间的匹配关系，比如要明确学术委员会审议、评定、咨询、协调、监督等各个职能分别适用或对应的职类

（任务种类），要明确哪些学术事项必须先经学术委员会形成结论后才能提交学校党委会、管理平台讨论决定；二是把握好学术委员会旨在统筹解决全校学术问题的定位，所解决的学术问题都是院系无法单独解决的，避免陷入事务主义。

2. 学院的职责配置

学院处在大学的中心位置，俗称大学的二级机构，是学生的学习和成长之地，是学者、学科的发家之所，也大学落实发展规划、实现目标梦想的"基础建筑"，类似于工厂的生产车间。至于学院的职责配置，目前少有文献论及，也只能从一些高校发布的院长、副院长的岗位职责中管窥一二。在本书看来，学院的职责是"执行"性质的，即在大学校长的领导下执行本单位所涉及的事项[①]。即便明确了这一点，要理清学院的职责也仍然很难，因为有些职责（职类）是大学校长完全授权学院，从而可以由学院独立来完成的；有些职责（职类）需要学院和学校某个部门共同负责；有些职责（职类）则需要学校某个部门来执行，学院从中配合就行。基于此，本书将学院的职责也相应地划分为三大类，分别是完全责任、主体责任、部分责任。

一是完全责任。比如学院师生的人事管理、学籍管理及考勤、工作及学习考核工作，学院的教学及成绩评定工作，学院的科研及成绩考核工作；学院的专业建设工作，学院的财务工作等。需要说明的是，目前一些高校推行的旨在加强学院办学自主权的改革，如将学院作为单一的财政预算单元并赋予经费支配权，无疑是在扩大学院职权的同时扩大了学院所应承担的完全责任范围。

二是主体责任。比如党建工作，师生思想政治教育工作，师生安全和保卫工作，招生宣传及学生就业工作，跨学科人才培养工作，跨院系

[①] 目前国内高校在职责关系上存在的一个很不合理的状态就是，学院面临着双层领导现象，既接受大学校长的领导，还接受大学党委书记的领导，从而造成治理效率的损耗。对此，本书主张，学院归属大学校长直接管辖，执行的是大学校长的指令计划。学院负责人也是由大学校长任命的，代表校长执行对学院的管理工作。至于大学党委，其与学院之间不是直接领导与被领导的关系，大学党委对学院的领导是通过大学校长来进行的。

科研组织建设及运行工作，社会服务工作，对外交流和合作工作，办学资金筹集工作等。

三是部分责任。比如信息采集工作、离退休人员工作、工会工作、校园建设及环境布置工作等。

（三）管理平台的职责配置

根据本书的机构布局方案，管理平台是由管理平台及其下属的九个综合性的部门组成的。管理平台是大学校长统筹学校行政和学术事务行政管理的一个抓手，其职责在上一章中已有所描述。至于九个部门的职责配置，一要力求科学、规范，二要具有统筹性和协调性[①]，三要强化其执行者的角色[②]。部门一旦确定了职责，就可以按照职项的不同分设若干个工作团队。

1. 教学管理与服务部

教育管理与服务部是大学的"教学事务中心"，其管理和服务的对象是全校的教学活动，它整合了原有的教务处、研究院（研究生处）等部门的课程、教材、教学、专业、学位点等方面的事务，其职能是分管全校那些与教学直接相关的事务。教育管理与服务部的具体职责如下：

一是管理全校学生（本科生和研究生）的教学管理和服务工作。包括专业设置及调整、教学计划及人才培养方案制订、教材管理、教学时间安排、教学督导、考务组织及管理、学生学籍及成绩管理等。

二是策划和领导全校的教学改革工作。包括组织和管理全校教学研

---

① 本书在梳理一些高校职能部处的职责时发现，职责多有重复和交叉，不仅存在于部门与部门之间，还存在于单个部门内部各科室之间。如有高校的党委宣传部却要管理思想政治理论课的课程开设，党政办与学科规划办都有校本研究的任务，党委统战部与党委宣传部、国际交流处、台港澳办公室都有联络境外人士的职责，教务处和科研处都负有教师科研管理的责任等。每个部门所列举的职责少则十多条，多则上百条。对此，本书在配置机构职责时，在梳理多所高校有关机构职责配置的基础上，进行了归并处理，比如剔除了一些无实质性工作内容的所谓职责，将一些有重叠、交叉现象的职责进行了合并，并力求用简短、明确的语言来表述。

② 本书在实地调研中发现，高校的职能部门为规避责任和可能的风险，倾向于淡化它们自己的政策执行者角色，强化其推动者、督查者的角色，即把一些事项的处理"巧妙地"推给其他机构或院系去完成。

究立项、教学成果奖励、教学及人才培养改革实验等。

三是负责全校教育技术的研究、开发和管理。

四是负责全校专业及学位点的管理工作，如申报、设置、动态调整等。

五是负责全校教学事务信息的统计和相关档案的管理工作。

六是负责完成大学校长交办的其他工作。

2. 科研管理与服务部

科研管理与服务部是大学的"科研事务中心"，其管理和服务的对象是全校的科研活动，它整合原有的科技处、社科处、学科规划办公室、期刊社、科技转化办公室等部门，其职能是分管全校那些与科研直接相关的事务。科研管理与服务部的具体职责如下：

一是负责全校各类研究项目、平台、基地的申报、经费划拨、建设与管理工作。

二是负责组织全校跨院、跨学科的重大科研项目的组织、协调与管理。

三是负责校级学术会议组织及对外学术交流工作。

四是负责全校师生科研合作、知识产权保护及成果转让、成果转化的对外协调和对接工作。

五是负责全校师生各类科研业绩的统计和科研档案管理工作。

六是在全校组织相关科研成果的评审及奖励工作。

七是负责统筹管理全校的学科建设工作。

八是负责管理学术期刊的出版、发行及相关管理工作。

九是负责完成大学校长交办的其他相关工作。

3. 学生管理与服务部

学生管理与服务部是大学的"学生事务中心"，其管理和服务的对象是学生，是由原招生办、就业服务中心、注册中心、学生处、学工部、研工部、团委等相关机构整合而成的，主要职能是分管全校的那些与学生直接相关的事务。学生管理与服务部的具体职责如下：

一是统筹管理全校的招生宣传及招生、学生入学注册及学前教育工作。

二是统筹管理全校学生的思想政治教育工作、身心健康教育、学生团建及党建工作。

三是统筹管理全校学生的日常管理、学生社团、社会实践管理工作。

四是统筹管理全校学生的资助、奖助和勤工俭学工作。

五是统筹管理全校学生的就业指导和辅助、服兵役、毕业离校工作。

六是与图书与后勤总务部、校园环境与安全部协作，做好全校学生的安全管理、食宿管理工作。

七是负责全校学生档案管理工作。

八是负责完成大学校长交办的其他工作。

4. 人力资源与发展部

人力资源与发展部是大学"人力资源管理中心"，其管理和服务的对象是教师、行政人员及其他相关人员，它是由原有的人事处、党委教师工作部、人才交流中心、教师发展中心、高层次人才办公室、离退休老干部处等机构整合而成的，主要职能是分管全校的那些与人力资源管理直接相关的事务。人力资源与发展部的具体职责如下：

一是统筹管理全校教职员工的思想政治教育和党建工作。

二是统筹管理全校教职员工的招聘和人才引进工作。

三是负责全校教职员工的入职教育、业务培训及进修工作。

四是统筹管理全校教职员工的任职考核（包括师德考核）、资格认定、职称评审、人才项目、评优评先、违规处理工作。

五是负责全校教职员工的薪酬待遇工作。

六是负责博士后的人事关系管理工作。

七是负责全校教职员工的辞退、辞职、调离工作。

八是负责全校教职员工的退休及退休后管理工作。

九是负责全校教职员工的档案管理工作。

十是负责完成大学校长交办的其他相关任务。

5. 宣传与合作拓展部

宣传与合作拓展部是大学的"喉舌"兼负责外联工作，是由原有的党委宣传部、国际交流处、港澳台事务办公室、校友办（校友会）等部门整合而来的，主要职能是分管全校的宣传与对外合作事务。由于校友办（校友会）的运作体制和机制比较特殊（横跨校园内外），可以作为单一机构挂靠在宣传与合作拓展部。宣传与合作拓展部的具体职责如下：

一是统筹管理全校的新闻及信息的审核及发布工作。

二是负责校园网（大学官网）、微信公众号、官方微博的建设、维护及舆情监管工作。

三是负责及时且有效地宣传学校需要宣传的事项。

四是协助教学管理与服务部做好思政类课程建设及师资培训工作，协助人力资源与发展部、学生管理与服务部做好全校师生的思想政治教育工作。

五是负责学校标识系统和校园文创产品的开发、管理和推广工作；负责校园宣传横幅、标语等宣传媒介的管理工作。

六是统筹管理全校的对外及港澳台地区的交流合作工作。

七是负责全校国际学生、港澳台学生的资格审查、水平测试和人事管理工作。

八是统筹管理全校的校友工作。

九是负责完成大学校长交办的其他相关工作。

6. 图书与总务后勤部

图书与总务后勤部是大学的"后勤部长"，是由原有的图书馆、实验室管理中心、设备处、后勤管理处、采购与招标管理办公室等部门整合而成的，其职能是给全校师生的教学、学习、科研、生活提供必要的图书资料、设备、设施、食宿等后勤支撑。由于图书馆的运作体制和机制比较单一和独立，可以作为单一机构挂靠在图书与设施设备部。图书与总务后勤部的具体职责如下：

一是负责图书馆纸质文献资源（图书、期刊、报纸等）的采集、加工、组织、揭示、目录维护、质量控制、文献保护等工作。指导、协调各专业分馆和院系资料室的业务工作。

二是负责数字图书馆的建设和维护工作。

三是负责为读者提供文献外借、阅览、检索、复制、参考咨询、文献传递、馆际互借、科技查新等服务。

四是负责教室、自习室等教学场所的日常管理。

五是负责实验室、实验平台的建设及日常管理。

六是负责仪器设备购置及日常管理。

七是负责全校实验室、实验平台与仪器设备基本数据的统计及其档案管理。

八是统筹管理校园内的饮食、住宿、洗浴、购物、交通、医护等事务。

九是负责完成大学校长交办的其他相关工作。

7. 资金筹集与财务部

资金筹集与财务部是给大学管理"钱袋子"的，是由原有的财务处、办学资金筹集办公室、基金办（大学教育发展基金会）等相关机构整合而来，其职能是给学校筹集和管理办学经费，保障学校资金合法、合理、安全和有效使用，并维护基金的保值和增值。资金筹集与财务部具体职责如下：

一是负责组织编制学校年度财务预算及学校经费执行计划，供学校中枢机构决议。

二是负责收取和管理学校的日常收入和收费项。

三是负责科学调度、运筹学校资金，提高资金使用效益和效率。

四是负责学校事业会计核算、基建会计核算、薪酬和奖助学金发放等日常工作，并负责全面、真实、准确、及时地反映学校资金的使用情况。

五是负责学校科研经费的全过程管理和服务。

六是负责财务报表编制、账目清查以及财务分析与预测工作，并负责学校财务基础信息库以及各类财务信息的统计上报、各类财务档案立卷、归档和移交工作。

七是协同评估督察部开展财务稽核和检查工作，参与学校重大资金使用项目立项论证、绩效考核等工作，为学校中枢机构提供决策依据。

八是参与学校基建、设备、图书、大型维修、绿化等项目的招标采购工作，参与学校重大经济政策的制定及重大固定资产的处置工作，参与学校经营性资产的管理工作，代表学校审核、会签各类涉及资金的合同（包括捐赠合同）。

九是负责多方筹措办学经费，包括捐赠项目开发、捐赠资金监管以及基金保值增值工作。

十是负责完成大学校长交办的其他相关工作。

8. 校园环境与安全部

校园环境与安全部主要做大学的"面子工程"，由高校原有的采购与招标管理办公室、基建处、档案馆、校史馆、博物馆、保卫处等相关机构整合而来，其职能是给大学做空间布局、文化营造和安全维护工作。校园环境与安全部的具体职责如下：

一是负责校园建筑及附属设施的筹划、申请立项、实施、质量控制、维护和修缮。

二是协同资金筹集与财务部，负责建设及修缮项目用款核算及结算。

三是负责编写学校年鉴、校史、校志、学校发展大事记以及校史馆运行，后者包括校史馆的布置、安全维护以及外来参观接待。

四是负责全校师生档案的归档与管理。

五是负责博物馆（展馆）的运行，包括藏品征集、登记、入库、安全维护、展陈布局、布展以及外来参观接待。

六是校园环境的综合治理。

七是负责全校的安全教育、保密教育工作。

八是统筹管理校园内部的财产、交通、消防、实验室安全以及安保设施的维护。

九是负责协助公安机关办理校内人员的居住证明以及侦办校内案件。

十是负责所做工作的数据收集、整理和档案管理工作。

十一是负责完成大学校长交办的其他相关工作。

9. 党群与社会服务部

党群与社会服务部是大学主要从事党、群、学、社、军关系管理和社会服务的部门，由高校原有的机关党委、党校、统战部、武装部、扶贫办、工会、妇联等部门的职能整合而成。其中，离退休人员的服务纳入党群与社会服务部管辖，党员代表大会、教师代表大会和学生代表大会的秘书处可设在该部。党群与社会服务部的具体职责如下：

一是统筹管理全校师生党员的日常组织生活和培训活动。

二是统筹管理全校师生党员发展（包括入党积极分子学习及考核）、党内评选表彰、组织关系接转、党员政审、党费收缴、困难党员帮扶、党员信息库建设及信息统计、基础党组织活动指导及考核等工作。

三是负责筹备党员代表大会、教师代表大会、学生代表大会、工会会员代表大会，并从中负责有关代表的推荐、选举和增补工作。

四是负责全校职工权益维护、身体健康检查、女职工及其孩童辅助、节日慰问品筹集和发放、职工文体活动等工作。

五是负责联络校内党外团队、人士以及党外后备干部的考察、选拔、培养、举荐工作，同时通过举办座谈会等形式听取、收集、整理和反映他们的意见和建议，以用于校党委决策。

六是统筹管理校内少数民族、宗教工作。

七是协同学生管理与服务部做好国防教育和新生军训工作，并负责校内兵源的挖掘、宣传动员、征兵工作。

八是协同校园环境与安全部校园国防工程、人防工事和警报系统的管理和维护工作。

九是统筹管理全校的社会服务工作，包括大学志愿者组织管理。

十是负责完成大学党委或大学校长交办的其他相关工作。

（四）数据平台的职责配置

数据所具有的可连接性、交互性、可访问性等特性，能够帮助大学各机构克服地理上的鸿沟，推动机构间协同办公或远程合作。同时，大数据提供的强大分析基础，也可以使机构人员比以往任何时候都能更加精确地衡量和管理大学事务。作为大数据的集聚场所，数据平台是一个十分重要且很特殊的机构，它不仅是一个重要的校园公共设施和"校园电子政务"平台,而且是一个兼具技术与管理双重属性的部门,因此需要融入整个大学的机构体系中。也正是基于这一机构的特殊性,本书主张设立的数据平台归属大学的决策中枢,但向大学校长负责,即归大学校长直接管辖。本书做此布局,有利于打破"数据孤岛",推动校内各部门数据共建共享,发挥出数据的最大效用。

数据平台的功能主要体现在对公共数据的归集、数字资源的统筹管理以及相应的基础设施支撑和安全保障等方面。至于数据平台的职责,国内高校设置的诸如"网络与信息中心""网络与信息技术中心""信息网络中心""信息中心""信息化办公室""信息化建设与管理办公室"等机构,其职责配置大都局限在技术维护和校园卡服务层面,有关数据的收集及分析等方面则鲜有涉及。根据数据平台的定位,其主要职责是开展数据发展战略、有关数据规章和标准等方面的研究,为学校数据基础设施规划建设、组织实施、运行维护提供支撑服务,承担学校公共数据的集成、共享开放、应用集成等数据管理工作,以最大程度地助力大学将个人需求的个体主义、部门行动的专业主义以及学校发展的整体主义有机结合起来,赋能大学迈向智治新范式。

数据平台的职责具体如下:

一是负责数据系统的建设和维护。能根据现实需要,适时更新和完善数据管理技术,并同时为学校相关部门的管理界面化("电子政务")以及学校官网(校园网)提供平台和技术支撑。

二是负责数据制度的建设。能根据大学治理需要,负责数据标准的制订、数据格式(样式)的规整。同时,按照学校的信息公开要求,负责做好信息分类、信息公开权限设置等工作。

三是负责全校数据渠道的建设和管理。当前大学正处在社会信息化程度持续加深的环境中,数据来源和数据表征的多样化,数据掌握者的分散化,都意味着必须建立可靠且有效的数据渠道,全面感知治理对象的态势数据,时刻掌握治理活动过程中的各种信息。

四是负责全校数据的汇集。其主要的管理内容就是数据源的选定、数据的核实、转换、整合、存储以及数据质量及安全维护。

五是负责有关数据的分析。应大学党委及大学党委书记、大学校长的需要和安排,负责对有关数据进行挖掘并提供数据分析报告。如就校园网来讲,其主要有信息发布、网上互动、办事服务、社会宣传等几大功能,平时在网上管理与服务、网上互动等方面就会累积海量的数据,这就需要数据平台的工作团队,根据某一工作需要,对有关数据进行汇集和分析,拿出对学校有关部门改进和完善今后工作有启发和借鉴价值的报告。

(五) 资政平台的职责配置

在本书的机构布局方案中,资政平台主要是指大学理事会,是一个成员来自校内外的、涉及多方利益代表的委员会式机构。关于大学理事会定位及其功能,教育部于2014年发布的《普通高等学校理事会规程(试行)》第二条规定,大学理事会是"由办学相关方面代表参加,支持学校发展的咨询、协商、审议与监督机构,是高等学校实现科学决策、民主监督、社会参与的重要组织形式和制度平台"[1]。教育部的这一规定,符合本书机构布局方案中有关大学资政平台的机构设置要求。资政平台的具体职责主要有以下三条:

一是负责审议、通过大学理事会章程,选举、增补理事、常务理事、副理事长、理事长等人员,决定内部机构设置及人员。

二是就学校办学定位、发展目标、战略规划以及重大改革举措、重大项目立项等方面的议题,进行评估、论证,并提出政策咨询建议。

三是广泛联络社会组织及人士,帮助学校筹措办学资金,并监督资金使用和资源利用。

---

[1] 参见《普通高等学校理事会规程(试行)》,中华人民共和国教育部令第37号,2014年7月8日第21次部长办公会议审议通过,自2014年9月1日起施行。

第十章 大学机构布局的制度安排与运行流程

本书所提出的 PCP 构型具有广泛的适用性,可适用于不同类型和规模的公办普通高校。但是,PCP 构型要发挥其应有效能,以达到改革目标,除了周全的机构设置、科学且合理的职责配置之外,还需相应的制度安排以及运行流程设计,以理顺大学内部的条块关系,顺畅要素传递的逻辑链条,这是使机构这只"看得见的手"在大学治理中发挥效用的必然要求。

一 大学机构布局中的制度安排

本书在调研中发现,大学经常会出现一个很诡异的现象:在办理某个事项时,校领导、部处领导、具体办事人员、院方人士等各方都坚持认为他们自己没有做错什么,但就是事情办不下去。究其原因,就是制度有问题。因为最完美的机构设置,最科学、合理的职责配置,也需要制度的保障,因为机构是由人操作的,机构的人格化迫使组织必须出台相应的制度,以创设有效激励结构,提供相对稳定的预期,克服机会主义行为,并对其机构系统的错误行为及时进行纠偏和矫正。以下本书就结合当前国内大学治理体系中存在的一些突出短板,提出并阐述几项关键的、与机构治理能力密切相连的制度,而且这几项基本的制度安排相互联结,互为因果关系。

（一）工作团队制

在本书布局方案中，在大学从事管理和服务的机构被整合成九个职能部。如果再按照职能将每个部划分为若干个科室，那就会落入以往的思维模式和管理套路里，即便是同一个部，科室也容易蜕变成过去的"××处"，科室与科室之间仍然难以协同合作，仍然形成不了整体治理。对此，本书主张每个部在全面梳理所辖服务类、管理类事务的基础上，根据工作任务的不同在内部再设置若干个工作团队，变"串联"办事为"并联"办结。即每个部内的职员都按照工作内容和工作流程的不同组成若干个工作团队，在基本保持工作团队构成稳定以完成日常工作的前提下，部的领导可以根据阶段性工作任务的要求，适时调整个别工作团队或者组建新的工作团队。比如，A 工作团队的工作"忙季"可能恰恰是 B 工作团队的工作"淡季"，这时 B 工作团队的成员或部分成员就可以补充到 A 工作团队中来，以增加 A 工作团队的人手。在每一个部的内部，除了主要负责人和一些专业性强的岗位之外，其余工作人员都可以根据工作需要在部内自由切换。做这种布局，一是有利于减少部内人员忙闲不均的现象，二是有利于充分利用部内的人力资源等要素，三是有利于部内各成员的交流、沟通与合作。以下本书就以科技管理与服务部为例，在介绍原有部门组织架构的基础上，简要描述新部门的内部构成（如图 10-1、图 10-2 所示）。

图 10-1 展示的是现实中较为典型的高校科研管理机构即科技处的组织架构。科技处从上至下依次为处长、副处长、科长、副科长和科员，同时也是组织的指挥链，信息由处长按层级链条自上而下地传递，而作为业务主管的科员虽然能获得一线的、有价值的信息，但却很难通过这种垂直的刚性边界由下至上传递；至于在横向层面上，项目管理科、基地管理科、成果管理科三个业务机构大都不会关注科技管理处的组织目标和组织绩效，只会极力控制其部门内部的信息，以维护它们自己的势力范围及相应利益。处在这种状态下，科技管理处就很难实现其内部治理要素的最大化利用，自然也就难以实现人才、项目、基地、成果的一

体化建设，更难以具备整合校内各学科科研力量以及争取校外科研资源的能力，所以也就不再适应当前大学科技创新和发展的需要。

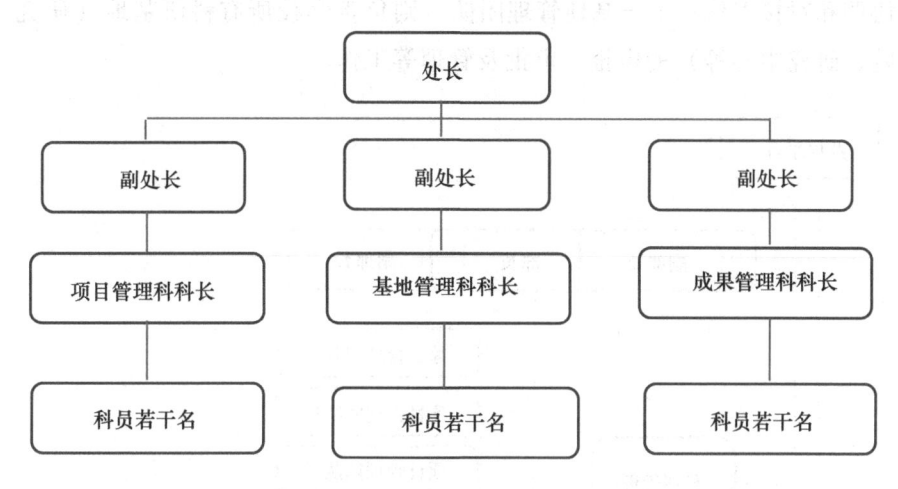

图 10-1　大学现有科技处组织示意

图 10-2 展示的新机构即科研管理与服务部。该机构采用的是扁平化的组织架构，即由部长及其直接指导下的若干个管理团队以及一个附属机构（期刊社）组成：（1）部内部不设置等级分明的行政等级，全面实行职员制[①]。（2）部长是该部的第一责任人，负责部内管理团队的组建和管理，对该部职责体系内所涉及的所有事务负责。为了便于和学校党务工作的对接，部长兼任所在部的支部书记。（3）副部长，可以设置1—3 名，副部长不是一个管理层级，只是部长的助手，辅助部长做好团队建设、党务等工作。（4）管理团队（工作团队），则完全是按照工作内容和工作流程的不同来设置。所有的管理团队都共用一个科研管理信息系统（来自数据平台），其中综合管理团队类似于以往的处办公室，用来统筹管理全校的学科建设工作、校级学术会议组织以及对外学术交

---

① 2017 年 3 月，教育部等五部门在其联合发布的《关于深化高等教育领域简政放权放管结合优化服务改革的若干意见》中强调，要鼓励高校推进内设机构取消行政级别的试点，管理人员实行职员制，在对职能部门人员考核中，不再以其学术职称或行政级别为依据，而是考核其履行岗位职责的专业化水平和实际工作中付出与产出等。

流等工作;成果管理团队除了负责组织科研成果的评审及奖励、知识产权保护等科研成果的管理事务之外,还负责成果转让、成果转化的对外协调和对接工作;至于基地管理团队,则负责学校所有科研基地(研究院、研究中心等)的申报、审批及管理等工作。

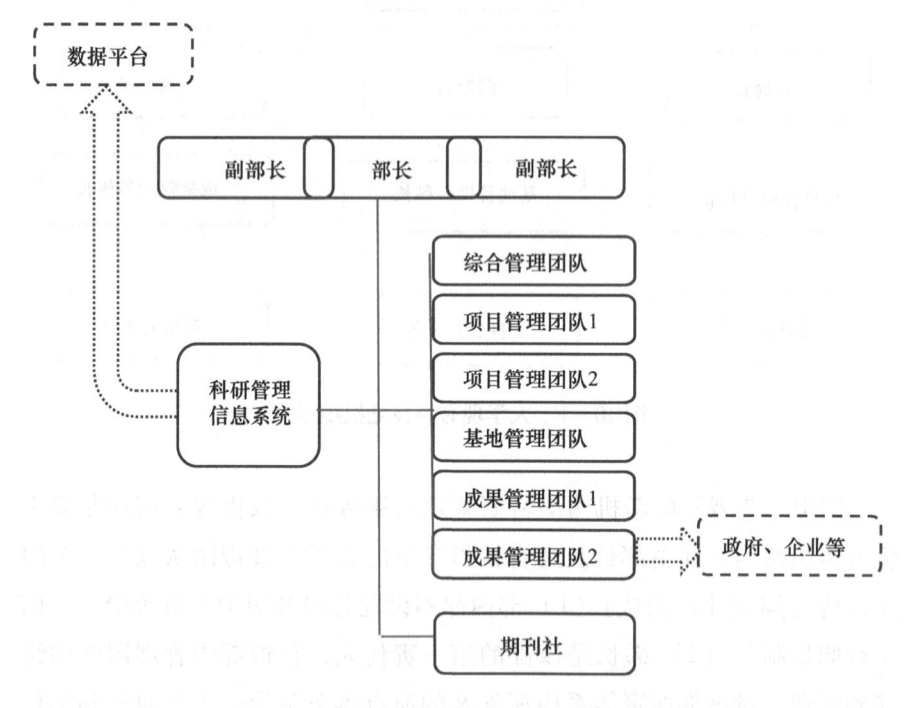

图 10-2 新的科研管理与服务部组织示意

每一个管理团队采用的都是团队式(Team-based)的工作模式,一般由2—5个角色明确、互相依赖、能力互补、共同担责的人员组成①,小规模、跨职能,兼具效率柔性,既存在为完成例行工作而建立的组织结构关系,也存在为增强灵活性而建立的网络关系,从而有利于科研管理与服务部对所辖事务的快速响应、快速应对、快速解决。组建这

---

① 团队规模是组建工作团队需要考虑的一个重要问题,过大的团队难以形成凝聚力、忠诚感和相互信任感,从而降低了工作团队的工作绩效。根据有关团队理论,本书主张部门内每个团队的成员规模一般应为2—5人,若任务量很大,需要更多成员时,可考虑添加新的团队,而不是一味地增加原有团队的成员。

种团队的基本原则和方式有：（1）拥有清晰并可衡量的工作任务目标。（2）通过授权，把责任和义务授予工作团队，使其享有充分的自主决策权，这样可有效调动团队成员的工作积极性。（3）团队成员都有明确的角色和职责。（4）团队成员都具备实现任务目标所需的专长和能力，尽量做到"三匹配"，即成员个人的能力与工作要求相匹配，个人的偏好与工作特征相匹配，个人的个性与工作环境相匹配。（5）团队成员可以自由沟通。正式沟通与非正式沟通相结合，避免因角色不明确或重叠，或因等待上级批准而浪费时间。（6）鼓励团队成员在组织内部进行知识和经验分享，从而不断提升工作技能，同时激发团队成员积极寻找改进工作流程和工作方式、方法，从而持续改进工作绩效。（7）鼓励团队与外部建立工作关系，善于利用外部资源完成工作任务。（8）每个部都可以抽出一位工作人员，作为承接事务、受理诉求的统一窗口，类似于银行大厅业务办理的引导员，以实现"一门受理、一站办结"，使师生办事更加简便、快捷。

至于在团队内部具体工作任务的分配，本书主张，可采用个体专业化与联合专业化相结合的方法，这种方法很灵活，是适合复杂管理情境的一种人员（团队成员）与任务对接方式。个体专业化是指每个团队成员与管理任务之间是"一对一"关系，有助于增强成员的工作技能，提高成员的工作效率，但可能有削弱成员的主动性与创造性的缺陷；联合专业化是指成员与任务之间是"一对多"关系，且不同成员承担的任务之间存在交叉，但却给成员的任务取舍带来困难，且不利于明确成员的绩效与责任。[1] 对此，在团队内部管理实践中，应根据管理任务的属性和变化，将二者结合起来配合使用，并适时进行动态调整，这样做不仅能减少两种方式之间的冲突，还能提升团队对内外部条件变化的适应能力。

工作团队制这一灵活性制度安排，也使"PCP构型"这一大学组织

---

[1] 解晓晴、刘汉民、齐宇：《层级结构与网络结构的混合：复杂情境下的组织结构设计》，《现代财经》（天津财经大学学报）2018年第5期。

架构具有广泛的适用性，可适用于不同类型和规模的公办普通高校，特点就在于学校可根据其自身特点和实际管理需要，在其管理平台所属的九个部门内部增加或减少工作团队。比如，对于一个办学规模大的研究型高校，就可以在其"科研管理与服务部"中设立更细分的综合管理团队、项目管理团队、基地管理团队和成果管理团队。如果觉得项目管理的任务量很大，还可以按照具体事项的不同再细分两个项目管理团队，一个专门负责人文社科项目的管理，另一个则专门负责自然科学项目的管理。

（二）完全职员制

在大学整个党、政、教、学系统和秩序丛林中，活跃着各种人员，如大学党委书记、大学校长、处长、院长、科长、科员、后勤服务人员等。这些人员的活动，不仅构成了现实中的大学机构，也使机构之间能够以某种方式连接起来，从而形成各种事件流，如教学管理工作、人事招聘工作、招生工作、基础建设、实验设备采购等。这种具有不同身份标识的人员，实质上是大学某个机构或某个事项的代理人，如党委书记是大学党委（大学决策中枢）的代理人，大学校长是管理平台的代理人，处长是某个部处的代理人、院长是某个学院的代理人等。他们存在着明显的上下级关系即存在科层制特征，有着较为明确的活动指向以及相应的职责与权力范围。与此同时，他们也是以校园为主要活动空间的、日常生活中的人们，是具体民情、校情的承载者和建构者，他们不仅对他们自己的生活方式、诉求及其理由拥有一定的认知、情感和行为倾向，也会依情势而变生出相应的行动能力。[①] 对此，作为在大学机构系统中具有"制度人"和"生活人"双重属性的人员，还需建立一套人员维护与促进制度，以在保持两类人、两种活动逻辑的平衡中维持机构的正常运转，这实质上也是人这一治理要素在数量上的利用和开拓。本书就此

[①] 罗志敏、孙艳丽、郝艳丽：《从"结构—制度"到"制度—生活"：新时期中国大学内部治理研究的视角转换》，《清华大学教育研究》2019年第6期。

提出一项颇具建设性的制度安排，即完全职员制。

对此，本书主张，除了大学校长、学术委员会主席及分委员会主席、学院院长等少数人员之外，其他人员一律实行职员制，即管理的归管理，走职业专门化的道路。目前，国内许多高校虽然早就实行了职员制，但却是不完全的职员制，只是部分的职员制：一方面给具有处级或副处级以上职务的人员"开口子"，允许他们继续担任教授、带研究生和申报课题，另一方面也限制了广大机构人员的向上发展通道和发展空间，因为若没有副高、正高的学术职称，就难以提拔到副处级、正处级及以上的岗位上。对此，一位曾在一所高校研究生院工作的部门负责人在受访时谈道：

> 我记得几年前有一些高校要把处级这一大学行政等级取消掉，将来都是职员制，在我们学校目前有一部分人是职员制，但是有一部分人还是要给处级、副处级，变成职员制和行政等级制度并轨……在职员制上又加了一个等级，比过去更复杂，我觉得职员制还是蛮好的，结果到最后又加个正处、副处，分属人事部门和组织部门管，变成两条腿。我搞不太清楚，因为我没有研究过，但是我觉得这种组织模式简直是太垃圾了……（0XX0602）

高校的这一做法，除了违背职员制改革的初衷外，也普遍挫伤了广大基层管理人员的工作积极性。如他们绝大多数人在晋升到一定职位后（一般是正科级或副处级），就停滞不前了，直至退休。因为副处级、正处级及以上职务一般都是由具有副高级、正高级职称的学术人员担任，职务的高低又与个人的工资待遇以及退休后的待遇紧密相关，这样就会导致两种结果：一些不甘心就此"沉寂"的机构人员为了获得晋升，就想尽办法通过考博、读博的方式提升他们自己的学历层次，申报课题、写论文，然后参加职称晋升等竞争，这样就自然会影响他们的本职工作；而另一些自感升职无望的机构人员，就会得过且过，在部门混日子，只求平安退休。对此，本书主张国内高校要尽快推行完全职员制改革：

其一，在职务名称上进行改革，以弱化大学机构系统的"官僚制"色彩。除大学党委书记、副书记、大学校长、副校长、院长、副院长等职位维持不变之外，其他职能部门的人员依次为部长、副部长、团队主管和成员，摒弃掉以往处长、副处长、科长、科员等称呼。其二，在发展通道上，将"职务"和"职级"并设。除职务晋升路线之外，还要拓展并完善职级晋升路线，即根据机构人员的工作年限、工作业绩逐步晋升，同时建立健全相应的培训、考核评价、薪酬待遇等制度。这样做，既能提升机构人员的专业化水平，也能激发机构人员队伍的活力。如美国加州大学的行政人员的待遇不仅与同级的教师持平（如部门正职领导的工资与教授的平均工资是基本一致的），其职业发展路径也比较明确，他们可以从基础工作做起，逐步升到部门主管，甚至是副校长级别。还要强调的是，除了教务长、本科生院院长和研究生院院长以外，其他行政人员基本上是没有学术职称的，一般也不会从事学术研究和教学工作[1]。其三，清除大学教授与学校管理职务互兼的"双肩挑"现象。除学院院长、科研组织领头人等机构负责人之外，其他机构的正职、副职及其人员一律不准再兼任课教师、研究生指导老师以及其他学术职务。其四，在机构人员具体工作岗位安排上，要根据机构人员的个性、教育背景及专长，将其合理配置到相应的工作团队中，一个阶段后可根据个人意愿跨团队、跨部门轮岗，以保持他们对工作的新鲜度和工作热情，也有利于他们拓宽视野，全面了解学校整个管理和服务的运转流程。其五，设立有关机构内部管理改革的课题和奖项。如清华大学于2018年首次设置了"创新服务管理实效奖"，从问题导向、创新性、实效性、启发性四个维度出发，评选出师生认可度高、受益面广的项目[2]，以用于激发职能部门及其成员的主动创新和改革精神。

---

[1] 常桐善：《院校研究（9）：高校治理与院校研究》，《对话中美高教》2021年9月28日。
[2] 吕婷：《职能部门如何破解大学服务管理的"创新密码"?》，2019年3月29日，清华新闻网（https://www.tsinghua.edu.cn/info/1181/35638.htm）。

（三）绩效共荣制

在科层制下，职能定位和职责配置在保证部门规范运转的同时，也暴露出机构之间缺乏协调、无法服务于整体目标等弊端，这对大学来讲亦是如此。本书认为，大学要破解这一治理难题，需要在机构布局中设法使一些关联机构成为绩效共荣体，即形成"一损共损、一荣共荣"的关系。这种关系能发挥各自优势，共享信息、人员、设备等要素，避免重复投入，以一定要素投入获得最多资源。同时，这种关系还能使机构之间起到相互制约、相互监督的作用，从而在一定程度上有利于压缩权力寻租、制度变形的空间。

所谓绩效共荣体，就是指机构之间目标或结果的一致性。换句话来讲，两个机构若具有相近或相同的利益，就具有相容性关系，两机构就会倾向于自发性合作[1]。否则，就只能在一定的外在压力下（比如上层领导安排）形成临时性合作关系。绩效共荣体实现的不仅是单一部门或个人的利益，而是组织的一种整体性利益。所谓绩效共荣体制度，则是一种组织安排和管理策略，就是通过一些制度性的安排，使两个或多个机构的绩效具有共享性，完成一项任务（事务）带来的收益能被两个或多个机构共享。比如，A 部门获得绩效，B 部门也能相应获得，反之亦然；A 部门失去绩效，B 部门也相应地失去绩效，反之亦然。如此一来，对于 A 和 B 两个部门来说，最为理性的方式是，A 和 B 一起制造绩效，这是两个部门合作的基础[2]。机构间通过合作，能共享组织有限的治理要素，消弭治理任务与组织资源之间的紧张关系，并以尽可能低的成本完成治理任务。比如，科研管理与服务部、图书与总务后勤部这两个机构平时在工作中有许多交集，诸如启动一项有组织的科研项目等一些任务都需要双方密切配合才能完成，如果双方能形成绩效共荣体，在具体

---

[1] ［美］曼库尔·奥尔森（Mancur Otson）：《国家兴衰探源：经济增长、滞胀与社会僵化》，吕应中译，商务印书馆1993年版，第48页。

[2] 王清：《政府部门间为何合作：政绩共荣体的分析框架》，《中国行政管理》2018 年第 7 期。

的治理实践中就不仅能节省组织资源，还能在推动任务高效完成的同时给师生的科研活动带来良好的受众体验。

但是，要在两个或多个不同的机构之间形成绩效共荣体，一方面需要外在的激励，比如上级领导的注意、压力和肯定性反馈，薪酬的分配等，另一方面也需要机构内部相关认知的形成和强化，但在逻辑上后者往往需要前者首先做出铺垫，即外在的激励是绩效共荣体形成的逻辑起点。对此，本书从外在的激励这一层面出发，探讨部门绩效共荣的一些制度性安排。

其一，在技术框架支撑方面，要建立有利于合作的组织框架。一是在机构职责配置中要做好职责衔接，以此促发部门之间相互配合、联合行动的动力；二是建立机构间的互动常态化机制，这种互动不仅包括正式的互动，也包括非正式的互动，即通过部门交往的方式实现信息共享和事件交流，比如学生管理与服务部要经常邀请宣传与合作拓展部的负责人或工作人员"来办公室坐坐"，近距离观察其工作状态，共同举办员工联谊活动等，在密切双方关系、增进彼此信任、了解对方工作方式和流程的同时，形成协同共识，寻求合作的机会。因为彼此之间的熟知与信任，可以使得个人与个人、机构与机构之间的协同和合作成为一种习惯。

其二，在限制利益冲突方面，要建立利益补偿机制。由于需要合作的机构大都处于同一组织层级，参与机构的负责人之间还往往存在晋升竞争关系，如果缺乏利益补偿机制，机构就会倾向于将一些配合其他机构的动作看成是一种"损己利人"或"为他人作嫁衣"的非理性行为，从而对合作采取回避或排斥的态度和作为。对此，除了厘清各部门的责任、把一些合作事项纳入部门考核体系和负责人晋升考评指标中之外，还要准确识别或测量合作双方或多方各自的工作付出和产出，并据此对合作双方或多方进行不同方式和程度的利益补偿，力求做到付出与收益的对等，这样就可以在提升合作方各自合作收益预期的基础上，提高机构的合作意愿和动力。

其三，在强化牵头人的任务分解与整合作用方面，要通过牵头人

(大学校长、副校长）作为上层领导的权力优势，做好合作方的任务分工、责任划分、资源支持以及后续的监督指导、任务调整、声誉激励等工作，防止出现"有分工无合作""只出名不出力"等不良现象。

（四）数据集约管理制

在当前大学治理数字化转型背景下，许多高校花费巨资，探索和实践大学治理数字化转型的创新之路，即以技术要素创新为核心推动机构和人员工作效率的提高以及管理职能的优化调整，但建设成效并不理想，其主要原因是数字技术所需的整体性与大学传统部门主义的结构性张力难以消除，现有科层制下的条块分割架构和数字化治理与协同性的要求相抵触。与此同时，大学机构（治理主体）还面临着信息碎片化、冗余化、混沌化等问题，面临着社会从信息化到智慧化的转型迭代所带来的外在压力和挑战。为此，就有必要采取一项应对之策，即在大学内部机构系统中设立全校性的数据集散地即数据平台，对数据进行统筹运作和管理，从而可以提升数字技术与大学机构系统的互嵌程度，助力大学治理能力的提升以及治理效能的相应提高：一是有助于决策中枢实现其决策下达和展现的及时性和简约化，同时实现全方位、广覆盖的舆情收集、分析和反馈。二是有助于执行机构简化其办事流程。如通过数据平台的某一登录端口，让数据在线上"跑路"的形式代替人的线下流动，即实现由传统的文件式、跑圈式管理方式向并联式、集成式的管理和服务方式转变，从而优化服务流程，提高行政审批效率。三是有助于为师生提供精细化、个性化的管理和服务。比如，大学可根据管理精准化和服务个性化的需要，持续将校园内一些管理和服务事项数字化、互联化，然后基于使用频次、使用时长、使用时段等客观信息的大数据，对师生进行需求识别和汇总，为下一步优化管理和服务供给提供准确信息。

但是，数据平台要达到以上治理效果，一个最重要的基础和前提就是数据在样式、种类等方面必须符合大学的管理要求，否则就是无效、无用的"痕迹"。当前，国内高校由于普遍存在数据标准化定义缺失、数据收集程序混乱等问题，致使数据在及时性、有效性、准确性、完整性以及可用性等方面存在明显不足。为此，必须围绕数据的质量，使用同一个平台以及同一套制度和规范，即从数据的采集到应用各个环节出发建立一整套集约式的数据质量控制制度，即数据集约管理制。

其一，在数据采集上，所有信息要做到全校统一标准、统一样式、统一事项格式。对此，作为一个机构的数据平台，必须从统一数据输入标准着手，本着"数据能共享、上下左右能联动"的基本原则，规范数据采集流程，组织力量对全校的所有数据进行一次盘查和清理，如整合一些部门运行的 APP，将其线上业务统一纳入数据平台上。同时，还要做到同一数据，师生或部门只需提供一次，以免学院及师生重复上报数据、重复填表等现象的出现。

其二，在数据的展示上，要在技术上构建去科层化的信息直播机制，促进信息的双向平面化传递。对师生来讲，数据平台要畅通数据的向上传输通道，以发挥网络舆情对数据质量的监督作用。对决策层来讲，最好的方式并不是让其自己成为信息发布的唯一通道，而是按照数据开放的基本思路，建立一个机制，让数据自身说话[1]，以过滤掉不符合质量要求的数据。

其三，在数据的搜索上，全校信息尤其是基础性信息，都可以也应该从大数据平台上查询。比如，为寻找科研合作伙伴而要查阅某一老师的相关信息，之前需要到各个学院网站上去查找，在建立大数据平台后，就可以"研究方向"为关键词，在平台上搜索到可以合作的伙伴。此外，为了确保数据的合理、合法和有效使用，对于一些需要防护的、需要防止泄漏的信息，要设置数据索取权限。

其四，在数据的应用上，要规避"信息形式主义"和"智能官僚主义"。目前，随着网络信息技术被运用于大学内部治理，形式主义与官僚主义等作风和顽疾也同时渗透到了线上，如线上"文山会海"、网上

---

[1] 彭宗超、黄昊、吴洪涛等：《新冠肺炎疫情前期应急防控的"五情"大数据分析》，《治理研究》2020年第2期。

"痕迹主义"等，从而导致"技术赋能"变成了"技术负能"。为此，数据平台上一切数据的使用一定要以"为师生提供个性化服务和精准治理"为第一原则，推动网上信息沟通、网上服务行为规范化、标准化和公开化，同时对线上形式主义与官僚主义的识别与处理做出具体规范，以规避各机构及其人员利用数据平台做表面文章、形象工程。

其五，在数据的风险防范上，要在强化数据库软硬件设施建设的基础上，保障数据安全，维护个人隐私，并防范对数据的不当使用与恶意篡改。此外，在数据的对外联结上，还要将师生学习、生活和工作经常要浏览的一些校外网站（如有关科研项目申报的网站），按照类别链接到数据平台上。

（五）院长"一肩挑"制

目前，国内高校在院系管理上实行院党书记与院长共管学院的管理体制，这一体制显然是同构校级管理模式的结果，即院党书记（或党总支书记）与校党委书记对应，院长与大学校长对应。按照目前的布局，学院是党务和行政分工协作。院党书记主管党建、廉政、师生意识形态、学生事务、师生群团组织等工作，同时还要主持学院党委会、党政联席会。至于院长，一般都是学术带头人，主管学院的招生、学科建设、教学、科研、人才引进、财政等工作。但是，这种看似完美的体制，在实践中却衍生出许多问题。如笔者在一些高校调研时就发现，院长认为他是学院的"一把手""一支笔"，院党书记只要负责做好学院党团工作和学生日常管理工作就行了，其他事项就不必过问；而院党书记则认为，基于"党管一切""党的全面领导"等国家政策精神，院党书记应该是主管学院各项工作的。这种个人理解上的差异以及学院固有的管理体制叠加在一起，使学院很容易出现"大院长、小书记""大书记、小院长"或"大院长、大书记"的情况，除了由于"双头领导"降低学院内部的管理效率之外，还会触发院党书记与院长相互扯皮、相互掣肘甚至相互抵触的问题，从而影响学院的风气以及整体发展。

对于学院这一机构布局存在的障碍及难题，一位接受访谈的专家谈道：

> 现在大学校园里最关键的问题不只是书记和校长层面，而是二级学院的党政关系问题。现在国家已经公布的《高等学校基层组织条例》有重大的改变。在过去，到底校长、院长是一把手还是校党委书记、院书记是一把手，大学层面已经明确党委书记是一把手了，但学校二级学院层面还没有完全明确。按照《高等学校基层组织条例》，大学在推荐院书记时实行"双带头人"制度，即要求选拔的院党书记既是党建带头人，还是学术带头人，换句话来讲，就是要求院党书记要有专业背景。但现在最突出的问题是：二级学院的书记目前实际上是按照党委系统体系来配置的，大多数人的出身是辅导员，政治上虽然很可靠，但业务上大都不懂。如果二级学院也是按照校级层面的党政配置，就会出现书记和校长不协调的问题，会严重影响学院运行。大学的生产力完全是从院系产生的，它不是从管理机构产生的。二级学院是最基础的，无论是院书记还是院长，都应该懂业务，更懂得人才培养的科学研究这些规律，这样才可以保证二级学院是一个高生产力的、能够正确执行学校决策的机构。（DLW0507）

另有一位专家也就此谈道：

> 现在大学基层问题严重，院书记是辅导员出身的多，不懂业务但有权力。原来基层是院长负责制，后来书记分权。……省高校很多都是辅导员出身，这样的转换会造成学校的行政越浓，学术越受到制约，释放不了活力。（FJR0507）

对此，为了规避二级学院机构布局存在的治理障碍及难题，本书认为大学应该摒弃在校、院两级管理体制实行机构"同构"，主张在学院一级实行"院长一肩挑"制，即院长兼任院党书记一职，在大学校长的领导下对学院所有工作负责。由于大学党委是学校的决策中枢，所有的决策都是由中国共产党主导的党委会（议事机构）做出的，院长只是在校长的领导下执行学校的决策，因此"院长一肩挑"制并没有违背国家的政策精神，并与中国的高等教育管理体制是相一致的，同时还有很大的实现空间和余地。对此，一位接受访谈的专家谈道：

> 学院院长可以兼任院书记。我的理由是，学院只能有一个领导，不能有两个领导。在1927年中央红军三湾改编的时候，第一次提出把支部建在连上，当时是因为党员很少，或者说具有党的信念的人是很少的。但是今天的党员已经有9000多万了，大学教师群体中的党员就足够多，选拔一位党员教授担任院长的余地和空间都很大。（ZQZ0711）

从目前国内高校二级学院院长的政治身份来看，其中的绝大部分都是中共党员，只有少数院长属于民主党派或无党派人士，这自然为高校实行"院长一肩挑"制提供了充分的条件。"院长一肩挑"制的具体政策安排如下：

其一，学院的领导架构。学院设院长一名，院长兼任书记，另设专职副书记1名，协助院长（书记）做好日常党团及学生工作。这样做，一方面有助于学院党政机构的关联和信息流通，另一方面也有利于学院的统一、集中领导。同时，按照学院规模设副院长1—4名，这样可以简化学院的管理流程，提高管理效率。这里面还会存在一种情况（只是少数情况），如果选聘的院长不是中共党员，这时就需要学校党委指派1人担任院党书记兼副院长，在院长的领导下负责党团及学生工作。

其二，院长的权力行使。为了保障院长施政的科学化和民主化，学院治理实行"党、政、学"联席会制度，重大事项需事先经学院联席会审议并通过。同时，学院设立学术委员会[①]（院级层面的学术事务平

[①] 目前国内高校在院级层面既有学术委员会（主要负责科研活动），又有教授委员会（主要负责教学活动）。本书主张，为简化机构设置，提高治理效率，将教授委员会的职能并入学术委员会，全面负责所在学院的教学、科研等专业事务的咨询、审议等工作。

台），在院长的领导下从事学术事务的咨询、审议和评定工作。与此同时，要打通学院师生与学术委员会的通道，以便于强化学术治理中的意见综合，这样一方面可防止院学术委员会空转，另一方面也可防止院长不当使用权力。另外，院教师代表大会每年还要适时召开一次会议，对学院规章制度的制订和修订、学院发展规划、教职工队伍建设、教学改革等事项提出意见和建议，同时还可将学院规章制度和决策的落实情况形成报告后提交给学校党委的评估督察部。

其三，对院长的选任。院长不设行政级别，由院学术委员会从校内外遴选，由学校党委会任命。本书为此主张要尽快推行院长的公开选聘以及有退出机制的院长聘用制，明确规定院长遴选、续聘和解聘等具体操作办法，健全选聘程序，完善院长遴选制度，细化人选条件，以选拔出"能打开工作局面"的引领发展型院长。

其四，对院长的考评。要根据"首席学术管理者"这一身份或角色来定位和明确院长的工作职责、权利和义务，明晰院长职务的组织服务公约和操作规则，以院长实际的管理绩效和为组织整体所创造的价值为主要评价指标，要强调院长为组织整体所做出的贡献。换句话来讲，对院长的考评，就是要看学院在该院长履职期间所取得的成绩和发生的变化，这些变化包括学院的学科及专业建设情况、资金筹集和资金使用情况、科研经费、新聘人员的素质、生源质量、毕业生就业率、学术成果的质量以及学院师生的支持率等。

其五，对院长的激励。建立具有市场竞争力和吸引力的薪酬制度（如年薪制）和任职补偿制度，以激励院长全身心地投入学院的管理工作，同时鼓励并支持院长能够按照所在学院的特点和规律整合学术资源，以办出特色、展现活力。与此同时，建立并实施院长在职培训制度，合理安排在职院长接受管理及相关的培训，以不断提升院长的管理能力与水平。

二 大学机构布局中的关键工作流程设计

PCP 构型的有效运转，除了特定的制度安排外，还需要通过对工作流程的一体化设计缩短要素承接、流传的距离和时间，这样不仅能削减"中间环节"使委托代理关系更清晰，还有利于要素快速地到达管理终端，因而相应地提高事务处理的效率。从最现实的角度上看，多数校园事务都需要若干岗位乃至跨部门、跨学院完成，比如实施一项科研攻关课题，开展一项校园文化建设活动等。为此，就需要从整体上设计好事务处理的方式和程序，即工作流程。目前在大学治理中存在的办事效率低下问题，许多就直接与工作流程存在缺陷有关。如一位受访者谈道："很多事情由于办事流程不细致，部门间就推来推去，师生意见很大。"（GWZ0513）。以下，本书就围绕 PCP 构型内在的"反映"与"回应"、"决策"与"执行"、"协调"与"协作"三对六条工作线（事务流），提出并重点论述三项关键的一体化工作流程。

（一）反映—回应一体化流程

高校的组织体系缺少信息闭环反馈的系统。比如，学生、老师给校长、书记写信，校领导很少看得到，也不知道。所以，师生反映的结果也就没有任何回应。（DLW0507）

学校高层不可能捕捉到（下面反映的信息），也不会主动捕捉，甚至这个机制就有问题。因为大学的整个机制是唯上的，只注重捕捉上级信息……为什么有些学校里的人喜欢告状，原因就在于他的信息没有传递通道，没有正常的渠道向上面反映，或者说他向上面反映问题没有得到回应。（IHT0513）

以上两位受访专家反映的现象，其发生背后的一个重要原因都是大学在机构布局上缺乏信息的传输渠道。大学治理需要在信息的不断双向传输过程中进行决策和执行，如大学决策中枢所做出的决策，就可以描述成决策层依据从下至上的反映而做出的从上至下的回应过程。但这一过程是否顺畅、是否有效，一个最重要的前提就是反映—回应流程是否在大学机构系统中得以完整地存在并体现出来。根据本书的大学机构布局方案，大学的机构系统从纵向管理上讲只有两个基本层级——决策层和执行层（如图8-2所示）。决策层就是以大学党委为核心的决策中枢，而执行层则是指以大学校长为领导的管理平台和学术事务平台，其中管理平台又包括九个职能部，学术事务平台则包括各个院系和科研组织。但若进入真实的大学治理实践场景，就会发现校园中还有一个层级，就是广大的老师、管理人员和学生（以下简称"师生群体"），他们虽然都以"生活人"的形态存在着，散布在校园内的各个角落，但却是大学绩效的"生产者"，是校情民意的承载和出口，也是大学执行层的具体行动者，同时是决策层进行决策的逻辑出发点和落脚点。基于此，本书将在以上两个机构层级基础上，再增添一个层级，即师生群体。这一层级的人员平时都是以散状的个体形式出现的，诉求及需求各异，信息反映方式也是多线条的。尽管他们能凭借教师代表大会、学生代表大会等方式以"机构"的面貌出现，但由于这种代表大会方式门槛高、时间间隔长、难以顾及多元化需求等原因，如教师代表大会往往每年才举办一次，筹办会议还需要花费很高的时间和金钱成本，因此在大学反映—回应流程中所起的作用是很有限的。

以上情况表明，在大学整个反映—回应流程中，存在着三个层级：由机构系统做支撑的决策层和执行层以及以散状形式存在的师生群体。大学治理能力的维系与提升，就高度依赖于以上三个层级能否具备完善的要素传输渠道，这一传输渠道表现为大学机构系统往不同方向延伸所结成的组织网络，但由于要素又往往分散在三个层级及每个层级的不同部门和个人之中，除了有在信息传递过程中出现扭曲或失真的风险，还面临信息被执行层截留的风险。一位高校中层领导在接受访谈时就谈到这一现象：

> 我们每年都会根据国家政策文件要求，召开老师座谈会、学生座谈会以倾听基层声音，我们中层干部也跟着听，结果发现，学生都是经过精挑细选的，老师也是经过精挑细选的。他们都是"好"学生、"好"老师，都是来说好听话的，但凡有点个人想法的，学校开会是不会让他们参会的……我们学校是有倾听学生、老师声音的机制，但是这种机制执行起来，却难以捕捉到基层最真实的声音。当学校领导听不到基层最真实的声音，反映不到基层最真实的需求的时候，很多政策就是坐在办公室里想出来的，或者是按照上面政策依葫芦画瓢画出来的……（IHT0513）

这些现象表明，在信息的反映、回应的双向传递过程中，决策层的决策信息可以通过技术手段迅速抵达执行层，但决策层决策的质量却严重依赖师生群体提供（反映）信息的及时性和真实性。决策层能否及时且有效做出决策，往往跟其是否掌握了真实且充分的信息有很大关系。如此一来，在信息传递方面，大学的内部治理就会遇到一个两难问题：决策层虽然掌握了要素的配置权，但真正解决实际治理难题的却是执行层，决策层为了解决问题，不得不将管理重心下沉，即将一些治理要素下拨到执行层。但执行层（如学院）也随之掌握了比决策层更多的真实信息，如果缺乏外在的压力，作为下级的执行层就会保持信息的秘密性，往往有选择性地向决策层释放信息。这一两难问题，也是造成大学"看得见的管不着，管得着的看不见"治理悖论的重要原因。因为控制最紧要和最关键的信息，或者垄断了真实的信息，就等于掌握了要素配置的主动权并借以获得最多的可支配资源，所以往往也就会在日常的工作实践中选择向上层（决策层）迟报、瞒报、少报或不报信息，从而导致决策层由于缺乏足够的信息而无法做出及时、正确的决策。

于是，决策层为了能得到及时、真实的足够信息反映，就需要在三个环节上做好反映—回应的运行流程布局（如图10-3所示）：一是执

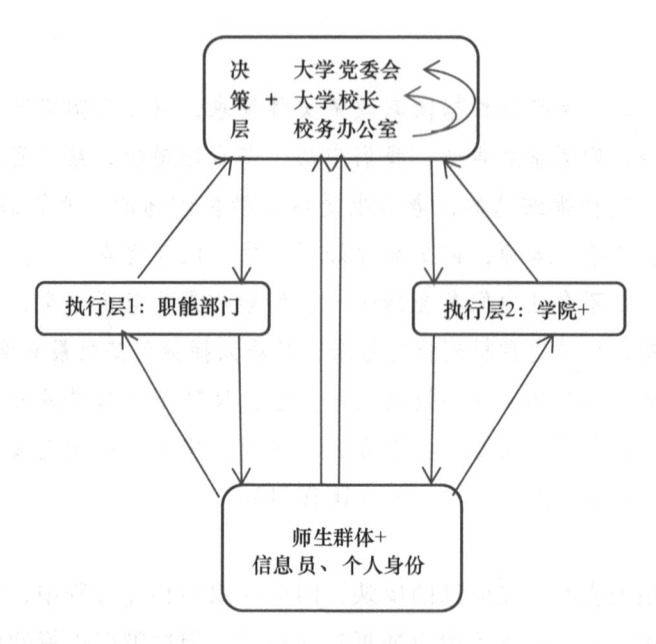

```
┌─────────────────────┐
│ 决    大学党委会  ↶│
│ 策 +  大学校长     │
│ 层    校务办公室   │
└─────────────────────┘
     ↑↓↑↑↑↓↑
┌──────────┐    ┌──────────┐
│执行层1:  │    │执行层2:  │
│职能部门  │    │学院+     │
└──────────┘    └──────────┘
       ↓↑         ↑↓
     ┌────────────────┐
     │  师生群体+     │
     │ 信息员、个人身份│
     └────────────────┘
```

图10-3　大学信息反映—回应流程示意

行层向决策层的信息报送环节。在大学治理实践中，既然执行层比决策层掌握着更多、更真实的基层信息，执行层的信息报送也就要汇总到决策层，所以执行层报送（反映）的信息就成了决策层进行政策方案准备、政策力度评估以及下决心推动的重要依据。二是决策层向师生群体获取信息环节。这其实就是决策层绕过执行层，从民间直接获取原始信息，这样做的好处是一方面可以为决策层增加一个获取决策所需信息的渠道，另一方面也能对执行层所报送信息起到验证和互证，督促执行层和师生群体双方都能重视其自身信息报送的质量。三是决策层和执行层的信息回馈环节。如果从下至上推送的信息能得到好的回应，一方面可以鼓励师生群体今后更积极地提供有效信息，另一方面也可以督促执行层提升其自身的管理和服务水平。以上三个环节相互勾连，如果能有效运转，就是一个良性的正循环。从这三个环节出发，本书就此布局信息的反映—回应流程：

第一步：信息来源渠道组建。除了通过数据中心、咨询参谋部这两种制度化信息来源渠道之外，决策层还需要建立两条渠道：（1）来自执行层。这一渠道的消息一般都是决策层基于一时的决策需要，要求执行层的某一或某些机构在规定的时间内报送某一方面的信息，具有明显的政策意图和问题解决指向。（2）来自师生群体。这类来自民间的信息不规定具体要求，又可分为两类：一类是来自校党委在师生群体中聘请的信息员①，委托他们随时向学校报送对决策有帮助的信息；另一类是来自师生个人的"信访信息"。以上信息既可通过数据中心的电子政务平台进行线上报送，也可以线下报送。

第二步：信息的接收、筛选和核查。在信息获取上，以党委书记和校长为核心成员的学校决策层一方面希望能及时获得紧要、关键、准确的信息，不要出现无用的信息冗余，更不要出现"文牍主义"而无端消耗组织资源；另一方面又担心下级（执行层）隐瞒、截留关键信息，出现"决策者不知实情"的情况。对此，决策层就需要通过其直属机构校务办公室来处理整个信息的接收、筛选和核查工作，以确保信息的可靠性：一是对报送的有效信息进行登记和备案，以备后期查询和核对。二是对报送的信息进行筛选，以理出决策层所需要的、有价值的信息。对于无实质内容、明显不合法或不合理的意见，要及时排除掉。三是通过信息核查机制约束执行层的信息报送行为，即通过核查划定"红线"以规避信息报送过程中的瞒报、漏报和谎报行为。如赋予校务办公室有信息倒查的权力，以及时发现执行层在信息报送中出现的问题并及时进行纠偏。目前，通过数据平台的技术工具虽然可以缩短信息报送链条，提高了信息传递效率，但却难以保证信息的真实和有效，因为技术工具只是起到一个信息通道和展示的作用，并不能取代校务办公室工作人员对信息的情感思考和价值判断。

第三步：信息分类、答复以及解决。首先，校务办公室将经过筛选后的报送信息进行再判断，弄清信息背后所反映的问题事项，并按照问

---

① 本书主张，为了便于学校决策层更好地体察校园内的"社情民意"，大学可以设置师生民意代表制度，即在教师、管理人员、学生群体中选拔一批热心学校事务的人士担任信息员，以从中获得学校各方面的反馈信息。

题事项的责任归属划分为三类：（1）单一部门能解决的问题，就在大学校长的授权下直接反馈给所在的部门。（2）跨部门才能解决的问题，就移交给校长，留待校长协调处理。（3）重大但非紧急问题，就转交给参谋咨询部进一步论证并同时提交给党委会。其次，对信息提供方进行初步答复。校务办公室将信息所涉及的、包括问题承接方和处理时限在内的处理意见及时告知信息提供方。最后，对信息提供方的答复，即将事项处理结果及时送达信息提供方。

第四步：问题解决后的回访。在问题解决之后，校务办公室要对信息提供方进行回访（通过电话、手机短信或其他形式），听取对方的意见，以对事项是否就此办结或是否进行再一轮的反映—回应流程做出判断和行动。需要强调的是，这一步骤非常重要，如果缺乏这一环节，要么难以保障信息处理（问题解决）的质量，要么会挫伤信息提供方（问题反映方）今后在信息供给上的积极性。下面这位接受访谈的专家就谈到了这种情况：

> 向学校反映，有校长信箱、书记信箱，从面上看都很到位、找不到毛病。但是基层老师、同学反映的问题到了线下虽然有专门的秘书接应和管理，但我怀疑他们根本就没有将师生反映的问题向校领导讲（汇报），也没跟书记说，而是自作主张地将其转到所在的学院或相关部门，校领导到底知不知道，也不清楚……学校里很多事情，我不知道是校领导真不知道还是装糊涂，最后的结果是师生得不到及时回应，有时得到的回应是：做的工作有瑕疵，以后要注意，可问题是现在怎么办？最后事情就不了了之了。往往因为这种情况，老师们、学生们已经不愿意再去说（反映情况）了，因为知道说了也没用……（DLW0507）

在以上所描述的反映—回应工作流程的四个步骤（环节）中，校务办公室最先掌握师生群体诉求的一手资料，是"了解民情"的一线窗口，承担了决策层、执行层、师生群体三方意见的中介角色，也是大学舆情收集、分析、研判和回应的操作者。所以，校务办公室要设立专门的工作团队来处理整个反映—回应工作流程所涉及的工作。同时，为了维持这一工作流程的有效性，大学一方面要通过评估督察部将这一过程纳入所涉及部门的绩效评价管理体系中，对各部门相关工作进行量化评估，从而促使他们重视和不断改善信息的反映—回应工作；另一方面还可通过宣传与合作拓展部的工作，将某些部门积极回应师生意见的行为进行宣传报道，做到褒扬与贬斥一体，督促相关部门认真投入师生意见的回应和解决工作中。

（二）决策—执行一体化流程

本书第八章"机构总体布局"部分将大学校长纳入大学的决策中枢（大学党委）里，由于大学校长是负责执行学校决策的，这就意味着决策和执行这两个环节在实践操作上也必须相应地做一体化的流程布局。一方面，决策必须与执行结合起来，没有执行的决策一定是无效的决策，决策的生命在于执行；另一方面，没有经过决策程序的执行，不仅难以保障执行的合法性、合理性要求，而且由于得不到决策中枢的背书而难以执行下去。再换个角度来讲，决策就是一种纵向的、集中的意向性建构，即通过自上而下的等级传导、政治纪律、权威资源等督促各部门执行决策。但是，决策在执行过程中难免会变形、扭曲，这又需要决策进行督导、评估并适时做出补正、调整或修正。这就表明决策与执行不能脱离，更不能走向对立。

对此，本书围绕 PCP 构型设计了决策—执行一体化实践操作流程，具体可归结为三个阶段：意见综合阶段、形成决策阶段和决策启动阶段。

1. 决策前：意见综合阶段

意见综合是大学党委决策的入口，是决策前的准备阶段。当前，意见综合是大学内部治理过程中十分薄弱的环节。长期以来，在涉及高校重大问题决策的产生过程中，往往只能看到大学党委最终做出了何种决策，但这种决策是如何产生的，全校师生往往不得而知。造成这种情况的直接原因在于意见综合环节的缺失。由于这一环节的缺失，决策前的酝酿过程要么被忽略，要么仅仅是走过场，从而使大学党委的决策带有很大的不确定性。为此，大学党委书记有责任带领大学党委会各成员，采取措施鼓励和支持各利益主体充分表达意见，梳理和总结师生员工的意见和要求，然后形成决策议题在大学党委会的会议上进行报告和审议。

根据教育部的规定，凡属重大事项、重要干部任免、重要项目安排和大额度资金的使用，即凡属"三重一大"的议题都必须提交给大学党委会决策[①]。但在本书看来，由于不同高校对"重大""重要""大额"的理解和认识不一，对于究竟什么议题才属于"三重一大"的范围，不同的学校可以结合校情有不同的规定。但是，获得决策议题的渠道应该是一致的，一般来自三个渠道：一是来自大学党委通过咨询参谋部、校务办公室、评估督察部等直属机构的收集和整理。师生群体的意见一般都是通过校务办公室的收集整理、经咨询参谋部论证后形成决策议题。二是大学校长提交的议题。管理平台内各部门、学术事务平台及其各机构提交的议题需通过大学校长来提交。三是大学理事会提交的议题。除了以上三个渠道之外，还有一类议题可以由大学党委委托校外或校外的专业力量来做，然后提交党委会审议，大学党委只是承担"把门人"的角色。

每一项决策议题在提交党委会决议之前，还需做好两项工作：(1) 议题需要经过大学党委书记与大学校长的沟通，达成一致意见后再提交给大学党委会审议和表决。为了提高沟通的效率，可将大学党委书记和校长的办公地点安排在同一办公楼的同一楼层，平时可随时通过"碰头会"等正式或非正式的方式进行沟通。如果二人对拟纳入的决策议题有异议或意见不统一，就暂缓提交给党委会，而是转交给咨询参谋部以及校务办公室做进一步的调研、论证和咨询，其中咨询包括政策咨询、专业咨询和法律咨询等。(2) 议题都要提前告知党委会的所有成员，以给他们留有一定的思考、交流和反馈时间。这一安排有利于各方更愿意对参与

---

① 参见《教育部关于进一步推进直属高校贯彻落实"三重一大"决策制度的意见》（教监〔2011〕7号）。

决策做出承诺、付出时间，从而使决策更具效能。

2. 决策中：形成决策阶段

决策议题在提交给大学党委后，需要大学党委书记召集和组织会议，校务办公室则在大学党委书记的领导下进行会务安排。入会成员包括所有的大学党委会成员[①]，如果大学校长不是中共党员，可作为特邀或特殊成员参与决策。因为作为决策和执行两个环节之间的桥梁以及执行环节的"总舵手"，大学校长必须完全参与大学党委会，才能了解和领悟整个决策的背景、目的和意图，也才能为接下来的决策执行打好思想和认识上的基础。除了以上参会成员之外，还可以将校务办公室有关负责人员、咨询参谋部等部门的相关人员纳入进来，列席大学党委的会议。

首先，议题报告和讨论。在决策议题由提案人或委托提案人现场报告之后，党委会成员充分发表意见。未到会党委会成员的意见，可用书面或其他形式表达。

其次，议题表决。会议对议题进行充分讨论后，由大学党委书记（会议主持人）归纳讨论情况，提出初步意见，与会委员对议题进行逐项表决。表决后，按照少数服从多数的原则，由大学党委书记根据多数委员的意见宣布会议决定。对于有较大争议的议题，或者发现其中有尚不清楚的事项，应暂缓做出决定，待进一步调查、咨询、论证、交换意见后，再提交党委会讨论决定。

最后，形成会议纪要。议题、与会人员、决策过程、决策结论等，都要通过校务办公室以会议纪要的形式留下文字性资料，并存档备查。会议纪要由大学党委书记签发，除涉密事项外，应及时在全校公开。

[①] 2021年4月，中共中央印发新修订的《中国共产党普通高等学校基层组织工作条例》第二章第六条规定："设立常委会的高校党委，一般设党委委员15至31人，常委会委员7至11人；不设常委会的，一般设委员7至11人。根据学校实际，经上级党组织批准，可以适当增减常委会委员或者不设常委会的委员职数。"本书认为，参加大学党委会日常决策的人员应为常委会委员或类似于党委会的委员，成员不宜过多，要尽量控制人数，对此应采用国家规定下限的7人，以免在校内形成"人多反而误事"的弊端以及缺乏主体责任感的文化。根据英国学者贝尔宾（Belbin）的团队理论，团队规模越小，越容易产出高质量的决策（参见［英］R. 梅雷迪思·贝尔宾《团队角色：在工作中的应用》，李和庆、蔺红云译，机械工业出版社2017年版，第138页）。

3. 决策后：决策启动阶段

议题决策完成后，就进入决策的启动即决策执行环节。大学党委书记以大学党委的名义将决议文件转交给大学校长，由大学校长负责组织实施。

大学校长作为学校党委决策的执行者，需要将党委会所做的决策驱动起来，即从纸质文件形式的决策变成行动层面的决策，这是国内大学校长需要强化的一个角色。换句话来讲，大学校长是大学决策的出口。大学校长需要依据大学党委会定下的决策进行"二次决策"，即为大学今后"怎么走""应该怎么做"做出决策，即做出路径决策。在决策启动环节，大学校长需要通过校务会议（管理平台）和学术事务平台（学术委员会），基于"集体讨论、校长决定"的原则，将决策任务分解到各个职能部门和学院，并授权他们提出和实施相关解决方案。

在决策启动环节，虽然大学校长需要独立地担负起执行决策的行政责任，但需要避免决策就此脱离执行，还需在决策与执行二者之间建立信息沟通反馈机制，包括大学党委书记与大学校长及其团队成员的定期沟通会议、临时性的联络和沟通，也包括大学党委通过校务办公室等渠道收集的反馈信息。其一，对大学党委书记来讲，其任务并不意味着就此完成了，而是要从台前退到幕后，有责任组织人力为校长及其团队的施政提供政策咨询、组织人事等方面的支撑，并做好事中的检查、督导以及事后的反馈和修正工作。其二，对大学校长来讲，则需要将其团队在执行决策过程中遇到的障碍、发现的问题及时反馈给大学党委书记及其组织下的大学党委会，以帮助大学党委纠正决策的偏差和保证后续决策的科学性。

本书所描述的以上三个基本阶段，其实就是一个决策—执行一体化的运作流程。这一流程布局还具备以下几个显著特点：

其一，能很好地体现党的全面领导。全面加强党的领导，确保党的领导全覆盖（纵到底、横到边、全方位、全过程），是当前及未来中国最大的政治实际，也是政府机构改革以及大学机构改革最重要的政治生态环境。在这一流程中，大学党委在意见综合阶段发挥了主导作用，在进行决策阶段发挥着核心作用，在启动决策阶段起着保驾护航作用，从而切实体现了党的全面领导作用。这一包含决策和执行的两个基本环节、三个基本阶段的操作流程，既不是大学党委书记和大学校长"领导—追随"式的简单分工，也不是"党政合一"式的职能混淆，而是通过大学党委会这一议事平台及其直属机构来实施对整个大学的控制和干预。即大学通过其党委会的决策制约大学校长，大学校长则通过学术事务平台和管理平台全面执行党委会的决策，由此也就实现了"党""政""学"的职能协同和资源整合。

其二，能很好地发挥大学党委一元化整体优势。在这一流程布局中，大学党委采用"大党委制"，即党政联席会并入党委会，这样也有利于发挥大学党委的一元化整体优势，实现政治权力与行政权力的有效融通。本书在实地调研中发现，大学党委的"统一领导"和大学校长的"全面负责"在治理实践中要么处于一种"平行"状态，造成大学党委书记和大学校长的角色同化，推诿扯皮、内讧冲突也就在所难免[1]；要么处于大学党委书记"强势"而大学校长相对"弱势"时的大学党委书记包揽一切，或者当大学校长处于"强势"而大学党委书记处于"弱势"时的党的全面领导缺位；要么大学党委书记或大学校长在具体环境或者具体工作中采取一种非正常的关系模式，如权力勾兑、利益交换等。为了破解这些难题，在大学机构布局时，党政一定要合一，不能平行，即将大学党委书记和大学校长两个"一把手"的"双重管理"转向"直接管理"，从"多头管理"转向"集中管理"，从"政出多门"转向"统一决策"。

其三，能很好地实现决策与执行的无缝对接。一项决策在形成之后，要真正发挥作用，执行机构必须了解决策的背景，领悟决策的目的和意图，因而需要决策机构和执行机构之间做好沟通[2]。但由于作为决策执

---

[1] 如有学者经调查发现，大学党委书记和校长角色同化、决策执行的一体化是一个较为普遍的现象。如果这两个角色没有差异化，矛盾冲突是必然的，党委领导下的大学校长负责制的效能发挥势必会受到影响（参见宣勇《"党委领导"与"校长负责"的系统耦合》，《国家教育行政学院学报》2022年第4期）。

[2] 王湘军：《大部门内部机构设置和权力结构研究》，《中共中央党校学报》2014年第3期。

行第一人和组织者的大学校长，其本身就参与大学党委会的决策过程，有时候还是决策议题的提案人，所以对决策的背景、目的和意图就很清楚，这样不仅省略掉了从决策到执行之间的沟通环节，还能将前期执行的情况顺势反馈给大学党委书记及其团队成员，从而有利于后期决策的修正和完善。

（三）协调—协作一体化流程

当前，大学无论是其办学规模及其师生的来源和社会背景，还是其承担的角色和功能，都比历史上任何一个时期都要大，都要丰富和多彩，从而催生出大学事务的日渐复杂态势，由此带来的结果就是大学所面对的事务处置对象的"跨部门"特征日益明显，但限于其自身的专业化特征和部门分工结果，又必然从机构布局层面对大学固有的运行模式提出了挑战，集中表现为大学面对复杂事务处理时所经常遭遇的执行力不足问题。"问题成堆，关键靠催"，就成了目前国内许多高校执行力弱的集中写照，主要表现是大学内部协调困难，要在大学办成一件事情往往难度大且效率低下[①]。究其原因，就在于纷繁复杂的大学治理现实，堆生了越来越多跨越权责边界甚至物理边界的大学事务，这使跨界协调成为必要：其一，要素的流动性和离散性，意味着难以存在一个边界明确且能够被控制和管理的机构，也因此需要对要素进行跨空间配置；其二，作为治理单元的机构，内在地嵌套了不同的运行模式和空间秩序，也包含了不同的差异性资源，所以机构与机构之间就难以实现自动的协同治理；其三，决策任务的分解，以及机构各自利益的维护，使得机构间的协调本来就不可避免。

对此，就必须建立一种更具弹性和关联性的协调诱导机制，使原本分属不同机构的要素能够动态地结合、互嵌在一起，以克服部门割裂、管理和服务碎片化等问题，并推动机构从关注局部最优向关注学校整体

---

① 钱春富、冯伟强：《论大学内部治理的有效性调适——基于大学机构本质、组织特性、结构特征的探讨》，《楚雄师范学院学报》2016年第7期。

利益最优的方向发展。以下本书就针对这一问题的解决,从跨部门、跨学科、部门内三个操作层面出发,具体阐述协调—协作一体化的具体运作流程。

1. 跨部门的协调—协作

在大学事务管理实践中,一项任务的完成往往牵涉多个部门,也就需要多个部门的协调配合与政策联动。比如校园文化环境的建设和维护,既需要校园环境与安全部的权力推动,也需要图书与后勤总务部、宣传与合作拓展部以及各个学院的参与;再如,留学生工作,则需要宣传与合作拓展部、教学管理与服务部、图书与后勤总务部以及所在学院等多个部门的协同工作。但是,凡有部门,就会存在"部门主义"。这就如同有专家接受访谈时所谈到的那样,"部门主义是常态,如果一个部门负责人不维护其自己所在部门的利益,就干不下去。"(WNS-2)由于"部门主义"的利益分配模式难以助力许多任务的完成,更难实现学校的整体目标,为此通过跨部门的协调—协作流程,以实现存量要素在不同部门之间的重新分配,就成了大学需要采用的重要治理策略。

就此,本书提出一种基于管理平台的跨部门协作机制。管理平台由大学校长统一领导,其成员包括副校长、各部部长。这种机制实质上是对相关要素在不同部门之间的匹配和关联,主要工作内容包括任务分配、激励、成员间的上下级关系协调和横向沟通等,主要工作流程可划分为以下几个环节(如图10-4所示):

环节1:确定需要牵头协调的事项。大学校长在接到决策任务之后,要本着一类事务划归为(归属)一个部门负责的基本原则,通过管理平台这个统一的平台对任务进行分解。对于需要两部门或多部门协作的事项即跨部门任务,要单列出来,进入牵头协作程序。

环节2:确定协调事项的牵头人。大学校长结合副校长的业务专长等情况,指定一名副校长承担"牵头人"角色,即承担跨职能的领导角色,以协调同级部门之间的协同合作问题。牵头人即副校长是大学校长的委托代理人,也是落实校长决策分解任务的第一责任人。由于副校长是管理平台的核心成员,其中一些还是大学党委会这一决策层的成员,

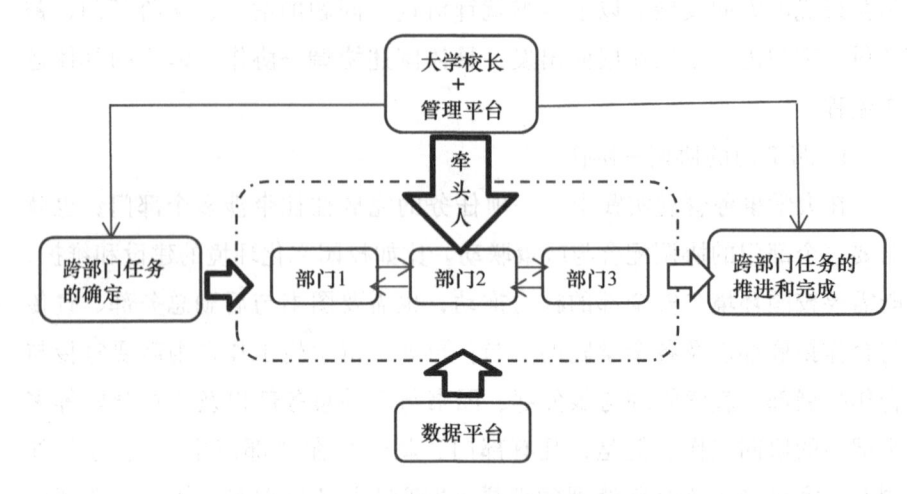

图 10-4　跨部门任务解决流程

因此处在大学组织权力的较高层级，在内部分工上也同时衔接了跨部门的工作内容，他们完全能够承担牵头相关部门联合做事的职责，并能够平衡条块结构所产生的交易成本和信息壁垒。

环节 3：事项的推进和完成。在大学副校长（牵头人）的领导下，召集任务所涉及部门负责人协商，并明确各方责任。在该环节，需要摒弃功能层级式的逻辑思维以及程序化机制造成的壁垒，以任务为导向，从任务完成的流程出发，运用超越程序化的正式或非正式工作手段，迅速整合（如调动、搭配）相关部门的人、财、物、信息、注意力等治理要素，并辅之以数据平台的技术支撑、必要的检查和督导工作。对于正式或非正式化工作手段，一位在学校做过大学领导的受访者就借用微信群这种非正式方式来推进工作：

> 我在 A 大学做了一年八个月的校长，我们有微信工作群，群里面只要反映一个问题，就能很快得到解决，因为那个时候有个规则：简单问题当天解决，一般问题一星期解决，突出问题暂时解决不了的要反馈意见，效率相当高。（GWZ0513）

以上所描述的工作流程，其实就是大学校长将任务牵头人、相关部门的负责人都置于同一个平台上，通过减少任务牵头人、各部门之间用于沟通的时间，缩短用于沟通的地理间距，以提高利益协调的便利性和透明度，从而压缩相互推诿扯皮的制度空间。但在构建基于管理平台协调的跨部门协作机制时，管理平台、牵头人各自承担的角色和职责是不同的。

其一，关于管理平台。如上文所述，管理平台类似于国内高校现有的校务委员会，它是由大学校长直接领导、将各相关部门负责人全部纳入其中的核心管理集团，在大学校长进行决策任务分解前后能起到"统一指挥、分头行动"的效果。但在面临跨部门任务时，管理平台又具体扮演着要素集成器的角色，即不直接履行任务职责，而是作为一种职责再分配中心，将零散分布于各个部门的相关职责归拢汇齐，按照事务流程将相关职责再配置到各个相关部门，然后，再以业务指导、督促推动等方式协助相关部门完成任务，从而使相关部门成为相互协同的履责共同体。

其二，关于牵头人。整个跨部门协调—协作流程的完成，需要"掌控"力量贯穿始终。这种"掌控"力量要来自组织的高层，有能力统合若干个部门，以形成围绕同一任务完成的共同愿景和协作力量。就此，本书主张由大学校长指定（授权）的副校长担当牵头人的角色。本书还主张，副校长虽然是学校的副职领导，但其定位是大学校长的分身，而不是一个管理层级，也不是一个分管型校领导（没有分管职权），而是代表大学校长围绕任务目标在不同部门之间缔造功能性耦合关系的协调人。

其三，关于跨部门任务。在大学治理实践中，绝大多数跨部门事务都是临时性的，或者是在执行过程中新产生的，这就需要牵头人及所涉部门通过正式或非正式的协商，以图事务的即时性处置或解决。如果任务很复杂且需持续较长时间，还可以成立工作专班，即设立以牵头人为专项任务小组组长、所涉部门负责人为成员的组织方式，并建立正式的、跨部门的协作机制，以促成复杂任务的有效完成。如果跨部门任务涉及的部门更多且更复杂，则可以由大学校长亲自担任牵头人，再配置一位副校长担任副牵头人（副组长）。

其四，关于所涉部门职责的配置。由于跨部门任务大都是临时性或在决策任务执行过程中新出现的，因此在进行机构职责配置时也具有临时性，许多都不是事先安置好的。对此，还需要牵头人具有对关涉部门职责进行归集与调配的权力。牵头人可围绕跨部门任务的解决，并结合所涉及部门的要素情况，给其配置职责，并从中协助、督促其履行相应的职责。事实上，在本书有关机构职责配置的章节中，许多机构的最后一项职责都是"负责完成大学校长交办的其他相关工作"，这一项职责的配置实际上就是针对跨部门任务完成的。对此，本书还主张按照"1+X"的职责配置模式，其中"1"是指本体职责，即单一部门必须独立完成的任务；"X"则是指协办职责，即需要与其他部门共同完成的任务。协办职责由牵头人负责协调。

2. 跨学科的协调—协作

实现不同学科之间的协作，实际上也是促进学院与学院、不用背景研究人员之间的合作，在校内可以促成学科资源共享、学科交融的良好局面，这既是培养跨学科人才的需要，也是促进多学院、多学科参与科技项目（尤其是综合性的大项目）立项竞争的需要，更是最大化利用学科资源、获得最大收益的需要。但是，由于在大学校园内部，不同学科及其不同学院、不同研究人员之间，他们各自的目标与利益诉求不同，表达方式也不同，这就更加需要专门的机构来协调不同的学科个人或组织利益群体，使之在相互协作过程中统一于共同的使命与愿景。

由于学科事务的特殊性以及维护学术自由的需要，这个用于跨学科协调的机构在大多数情况下很难由管理平台来担当，必须设置专业性很强且又相对中立的机构。对此，本书主张充分利用大学已普遍设立的大学学术委员会，将其同时作为协调跨学科事务的平台即学术事务平台。跨学科的协调—协作工作流程类似于跨部门，对其具体操作流程简述如下：

第一步：事项的甄别和受理。对于涉及跨院系、跨部门的事项，如果属于学术事务，如跨学科人才培养项目、跨学科研究项目、交叉学科研究院组建等，则由大学校长授权学术委员会处理。

第二步：事项的审议。学术委员会根据事项的类别将事项交由某专门委员会，随后该专门委员会要在一定时限内召开会议对事项进行审议。然后，学术委员会将审议结果上报管理平台。

第三步：事项的解决。大学校长通过管理平台对学术委员会审议通过的事项进行议定，然后将议定后的事项交由相关部门执行。之后，学术委员会再以业务指导、督促推动等方式协助相关部门完成任务。

在以上三个步骤中，学术委员会实际上不仅是学科资源分配的协调结构，还是一些跨学科项目的制衡机构，以使其发展轨道与学校整体战略保持一致。为了强化学术委员会的协调和制衡功能，本书还主张：学术事务平台需要在大学校长的统一领导下与管理平台建立业务对接关系，即学术委员会要与职能部门进行业务对接。由于学术事务平台不掌握行政资源，且只具有审议的功能，因此其审议的事项能否得到贯彻执行，大都需要管理平台内某一或某些部门的呼应和配合。对此，本书主张学术委员会的主任可由大学校长兼任，也可由一名主管教学或科研任务的副校长兼任。至于学术委员会的成员，一般由公正且热心学校公共事务的教授委员、学生委员以及校长委派的委员组成。

3. 部门内的协调协作

根据本书所做的机构布局，机构的数量将得以减少甚至大幅度减少，这使部门之间由于交叉业务的减少而使需要协调的频率和难度变得相对较低和简单，但由于每个部门包括了以往多个职能部门，部门内业务工作将会变得更加复杂多样，部门内部沟通和协调难度也就相应加大。为防止部门内部出现运行梗阻，就需要做好协调，以促进其内部工作的协同。至于操作流程，其思路和方式类似于跨部门协调，本书在此不再赘述。比如，部门可以通过召开相关人员工作例会的方式，推进各工作团队的沟通、交流和协作。工作例会根据某一工作任务的需要而召开，一般由部的正职领导或副职领导召集和组织，不涉及此次工作任务的人员无须参加，工作例会不要囿于形式，以任务的布置和问题的解决为宗旨。

结语　在中国式现代化征程中创建"美好大学"

　　大学机构布局，在于提升大学治理能力，其旨归是实现有效乃至优效的大学治理。党的二十大报告指出："从现在起，中国共产党的中心任务就是团结带领全国各族人民全面建成社会主义现代化强国、实现第二个百年奋斗目标，以中国式现代化全面推进中华民族伟大复兴。"[①] 这不仅彰显了中国共产党高度的历史自信和豪迈气派，也由此开启了以中国式现代化创造人民未来美好生活的新百年征程。中国式现代化是全方位、多领域的变革和跃升，大学作为处在国家教育体系最顶端的存在，由此进入了中国式现代化新百年征程的"时代"层面。在此背景和逻辑下，在中国式现代化征程中谋划大学建设，就成了新时代中国高等教育的重大主题。于是，在本书的最后，笔者提出大学要通过包括机构设计或布局在内的系列改革行动，进行持续的自我变革和自我塑造，从而在提升大学治理能力的过程中，将大学建成那种能为人民创造美好生活奠基的"美好大学"。

　　中国式现代化新百年征程中的美好大学，是中国高等教育强国道路上的发展指向，也是国际高等教育界将要树起的一面新的旗帜。但是，发端于内忧外患、积贫积弱国家处境中的中国大学，曾远远落后于西方，也一直以模仿乃至移植或复制他国大学的模式为主流。从1901年改书院兴学堂、1905年废除科举制度开始，中国大学从清末民国时期先后借鉴

---

　　① 参见《习近平在中国共产党第二十次全国代表大会上的报告》，2022年10月16日。

日本和美国的做法成为学科分类的大学，到蔡元培引入西方大学办学理念对北京大学的改造，到1956年以苏联模式为蓝本进行的院系大调整，再到后来转而长期将美国大学作为主要模仿和学习的蓝本，这导致中国大学与西方大学之间形成了"边缘—中心"化的心理格局，支撑"办中国人自己的大学"所需的自信也就成了很稀缺的资源，这在改革开放多年后的今天仍留下很深的心理印迹，并形成了相对固化的路径依赖。在具体的办学实践方面，往往囿于西方的评价指标体系来打量大学的优劣好坏，如将办学国际化水平等同于"外语能力""出国访学经历"或"国际学生比例"，将学术水平等同于"SCI论文发表""论文引用次数"。与此同时，在叙事逻辑上将西方高等教育化约为一些大学的成功办学案例或故事，选择性地忽略其体系中所存在的诸多体制机制性弊端和难题，也由此形成了由果推因地寻找其成功缘由的思维方式和话语模式。这种对国内大学的不自信、自我矮化以及对待西方大学一贯采取的"追随模式""跟跑模式"，除了会存在"淮南为橘淮北为枳"式的水土不服现象之外，还容易在国际高等教育交往中陷入被殖民甚至自我殖民的风险。2014年5月，习近平曾针对一流大学建设问题告诫道："跟在他人后面亦步亦趋，依样画葫芦，是不可能办成功的。"[1] 2017年3月全国"两会"期间，习近平在参加上海代表团审议时对复旦大学时任校长许宁生讲："不要太过在意那些国内外的大学排行榜，不能用干巴巴的指标评定人民心目中的好大学。"[2]

为此，在大学建设问题上树立教育自信就显得格外重要，这不仅是民族自尊心的问题，也是一个国家高等教育能否自立自强、落地生根发展的问题。一些仁人志士早就看到这一点，在引进和学习西方大学制度的过程中，并不是想完全被动和受制于人。如1947年9月，时任北大校长的胡适在其发表的《争取学术独立的十年计划》中就声称："今日为

---

[1] 习近平：《青年要自觉践行社会主义核心价值观》，《人民日报》2014年5月5日第2版。

[2] 朱珉迕：《习近平回应复旦校长：不要太在意排行榜，一流大学终究要看底蕴和声誉》，2017年3月6日第1版。

了要提倡独立的科学研究，为了要提高各大学研究的尊严，为了要减少出洋镀金的社会心理，都不可不修正学位授予法，让国内有资格的大学自己担负授予博士学位的责任。"① 但是在当时积贫积弱的中国，要在发展大学问题上树立从心理到行动上的自信很难实现。在中华人民共和国成立以来尤其是在改革开放后的40多年间，中国的高等教育事业一直在进步，一些大学开始在国际舞台上崭露头角，但由于中国整体生产力水平相对西方发达国家还较低，也就无法给大学树立自信提供足够的社会心理氛围和行动支撑。时至今日，中国在从站起来、富起来到强起来的过程中逐步累积的道路自信以及中华民族复兴的光明前景，不仅为树立"按照自己设定的道路建设自己的大学"的信心、突破长期以来形成的心理定势和"追随模式""跟跑模式"带来了难得的历史性契机，也自然为美好大学的出场和建构带来了最强劲和恒久的深层动力。

历经70多年探索形成的中国特色社会主义道路，不是西方发达国家的翻版或再版，而是基于中国国情民意的创新版。由于这一道路合乎时代要求、有步骤分阶段实现人民美好生活愿望，为人类发展提供了颇具气魄和智慧的现代化道路新选择，也由此构成了中国道路自信的内在逻辑和根据。这种自信的心态不仅使我们可以平视这个世界，从此也可以同样自信的心态平视我们过于仰视的西方大学。事实上，西方大学并不尽完美，而且，随着其所在国家政治、种族、社会问题的凸显已越发暴露出其在办学体制机制方面的固有缺陷。如美国大学虽在创新成果、产学研合作等方面居于全球引领地位，但其行政开支膨胀及财务困境、学生学费过快上涨及贷款债务过重、种族歧视、智识孤立主义等现象却愈发突出。② 至于高等教育同样发达的英国，国内一著名学者曾批判其大学"正在经历模仿公司型大学的美国化过程"而成为"新资本主义的接待站"，他就此十分担忧地谈道："教授变成经理，学生变成消费者。不能吸引大笔横向科研基金或者招收大量学生的院系学科，将陷入缓慢死

---

① 胡适：《争取中国学术独立的十年计划》，《大公报》1947年9月8日第3版。
② 陈静、杨丽、樊美筠：《探索"建设性后现代大学"——对话〈超越现代大学——走向建设性后现代大学〉作者马尔库塞·福特教授》，《世界教育信息》2018年第5期。

亡的困境中。"① 西方大学存在的问题，意味着中国高等教育"要在体现中国特色上下功夫"②，要勇于开拓一条大学建设新路。自 2020 年以来，中国人民大学、兰州大学和南京大学先后宣布不再使用泰晤士、QS、U. S. News 等国际排名作为其发展目标。虽然社会上对这一突破"常规"的做法是否妥当还存在一些争议，但应被视为一种历史的进步，因为它在展现办学自信、突破心理定势以及开拓大学建设新路方面迈出了难得的一步。

如果把时间拉长，就会发现中国道路自信的基本指向即中华民族复兴前景，更是牵引美好大学不断走向现实的生生不息、绵延不绝的磅礴力量。一方面，中华民族复兴不是抽象的，表现为政治、经济、文化、社会、教育等各项事业的高质量发展，最终要体现在人民生活质量发生质的改变上。中国人民美好生活实现之日，就是中华民族伟大复兴由梦想变成现实之时。民族复兴也是中国人民奋力追求的美好生活愿景，也因此必须同人对美好生活的追求结合起来才能取得成功。③ 换言之，中华民族复兴不是空洞的，而是要落实到人之生活状态变革的具体实践当中，生成于人民对美好生活的向往与创造之中。而人民对美好生活的向往，必然要求并推动整个民族的发展，必然要求并推动物质生活、政治生活、精神生活、社会生活等各种生活的改善，也必然要求并推动包括大学在内的社会各项事业的发展。作为以人民美好生活为基本指向的美好大学，也必然是人民加以追求、推动和实现的对象。另一方面，由于中华民族伟大复兴将在完成其使命和任务的过程中同时在人类世界开启出一种新的文明类型④，而这同时将会加快包括中国大学在内的社会各项事业的转型与发展，因此也必将开启新的大学样态。在此需要下，"美好大学"这一能充分体现中国大学历史自信和时代担当的身份宣示

---

① [英] 特里·伊格尔：《大学的缓慢死亡》，《复旦教育论坛》2015 年第 4 期。
② 温才妃：《不看"洋指标"，中国大学会否迎来"退榜潮"》，《中国科学报》2022 年 4 月 26 日第 4 版。
③ 刘志洪、郭湛：《中华民族复兴的美好生活意涵》，《江海学刊》2020 年第 1 期。
④ 吴晓明：《马克思主义中国化与新文明类型的可能性》，《哲学研究》2019 年第 7 期。

和角色叙事，不仅可为新百年征程中大学发展勾勒出引领性的发展图景，也能充分体现大学在为中国人民未来美好生活奠基的深厚底气和远大志向。

目前，大学已高度融于社会，社会也高度期待大学。但对于究竟什么样的大学才能被称为社会所高度期待的"美好大学"，笔者只是做了一个简要的背景描述，还没有给出确切的定义。但可以肯定的是，美好大学是与人民的美好生活需要相承接的，是能满足人民美好生活需要的大学，所以也必定是一个更具中国气派、更具中国风格的理想大学类型。但是，要创建美好大学，就需要更多有历史使命感的人士参与到中国大学的改革进程中，不断解放思想，勇于开拓，通过对包括大学内部机构设计在内的全面且深入的自我革新和塑造，不断将其拥有的治理优势转换为治理效能。如此一来，才能建构起精准、高效且符合校情的治理体系，才能打破长期以来在大学治理上形成的心理定势和"追随模式""跟跑模式"，也最终才能建成能满足人民美好生活需要的"美好大学"。

附　　录

一　调查问卷

大学内部机构治理能力调查问卷

尊敬的老师、领导：您好！

　　诚邀您参加匿名问卷调查。本问卷用于了解大学内设机构（党政机构、院系等部门）运行状况。答案无对错、好坏之分，请把您最真实的观点表达出来。调查结果用于课题研究，可以为国内大学治理能力的提升提供决策参考。因此，您的回答将直接决定课题研究的价值。感谢您的支持和帮助，祝生活愉快、家庭幸福！

　　作答时间大约5分钟。

国家社科基金"大学治理能力提升的机构
逻辑与机构再设计"课题组

第一部分　大学机构（部门）运行状况

　　下列语句描述了一所大学内设机构（党政机构、院系等部门）可能存在的一些状况。请根据您所在学校的真实情况进行回答，选出最符合您真实感受或看法的一个数字。

　　0表示完全不符合（0%），1表示非常不符合（15%），2表示很不

符合（25%），3表示不确定（50%），4表示很符合（75%），5表示非常符合（85%），6表示完全符合（100%）

1. 在推进改革方面，我校总能乘势而为，走在前列。
3. 我校政令上下畅通、响应迅速。
4. 我校政令能及时执行到位。
5. 我所在部门能正确领会上层的意图和指令。
6. 我所在部门能及时跟进落实上层指令。
7. 我所在部门能主动捕捉师生的需求或建议。
8. 我所在部门能及时处理师生的需求或建议。
9. 在因工作需要而求助上级时，我所在部门能及时得到支持回应。
10. 在因工作需要而求助其他部门时，我所在部门能及时得到协助回应。

（注：原题项2在试测后被剔除。）

11. 在宏观层面，我校高层能够做到"把方向、控得住"。
12. 在执行层面，我校高层能够做到"管到位、保落实"。
13. 在平时工作中，我校党委书记和校长能补位搭台、协同发力。
14. 我校推进相关工作或改革时，各部门存在推诿扯皮等问题。
15. 我校推进相关工作或改革时，各部门存在遇事闪躲等问题。
16. 我校党政部门各自为政，难以协同发力。
17. 我校二级学院各自为政，漠视学校整体的发展。
18. 我校存在忙闲不均或人员闲置现象。
19. 我校存在人浮于事或"十羊九牧"现象。
20. 我校常能见到多个部门去做本来一个部门就可以集中完成的工作。
22. 我所在部门经常采取学习、培训或参观交流等手段来提升员工的业务水平。
23. 我所在部门经常会吸纳一些新理念，以拓展工作思路。
24. 我所在部门经常会引进一些新模式，以优化工作流程。
25. 我所在部门人力资源没有得到充分挖掘。

26. 我所在部门常陷于烦琐的事务主义当中，疲于应付事务性工作。
27. 我所在部门做了很多没什么实质意义的事。
28. 我所在部门安于现状，缺乏发展斗志。
29. 我所在部门善于争取人员、资金、场地等发展资源。
30. 我所在部门善于开拓校外资金、合作机会等资源。
（注：原题项21在试测后被剔除。）
31. 总体上，我校上下承转通畅、执行力强。
32. 总体上，我校各机构分工合理、协同合作。
33. 总体上，我校各部门工作潜力充分发挥、工作效率高。
34. 总体上，我校的机构设置符合当前办学需要。

第二部分 基本情况

35. 您所在的学校属于：
□教育部所属高校　　　　□其他部委所属高校
□省或直辖市所属高校　　□州或市属高校

36. 您所在学校的办学类别属于：
□综合类　　　　□理工　　　　□师范
□农林　　　　　□语言　　　　□体育
□医药　　　　　□财经　　　　□政法
□艺术　　　　　□民族　　　　□其他

37. 您所在部门属于：
□党团政群、教辅及后勤辅助机构　　□院系及科研机构
□其他

38. 您的身份是：
□党团政群、教辅及后勤人员　　□一线教学科研人员
□"双肩挑"人员

39. 目前您的行政职务属于：
□无行政职务　　　　　　　　　　　　□基层（科级及科员）
□中层（处级/副处级、院级/副院级）　□高层（副校级、校级）

40. 目前您的职称属于：
　　□中级及以下　　　　　□副高　　　　　　　□正高

41. 您在高校工作的时间：_____年。

对于大学机构设置及其履职能力状况，如果您还有什么要表达的话（如抱怨、建议、希望），请您写在下面，如果没有，请提交问卷。

衷心感谢您的支持和帮助！

二　访谈提纲

国家社科基金项目"大学治理能力提升的机构逻辑与机构再设计"调研及专家访谈方案

尊敬的专家：

您好！

感谢您能在百忙中接受我们的访谈邀请。本次访谈的目的在于了解国内大学内设机构（党政部门、学院等）的运行状况以及优化之策。访谈内容只用于研究分析，且严格保密所有信息。

衷心感谢您的支持和协助！

访谈主持人：×××
课题负责人：罗志敏
访谈记录人：吴佳宁（研究生）

2022 年 5 月

附件 1：专家访谈提纲
附件 2：专家个人财务信息表

附件1：专家访谈提纲

近些年来，国内大学虽通过增设、合并、合署、中止等途径对其内设机构进行了一些调整，但与中国改革开放后政府已进行的8轮机构改革相比，大学所做的这种调整只是局部性、实验性的，而且这种调整所带来的边际效应已经很小，更是无法应对当前新时代背景下的治理新要求，为此大学需要对其机构进行整体性、前瞻性的改革，即机构布局。那么，由此引出的一个问题就是：在"党委领导下的大学校长负责制"这一既定的体制之下，大学如何通过机构布局，才能建构一套优化、协同、高效的内部机构体系？

在此，本课题恳请您围绕这一问题，就下列题项（包括但不限于）做出针对性表述：

1. 对于学校存在的党委书记、校长两个"一把手"关系难以处理的问题，您觉得从机构布局上还可以采取哪些做法，以促使二者能够补位合作、协同发力？

2. 学校的管理层级是否需要优化，以保障学校政令畅通、上下响应及时、执行到位？如果需要的话，您觉得在机构布局上可采取哪些做法？

3. 对于学校存在的"执行难到位""越往下越变味"的问题，您觉得在机构布局上可采取哪些做法，以促进学校做出的决策都能够落实到位？

4. 对于学校管理中存在的问题或师生需求，学校职能部门能否及时地捕捉到并跟进处理？职能部门是否存在"形式主义""遇事推诿""办事拖沓"问题？如果问题存在的话，您觉得在机构布局上可采取哪些做法来改变这一现状？

5. 对于高校存在的"人浮于事""在一个盘子里打转转"问题，您觉得在机构布局上可采取哪些做法，以带动校内各部门的进取作为？

6. 对于高校存在的"大会小会不断"的问题，您觉得在机构布局上可采取哪些做法，以提高学校的议事效率？

7. 对于高校院系、研究机构"各自为政"问题，您觉得在机构布局上可采取哪些做法，以促进各学科交叉合作、建大平台、出大成果？

8. 总体而言，学校党政部门、学院设置符合当前的办学需要吗？有没有必要增加、减少、合并或优化机构？若有必要，增加什么？减少什么？合并什么？怎么优化？

附件2：专家个人财务信息表

专家姓名	
手机号	
身份证号	
银行开户行名称	××银行××支行
银行卡号	

注：以上都是学校财务系统报账时需要填写的信息。

后　记

笔者在多所大学工作过，有地方院校，也有"211"和"985"大学，有地处经济发达地带的都市大学，也有位于西南边陲的边疆大学。这也许是我命中该遭此折腾，但对我从事的大学治理问题研究来讲也算是一种幸运，因为可以从中获得多样的体验。常听高等教育专家讲，中国只有一所大学，意思是说，国内大学无论是办学模式和组织架构，还是具体的行事方法和手段，都差不多，但就我的观察和亲身感受，中国大学是不一样的，是各有特点的。笔者也在长期的观察中发现，即便是同样一件事情，不同的大学，其处理方式是不同的，在 A 校的处理顺畅通达，在 B 校却辗转难办。如果将视线拉长一些，您还会发现，拥有同样地域和政策环境、同样办学层次和类别乃至差不多同样办学历史的大学，在一些年后往往会呈现出不同的面貌和社会观感，有大学广受社会好评、发展势头好，有大学却缺少存在感、举步维艰。为什么会出现不同甚至完全迥异的现象，我想这里面的原因很复杂，但大学自身的治理能力高低一定是一个最基本的原因。那么，能决定大学治理能力的变量又是什么呢？

笔者认为，这里面的变量自然很多，大学校内的机构设置及其布局状况，无疑是一个关键变量。因为大学无论是被称为"松散的结合系统"也好，还是被视为"组织起来的无政府联合体"也罢，其实都与政府、企业组织一样，是建立在一套独特且相互关联的内部机构之上的。这些机构有明显的权力等级结构，其成员也都受到机构规则和程序的约束。同时，大学多元的社会功能以及强调个体自主性、积极性、创造性的组织特征，又决定着大学是一个高度复杂的机构系统。您可以表达对大学行政化、官僚化的厌恶或憎恶，但承载它们的机构却是存在的，而且必须存在，因为它们是一所大学正常运转的基础，是大学治理能力的底座。至于高教界人士日常话语中的大学治理，也是由设置在校园内的一个个机构驱动的，而不是一套静态的制度安排。因为治理任务的完成都需要通过机构来进行，在里面从事工作的个人也是机构性的个人，而不单单是自然人。

带着这一思考，笔者决心以大学内设的"机构"为研究对象，开展一项大学内部治理问题的研究。但在真正投入这一主题的研究时，却遇到了一些未曾预料到的难题：机构与大学治理能力在理论和实践层面是如何互联互构的？如何从机构的层面出发研制出一套能评测大学治理能力的问卷或量表？如何针对现实需要提出一套改革成本小且可操作性强的机构布局方案？同时，在写作过程中，由于机构、治理能力与体系、结构、组织、部门等多个概念交杂所造成的逻辑混乱，让我时不时地停下来重新思考。不过，随着书稿在跌跌撞撞中完成，笔者还是对以上这些问题做了解答，虽然有些解答只是一种浅尝辄止的尝试，但也为今后的相关研究打开一个可以冲锋的缺口。当然，在完成这部书稿的过程中，也留下了一些遗憾。比如，由于缺乏文献资料，没有对西方大学机构的演变做一个历史梳理；由于缺乏现场条件，没有对早前大学机构改革的得与失做个案研究，以探查大学治理能力与机构布局之间的微妙关系。此外，该书还缺乏从更细微的视角分析和论证大学机构的运行流程。以上这些都是笔者今后要努力弥补的，当然也期待学界同仁共同关注和探讨。

感谢在书稿的写作过程中，一些从事管理和教学科研工作的大学领导和老师提供的宝贵支持和帮助！他们主要是：武汉大学本科生院原副院长黄明东教授，郑州师范学院副校长周倩教授，郑州大学学科特聘教授杨光钦教授，上海电力大学研究生院陈春莲研究员，中国医科大学赵哲研究员，上海师范大学化学与材料科学学院盛况书记，浙江大学蒋庆荣老师，中国矿业大学李霞处长。同时，也要感谢接受本书访谈的专家，

后 记

感谢问卷被试者！

由于本书是我主持的国家社会科学基金课题的主要成果，一些章节和工作的完成也是集体智慧的结晶。云南红河学院胡发稳教授指导了整个问卷的编制流程，并参与了第五章第三部分问卷初测及文稿的撰写；福建师范大学马浚锋博士参与了第五章量化数据的分析和部分内容初稿的撰写；赵哲研究员帮我主持了几场很成功的专家访谈；我的硕士生杨崇帮我投放和回收了调查问卷，杨崇和吴佳宁参与了专家访谈质性数据的收集、整理和初步分析，吴英琪利用工作之便帮助我实地调研了一所高校的行政服务大厅，陈荣荣帮助我处理了一些经费报销和结题事务；我的博士生雷雅琦和张晓彤帮助我一一核查了页下注释。

本书的出版得到了杭州师范大学副校长、"长江学者"黄兆信教授的鼎力支持，同时也得到了中国创新创业教育研究院（浙江省哲学社会科学重点研究基地）和杭州师范大学"登峰工程"本科教育教学建设项目对本书出版的资助。

在本书出版之际，中国著名高等教育专家、"当代教育名家""中国杰出教育家"杨德广先生为本书作序。中国社会科学出版社对本书很重视，并将其快速纳入出版计划。在本书编辑出版前后，赵丽老师付出了大量的心血和汗水。在此，一并表达我最衷心的感谢！

作　者
2024 年 2 月于杭州师大诚园